中小学
教师胜任特征
研究及应用

马红宇　唐汉瑛　刘腾飞　著

ZHONGXIAOXUE
JIAOSHI SHENGREN TEZHENG
YANJIU JI YINGYONG

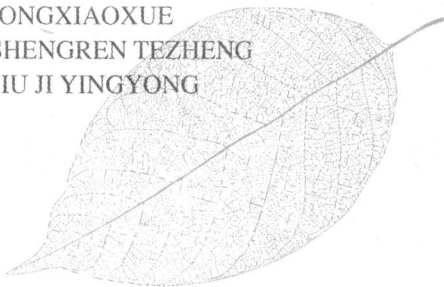

教育科学出版社

·北京·

出版人　所广一
责任编辑　殷　欢
版式设计　沈晓萌
责任校对　贾静芳
责任印制　曲凤玲

图书在版编目（CIP）数据

中小学教师胜任特征研究及应用/马红宇，唐汉瑛，
刘腾飞著．—北京：教育科学出版社，2012.12
　ISBN 978 - 7 - 5041 - 7361 - 4

　Ⅰ.①中…　Ⅱ.①马…②唐…③刘…　Ⅲ.①中小学
—教师—教学工作—研究　Ⅳ.①G635.1

　中国版本图书馆 CIP 数据核字（2013）第 041791 号

中小学教师胜任特征研究及应用
ZHONGXIAOXUE JIAOSHI SHENGREN TEZHENG YANJIU JI YINGYONG

出版发行　**教育科学出版社**

社　　址	北京·朝阳区安慧北里安园甲9号	市场部电话	010 - 64989009
邮　　编	100101	编辑部电话	010 - 64981269
传　　真	010 - 64891796	网　　址	http://www.esph.com.cn
经　　销	各地新华书店		
制　　作	北京金奥都图文制作中心		
印　　刷	保定市中画美凯印刷有限公司		
开　　本	169 毫米×239 毫米　16 开	版　　次	2012 年 12 月第 1 版
印　　张	17	印　　次	2012 年 12 月第 1 次印刷
字　　数	310 千	定　　价	38.80 元

如有印装质量问题，请到所购图书销售部门联系调换。

前　　言

　　自 1973 年美国心理学家戴维・麦克利兰（David McClelland）在《美国心理学家》上发表《测量胜任特征而非智力》一文至今，其提出的胜任特征思想已经风靡整个管理学界，被广泛运用于许多企业组织的人力资源管理实践。近年来，胜任特征思想同样开始渗入到教师人力资源管理中来，为改进和完善新时期下的教师人力资源管理工作提供了新的视角。

　　虽然在过去十余年的时间里，国内涌现出了较丰富的教师胜任特征研究成果，但是教师胜任特征理论研究与教师人力资源管理实践之间的距离仍然巨大。本书的主要内容在全国教育科学"十一五"规划课题《基于胜任力的教师教育与管理模式研究》（BBA090066）的资助下完成，主要目的是将胜任特征思想全面引入我国中小学教师人力资源管理与开发中来，通过严谨的科学研究和系统的实践探索，密切教师胜任特征研究与教师人力资源管理实际之间的联系，为我国当前及未来的中小学教师队伍建设提供有价值的参考和指导。

　　本书共八章 31 万字，包括"中小学教师胜任特征基本问题研究"和"胜任特征在中小学教师教育与管理中的应用探索"上下两篇，汇集了我们 3 年来的相关理论与实践研究成果。在撰写本书时，我们特别强调以下几点。

　　1. 内容的系统性。本书包括上下两篇，上篇主要介绍我们针对国内中小学教师胜任特征模型研究和测评系统开发这两个基本问题所进行的研究工作；下篇主要呈现我们在上篇研究基础上就如何应用教师胜任特征研究成果改善和促进我国当前的教师人才培养与人力资源管理等核心问题所进行的系统思考和实践探索。上下两篇间既相互联系，又相互支撑，使得本书既有坚实、严谨的理论基础，同时也拥有切实、有针对性的实践指导。

　　2. 对象的针对性。本书以中小学教师为对象，关注的是中小学教师胜任特征研究与应用。所有内容均围绕我国中小学教师队伍建设的现状展开，既深入研究我国中小学教师胜任特征的基本问题，同时全方位探索教师胜任特征研究成果在我国中小学教师人力资源管理实践中的应用价值和途径。

　　3. 理论与实践相结合。本书作者长期从事胜任特征相关的教学科研和管理咨询工作，既对国内外胜任特征研究历史和现状有非常全面的把握，同时具有丰富的企业管理咨询经验，非常熟悉企业人力资源管理各模块的工作。作者的课题研究基于中小学教师的大量调研，同时又将形成的调研成果反馈于教育管理实践，指导和应用于教师人力资源管理实践。本书致力于实现科学研究与应用实践之间的有机结合，在深入研究教师胜任特征基本问题的基础上，专门就构建基于胜任特征的全面教师人力资源管理体系进行积极探索和尝试，拉近教师胜任特征理论研究与应用实践之间的距离。

4. 严谨性与可读性相结合。本书写作风格灵活、深入浅出，力争做到兼具学术研究的严谨性与实践应用的可读性。在确保所有观点背后均有严谨科学研究成果支持的基础上，通过真实、生动的实践案例分析，突出了理论研究成果在实践环节中的具体应用，在帮助读者全面深入理解主要理论内容和观点的同时，增加了可读性。

本书以中小学教师为主要关注对象，在引入教师胜任特征模型改进和完善中小学教师教育与人力资源管理方面进行积极探索，是兼具学术价值和应用价值的课题研究成果，可以作为心理学、教育学、管理学，特别是教育管理等领域的研究人员及从业者（特别是教师、教育管理者）的参考读本。

在整个课题的研究过程中，华中师范大学第一附属中学（初中部）方芳、武汉市硚口区教师学校李少丽、广西教育学院陈莉萍、湖南省益阳市安化县第一高级中学喻海华等老师在课题的问卷调查实施中进行了大量卓有成效的协调工作；湖北省武汉市华中师范大学第一附属中学、湖北省大悟县第一高级中学、湖北大学附属中学、湖南省益阳市安化县第一高级中学、福州教育学院附属第一小学、河南省洛阳市新安县实验小学、湖北省恩施市芭蕉乡中心小学等在内的全国各地65所中小学的2 000余名教师对课题研究数据的采集工作给予了极大的支持。课题研究小组李凯、汪熹、周亮、治潍、谢付春、王慧子、谢菊兰、王晓静、黄夏玲等成员贡献了自己的力量。在此一并致以诚挚的谢意！

我们也恳请读者就书中存在的疏漏和不足之处提出宝贵意见。希望有更多人关注教师胜任特征的学术研究及其在教师人力资源管理中的应用实践，改进和完善基于胜任特征的教师人力资源管理模式。

目　录

第一章　概述 ……………………………………………………………… 1

第一节　胜任特征理论概述 ……………………………………………… 2
一、胜任特征的源起 …………………………………………………… 3
二、胜任特征的内涵 …………………………………………………… 4
三、胜任特征模型 ……………………………………………………… 7

第二节　国内外教师胜任特征研究现状 ………………………………… 11
一、教师胜任特征的内涵 ……………………………………………… 12
二、教师胜任特征模型的相关研究 …………………………………… 13
三、教师胜任特征的影响因素 ………………………………………… 20

第三节　教师胜任特征与教师人力资源管理 …………………………… 23
一、教师胜任特征与教师生涯发展 …………………………………… 24
二、教师胜任特征与教师招聘与选拔 ………………………………… 26
三、教师胜任特征与教师培训与开发 ………………………………… 27
四、教师胜任特征与教师绩效考核 …………………………………… 29
五、基于胜任特征的教师人力资源管理实践回顾 …………………… 31

第二章　教师胜任特征模型构建 ………………………………………… 33

第一节　教师胜任特征模型构建方法 …………………………………… 34
一、自下而上的模型构建方法 ………………………………………… 34
二、自上而下的模型构建方法 ………………………………………… 39
三、上下结合的模型构建方法 ………………………………………… 42
四、教师胜任特征模型构建方法总结 ………………………………… 44

第二节　我国中小学教师胜任特征模型构建 …………………………… 47
一、模型构建目标 ……………………………………………………… 48

二、模型构建方法 …………………………………… 48

三、模型构建过程 …………………………………… 48

四、分析讨论 ………………………………………… 57

五、模型构建总结 …………………………………… 59

第三章　教师胜任特征测量与评估 ………………… 60

第一节　教师胜任特征测评概述 …………………… 60

一、教师胜任特征测评的功能 ……………………… 61

二、教师胜任特征测评的要求 ……………………… 62

第二节　教师胜任特征测评原理 …………………… 64

一、教师胜任特征测评的理论基础 ………………… 64

二、教师胜任特征测评的质量分析 ………………… 71

三、教师胜任特征测评的基本原则 ………………… 73

第三节　教师胜任特征测评技术 …………………… 75

一、心理测验技术 …………………………………… 75

二、面试技术 ………………………………………… 77

三、评价中心技术 …………………………………… 80

第四节　教师胜任特征测评实践 …………………… 84

一、教师胜任特征测评方案 ………………………… 85

二、教师胜任特征测评实施 ………………………… 85

三、教师胜任特征测评小结 ………………………… 94

第四章　基于胜任特征的教师职业生涯管理 ……… 98

第一节　教师职业生涯管理现状研究 ……………… 98

一、教师职业生涯管理概述 ………………………… 99

二、教师职业生涯管理的理论基础 ………………… 103

三、教师职业生涯管理现状分析 …………………… 107

第二节　基于胜任特征的教师职业生涯管理方案设计 … 114

一、胜任特征在教师职业生涯管理中的应用价值 … 114

二、基于胜任特征的教师职业生涯管理实施流程 … 116

第三节　基于胜任特征的教师职业生涯管理实践探索 … 120

一、B 中学教师职业生涯管理现状描述 …………… 120

二、B 中学教师职业生涯管理的现存问题分析 …… 122

三、基于胜任特征的 B 中学教师职业生涯管理实践探索 ·················· 122

第五章　基于胜任特征的教师职前教育 ·················· 131

第一节　教师职前教育现状研究 ·················· 131
　　一、教师职前教育概述 ·················· 131
　　二、国内教师职前教育现状分析 ·················· 134
　　三、国外教师职前教育现状分析 ·················· 138
第二节　基于胜任特征的教师职前教育模式设计 ·················· 140
　　一、胜任特征在教师职前教育中的应用价值 ·················· 141
　　二、基于胜任特征的教师职前教育的实施原则 ·················· 143
　　三、基于胜任特征的教师职前教育的具体内容 ·················· 144
　　四、基于胜任特征的教师职前教育的特点分析 ·················· 147
第三节　基于胜任特征的教师职前教育实践探索 ·················· 148
　　一、华中师范大学心理健康教育教师职前教育现状概述 ·················· 148
　　二、华中师范大学心理健康教育教师职前教育挑战分析 ·················· 149
　　三、基于胜任特征的华中师范大学心理健康教育教师培养
　　　　实践探索 ·················· 150

第六章　基于胜任特征的教师招聘与选拔 ·················· 153

第一节　教师招聘与选拔现状研究 ·················· 154
　　一、教师招聘与选拔概述 ·················· 154
　　二、国内教师招聘与选拔现状分析 ·················· 160
　　三、国外教师招聘与选拔现状分析 ·················· 165
第二节　基于胜任特征的教师招聘与选拔方案设计 ·················· 167
　　一、胜任特征在教师招聘与选拔中的应用价值 ·················· 167
　　二、基于胜任特征的教师招聘与选拔实施原则 ·················· 169
　　三、基于胜任特征的教师招聘与选拔实施流程 ·················· 170
　　四、基于胜任特征的教师招聘与选拔特点分析 ·················· 175
第三节　基于胜任特征的教师招聘与选拔实践探索 ·················· 177
　　一、C 中学教师招聘与选拔工作现状描述 ·················· 177
　　二、C 中学教师招聘与选拔中存在的问题分析 ·················· 179
　　三、基于胜任特征的 C 中学教师招聘与选拔改进方案设计 ·················· 181

第七章　基于胜任特征的教师培训与开发 ……………………… 184

第一节　教师培训与开发现状研究 …………………………… 185
一、教师培训与开发的理论基础 ……………………………… 185
二、教师培训与开发的常见模式分析 ………………………… 186
三、教师培训与开发的现存问题总结 ………………………… 188
四、教师培训与开发的未来趋势展望 ………………………… 190
第二节　基于胜任特征的教师培训与开发方案设计 ………… 193
一、教师胜任特征模型在教师培训与开发中的应用价值 …… 193
二、基于胜任特征的教师培训与开发实施原则 ……………… 195
三、基于胜任特征的教师培训与开发实施流程 ……………… 197
四、基于胜任特征的教师培训与开发特点总结 ……………… 206
第三节　基于胜任特征的教师培训与开发实践探索 ………… 207
一、D 小学教师培训与开发工作现状描述 …………………… 207
二、D 小学教师培训与开发中现存问题分析 ………………… 209
三、基于胜任特征的 D 小学教师培训与开发改进方案设计 ……… 211

第八章　基于胜任特征的教师绩效管理 ……………………… 216

第一节　教师绩效管理研究现状 ……………………………… 216
一、教师绩效评价 ……………………………………………… 216
二、教师绩效管理 ……………………………………………… 223
三、我国教师绩效评价与管理的现状分析 …………………… 229
第二节　基于胜任特征的教师绩效管理方案设计 …………… 234
一、胜任特征模型应用于教师绩效管理的理论准备 ………… 234
二、基于胜任特征的教师绩效管理实施流程 ………………… 237
第三节　基于胜任特征的教师绩效管理实践探索 …………… 240
一、HKC 中学及其绩效考核方案 …………………………… 240
二、HKC 中学教师绩效管理现状与问题分析 ……………… 246
三、HKC 中学基于教师胜任特征的绩效管理实践操作 …… 247

参考文献 ………………………………………………………… 253

第一章

概　　述

　　教育大计，教师为本。要把加强教师队伍建设作为教育事业发展最重要的基础工作来抓，充分信任、紧密依靠广大教师，努力造就一支师德高尚、业务精湛、结构合理、充满活力的高素质专业化教师队伍。

——胡锦涛

　　如果说教育是国家发展的基石，教师就是奠基者。有好的教师，才可能有好的教育。能否造就一支师德高尚、业务精湛、结构合理、充满活力的高素质专业化教师队伍，是我国教育发展中一项重要而紧迫的任务。

——温家宝

　　以上是时任国家主席胡锦涛和国务院总理温家宝在 2010 年全国教育工作会议上关于加强教师队伍建设的讲话的部分内容摘要。于 2010 年 7 月颁布的《国家中长期教育改革和发展规划纲要（2010—2020 年）》明确将"严格教师资质，提升教师素质，努力造就一支师德高尚、业务精湛、结构合理、充满活力的高素质专业化教师队伍"提升到国家教育改革与发展的战略高度。

　　百年大计，教育为本。教育是人类进步、科学发展与社会文明的基本保证及主要推动力。在经济高速发展、竞争日益激烈、科技进步日新月异的现代社会，一个国家教育事业的兴盛更成为其保持经济社会快速和可持续发展的关键，高素质、高水平的人才队伍成为一国经济发展和社会进步最重要的支撑力量之一。我国早已将"科教兴国，人才强国"视作重要的发展战略。于个人，教育的直接作用在于"传道、授业、解惑"；而于国家，教育的直接作用则在于培养经济社会进步所需的高水平人才。人才培养关键在于教育，而教育发展则取决于教师队伍的质量。一直以来，教师队伍，尤其是基础教育师资队伍的建设始终都是各国发展教育事业过程中最重要的任务之一。早在 2005 年，温家宝总理就曾明确指出"教师素质是提高教育质量的依靠力量"，并将其视作我国教育发展面临的三大任务之一。怎样才能保证教师队伍的高素质？如何吸引和挑选有潜质的年轻人投身教育事业？如何培训和提升在职教师的水平？等等。所有这些都是我国当前和未来教师队伍建设不可回避的重要问题。它们既是决定我国教师队伍建设质量的关键，同时也是需要全社会共同努力破解的难题。

起源于管理学领域，并于近些年风靡整个管理学理论研究和实践的胜任特征思想可以为理解我国教师队伍建设的"高素质"和"专业化"目标提供良好的切入点，并为这些目标的实现提供有价值的路径参考。所谓胜任特征（Competency），是指能够将某一工作中的绩效优秀者与绩效一般者有效区分开来的个体特征的总和（麦克利兰，1973）。因其对任职者工作绩效的直接预测作用，胜任特征概念自提出那一刻起就蕴含了其在管理中广阔的应用前景。如今，胜任特征思想已经渗透进入绝大多数全球五百强企业的人力资源管理工作中，被广泛应用于包括人才招聘与选拔、培训与开发、绩效管理等各个人力资源管理模块，为推动全球人力资源管理工作的发展和进步做出了重要贡献。与此同时，胜任特征思想同样吸引了各国教育界人士的关注，并被逐步应用到各国教师队伍的建设中来。其中一项具有里程碑意义的活动就是美国联邦教育署于 1967 年开始大力倡导的"基于胜任特征的教师教育"（Competence-Based Teacher Education，简称 CBTE）运动。CBTE 模式的推广开启了西方发达国家顺应教师专业化趋势，改革教师教育与管理的序幕。在此背景下，与教师胜任特征有关的实证研究也开始涌现。

与胜任特征的内涵相对应，教师胜任特征是指教师在各种教育情境中取得期望绩效所需的知识、技能、态度、特质和动机等个人特征（马红宇等，2012）。教师胜任特征具有以下特点：其一，教师胜任特征与教师的绩效表现紧密相关，能够预测教师未来的工作绩效；其二，教师胜任特征与教师的职业和工作特点相联系，反映的是教师这一特殊职业对任职者的能力素质等要求；其三，教师胜任特征能够将绩效优秀者与绩效平平者很好地区分开来。教师胜任特征模型则是指一组被确认的教师胜任特征群，每一胜任特征群下面又包含有多项具体、联系紧密的胜任特征。国外已有的研究成果和实践经验表明，教师胜任特征思想可以在教师教育、选拔和培训等工作中发挥重要的应用价值（伊莎梅尔，2009；斯图温、德·麦斯特，2010；潘迪克、怀布斯，2010）。基于此，本章将重点从胜任特征理论的起源和发展及其在国际教育领域的主要应用和研究现状这两个方面进行全面介绍，以帮助大家对胜任特征思想在我国当前和未来教师队伍建设中的广阔应用前景有一个比较全面的认识和了解。

第一节　胜任特征理论概述

自麦克利兰（McClelland，1973）于 20 世纪 70 年代首次完整地提出胜任特征概念以来，胜任特征理论的发展已经走过近半个世纪。目前，胜任特征及其理论发展已成为国际管理学中一个非常重要的领域，吸引了众多学者的广泛关注；同时，胜任特征思想在管理实践中的应用也日益普遍和深入，正逐步发展成为一项重要的人力资源管理工具，以至于近年来有学者开始尝试提出基于胜任特征的人力资源管理理论。但是，由于不同研究者对胜任特征的理解与关注点不尽相同，致使其对胜任特征内涵的认识和理解仍存有一定差异。这在一定程度上制约了胜任特征理论的成熟，同时也不可避免地限制了胜任特征在管理实践中的广泛应用。基于此，本节将重点就胜任特征的发展脉络、胜任特征概念的内涵、胜任特征的理论基础及当前胜任特征理论研究的局限性等方面进行介绍和评述，以帮助大家更加全面、深入地认识胜任特征及其理论的主要观点及发展现状。

一、胜任特征的源起

胜任特征一词最早起源于拉丁语"Competere"，其意指"恰当的、合适的"。胜任特征的思想起源最早可以追溯到古罗马时代，当时人们为了阐明"一名优秀的罗马战士"的属性而建构了胜任剖面图（Competency Profiling）。后来，"胜任特征运动"兴起，人们为了更有效地评定工人的工作绩效，从最早、最简单的人体机械运动效率测定到关键事件评定，直至现在已走上系统化的胜任特征研究（时勘，2006）。

早在20世纪初，"科学管理之父"泰勒（Taylor）就曾运用"时间—动作研究"（Time and Motion Study）范式区分优秀工人与较差工人在工作过程中的差异性，试图找出促成优秀工人高质量、高效率的工作过程及理想工作结果的关键影响因素；泰勒还尝试通过系统的培训活动提高工人的胜任特征水平，进而提高组织效能（1911）。泰勒的科学研究和实践尝试对后续的管理学界影响深远，后人将其所开展的研究称为"管理胜任特征运动"（Management Competencies Movement）。同时，泰勒开创的"时间—动作研究"范式也对后来的工作分析方法的发展产生了重要影响。目前使用最普遍的胜任特征模型构建方法——行为事件访谈法（Behavioral Event Interview，简称BEI）——就是综合工作分析、关键事件访谈及心理投射测验等的产物。

虽然胜任特征思想由来已久，但是胜任特征概念的正式提出却距今不到半个世纪。1973年，哈佛大学教授麦克利兰在《美国心理学家》杂志上撰文《Testing for Competence rather than for "Intelligence"》，明确指出，传统的智力测量（如智商测验）虽然具有一定的信度，但在预测员工的工作绩效水平或职业生涯成功时，不但准确性较差，有时甚至还会产生严重的偏差，并且往往在妇女、社会底层人士及少数民族等群体上显现出不公平。他进一步指出，武断地通过这些智力测验来评判个人的能力水平是不合理的，那些在工作中的成功者之所以卓尔不群，不是因为他们的智商或学习能力出色，而在于他们具有自我约束、积极主动、良好的人际沟通和团队协作等倾向和行为特征。因此，他提出应该用"胜任特征"评估来取代传统的智力测验。麦克利兰还认为，要从实践出发，直接挖掘出那些真正能影响工作绩效的个人特质与特征，那些直接影响员工绩效的个人特质和行为特征就是"胜任特征"。值得一提的是，麦克利兰本人也是积极将胜任特征思想推向管理实践的先行者，他曾担任过美国驻外信息情报官（Foreign Information Service Officer）的选拔工作，他们通过对优秀情报官的访谈，找出优秀情报官与一般情报官的不同之处，从而确定优秀情报官的核心胜任特征并将其作为情报官选拔的重要依据。与此同时，麦克利兰还提出了对胜任特征进行有效测量的六原则，即选取最佳的效标、测量要能反映个体学习后的变化、应该公开那些被测量的特征或属性、测量应该评价与实际工作绩效密切相关的素质、测量应该同时包含操作性行为和反应性行为、测量应对各类主要的操作模式进行总结和提炼，以最大程度地概括各种行为。正是基于这些测量原则，麦克利兰还开创性地提出了依据个体正在从事的具体工作任务来评估其能力水平的方法——行为事件访谈法，该方法后来成为胜任特征测评的主要方法之一。

1982年，伯亚茨斯（Boyatzis）出版了《胜任的经理：一个优秀绩效的模型》（The Competent Manager：A Model for Effective Performance）一书，对优秀管理者的胜任特征模型进行了系统的归纳和分析，在将"胜任特征"这个学术性概念引入管理实践方面迈出了重要一步。其后，斯宾塞夫妇（Spencer & Spencer，1993）在整合前人研究成果的基础上出版了《工作中的胜任特征：卓越绩效模型》（Competence at Work：Models for Superior Performance）一书，更进一步地推动了胜任特征研究从学术研究走上管理实践的步伐。从那以后，胜任特征模型构建和测评开始广泛地应用于美国各种企业组织、政府单位、军队以及非营利事业单位（如学校、医院）等的人力资源管理实践。

二、胜任特征的内涵

（一）胜任特征的界定

如前所述，胜任特征是一个从西方引进的概念，由于翻译方面的问题，目前国内对胜任特征的翻译命名并不统一。其中，被引用较多的翻译主要包括胜任力、胜任特征、胜任素质等。追溯胜任特征的外文原文可知，胜任特征最初对应的英文单词是"Competence"，后来"Competency"开始出现在相关文献中并逐渐占据上风。就最初的含义来说，两者确实存在一定的差异。根据《美国大词典》的释义，"Competence"主要指"具备或完全具备某种资质的状态或品质"（薛琴，林竹，2007），它强调的是整合功能，相当于一种特定的能力标准。而"Competency"则是指个体履行工作职责时的行为表现或特征，主要用于识别优秀绩效、行为与功能性技能等（陈云川，雷铁，2004）。麦克利兰（2001）也认为"Competence"是指个体履行其工作任务和职责并取得工作绩效的能力，而"Competency"则聚焦于个体在某种特定情境中的实际行为表现和绩效。当然，也有学者认为这两个术语从字面上进行区别并没有特别大的意义，而且现在两者有开始合并的趋势（伯亚茨斯，1982；海兰，1997）。总体而言，鉴于"Competency"并不局限于能力的范畴，其内涵较"Competence"应更广一些，因此笔者比较倾向于认可时勘教授（2006）的观点，在本书中使用"胜任特征"这一翻译。

　　迄今，有关胜任特征概念的界定并不完全一致。从历史的角度，胜任特征最早可以追溯到中世纪的行业协会，主要指学徒跟随师傅学习而掌握的技能。最早明确提出并完整定义胜任特征概念的是麦克利兰，他认为，胜任特征就是能够区分个体在特定工作岗位和组织环境中的绩效水平的个人特征，可以是个体的动机、特质、自我概念、态度或价值观、某领域的知识或行为技能等。它们既是判断一个人能否胜任某项工作的起点，也是决定并区别绩效差异的个体特征的综合。在此基础上，仲理峰、时勘（2003）指出，胜任特征是能够把某职位中表现优异者与表现平平者区分开来的个体潜在的、较为持久的行为特征，这些特征可以是认知的、意志的、情感的、动力的或倾向性的等。而彭剑锋（2006）则认为胜任特征是驱动一个人产生优秀工作绩效的各种特性特征的集合，它反映的是可以通过不同方式表现出来的个人的知识、技能、个性与内驱力。

　　目前，研究者们在有关胜任特征包含的具体内容方面仍然存在一些争议。例如，斯宾塞夫妇（1993）认为胜任特征包括基准性胜任特征与鉴别性胜任特征两方面的内容。基准性胜任特征是对岗位任职者的基本要求，如知识、技能等一些显性的特征，这些特征较容易通过教育、培训等方法加以改进；反之，那些较难通过短期培训加以改变或发展的深层次动机、特质、自我概念、态度和价值观等内容，被称作鉴别性胜任特征。国内学者徐建平（2004）认为，教师工作所需要但是在绩优组与一般组之间差异不显著的那些胜任特征属于基准性胜任特征，而绩优组与一般组之间存在显著差异并且是教师工作所必备的那些特征属于鉴别性胜任特征。陈万思（2007）在对知识型员工的胜任特征模型进行研究时认为，并非所有在现有职位上工作效率高的人员都具有能够发展到比现有水平更高层次的特征，他在此基础上对斯宾塞关于胜任特征的二分观点进一步细化，认为胜任特征包括基准性特征、鉴别性特征和发展性特征三方面的内容。所谓发展性特征是指那些能够将特定职位的高绩效者与卓越绩效者有效区分开来，通常在短期内难以改变和发展，那些高绩效者往更高层次发展（成为卓越者）所必须具备的特征，但是其研究并未具体揭示发展性胜任特征的具体内容。

（二）胜任特征的特点

　　作为那些能够有效预测岗位任职者工作绩效的各种个人特征的集合，胜任特征具有以下几方面的特点。

　　其一，胜任特征具有绩效预测性。即胜任特征能够有效预测任职者的未来工作绩效，能够将特定岗位上的绩优者与一般者有效区分开来，这是胜任特征最核心的特点。

　　其二，胜任特征具有岗位特异性。虽然胜任特征可以包括知识、能力、技能、动机、态度、价值观等各方面的个人特质，但是不同岗位所要求的胜任特征在具体内容上是存在差异的。也就是说，特定岗位所要求的胜任特征内容一定要能够体现出该岗位的一些特殊性。

其三，胜任特征具有动态发展性。特定岗位的胜任特征所包含的内容并不是一成不变的，随着岗位所处环境特征和时代特征的变化，同一岗位的胜任特征要求也可能发生相应的改变。例如，信息化时代以前的教师与信息社会中的教师虽然在胜任特征内容上存在大多数的共同之处，但是二者之间显然还是有一定的区别。

其四，胜任特征具有内容广泛性。前面已经反复提到过，凡是能够有效预测特定岗位任职者工作绩效的个人特征均可以归入岗位胜任特征的框架中。根据胜任特征的冰山模型（如图 1 - 1 所示），岗位胜任特征的内容既包括最表层的知识、技能等（冰山露出水面部分），同时更包括深层次的动机、态度、自我概念和价值观等（冰山藏于水面以下的部分）。由此可见，胜任特征的内容具有广泛性。

（三）胜任特征的类型

基于不同的标准，可以将胜任特征区分为不同的类型。现将一些较常见的胜任特征类型区分方法介绍如下。

根据员工的不同职位，可以将胜任特征分为工作胜任特征、岗位胜任特征及职务胜任特征。工作胜任特征对员工的绩效水平产生直接影响，它是员工工作绩效的有效预测因子。岗位胜任特征指的是具有某种资格或者胜任某一岗位的条件，即拥有足够的知识和技能去履行某一特定任务或从事某一种活动。职务胜任特征是指某特定行业的工作者是否具备某一职务所要求的职务行为能力（丁慧平，2000）。

根据胜任特征的对象可以将其分为个体胜任特征与组织胜任特征。个人胜任特征主要是针对单一个体而言的特征，它能够有效地区分出高绩效者与低绩效者。而组织胜任特征则针对整体组织而言，指的是团队核心竞争力，它有三个可辨别的成分，即提供进入变化市场的潜能、对终端产品有价值的贡献及竞争对手难以模仿的竞争优势（陈云川，雷铁，2004；李忠民，刘振华，2011）。

根据胜任特征的可塑性即其变化情况，可将胜任特征分为软性胜任特征和硬性胜任特征。前者主要指个体的行为与特质，后者指的是个体完成预期目标的工作标准（伍德鲁夫，1993）。

根据工作行为特征，胜任特征可以分为管理胜任特征、人际胜任特征及技术胜任特征。管理胜任特征指的是管理领导能力。人际胜任特征指的是有效的交流，积极建立人际关系的能力。技术胜任特征指的是与某一特殊专业活动相关的胜任特征（徐建平，2004）。

根据组织需求的核心专业与技能，胜任特征可以分为通用胜任特征、可迁移胜任特征与专业胜任特征。通用胜任特征指的是一个企业组织的核心价值观及文化等的反映，它是全体员工共同拥有的潜在特质。可迁移胜任特征指某些岗位的通用胜任特征，如管理者胜任特征、领导胜任特征。专业胜任特征指从事某一专业工作的胜任特征（库瑞帕斯，2000）。

根据任务具体性、行业具体性和公司具体性三个维度对胜任特征进行划分，可以将胜任特征分为六种：元胜任特征，即适用于各种职业、组织与行业的胜任特征；行业通用胜任特征，指的是对某特定行业适用的胜任特征，它与职业或组织无关；组织内胜任特征，即只适用于某特定组织的胜任特征；标准技术胜任特征，即某特定职业的胜任特征；行业技术胜任特征，指适用于某特定职业及特定行业的胜任特征；特殊技术胜任特征，指的是高组织与高职业特定性的胜任特征（努德豪格，1998）。

按胜任特征的构成要素分为基础胜任特征（基准性胜任特征）、特殊胜任特征（鉴别性胜任特征）和发展性胜任特征三种。也有学者把它称为门槛类胜任特征、区辨类胜任特征及转换类胜任特征。基准性胜任特征指的是为保证工作取得成功而界定出的一些最低标准要求，较容易通过培训、教育而得到发展与提高。鉴别性胜任特征指的是可以有效地将相同特定职位的高绩效者与一般绩效者有效区别开来的胜任特征。它在短期内难以改变，但通过某些特定的方法可以得到一定的改善。发展性胜任特征主要指的是管理人员与员工普遍缺乏的胜任特征，一旦他们在这些胜任特征上有所突破，得到提高与改善，就会大大提高他们的工作绩效水平（国际人力资源管理研究院编委会，2005）。

还有人根据胜任特征的行为表现和个人特性，把胜任特征分为基于行为表现的胜任特征和基于个人特性的胜任特征。前者为行为层面的胜任特征，后者则是个体的人格特质层面的胜任特征。

也有学者将胜任特征分为表面胜任特征与中心胜任特征两大类。前者主要指的是知识、技能与态度。它们易于观察，同时也容易培养。后者主要指的是个体的思考方式、思维定式、自我意识、内驱力及社会动机等，它们都是个体内隐的核心特征，难以确定及测量。因此，这类胜任特征很难通过培养在短期内得到提升（国际人力资源管理研究院编委会，2005）。

还有研究者将胜任特征划分为职业胜任特征、个人胜任特征及教育胜任特征三大类。职业胜任特征指的是与职业相关的知识及技能，是保证特定任务成功完成所必需的。个人胜任特征则指的是个体在不同场合下获得成功所需的特征、态度与行为。教育胜任特征是个体通过特定的学习与培训获得的技能、态度与行为（菲舍尔，2001）。

三、胜任特征模型

（一）胜任特征模型的内涵

胜任特征模型（Competency Model）是胜任特征的一种应用形式，源起于20世纪50年代初。胜任特征模型是指承担某一特定的职位角色所应具备的胜任特征要素的总和，即针对该职位表现优异者要求结合起来的胜任特征结构（时勘，2006）。普遍而言，胜任特征模型是"从组织战略发展的需要出发，区分绩效优秀与普通者的对应于岗位的一系列行为及引发行为的素质能力的描述"（张凤，2009）。即是"对既定职位上实现高绩效工作产出所需要的胜任特征的规范化的文字性描述和说明"（国际人力资源管理研究院编委会，2005）。也有学者指出"胜任特征模型是指达成某一绩效目标的一系列不同胜任特征要素的组合，是一个胜任特征结构"（王家奇、汤舒俊、纪凌开，2009）。还有学者指出，胜任特征模型就是"某一特定岗位所应具备的胜任特征要素的综合，是根据岗位的工作要求，确保该岗位的人员能够顺利完成该岗位工作的个人能力特征结构的总和"（李忠民、刘振华等，2011）。

（二）胜任特征模型的结构

目前，有关胜任特征模型内部结构描述的观点主要有两种，即"冰山模型"和"洋葱模型"。

胜任特征的"冰山模型"（Iceberg Competency Model）最早由美国学者斯宾塞夫妇（1993）提出，该模型把个体胜任特征模型形象地描述为一座漂浮在海面上的冰山，包括显性胜任特征（冰山露出水面部分）和隐性胜任特征（冰山藏于水面以下部分）两个不同层面，如图1-1所示。

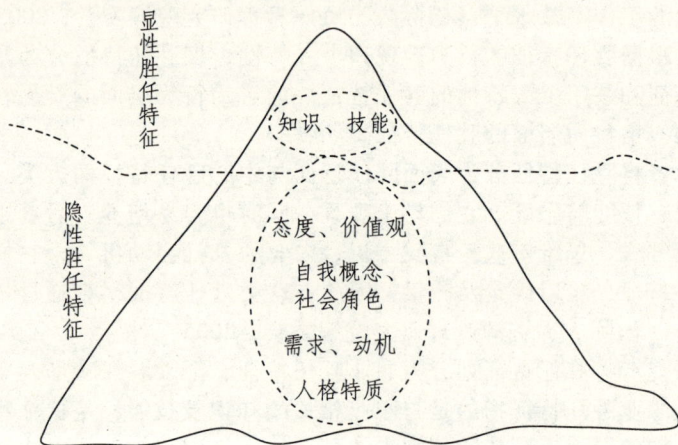

图1-1 胜任特征的冰山模型

显性胜任特征也称表层（浅层）胜任特征，主要包括知识与技能等内容，是胜任特征的基本素质要素，这一部分也被称为"基准性胜任特征"（Threshold Competence）。隐性胜任特征则包括人格特质、动机与需求、自我概念与社会角色、态度和价值观等个体身上的深层次特征，是将优秀者与一般者区分开来的关键内容，因此这部分也被称为"鉴别性胜任特征"（Differentiating Competence）。显性胜任特征是能力的外在表现，容易观察与测量，也较容易被模仿，因此通过培训学习对其加以改变与发展相对比较容易。而隐性胜任特征则是个体的内在特性，难以了解与测量，且不大容易受外界影响而发生变化，但这恰恰是对个体行为表现产生关键性作用的内容，因此，这些内容也是许多企业管理培训中最为关注的部分。

胜任特征的"洋葱模型"由美国学者伯亚茨斯（1982）提出，按照由表层到里层的线索展示了胜任特征构成的核心要素。与"冰山模型"的观点类似，"洋葱模型"也认为胜任特征包括个性、动机、自我概念、价值观、知识和技能等所有能够有效预测绩效的个人特征。在这些内容中，知识和技能居于最表层；自我概念和社会角色居于中间层；而个性特征和动机等居于最里层，是胜任特征最核心的部分，如图1-2所示。

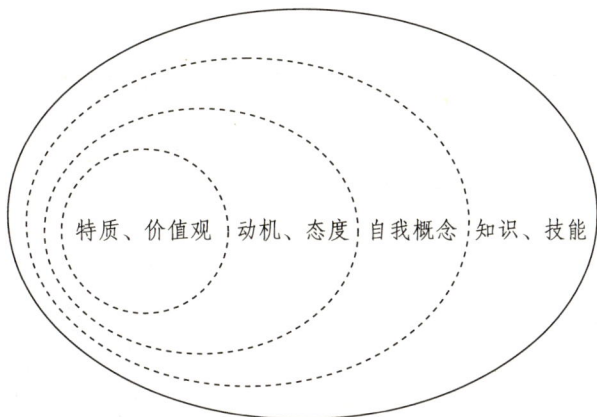

图1-2 胜任特征的洋葱模型

这些内容形成一种从内到外层层包裹的结构，越居于里层的特征，越难以评价与改变；反之，越趋向表层的特征，越易学习和培养。"洋葱模型"中的表层部分相当于"冰山模型"的水上部分，最里层部分相当于"冰山模型"的水下最深处的部分，二者在本质上是相通的；不同处体现为二者理解胜任特征内容结构的视角不同，"洋葱模型"对胜任特征内容结构的描述更加细致和深入，对各种胜任特征内容地位和特点的区分也更加明确，而"冰山模型"对胜任特征内容结构的描述相对简单。

"冰山模型"和"洋葱模型"从理论上对胜任特征模型的内在结构进行了深入分析和理解。除此之外，胜任特征模型还蕴含另一层含义——胜任特征模型是将胜任特征理论研究与实践应用联系起来的一个关键节点。岗位胜任特征模型的构建是基于胜任特征的人力资源管理和开发的逻辑起点和基石；在某种程度上可以认为，胜任特征模型是人力资源管理与开发的各项职能得以有效实施的重要基础和技术前提（时勘，2006）。之所以如此，主要是因为胜任特征模型具有以下三个要素：胜任特征名称、胜任特征的操作性定义和与胜任特征对应的行为指标的等级（直接反映胜任特征行为表现的水平差异）。具体来讲，胜任特征模型包括名称、通过操作性定义对岗位的具体要求进行了解释。更为重要的是，在行为指标方面，从基本合格的行为等级水平到最优秀的表现等级水平，都有详尽的描述。这样，我们就能清楚地知道，该职位表现平平者和表现优异者在行为水平上的差异究竟是什么。这就为我们选拔、培训、行为评价和反馈，以及后来的职业生涯发展提供了准确、直观的依据。

（三）胜任特征模型研究现状

如前所述，胜任特征模型的构建是基于胜任特征的人力资源管理与开发的逻辑起点和基石。可见，胜任特征模型的构建是胜任特征由理论走上管理实践的首要工作。迄今为止，国内外已经积累了大量胜任特征模型构建成果，为胜任特征思想在全球组织管理实践中的渗透和应用发挥了重要作用。接下来，我们将对国内外已有的胜任特征模型构建成果进行简要的梳理和介绍。

1. 国外的胜任特征模型研究

国外最早开展胜任特征模型构建工作的当属麦克利兰，他在 1973 年就提出了管理人员的通用胜任特征模型，从"自我—他人"角度出发，将管理人员的胜任特征模型区分为自我层面的管理人员自身胜任特征（如成就动机、创造性、主动性等）和人际层面的领导才能（如影响力、领导力等）。从那以后，面向美国企业组织职员（包括管理者和普通员工）开展的胜任特征模型构建工作如雨后春笋般涌现。例如，1980 年，著名管理咨询机构盖洛普公司对美国 282 家大型企业及 300 多家中小型企业进行了调查，结果发现在大型企业中的管理胜任特征最核心的内容依次为"正直、勤奋、与人相处的能力、献身精神、与他人合作的能力"等；而在中小型企业中的排序则为"与他人相处的能力、正直、勤奋、业务知识、智力、领导能力"等。1982 年，伯亚茨斯对经理岗位的胜任特征模型进行了挖掘；1985 年，迈斯菲尔德（Mansfield）等人构建了以工作学习为中心的员工工作胜任特征模型；1993 年，斯宾塞夫妇全面提出了最能有效预测职业成功的六大类（分别是成就特征、助人服务特征、影响特征、管理特征、认知特征和个人特征）共 20 项胜任特征；1999 年，伯亚茨斯研究了公共事业管理和私营企业管理者的胜任特征模型，发现不同行业、不同部门和不同管理水平中管理人员胜任特征模型也不同；2000 年，美国管理协会在大样本调查的基础上指出管理人员的胜任特征模型主要包括概念技能、沟通技能、效率技能和人际技能四大特征群，等等。不难看出，国外有关胜任特征模型构建的研究大量集中于企业组织中，企业管理岗位的胜任特征模型尤其吸引了研究者最多的关注。

除了面向企业组织外，国外的研究者也对一些特殊行业的岗位胜任特征模型进行了研究。例如，简森（Janssen）等人（2005）研究了医院护士的胜任特征模型；德·福罗伊特（De Fruyt）等人（2006）研究了审讯警察岗位的胜任特征模型；另有斯克米特（Schmidt，2008）则研究了宇航员的胜任特征模型，等等。可见，从行业而言，胜任特征模型构建及其相关的应用已经在国外的各行各业中得到了广泛的渗透。

2. 国内的胜任特征模型研究

国内有关胜任特征模型构建的研究虽然起步较晚，但近年来的研究成果却非常丰富，除了大量遍及企业管理领域外，在其他一些特定的行业中也进行了很多有价值的尝试。

与国外一致，国内的胜任特征模型构建最早关注的也是企业管理领域。较早在国内企业管理领域开展胜任特征模型构建研究的是中国科学院心理研究所的时勘教授及其团队，自2002年以来，他们就一直在面向国内的企业组织开展相关的工作。例如，2002年，他们构建了我国通信行业高层管理者的胜任特征模型；2004年，他们又构建了国内家族企业高层管理者的胜任特征模型。与此同时，浙江大学管理学院王重鸣教授等人也是国内胜任特征模型构建的大力推动者，他们也在国内企业管理人员胜任特征模型构建方面开展了大量的研究工作。此外，像企业组织中的人力资源管理人员、财务管理人员以及销售员等岗位也是国内胜任特征模型研究的重点之一（瞿群臻，2007；姚翔、王磊，2004；潘文安，2005；刘中艳、李明生，2011）。

除了传统的企业组织领域，国内的胜任特征模型研究也在其他一些特定行业（如政府部门、医院、教育等公共事业部门等）中得到了广泛的拓展，这种趋势在近些年来尤其明显。例如，谷向东（2005）研究了政府官员（职能局正职）的胜任特征模型；赵辉和乌晓礼（2007）研究了国内地方政府领导的胜任特征模型；侯奕斌（2007）考查了科级公务员的胜任特征模型；黄勋敬等人（2007）研究了商业银行行长的胜任特征模型；朱国峰（2007）探讨了航运公司船长的胜任特征模型；邱芬（2008）研究了体育教练员的胜任特征模型；李忠民和刘振华等人（2011）研究了医生的胜任特征模型；等等。通过这些不断涌现的胜任特征模型研究成果可以看出，胜任特征之于组织管理的重要价值正在得到国内学术界人士和管理实践者越来越广泛的关注。

第二节　国内外教师胜任特征研究现状

除了企业管理领域，教育领域是胜任特征思想渗透相对广泛和深入的领域之一。其中，胜任特征思想渗透教育领域的两个最重要表现是兴起于20世纪60年代的基于胜任特征的教师教育（CBTE）运动和发端于20世纪末的基于人本主义的教师教育（Humanistic Based Teacher Education，HBTE）运动。

CBTE主要关注的是未来教师"能做什么""应该做什么""应具备什么样的能力"等几方面的问题；而HBTE强调的则是教师个体的独立性与尊严，关注的是"作为一个教师我是谁""我拥有了什么样的品质"等更深层次的问题。具体来说，在CBTE运动的倡导下，教师是否具备充足的学科和教学相关知识，是否具有让学生获得丰富的知识和技能、养成积极的生活态度及拥有解决复杂问题的综合能力成为当时评价教师水平的重要标准。与早前的教师教育模式相比，CBTE抛弃了以往对理论性陈述能力的关注，提倡更具实践性的反思能力的培养，有助于新教师更快地适应教学工作，对国际教师教育改革运动影响深远。例如，美国国家教育数据中心（1988）的报告发现，截至 1988 年，美国全国范围内已经有一半左右的州开展了教师能力测评项目。

HBTE 则以人本主义心理学为理论基础，吸收了人本主义理论中关于"个体成长"的观点，强调教师个人的独立性与尊严。与 CBTE 相比，HBTE 不再强调教学方面的知识和技能等内容，而是关注教师个人的信念，认为教师的信念是其教育行为的最重要决定因素。在 HBTE 的倡导下，新的教师教育与培训活动也开始从原来强调教师的外部行为转向更多关注其自身的内部属性（如认知、态度、自我概念、职业认同等）。进入 21 世纪，伴随着积极心理学运动的兴起，HBTE 从中获得了新的动力，开始更多关注教师的自我效能感、创造性、信任等积极心理品质。有研究者（徐建平，2004）认为，CBTE 及以前的教师教育和培训活动大多从教师的知识和技能、教学方法、关心学生等外显能力上展开，忽视了教师自身的个性品质，虽然外显能力较容易通过学习获得提升，但是更深层次的内在个性品质才是决定教师行为和绩效的更关键因素。

不难看出，过去的半个多世纪里国际教师教育领域先后兴起的这两次教师教育改革运动其实正反映了胜任特征思想在国际教师教育领域由浅入深的渗透过程。CBTE 运动反映的是国际教育界对较浅层的教师胜任特征（如知识、技能等）的关注，而 HBTE 运动反映的则是国际教师教育界对更深层次的教师胜任特征（如态度、动机、自我概念、个性特质等）的关注。需要特别指出的是，这两次教师教育改革运动的发端和兴盛都建立在国际教师胜任特征研究基础之上。可以说，没有研究者在教师胜任特征领域的研究探索，就不可能有这两次运动的出现。与此同时，这两次教师教育改革运动的兴起，也在很大程度上影响了同时期的教师胜任特征相关的理论研究。基于此，本节将对过去几十年时间里国际教师胜任特征研究的历史和现状进行较全面的回顾和总结。

一、教师胜任特征的内涵

目前，国内外对教师胜任特征的界定还存在一定的争议，不同研究者基于不同的视角，对教师胜任特征的理解也可能不同。例如，沃特（Watts，1982）认为教师胜任特征是指成功的教学实践所必需的教育教学方面的知识与技能；梅德勒（Medley，1995）将教师胜任特征区分为专业知识、专业技能（包括知觉、决策与执行技能和专业态度或价值观三大类）；奥尔森和维特（Olson & Wyett，2000）也持相似观点，认为教师胜任特征是指教师个体所具备的、与成功教学实施相关的一种专业知识、专业技能和价值观，既是教师自身的个性特征，同时也是教师成功教学的必要条件；麦克康纳尔（McConnel，2001）则认为教师胜任特征是确保教师履行其教师工作职责与获得绩效的一种能力，是一种基本要求或标准。在这些定义的基础上，蒂内克（Dineke，2004）提出了一种相对更为综合的观点，认为教师胜任特征是教师的人格特质、知识及在不同教学背景下所需教学技巧和教学态度的综合体。

国内学者对教师胜任特征的界定与国外基本一致。例如，徐建平（2004）

认为教师胜任特征是指在教育教学中，能把高绩效表现优秀的教师与一般普通教师区分开来的个体潜在特征，主要包括能力、自我认识、动机及相关人格特质等个人特性；曾晓东（2004）则认为教师胜任特征是指教师知道的（知识）、能做的（技能）和信仰的（价值观）具体内容；刘吉良（2009）认为教师胜任特征是指在学校教育教学工作中，能将高绩效表现优秀的教师与一般普通教师区分开来的个体特征，包括潜在特征和显现特征。

综上所述，虽然不同学者对教师胜任特征内涵的理解存在一些差异，但是在一些核心内容的认识上还是比较一致的。首先，大家都认为教师胜任特征应能够区分优秀绩效的教师与一般绩效的教师；其次，大家都认可教师胜任特征应该包括与成功教学有关的专业知识和专业技能。学者们有关教师胜任特征内涵的争议主要在其表现方式上面——教师胜任特征究竟通过教师的教学技能表现出来，还是通过教师的专业价值观，即个人品德、职业道德表现出来？有学者认为这种不一致背后的本质是"作为工具性行为的胜任特征"与"作为实践行动的胜任特征"之间的矛盾与冲突（李昌庆、何木叶、姚元全，2009）。持"作为工具性行为的胜任特征"观点的人认为教学的基本技能和策略是课堂教学的关键；持"作为实践行动的胜任特征"观点的人则把教师视为"演员或行为的反射者"，或者把教学视作"行为或在社会情境中与他人的相互作用"，不再把教师胜任特征仅仅局限于课堂管理、提问、行为调整等技能上面（王玉芬，2007）。这两种不同观点背后的参照框架也不同，因此也导致了不同研究者对教师胜任特征的理解与界定有所不同。但我们也不能简单地对比评定哪种观点更好或较差，因为基于两种角度出发的对于教师胜任特征的研究都有丰富的实践证据支持，也都能将优秀教师与普通教师区分开来，即这些教师胜任特征模型都是有效的。我们在未来的研究中，可以根据自身研究的需要选择恰当的视角与方法进行研究，这些理论研究归根结底是要运用于实践中，因此选择适用于该研究实践情境的观点与工具显得更为重要。

二、教师胜任特征模型的相关研究

（一）国外的教师胜任特征模型研究

自 20 世纪 90 年代以后，国外涌现出了大量有关教师胜任特征模型内容及结构的研究。例如，霍普金斯（Hopkins）和斯特姆（Stem）于 1993 年以欧洲 10 个国家的教师为对象，对教师应具备的关键胜任特征内容进行了考查，结果表明一个高绩效的优秀教师具有六大关键胜任特征，分别是：职业承诺、关爱学生、独特的教学技能、多元化的教学模式、合作能力以及自我反思或反省能力。丹尼尔森（Danielson，1996）的研究则表明教师胜任特征模型的内容主要包括计划与准备、教学环境监控、教学与专业责任等方面。比斯科夫（Bisschoff）和格罗布勒（Grobler）于 1998 年开展的研究表明，教师胜任特征可以区分为教育胜任特征与合作胜任特征两大类，具体内容包括学习环境、专业承诺、纪律、教学基础、教学反思、合作能力、教学有效性和领导八个方面。阿瑟尔（Arthur）和帕克（Parker）于1999年构建了中小学教师的三维度胜任特征模型，分别是"知道为什么（know-why）""知道怎么做（know-how）"和"知道为谁服务（know-whom）"。具体来讲，"知道为什么"主要与教师从事教育工作的职业动机、教育价值观、教育信念以及对教师职业的认同等内容密切相关；"知道怎么做"是指教师应具有专业知识、专业技能等工具性特征；"知道为谁服务"强调的则是教师的人际交往方面的特征。

黑尔－麦克伯（Hay-Mcber）公司于2000年向英国教育与就业部（Department for Education and Employment，DfEE）提交了一份以"高绩效教师特征模型"为主题的研究报告，对高绩效教师应具有的胜任特征进行了较全面的总结和概括。该报告认为，高绩效的教师的胜任特征主要包括"专业化、领导、思维、计划（设定期望）和与他人的关系"五大特征群。其中，"专业化"包括挑战与支持、信心、创造信任感、尊敬他人；"领导"包括灵活性、拥有负责任的朋友、管理学生、学习热情；"思维"包括分析性思维和概念性思维；"计划（设定期望）"包括积极进取、信息搜寻和主动性；"与他人的关系"则包括影响力、团队精神和理解他人。该报告还指出，高绩效教师与普通绩效教师在教学技术的使用上也有所不同。与普通绩效的教师相比，高绩效教师最常用的教学方法包括：有较高的期望、能很好地计划课程、使用多种多样鼓励学生的技术、对学生管理有清晰的策略、明智地安排时间和资源、能够使用一系列评估方法和经常布置家庭作业等。

澳大利亚维多利亚独立学校协会于2003年公布了一个有关教师胜任特征的多因素模型，认为教师胜任特征模型由15个具体的胜任特征所组成，分别是沟通能力、计划与组织、工作标准、适应性、人际关系建立、发展友谊、持续性学习、技术或专业知识、辅导、决策、以学习者为中心、质量关注、信息监控、创新和行动发起等，这些内容对教师实施成功的教学至关重要。卡碧蓝（2004）揭示的教师胜任特征模型结构包括动机、知识和技能、自我学习、整合能力和计算能力等内容。

综上所述，大多数与教师胜任特征模型有关的已有研究都试图从内容的角度去探索教师胜任特征模型的具体结构。关注的是那些"胜任"的教师身上所独有的特征。这也是已有研究者进行教师胜任特征模型研究时最常用的思路。基于这样的一种思路，众多研究者就教师胜任特征模型的内容进行了积极探讨。这些研究成功的积累确实为人们更好地认识教师胜任特征模型的内容提供了非常丰富的资料。然而，这些研究所得到的结果并不完全一致，不管是在具体指标的内容上还是胜任特征指标的数量上都或多或少存在差异。以至于迄今为止，关于教师胜任特征模型究竟应该包括哪些内容这一问题，仍然没有能够被大多数研究者广泛接受和认可的观点出现。我们认为，造成这一问题的重要原因之一可能是研究者过于依赖行为事件访谈这样一种"自下而上"的胜任特征模型构建方法（技术），而忽略了从理论角度对教师胜任特征模型的结构进行"自上而下"的思考。当然，也有部分研究者在这方面进行了一些积极的探索和尝试。除了"自下而上"挖掘教师胜任特征模型的具体内容指标，这些研究者还试图从理论角度对这些内容指标的内在关系或结构进行思考。例如，泰吉拉尔（Tigelaar）等人（2004）就尝试从教师承担的核心工作角色的角度构建了一个五维度的教师胜任特征模型。他们认为，胜任的教师应同时扮演好以下五种角色，分别是"作为教师的人"（the person as teacher）、"内容知识方面的专家"（expert on content knowledge）、"学习过程的促进者"（facilitator of learning processes）、"教学过程的组织者"（organizer of teaching）和"学者（终身学习者）"（scholar or life-long learner）。笔者认为，与已有的大多数有关教师胜任特征模型的研究相比，这些研究的积极尝试为人们更加全面和深入地认识教师胜任特征模型的内在结构提供了一种可供参考的研究视角。

（二）国内的教师胜任特征模型研究

国内有关教师胜任特征模型的研究主要出现在 2000 年以后，2004 年以后发展迅速，涌现出了一大批有关教师胜任特征模型研究的成果。为了更好地对国内的教师胜任特征模型研究现状进行梳理，我们将按照研究对象的不同对国内当前的教师胜任特征研究现状进行简要的介绍和说明。

1. 中小学教师胜任特征模型研究

和国外一样，中小学教师在国内也是教师胜任特征模型研究者最为关注的对象，已经积累的相关研究成果也最为丰富。在国内，较早研究中小学教师胜任特征模型的是北京师范大学的徐建平等人。他们主要采用行为事件访谈法于 2004 年构建了中国内中小学教师的胜任特征模型。该模型在包括责任感、自我控制和理解他人等 11 项鉴别性胜任特征的同时还包括正直诚信、宽容性和反思能力等 11 项基准性胜任特征。其中，鉴别性胜任特征是指能够有效区分优秀教师与一般教师的特征，而基准性胜任特征是教师入职的必备素质，是合格教师的必备条件，为优秀教师与一般教师所共有。在此基础上，他们通过聚类分析对这些胜任特征的内部结构进行了探索，得到了一个包括服务特征、自我意象、成就特征、认知特征、管理特征和个人特质六大胜任特征群的中小学教师胜任特征模型结构。2011 年，徐建平等人在其原有的中小学教师胜任特征模型研究基础上进行了新的探索，他们通过运用传记分析法，以国内优秀中小学教师的传记为主要研究材料，从中提炼典型事件，结合关键事件技术和内容分析技术进行相应的编码整理和分析，结果发现，这些优秀教师在典型的教育教学情境中表现出来的胜任行为具有一致性，例如，鼓励学生提问和质疑，转化学习困难学生，处理学生的问题行为，向学生承认自己的错误等。

李英武等人（2005）通过对全国 1 019 名中小学教师的调查研究，对中小学教师胜任特征模型的结构进行了探讨。结果发现，我国中小学教师的胜任特征模型包括情感道德特征、教学胜任特征、动机与调节特征和管理胜任特征四大类型。具体而言，情感道德特征又包括热爱学生、理解学生、积极关注学生、诚实守信、自信五个方面；教学胜任特征包含综合分析和创新能力、人际关系建立以及教学研究等；动机与调节特征包括职业承诺、技术与信息寻求、自我调节与评价；管理胜任特征则包含控制、应变和积极信念与教学监控力。直到近年来，中小学教师的胜任特征模型仍然是国内教师胜任特征研究的重点。例如，王沛和陈淑娟（2008）运用因素分析技术对我国中小学教师胜任特征模型的结构进行了新的探讨，结果发现，我国中小学教师的胜任特征模型主要包括业务知识、认知能力、教学监控能力、职业动机、职业发展、沟通合作、学生观、个人修养和个性特质九个方面的内容。马红宇等人（2012）针对我国中小学教师胜任特征的研究结果也发现，我国中小学教师胜任特征模型的核心内容包括专业知识、教学技能、职业态度、学生观念、个人修养和个性特质六个方面。该模型能够较全面地反映我国中小学教师胜任特征模型的结构和特点，有关该模型的构建过程及特点我们将在本书第二章中做更详细的介绍和说明。

在这里，我们想特别介绍一种有关国内中小学教师胜任特征模型内容和结构的观点，即王强于2008年在教师胜任特征模型研究基础上总结提炼得出的"雨伞模型"。该模型的最大特点在于对中小学教师胜任特征模型内部各指标之间的关系进行了巧妙的总结和描述，如图1-3所示。王强认为，中小学教师胜任特征模型好比一把撑开的雨伞，"学科体系的熟练掌握度"和"专业承诺与组织融入度"好比伞柄及伞柄上的"支撑按钮"，而"学生心理的理解与引导力"则好比伞架，是教师职业区别于学科专家或科学家的关键特征。更具体来讲，"学科融为学生实践理解的促进力"就像伞布，是最直接抵挡雨淋日晒的；"多种评价手段的灵活掌握度"与"多种教学环境营造与调控力"，以及"课程深度开发与实施度"与"教育技术与教学整合度"这四项胜任特征就像雨伞的四条伞骨一样，通过"学生心理的理解与引导力"（"伞架"）与"学科体系的熟练掌握度"（"伞柄"）相连，并分别穿插于"学科融为学生实践理解的促进力"（"伞布"）中，一同发挥传力作用，将"伞布"撑起；最后，"专业实践反思与研究力"发挥着对以上八项胜任特征的调节作用，如果教师该项胜任特征缺失或不高的话，那么其他胜任特征的作用将会大打折扣。它就好比雨伞的"伞环"，它与"伞柄""伞架""支撑按钮"及"伞骨"相连，一旦其意义失去，雨伞各部件就无法协调发挥作用。

2. 高校教师胜任特征模型研究

高校教师是国内教师胜任特征模型研究中另一个广受关注的群体，在这一方面国内也已经积累了比较丰富的研究成果。

例如，王昱、戴良铁和熊科（2006）对广东省广州地区8所高校的613名教学科研类教师调查后发现，我国高校教师胜任特征模型由创新能力、获取信息的能力、人际理解力、责任心、关系建立、思维能力和成就导向等内容组成。张常维（2007）发现四川地区的高校教师胜任特征模型是多维层次结构，高校教师胜任特征模型具有权变性，由教学能力、管理能力、动机与品德态度与价值观构成。宋情（2008）对广西15所高校中的816名教师进行了调查，

伞骨3（教育技术
与教学整合度）

伞骨4（课程深度
开发与实施度）

伞骨1（多种教学
环境营造与调控力）

伞布（学科融
为学生实践理
解的促进力）

伞架（学生
心理的理解
与引导力）

支撑按钮（专业承
诺与组织融入度）

伞骨2（多种
评价手段的灵
活掌握度）

伞柄（学科体系的
熟练掌握度）

伞环（专业实践反
思与研究力）

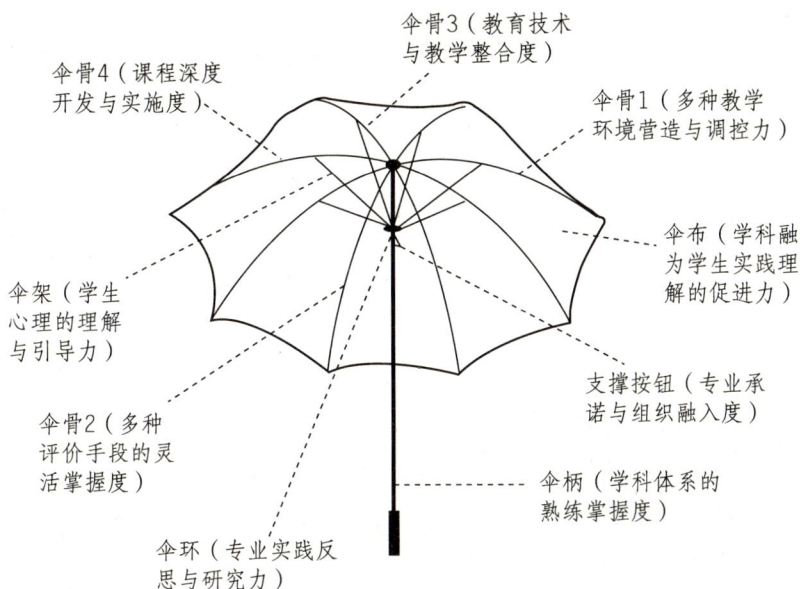

图1-3 隐喻教师胜任特征关系的"雨伞模型"（王强，2008）

构建了六维度的高校教师胜任特征模型，分别是：认知胜任特征（艺术感、选择性、明确的发展目标、捕捉机遇、概念性思维、情绪觉察力）；人际互动（社交意识、谈判能力、公关能力、指挥能力）；成就特征（创新性、接受挑战、效率感、信息收集）；接纳特征（稳定的情绪、理解他人、主动性、宽容心、客观性、反思能力）；师德特征（正直、诚实、公平性、沟通技能、尊敬他人、责任心）；知识技能（专业知识和技能专长）。历明（2009）对广东地区620名高校教师进行研究，发现高校教师胜任特征模型具有五维度结构，分别是专业素养、职业操守、主动型人格、人际互动和成就导向。汤舒俊、刘亚和郭永玉（2010）对中南地区5所大学的现任在岗教师的研究结果表明，高校教师的胜任特征模型框架包括人格魅力、学生导向、教学水平和科研能力四个因子。高永惠、黄文龙和刘洁（2011）对广西3所高校的教师进行了教师胜任特征品质调查，发现工作心态品质、人际关系沟通力、知识思考与改善、学习成长管理、教学管理五个胜任特征是最主要的，工作心态品质包括使命感、热情与奉献、自信、目标；人际关系与沟通能力有信任与尊重、洞察与表达沟通；知识思考与改善有规划、预见性；学习成长管理则包括承诺、进取、坚韧性；教学管理包含指导力、关心他人。这些指标可用于考核教师的胜任特征品质，以激励教师的专业发展、教学水平的提高和学生就业能力的发展。

3. 幼儿教师胜任特征模型研究

幼儿教师是国内教师胜任特征研究者比较关注的另一个群体。迄今，这方面也已经积累了一定的研究成果。

例如，朱晓颖（2007）通过研究发现国内幼儿教师胜任特征模型包括教育能力、态度、心理特质和动机四大胜任特征群，每个胜任特征群框架下又包含若干具体特征，共计 12 项。其中，教育能力是幼儿教师进行教育教学活动必须具备的本领，主要包括儿童观念、教学技能、教学策略知识和班级管理能力4 项；态度是个人对特定对象以一定方式作出反应时所持的评价性的、较稳定的内部心理倾向，幼儿教师的自我效能、职业道德和自我反思均属于态度这一特征；心理特质是人们的各种心理素质和心理活动品质及由此形成的心理状态，幼儿教师的角色监控能力、人际交往能力与责任感均属于心理特质的内容；动机是由一种目标或对象所引导、激发和维持个体活动的内在心理过程或内部动力，幼儿教师的成就动机与工作满意度属于动机这一胜任特征的范畴。

秦旭芳和高丙成（2008）在辽宁省 3 个发展程度不同的城市中分别随机抽取了不同发展水平的 27 所幼儿园共 450 名幼儿教师进行问卷调查，结果发现幼儿教师胜任特征包括专业能力、知识经验、基础能力、师德与健康四个维度。其中专业能力是指从事幼儿教育工作所必须具备的带有幼儿教育特点的教育教学等方面的能力；知识经验是幼儿教师所必须具备的本体性知识和程序性知识；基础能力是支撑幼儿教师职业的最具基础性的能力；师德与健康主要包括幼儿教师的职业品德及身心健康等方面的内容。在此基础上，他们进一步通过聚类分析对幼儿教师的胜任特征结果进行考查，得到了三种幼儿教师胜任特征类型，分别是：综合发展型、平稳均衡型和知能整合型。综合发展型指幼儿教师在胜任特征的各个因素上得分高于另外两种类型，说明这种类型的幼儿教师在胜任特征的各个方面均得到了比较好的发展；平稳均衡型指幼儿教师在胜任特征各个因素上的得分处于另外两种类型得分之间，说明这种类型的幼儿教师在胜任特征的各个因素上的得分均处于中间状态，且都比较均衡；知能整合型指幼儿教师在胜任特征的各个因素上的得分基本是最低的，特别是在知识经验和基础能力方面有待进一步整合提高。在整个幼儿教师胜任特征模型中，这三种类型所占比例依次为 36.3%、39.9% 和 23.8%。

王强和宋淑青（2008）通过对山西与上海两地的幼儿教师进行了研究并得到了由 8 项鉴别性特征与 8 项基准性特征组成的幼儿教师胜任特征模型。其中，鉴别性特征包括：幼儿身心发展规律理解力、幼儿学习领域的掌握度、对幼儿的观察与研究力、幼儿课程开发与应用力、丰富安全学习环境的营造与监控力、专业与组织承诺度、幼儿多元个性理解与引导力、专业实践反思与调控力；基准性特征包括：对幼儿的爱心与细心、信息技术与幼儿园活动整合力、幼儿园文化适应与变革力、多种评价手段灵活掌握度、团队协作与个人创造力、教育服务意识与能力、终身学习意识与能力、积极而稳定的情绪。

陈娟（2009）对四川省 5 个城市的幼儿教师进行研究后发现，在内容上，优秀幼儿教师的鉴别性胜任特征包括应变能力、自我反馈、建立关系、因材施教、情绪管理、职业偏好、教研能力、成就导向、儿童导向、组织管理能力、自信 11 项内容；幼儿教师的基准性胜任特征则包括观察力、分析与评价、设计与策划、专业知识、问题解决能力、信息收集能力、团队协作、感染力 8

项。进一步的探索性因素分析发现，在结构上，幼儿教师的胜任特征可以归结为七大类，分别是：成就导向、个人特质、人际关系、关注教学、科研能力、幼儿导向和组织管理。成就导向为希望更好地完成工作或达到一个优秀标准的期望；个人特质包括应变能力、自我反馈、情绪管理和自信等；人际关系主要涉及人际关系中的协调、沟通和合作；关注教学涉及教学活动设计、组织和反思；科研能力是指幼儿教师形成理论和开展教学研究的能力；幼儿导向包括从幼儿的角度考虑问题、正确的儿童观和教育观；组织管理则涉及活动组织和班级管理等内容。

肖智泓等人（2010）对北京市的幼儿园教师进行研究后发现幼儿教师的胜任特征模型包括8项鉴别性特征和6项基准性特征。其中，8项鉴别性特征分别是专业知识和技能、发展他人、服务意识、学习能力、成就动机、职业偏好、影响力和团队合作；6项基准性特征则指应变能力、诚实正直、团队管理、问题解决能力、创新能力和关系建立。

4. 其他教师胜任特征模型研究

除了中小学教师、高校教师和幼儿教师外，国内的教师胜任特征研究者同样对其他一些教师群体也给予了相应的关注。其中就包括高职院校教师和特殊教育学校教师等。

高职院校是实施高等职业教育的普通高校，招生对象是普通高中毕业生与有高中同等学力的学生，基本学制为三年。高职院校在专业技能型人才培养中发挥着十分重要的作用。近年来，为了提升高职院校的办学质量和人才培养水平，越来越多的研究将焦点集中到高职院校的师资队伍建设上来。即高水平的师资是保证高职院校人才培养和办学质量的关键。为此，有关高职院校教师胜任特征模型的研究也开始不断出现。例如，焦伟红（2006）的研究表明，高职教师胜任特征模型包括六大胜任特征群，分别是教学素养（沟通能力、创新能力和学习能力等）、教学态度（理解和尊重学生、关爱学生等）、教学技能（决策能力、实践能力等）、发展意识（发展自我意识、发展学生意识）、心理潜质（敏锐性、意志力等）和个人广度（兴趣广泛）。苏晓红（2007）研究发现，高职院校教师胜任特征模型的内容包括服务特征、自我特征、成就特征、认知特征、管理特征和个人特质六大胜任特征群。曹炳政（2008）亦发现高职院校教师胜任特征模型的内容包括8个核心胜任特征，分别是：良好的心理素质、个人影响力、专业知识与技能、课堂教学与表达能力、社会交际能力、职业修养与沟通能力、自我发展与创造性、组织管理与协调能力。涂云海（2010）研究发现，高职院校专业课教师的核心胜任特征模型包括行事风格、"双师"特有素质、专业知识与技能、自我意象、追求卓越、沟通与交往6项胜任特征。李岚和刘轩（2010）研究发现，高职院校教师胜任特征主要包括能力技能因素、个性特征因素和工作态度因素。其中，能力技能因素包含科研能力、管理能力、教学能力、专业技能等；个性特征因素包括情绪稳定性、主动性、宽容性和乐群性；工作态度因素包括责任感和奉献精神。方向阳（2011）

对苏州的高职院校专业教师胜任特征模型进行了探索，结果发现自我管理、科技素养、教学能力、工作态度、实践能力、职业素养6项胜任特征构成了高职院校专业教师的胜任特征模型。

特殊教育学校是指由政府、企业事业组织、社会团体、其他社会组织及公民个人依法举办的专门对残疾儿童、青少年实施义务教育的机构。由于教育对象的特殊性，特殊教育学校的教师在胜任特征方面的要求可能与其他教师群体有一定的差异。近年来，也有不少研究开始关注特殊教育学校教师的胜任特征模型。例如，梅玲（2009）研究发现，特殊教育学校教师的胜任特征模型包含职业道德、专业素质、人格特质、人际交往能力、教学策略、心理素质、认知能力、组织承诺和成就动机等内容。其中，对于这一特殊的教师群体而言，最为重要的胜任特征指标是职业道德和组织承诺。2011年的一项研究则发现，聋校教师的鉴别性胜任特征模型包括以生为本导向、人际沟通能力、专业知识与技能、工作主动积极性、自我激励、责任心、自信心、组织管理能力、自我控制力、成就导向、挑战与创新等内容（兰继军、许广玺，2011）。

综上所述，目前国内教师胜任特征模型研究领域已经积累了较丰富的研究成果，尤其是最近几年的发展非常迅速。笔者总结分析后发现，目前国内的教师胜任特征模型研究主要呈现出以下几方面的特点。其一，研究涉及的范围非常广泛，几乎涵盖了所有的教师群体。例如，从幼儿园教师一直到高校教师，几乎都有相对应的胜任特征研究成果；此外，具体到特定层次的教师群体（如中学教师），教师胜任特征研究的对象已经细分到不同科目的任课教师（如中学语文教师、中学外语教师等）。其二，研究成果比较分散，整合性不高。不同研究结果之间虽然有一定的相似性，但是亦存在相当多的差异性。以中小学教师为例，这一群体得到了国内教师胜任特征模型研究者的最多关注，但是迄今有关中小学教师胜任特征模型的内容和结构仍然没有形成比较一致的观点。其三，已有研究过于强调"自下而上"的研究思路，在"自上而下"的理论建构方面做得不够。例如，前文所介绍的绝大多数研究几乎都用到了行为事件访谈的方法，都从第一手的教师访谈资料出发提炼和挖掘教师胜任特征模型的具体指标，虽然也有不少研究运用了包括因素分析、聚类分析等统计分析技术尝试对教师胜任特征模型的内在结构进行探讨，但是总体而言这仍然属于"自下而上"的研究思路，在模型结构的理论建构方面其实做得是不够的。这样的一个直接后果就是，缺乏一个比较宏观的理论架构对现有的教师胜任特征研究成果进行较好的梳理，难以形成一种有关教师胜任特征模型内在结构的能够为学术界和教育实践者广为接受和认可的观点。

三、教师胜任特征的影响因素

由于对教师工作绩效的重要预测作用，教师胜任特征自然成为教师教育和培训的重点内容。如何更好地保证针对教师胜任特征的培训和训练的效果？笔者认为，全面、深入地认识和理解可能影响教师胜任特征的因素将有助于为这一问题寻找到合适的答案。如前所述，虽然已有的教师胜任特征研究大多聚焦于教师胜任特征模型内容和结构的探讨，但是仍然有一些研究开始关注可能影响教师胜任特征发展的因素。接下来，笔者将就已有研究中揭示的可能影响教师胜任特征的因素进行介绍和说明。

（一）内部因素

影响教师胜任特征的内部因素主要是指与教师个人有关的一些因素，主要包括教师的教龄和受教育水平等。

教龄。已有的大量研究均表明教师的教龄对其胜任特征水平有重要影响。一般而言，随着教龄的增加，教师的胜任特征水平呈现逐渐上升的趋势。例如，徐建平（2004）将教师的教龄划分为 0 ~ 5 年、5 ~ 10 年、10 ~ 20 年以及20 年以上四个阶段，比较结果发现，教师教龄越高，其胜任特征水平也越高。王莹彤（2009）的研究发现，在中学科任教师的胜任特征模型中，理解他人、影响他人及学习和发展这三个胜任特征与教龄之间呈现出较为明显的线性关系，均随教龄的增长而增长，体现出较明显的发展性。孙远刚和杨文军（2011）研究也发现，教龄对小学班主任的教师胜任特征有一定的积极影响。笔者曾进行的一项针对 824 名中小学一线教师的调查也表明，随着教龄的增加，教师胜任特征的总体水平呈现出逐渐上升的趋势，并且在从教 15 年以前这种上升趋势比较快，而在从教 15 年以后这种上升的趋势逐渐减缓。有关教龄对教师胜任特征的积极影响在一些针对幼儿教师的胜任特征研究中同样得到了证实。例如，朱晓颖（2007）研究发现，幼儿教师在班级管理、自我反思、角色监控、自我效能和教学策略 5 项胜任特征的水平上呈现出明显的教龄差异，随着教龄的增加，这些胜任特征的水平也逐渐提升。秦旭芳和高丙成（2008）针对幼儿教师的研究同样发现，工作 3 年以下的幼儿教师在胜任特征上的得分均低于工作 4 ~ 10 年和 11 年以上的幼儿教师。不过，也有研究发现，教师的教龄与其胜任特征水平之间可能并非总是线性关系。张英娥（2008）的研究就发现，幼儿教师胜任特征总体水平呈现出类似"倒 V 形"的发展趋势，即工作前 20 年幼儿教师胜任特征水平随着教龄的增加而不断提高，具有 16 ~ 20 年教龄的幼儿教师胜任特征水平达到最高峰，而具有 20 年以上教龄的幼儿教师胜任特征水平开始出现下滑，其胜任特征水平高于仅具有 1 ~ 2 年教龄的幼儿教师，但是低于其他教龄段的幼儿教师。虽然，上述研究的具体结果并不完全一致，但是基本可以确认的是，对于一名普通教师来说，随着教龄的不断增加，他（她）的教育教学经验不断丰富，总体胜任特征水平应是逐渐上升的。这也就意味着，任何一名优秀教师的成长不可能一蹴而就，必须经历相当时间的积累和训练才可能实现。有关教师胜任特征水平上升的过程中是否存在一个关键的"转折点"——只要教龄达到或超过这一阶段教师的胜任特征水平就会有一个"质"的提升——这一问题仍然有待后续研究的更深入考查。

受教育水平。受教育水平同样对教师胜任特征的发展有重要影响。例如，有研究发现，不同受教育水平（共三组：职高/中专、大专和本科）的幼儿教师在成就动机、儿童观念和教学技能等胜任特征指标上均呈现出显著的差异（朱晓颖，2007）。秦旭芳和高丙成（2008）的研究也表明，拥有本科学历的幼儿教师在胜任特征得分上显著高于只拥有中专学历的幼儿教师。另有研究也揭示了同样的现象，即幼儿教师胜任特征总体水平随着幼儿教师自身学历的提高（中专、大专、本科）而不断提升（张英娥，2008）。通过这些研究可以初步推测，受教育水平确实在教师胜任特征的发展中发挥了重要作用。但是，受教育水平到底在多大程度上发挥作用，受教育水平对教师胜任特征的影响是否在不同类型的教师群体（如幼儿教师、小学教师、高校教师等）中具有一致性，这些问题迄今仍然没有得到很好的解决。例如，徐建平（2004）认为受教育水平对教师胜任特征的影响在新任教师中是存在的，但是随着执教时间的延续，这种影响的效应将会减弱。这可能意味着，受教育水平高的教师其在专业理论知识上可能会更具有优势，但伴随教龄增长，日益丰富的实践教学经验的积累将逐渐超过甚至取代受教育水平的作用而成为影响教师胜任特征水平的关键因素。也就是说，对于一个优秀教师的成长来说，较高的受教育水平可能只是让其在起跑阶段稍微领先一些，而真正起关键作用的是其后续的实践教学经验以及其在执教过程中的不断总结和反思。

（二）外部因素

有研究者认为，工作环境在某种程度上对胜任特征的影响可能比个人及工作本身更重要（陈、丹迪，2005）。例如，学校氛围就可能对教师胜任特征产生重要影响，有着高教育追求目标的学校，对其教师素质的要求自然很高，因此这些学校在招聘教师时就更可能选择那些高胜任特征水平的教师，同时那些在职的中老年教师因为激烈的竞争也会自觉通过学习来提升其胜任特征水平。

具体来讲，外部因素主要涉及的可能影响教师胜任特征发展的环境因素，包括学校性质、学生特点及其他一些教师个人较难决定的因素。

学校性质。已有研究表明，学校性质可能是影响教师胜任特征水平的一个非常重要的外部因素。例如，朱晓颖（2007）研究发现，所处幼儿园类型不同，被评价幼儿教师在责任感、角色监控、教学技能和人际交往4项胜任特征上差异显著，公立幼儿园教师在角色监控与教学技能上得分更高，而私立幼儿园教师在责任与人际交往得分上更高。张英娥（2008）研究发现，公立幼儿园教师和私立幼儿园教师在科研与引领能力、教育教学能力、自我监控能力、人格特质、工作品质5个胜任特征指标上均存在显著差异。其中，在工作品质因子上，私立幼儿园教师平均得分高于公立幼儿园教师，而在科研与引领能力、教育教学能力、自我监控能力、人格特质4个因子上，公立幼儿园教师平均得分均高于私立幼儿园教师。笔者于2010年针对中小学教师进行的一项调查研究也发现，不同层次学校的教师在胜任特征水平上确实存在显著差异。具体来说，笔者共调查了303名一线教师，这些教师所在的学校包括省级重点、市级重点、县级重点和普通学校四种类型，结果发现：在学习心态这一胜任特征指标上，随着学校层次的下降（由省级重点学校到普通学校），被调查教师的胜任特征水平也呈现出逐渐下降的趋势。通过这些研究结果的介绍可以发现，对于不同性质的学校，其教师的胜任特征水平确实存在差异，但是这种差异的内容却并不似想象的那么简单。以幼儿园教师为例，公立幼儿园教师并非在所有胜任特征指标的得分上都要高于私立幼儿园教师。

学生特点。作为教师最重要的工作对象，学生的类型和特点也可能影响教师胜任特征的发展。例如，韩曼茹（2004）研究发现，在知识结构和心理辅导能力上，初中班主任的水平均显著高于高中班主任。李义安和高志芳（2010）研究发现，小学、初中及高中教师的胜任特征呈现出一定的差异。造成这种差异的原因可能与他们具体的工作指向、工作复杂程度及学生特点的不同有关。不同类型或特点的学生对教师能力素质的要求自然也不同。例如，幼儿园、小学阶段的知识传授相对比较简单，更多要求的可能是教师的沟通能力；而在高中或高校中，教师面临更为复杂的教学任务，学生的自主性也相应地有所不同，因此对教师的知识和技能、学习能力等方面的要求可能也更高。

虽然已经有一些研究开始关注学生特点对教师胜任特征发展的可能影响，但是总体而言，这方面的研究成果仍然非常有限。有关学生特点对教师胜任特征的影响这一问题其实远没有明确一致的结论，仍然有待更多后续研究的全面考查。

第三节 教师胜任特征与教师人力资源管理

由于能够有效预测教师的工作绩效，这使得教师胜任特征在教师人力资源管理的各个工作模块中均具有重要的应用价值。教师人力资源管理的最终目标是通过促进教师潜能的最大限度发挥，提升教师工作绩效，进而提升学校教书育人的质量水平。而这一系列目标的实现都必须以教师个人良好的工作绩效为基础。正因为如此，能够有效预测教师工作绩效的教师胜任特征自然也就成为教师人力资源管理的关注焦点之一。

本章第二节已经提到，自20世纪60年代以来，国际教师教育领域就已经出现两次以教师胜任特征为核心的教师教育改革。一次是起源于20世纪60年代的"基于胜任特征的教师教育"（CBTE）运动，强调在教师教育中应重点关注那些较浅层的知识、能力、技能等方面的教育和培训；另一次则是发起于20世纪末21世纪初的"基于人本主义的教师教育"（HBTE）运动，关注重点由较浅层的知识、能力、技能等内容转向更深层的个性品质、态度、信念等内容。教师教育是教师人力资源管理领域非常重要的一个环节。这也是迄今为止胜任特征思想与教师人力资源管理工作之间最紧密的结合实践。

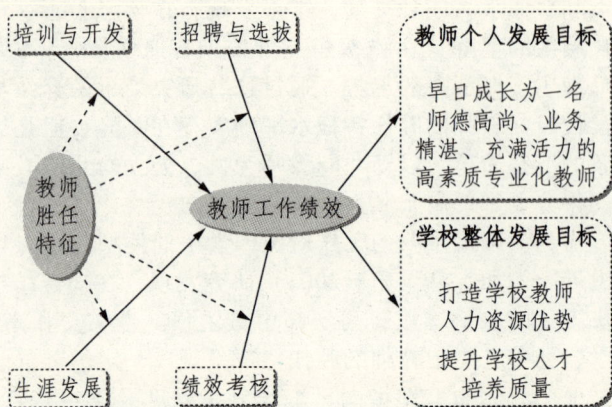

图1-4　教师胜任特征在教师人力资源管理工作中的应用

　　其实，除了教师教育之外，胜任特征思想在教师人力资源管理的其他工作模块中同样具有重要的应用价值。图1-4详细呈现了胜任特征思想在教师人力资源管理工作中的应用价值。具体来说，通过引入胜任特征思想，有助于提升教师招聘与选拔的准确性和有效性；有助于确保教师培训开发工作的针对性和实效性；有助于提升教师绩效考核的激励性和发展性；有助于明确教师职业生涯发展的方向以促进教师个人发展目标与学校发展目标之间的一致性。

　　需要指出的是，虽然人力资源管理在打造企业组织核心竞争力过程中的重要作用早已毋庸置疑，但是就整体而言，国内教育领域的人力资源管理水平仍然有待提升。其中最突出的一个问题就是，当前教育组织（学校）的人力资源管理工作大多缺乏系统性，较少有系统的人力资源管理规划，也未形成完善的招聘与选拔、培训与开发、绩效考核和薪酬管理等工作体系。这已经无法满足新时期对教育组织提出的新挑战和新要求。如何完善学校的教师人力资源管理体系，提升教师人力资源管理的水平，已经成为当前国内各级学校需要应对的普遍问题。也正是在这样一种背景下，起源于企业管理领域的胜任特征思想为学校改进现有的人力资源管理水平提供了新思路和新方法。通过引入胜任特征思想，将教师胜任特征模型应用于学校教师人力资源管理和开发的各个工作模块中来，将有助于全面提升当前教师人力资源管理的质量和水平。

一、教师胜任特征与教师生涯发展

（一）教师胜任特征与职前教师的培养

　　师范教育是我国职前教师培养最主要同时也是最重要的渠道。短期来看，师范教育的质量直接决定每年补充进入我国各级教师队伍（主要是中小学教师）的新生力量的质量；长远来看，师范教育的质量将深刻影响我国未来教师队伍的质量和水平。因此，如何改进和完善师范教育模式、提升师范教育质量是我国师范教育和师资队伍建设面临的重要挑战。近些年，随着我国经济实力的发展，国家从各个方面均加大了对师范教育的支持力度。其中最重要的一项举措当属自 2007 年实施的免费师范生教育政策。也就是说，至少在物质条件的支持和保障方面，国家已经迈出了坚实的一步。接下来需要继续往前迈进的是师范教育培养模式改革这一项影响更加深远的工作。在这方面，胜任特征思想同样可以提供可资参考的新视角。换句话说，教师胜任特征同样可以在提升师范教育（职前教师培养）质量中发挥独特价值。

其中，最重要的一点是，教师胜任特征模型可以为确定师范教育目标提供科学依据。教师胜任特征模型所包含的内容均是优秀教师具有而普通教师没有的内容。换句话说，教师胜任特征模型所包含的内容是影响个体是否能够成长为一名优秀教师最核心、最重要的内容。"一个都不能少"，把所有师范生都培养成能够满足我国未来教育发展需要的优秀教师，这是我国师范教育的终极目标。因此，教师胜任特征自然也就成为师范教育中最应该重点培养的能力和素质。教师胜任特征起初只是作为一种教师评价方式存在，通常作为教师入职或职前测试的指标，主要测量专业知识和条件知识，即测试教师"知道些什么"，此时的胜任特征与知识等同（李义安、张金秀，2011）。通过构建教师胜任特征模型，可以明确哪些特征是教师所必须具备的，哪些特征是优秀教师所特有的，通过甄别这些特征的重要程度以及鉴别能力的高低，可以在教师培养过程中给予不同的重视，针对那些可培养和可发展特征进行重点培养，对那些稳定的胜任特征通过实践来提高应对技巧，从而提升师范生的职前职业胜任特征。

于师范生个人成长而言，教师胜任特征模型同样可以发挥重要作用。对于师范生而言，其未来最有可能从事的职业就是教师，在制定职业生涯规划时需要对教师这一行业进行细致的了解，明确自己是否有资格从事教师职业，是否能够胜任教师职业。因此，构建教师胜任特征模型一方面可以帮助师范生总结如果从事教师职业，自己具备哪些胜任特征，不具备哪些胜任特征，从而规划自己将来是否从事教师这一职业；另一方面通过教师胜任特征模型进行自我测评，可以帮助在校师范生及时发现自身从事教师这一职业的不足，明确自己未来努力的方向，采取尽可能的措施弥补自身不足，缩短与在职教师以及优秀教师之间的差距，为将来就业进行积极准备。

综上所述，各级各类师范院校应当在系统分析教师胜任特征模型的结构与内容及其影响因素的基础上，合理地策划专业培养方案，创新人才培养模式，深化教育教学改革，指导学生通过实践来强化教学能力训练和师德修养，提升教师培养的质量。

（二）教师胜任特征与在职教师的发展

同其他行业一样，教师也应当有自己完善的职业生涯发展规划。教师需要以自己的兴趣爱好、个人性格、行为倾向、思维方式为基础，并结合环境因素对自己的职业生涯进行规划。建立教师胜任特征模型可以为教师的素质分析提供标准，为其职业生涯发展规划奠定基础。根据教师胜任特征模型，教师可以进行充分的自我分析，发现自身的优点与不足并对自己进行准确的定位。通过建立教师胜任特征模型，可以对教师的胜任特征潜能进行系统的评价，有助于教师明确自己的行为特点与个人特质以及发展需要，进而帮助教师设计出符合个人胜任特征的发展规划，并积极支持和帮助教师发展规划的实施。基于胜任特征模型的教师职业生涯发展规划，不仅可以帮助教师实现自我目标，充分发挥教师胜任特征，还能促使教师努力发挥自己的优势潜能和关键技能，实现人尽其才的管理，有利于学校和教师的协同发展与共同成长。

教师胜任特征的研究在我国起步比较晚，而且最初的教师胜任特征基本上是作为一种教师评价方式而存在，主要作用是为教师入职和职前测试提供测量指标，包括教师的条件知识与专业知识，此时的教师胜任特征只能够区分"什么样的人有资格成为教师"，而没有区分"什么样的人能够成为优秀教师"。随着研究的深入，开始更多关注能够区分优秀教师与普通教师的胜任特征的研究。就目前而言，虽然我国已经有了大量关于教师胜任特征的研究，但教师胜任特征模型的内容及结构尚未有统一的结论。既有的研究构建的教师胜任特征模型明确指出了区分绩效有效教师与绩效平平教师的重要胜任特征，这些因素包括人格特质、动机、态度、价值观、认知技能以及某领域的专业知识等，教师的胜任特征水平与工作满意度（周后红、卢琪，2009）、教师绩效（徐云海，2010；林立杰、高俊山、裴利芳，2007）等都呈显著的正相关关系，这表明，通过提升教师胜任特征能够提升教师的工作满意度和绩效，从而激励个体更好地发展。

教师的专业发展包括三个层面：学科专业知识和教育知识的深度、教育教学实践的反思与能力提高、教师合作意识的发展（叶荷轩、赵姗、苗元江，2010）。教师胜任特征包括教师的知识技能和个人素质两部分，这构成了教师发展的基础。具有区分性的胜任特征能够帮助教师及时发现并反思自身的不足，使教师更加明确所在岗位的要求，树立明确的未来努力目标，并通过学习与培训不断激发内在动机，进而使自身的胜任能力得以提升，并将自己的职业生涯规划与学校的发展目标相结合，实现自身发展。可见，教师胜任特征的研究不仅是促进教师个人发展的基础，还能促进教师发展的主动性与积极性。

二、教师胜任特征与教师招聘与选拔

学校进行教师招聘的目的是引进学校需要、有发展潜力的人才，提高学校的师资水平和人才培养质量。但是，由于我国教育改革的历史性原因，国内现行的教师招聘与选拔工作客观上存在不少局限性。徐云海（2010）指出，现行的教师招聘与选拔方法缺乏相关理论作指导，对教师岗位的工作分析重视不够，因而导致教师招聘与选拔环节的实施过程和方法不够科学。

例如，传统的教师招聘流程基本是"看简历→面试→试讲→录用"模式，考查的内容基本集中于应聘者职前的某些基础方面，如学历、专业和工作经验等较浅层信息，对那些真正影响教师工作绩效的深层次特征关注不够，同时也缺乏有效的测评方法对应聘者所具有的这些深层次特征进行准确测量和评估。或者说，在传统的教师招聘与选拔过程中，学校过于强调应聘者是否满足教师职业的基本要求，而对那些能够真正区分优秀教师与普通教师的胜任特征重视不够。

如果在传统的教师招聘与选拔的基础上引入胜任特征思想，将可能较好地解决上述可能存在的问题。由于教师胜任特征模型所包含的内容均是能够有效预测教师工作绩效的个人特征，因此如果能够在招聘与选拔环节对候选人所具有的教师胜任特征水平进行准确评定，那么就可以清楚地判断候选人在今后教师工作中的实际表现。这样将极大地降低学校在教师招聘与选拔环节可能存在的风险，提升学校教师招聘与选拔的准确性和有效性。此外，通过教师胜任特征模型还可以了解到哪些胜任特征可以通过短期培训加以提升，哪些胜任特征需要长期培训才能够提升等信息。例如，教学知识和技能等都可以通过短期集中培训取得较好的提升效果，但是像个性品质、态度、动机等特征则较难以通过短期培训加以改变，并且这些不易改变的内容恰恰在预测教师工作绩效时发挥了更加重要的作用。由此可见，教师胜任特征模型还可以为学校确定教师招聘与选拔标准时提供科学依据。亦即，学校在教师招聘与选拔环节应重点考查候选人所具有的包括个性品质、职业态度、动机等不易改变但却对工作绩效有更强预测作用的特征，而像知识、技能等较容易改变的特征则可以考虑在入职以后通过相应的学习培训活动对其进行训练和提升。

综上所述，通过在教师招聘与选拔中引入胜任特征思想，借助于教师胜任特征模型的应用将有助于克服传统教师招聘方法在考查应聘者能力素质特点时针对性不强、焦点不够集中的局限，进而提升教师招聘与选拔工作的预测力，保证教师招聘与选拔工作的信度和效度，最终促进新教师更好地适应工作，实现个人和学校所期望的绩效目标。

三、教师胜任特征与教师培训与开发

教师培训与开发工作的目标主要体现在以下两个方面：一是弥补教师当前所缺或不足之处，改善其教育教学工作中存在的问题；二是通过培训让教师提前储备未来工作所需的能力或素质，以应对未来教育教学可能面临的困难和挑战。然而，传统的教师培训与开发工作导致固有的一些局限性往往难以很好地实现这两方面的目标。其一，传统的教师培训与开发的内容较多关注教学知识和技能等内容，培训内容比较单一；其二，传统的教师培训与开发内容大多是一些比较宽泛的主题，对教师个人需要的关注不够；其三，传统的教师培训与开发过于强调当前的需要，对未来需要的重视有限，前瞻性不够；其四，传统的教师培训与开发的方式多以短期集中培训为主，培训方法的灵活性有限。笔者认为，如果能够在传统的教师培训与开发的基础上引入胜任特征思想，将可能为上述问题的解决提供一些有价值的启示。

不管是改善教师当前教育教学工作中的问题，还是帮助其更好地应对未来

教育教学中可能面临的困难和挑战，二者都有一个共同之处，即二者的直接目标都是切实提升教师在教育教学工作中的绩效水平。而教师胜任特征模型包含的内容恰恰是那些能够有效预测教师工作绩效的个人特征，因此教师胜任特征理应成为教师培训与开发的重点内容。换句话说，教师胜任特征模型应成为分析和确定教师培训需求时的主要参考依据。这有助于保证教师培训与开发的预期效果。与此同时，教师胜任特征模型几乎涵盖了所有能够有效预测教师工作绩效的内容。通过对教师的胜任特征状况进行测量和评估，可以全面了解教师当前的优势和劣势，从而对其培训需求进行准确定位。也就是说，通过参考教师胜任特征测评的结果，可以全面掌握教师个性化的培训需求，增强教师培训与开发的针对性。此外，教师胜任特征模型反映的是那些能够将优秀教师与一般教师有效区分开来的个人特征。这也意味着教师胜任特征其实反映的是教师职业对教师个人能力素质的全方位要求，而不仅仅局限于当前需要。因此，以教师胜任特征测评结果为依据来确定教师的培训需求本身就体现了培训与开发的前瞻性。

教师胜任特征所包含的内容各有其特点，这些特点决定了其适合培训的方法和渠道也有所不同。陈澄波和赵龙（2006）从胜任特征的重要性和可塑性出发，针对胜任特征模型的应用提出了一种可资借鉴的思路。重要性强调的是胜任特征模型中各胜任特征因子之间的相对重要性，虽然纳入胜任特征模型的所有胜任特征都能有效预测任职者的工作绩效，但是彼此间的预测效力显然是有差别的（尤其是在针对特定绩效指标的预测方面）；可塑性强调的是胜任特征可以通过教育或者培训获得发展的相对容易程度。对于任何胜任特征，都可以从重要性和可塑性两个维度加以分析，并以此作为实际应用的参考。笔者认为，上述观点同样可以为中小学教师胜任特征模型的应用提供有意义的启示。通过对中小学教师胜任特征模型中各胜任特征因子的重要性和可塑性进行科学分析，构建精确、有效的重要性—可塑性矩阵，就可以为模型的实践应用提供科学指导。

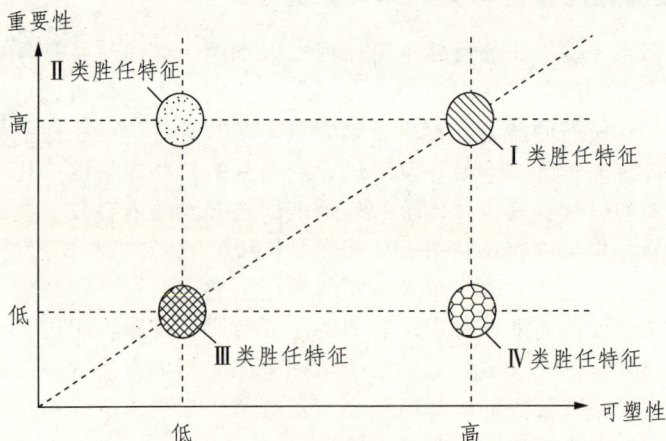

图1-5　中小学教师胜任特征的重要性和可塑性分析

如图 1-5 所示，对于重要性和可塑性都高的胜任特征（Ⅰ类胜任特征），应作为中小学教师教育和培养的重点内容，具体途径包括在入职前的师范教育中安排时间充裕的教学实习和见习活动，同时在教师入职后的在职培训中安排定期的集中培训活动等；对于重要性高但是可塑性低的胜任特征（Ⅱ类胜任特征），应作为教师资格准入和招聘与选拔时重点考查的内容，可以考虑在当前的教师资格考试和教师招聘过程中安排有针对性的考查内容；对于重要性低但是可塑性高的胜任特征（Ⅳ类胜任特征），可以将其作为短期培训的内容，付出较少的投入即可获得较好的提升效果；而对于重要性和可塑性都低的胜任特征（Ⅲ类胜任特征），则可以将其作为师范生和在职教师平时自主学习的内容。当然，除了外部培训，任何胜任特征水平的提升本质上都离不开教师个人持之以恒的修炼和训练。可见，通过教师胜任特征模型不仅可以为确定教师培训与开发的具体需求提供依据，同时还可以为特定胜任特征的培训方式和途径提供针对性参考。这将有助于改善传统教师培训与开发形式比较单一的现状，尽可能做到针对待培训的胜任特征的特点选择最合适的培训方式，进而最大限度地保证培训效果。

综上所述，基于教师胜任特征模型的教师培训与开发以教师胜任特征模型为依据，针对教师岗位所需要的关键胜任特征展开培训，使培训与开发更具针对性和科学性；同时，基于胜任特征模型的培训分析能够从学校发展战略出发，以胜任特征模型为参照标准，兼顾到教师与学校的共同需求，能够客观准确且有针对性地提出培训需求；基于胜任特征模型的教师教育培训注重教师动机、态度和价值观等内隐素质的培训，促使通过观察比自己优秀的个体来强化自己，提升自我效能感，促进未来职业发展；此外，基于胜任特征模型的教师教育培训改变了教师盲目、被动地接受培训，转换为自主地、有针对性、有选择性地参与培训，提高了教师参加培训的积极性和主动性（徐云海，2010）。

四、教师胜任特征与教师绩效考核

目前，绝大多数学校或者企业组织的绩效考核都直接指向对员工的奖罚制度，过于强调对员工过去工作结果的评价，而忽视了考核结果对于员工未来工作绩效提升和发展的促进作用，使得工作评价在教师人力资源管理中的作用远未得到充分的发挥。这一特点在现有的教师工作评价中尤其常见。学生成绩或升学率这两个明显的结果变量一直在我国教师工作评价指标体系中占据极其重要的地位。这样的一个可能结果就是，教师不得不将自己的工作目标定位在提升学生成绩方面，为了实现提升学生考试成绩这一短期目标而忽视了对除智力培养外的其他教育内容的关注，导致可能为整个教育体系带来"短视化"的严重后果。

具体来讲，传统的教师绩效考核工作主要以教师的教学成绩或学术成果为评价标准，这些评价结果直接影响教师的薪资待遇和晋级提升。不难看出，考核标准单一、评价角度不够全面、评价机制不够健全等是现行教师绩效考核体系中存在的突出问题（刘玉勇、王利彩、李晓博，2010）。而在这三个现存的突出问题中，考核标准单一无疑是最根本的一个问题。确定什么样的考核标准，可以说直接决定了整个考核体系的思路和方向。如果学校过于强调学生成绩、升学率等考核标准，则意味着学校的整个考核思路和方向更关注短期目标，这也就从根本上决定了学校教师考核体系的短期化视角；反之，如果学校不仅仅关注学生成绩和升学率等短期标准，同时在教师考核指标体系中将"育人"目标置于更加重要的地位，则意味着这样的教师考核体系不仅关注对过去和当前工作效果的评估，同时关注教师今后的长远发展，亦即这样的考核标准观念从根本上决定了学校教师考核体系的发展性视角。根据前面对胜任特征理论的介绍可知，胜任特征思想在改进和完善现有的教师考核工作方面可以发挥独特价值。

胜任特征思想强调的是对那些能够有效预测教师未来工作绩效的个人特征的关注和重视，其并不局限于当前的短期目标，体现的是一种面向未来的发展性视角。如前所述，作为绩效考核体系，关注教师当前的工作效果（如学生成绩、升学率等）固然重要，但是更加重要的是对那些能够有效预测教师未来工作绩效的个人特征（即教师胜任特征）给予更多的重视。因此，在现有绩效考核工作的基础上，通过将教师胜任特征纳入到教师绩效考核指标体系中来，一方面，可以在实现对教师当前工作表现进行评估的同时考查其未来工作绩效提升的潜力（直接决定于其当前具有的教师胜任特征水平）；另一方面，可以将现有教师绩效考核的视角从"过去"和"现在"转向"未来"，帮助教师认清自身的优势和劣势，进而更有效地发挥绩效考核对于教师个人的激励作用。

当然，要真正将胜任特征思想引入到教师绩效考核工作中，切实发挥其重要价值，并非一件容易的事情。首先，学校的绩效目标应当以信任与认同为基础，通过学校与教师之间的管理沟通形成绩效承诺。其次，在绩效管理过程中，学校应当给教师更多的支持与指导，提高教师教学活动的自主权，满足教师对教学活动的期望。最后，学校教学活动是一个较为特殊的领域，每一个学生不是只与某一个教师发生联系，某个教师的教学活动可能会对另外一个教师的教学活动产生影响。因此，学校的绩效管理系统不能仅局限于对教师个体绩效的评价，应当同时强调胜任特征中团队协作与人际关系能力的发挥与培养，从而提高群体绩效。

综上所述，教师胜任特征的研究在教师人力资源管理中确实有着十分重要的应用价值。借鉴国内学者薛琴和胡美娟（2010）的观点，可以将教师胜任特征对于教师人力资源管理的重要作用归纳为以下四个方面。

第一，教师胜任特征模型的构建可以提供明确的教师胜任标准。虽然目前国内尚未形成一个统一完善的教师胜任特征模型，但既有的模型都来源于充足的数据调查，排除了主观设想的因素，是一套系统的、科学的、有效的评价指标体系。教师胜任特征模型可以广泛应用于教师人力资源管理的各个模块，包括工作分析、招聘与选拔、培训、绩效考核、薪酬管理以及职业生涯规划，为这六大模块的完善提供科学依据。根据胜任特征模型，招聘时可以根据应聘者的胜任特征水平决定是否录用；学校可以根据在岗教师的胜任特征水平，预测教师未来的绩效或进行适当管理与干预；通过教师胜任特征的测评，学校和教师可以明确自身的优劣之处，进而为教师教育培训、职业生涯规划提供指导。

第二，对教师胜任特征的操作化定义为教师测评提供了可靠的行为依据。胜任特征模型提供的标准不仅包括了胜任特质及其权重，还包括了对胜任特征的操作化定义。通过对教师外显行为的描述来反映其个人特质，为教师人力资源管理提供了可靠的行为特征指标，从而为工作分析、招聘与选拔、培训、绩效考核、薪酬管理以及职业生涯规划等工作的进行提供了统一的、可测量的标准，从而为基于胜任特征模型的教师人力资源管理与开发提供了基础。

第三，教师胜任特征模型为人力资源管理工作提供了可量化的指标体系。以往的教师测评往往侧重于外在的指标体系，如学生成绩、教师出勤率等，缺乏对内在指标的测量，缺乏规范的、客观的评价指标体系，而基于胜任特征模型的研究是一个重要补充。将人才测评与胜任特征模型相结合，通过对操作化定义后的行为指标制定相应的行为锚定量表，使许多管理指标得以量化，具有较强的可操作性和可控性，使人力资源管理工作具有可量化的指标体系。

第四，教师胜任特征模型中内隐稳定的因素具有更好的预测力。传统的人力资源管理主要考查教师的知识、技能、学历、职称等外显的因素，但以往的研究表明，这些因素难以对绩效优秀者和绩效平平者进行区分，而且这些因素也容易发生改变。虽然胜任特征模型也涉及了知识、技能等方面的因素，但同时更加强调个体内隐的因素，如人格特质、价值观、核心动机、态度等方面的内容，这些因素处于胜任特征模型的深层，是稳定的、不容易改变且难以培养的。这些稳定的因素能够更好地预测绩效，是胜任特征模型中最核心的方面。

五、基于胜任特征的教师人力资源管理实践回顾

国外有关教师胜任特征的研究最早可以追溯到 20 世纪初。在 20 世纪 20 年代，美国开始面向教师实施绩效工资制度，即依据工作绩效评定结果来确定教师的工资与津贴发放方法。因此，如何对教师的工作绩效进行全面、准确、客观的评价就成为绩效工资制度实施中的关键问题。随之而来的另一个潜在问题就是，究竟哪些因素有助于教师获得更好的工作绩效。学者们对这一问题的思索和探讨直接催生了后来有关教师胜任特征的研究。

20 世纪 70 年代末，美国中小学校长协会为了提升校长选拔和培养质量，建立了一套强调优秀管理者的特殊能力与行为的校长胜任特征指标体系，后来发展成为指导校长选拔与职业发展工作的一套有效标准。20 世纪 80 年代，英格兰与威尔士也联合发表了一系列的白皮书，提出要充分利用教师绩效管理这一渠道来达到提高学校教育质量的目标。例如，在两地于 1983 年联合发表的《教育质量白皮书》中，就特别强调了教师素质与教育质量之间的关系。1985 年，英格兰与威尔士在白皮书《更好的学校》中还发布了用于评价教师是否称

职的指标体系（徐荣青、徐大真，2011）。到 20 世纪 90 年代初，英国还专门成立了国家教育评估中心（National Education Assessment Center，NEAC），借鉴美国有关胜任特征的理论研究成果和实践经验，并将其与英国的教师职业标准相结合，确立了具有英国特色的教育管理者胜任特征研究模式，先后开发出了侧重技能与行为、职业资格、素质和特质的管理者胜任特征模型，极大地促进了胜任特征在英国教育界的研究和应用（罗小兰，2007）。

进入到 21 世纪，教师胜任特征更是成为各国教育管理部门关注的热点。2002 年，美国就提出到 2006 年美国每个班级都要配备一个高素质教师的目标，并为此实施了"不让一个孩子掉队"（No Child Left Behind）的计划。2003 年，美国在教学与美国未来国家委员会的年度报告（National Commission on Teaching and America's Future，2003）中明确提出三个提高教师胜任特征水平的战略（李玉华、林崇德，2007）。

早在 20 世纪 80 年代，我国就已经开始特别重视教师素质与教师教学质量相关的问题，并针对课程与教学计划开展了素质教育的改革尝试；到 20 世纪90 年代，教师评价理论开始有所发展，国家对教师教育问题的重视也日益增加。例如，在《中国教育改革和发展纲要》（1993）、《中华人民共和国教育法》（1995）这两个重要文件中，教师队伍的质量建设均被提到了特别突出的位置。同时，教师专业化运动也开始逐渐渗透进入我国的教师教育改革中来。1998 年 12 月，国家开始实施"面向 21 世纪教育振兴行动计划"，再次强调教师队伍素质提升的重要性。1999 年 6 月，国务院发布《关于深化教育改革　全面推进素质教育的决定》，明确提出建设高质量的教师队伍是全面推进素质教育的根本保证。这一系列举措为随后的教师胜任特征研究准备了重要的基础和条件。进入 21 世纪以后，以教师胜任特征提升为核心的教师队伍建设问题开始越来越受到关注。国家各个层面的一系列具体的计划和举措（如"2003—2007 教育振兴行动计划"、教育部直属师范大学师范生免费相关教育政策、《国家教育事业发展"十一五"规划》、《国家中长期教育改革和发展规划纲要（2010—2020 年）》等）更是直接推动了与教师胜任特征有关的理论研究和应用实践。

第二章

教师胜任特征模型构建

胜任特征是决定并区别任职者未来绩效水平的个人特征的总和（桑德伯格，2002）。教师的胜任特征则是指教师在各种教育情境中取得期望绩效所需的知识、技能、态度、特质和动机等个人特征（蒂娜克、缇克劳尔，2004）。教师胜任特征具有以下特点：其一，教师胜任特征与教师的绩效表现紧密相关，能够预测教师未来的工作绩效；其二，教师胜任特征与教师的职业和工作特点相联系，反映的是教师这一特殊职业对任职者的能力素质等要求；其三，教师胜任特征能够将绩效优秀者与绩效平平者很好地区分开来。教师胜任特征模型则是指一组被确认的教师胜任特征群，每一胜任特征群下面又包含有多项具体、联系紧密的胜任特征。

国外已有的研究成果和实践经验表明，教师的胜任特征模型可以在教师教育、选拔和培训等工作中发挥重要的应用价值（伊莎梅尔，2009；斯图温、德·麦斯特，2010；潘迪克、怀布斯，2010）。国内有关教师胜任特征模型的研究主要出现在 20 世纪 90 年代末。在过去近三十年，国内外有关教师胜任特征模型的研究已积累了许多非常有价值的实证研究成果。但是，人们对于我国教师胜任特征模型的内容和结构的认识仍然有限，迄今没有形成广受大家认可的一致观点。

我国教师胜任特征模型的内容是什么？我国教师胜任特征模型的内在结构如何？什么是能够真正体现我国当前教育特色、满足未来教育发展需要的教师胜任特征模型？这些问题的解决有待于更多教师胜任特征模型构建工作的展开。教师胜任特征模型构建是指挖掘真正能够有效预测教师工作绩效的各项具体的胜任特征内容，并在此基础上揭示出特定胜任特征之间的内在联系，确定不同的胜任特征群分布，进而得到能够准确反映教师工作特征的胜任特征模型结构。教师胜任特征模型构建既是进行教师胜任特征研究的基础性工作，同时也是当前教师胜任特征研究的热点。

在这一章，我们将首先对教师胜任特征模型构建的常用方法进行总结性回顾，详细介绍各种模型构建方法的主要特点和流程，比较不同方法之间的相似性和差异性，并在此基础上就笔者承担的全国教育科学"十一五"规划课题《基于胜任力的教师教育与管理模式研究》（BBA090066）的核心研究内容"我国中小学教师胜任特征模型构建及检验"过程进行详细介绍和说明。

第一节 教师胜任特征模型构建方法

完整的教师胜任特征模型构建工作包括模型构建和模型检验两个环节。模型构建环节的主要工作是挖掘教师胜任特征的内容，并揭示各种胜任特征的相互联系及内在结构。模型检验环节的主要内容则是对初步构建的教师胜任特征模型的有效性进行科学、严谨的检验和验证。模型构建是教师胜任特征模型构建的首要环节，也是前提基础，模型检验则是对所建模型有效性和可靠性的确认和保证。

如何挖掘并准确定位教师胜任特征的具体内容，是教师胜任特征模型构建的基础性工作。挖掘教师胜任特征内容的方法或渠道有很多，包括以一线教师（优秀教师和一般教师）为主要对象进行的行为事件访谈，以专家（优秀教师、教师教育领域的专家、学校管理者等）为对象开展的专家会议或咨询，以教师工作特征和要求分析为主的工作分析（Job Analysis, JA），以及基于已有研究成果的文献分析等。使用这些方法的最终目的都是为教师胜任特征模型构建收集资料，但是使用不同方法收集得来的资料各有其特点，并且不同方法在资料收集的效率和质量等方面也各有其特点。

根据教师胜任特征模型构建过程中使用的资料收集方法的不同，可以将教师胜任特征模型构建方法区分为以下三种不同类型，分别是自下而上的模型构建方法、自上而下的模型构建方法以及上下结合的模型构建方法。在这一节中，我们将重点就这三种教师胜任特征模型构建方法的主要特点、使用流程及注意事项等进行详细介绍。

一、自下而上的模型构建方法

自下而上的模型构建方法是指主要通过面向一线教师收集其直接经验的途径收集模型构建所需资料，在此基础上构建教师胜任特征模型的一类胜任特征模型构建方法的总称。在自下而上的模型构建方法中，使用率最高的模型构建资料收集方法无疑是行为事件访谈法。行为事件访谈法最早由麦克利兰等人提出，后来经斯宾塞等人发展得来，以获取访谈对象的重要行为事件信息为主要目标，适合于全面、深入收集一线教师的直接经验（麦克利兰，1973；斯宾塞夫妇，1993；麦克利兰，1998）。

行为事件访谈法采用的是开放式的行为回顾式探察技术，要求访谈对象回忆其在工作中经历的重要行为事件，并详尽描述事件发生的原因、时间、过程、相关人物、当事人在事件中的处理方式及事件结果等具体信息，从中揭示当事人可能表现的胜任特征内容，特别是那些能够预测当事人工作绩效（在重要行为事件中的表现）的潜在个人特征。为保证资料收集的完整性和准确性，访谈者在征得访谈对象同意后应采用录音设备对整个访谈过程进行记录。这些资料是研究者用以挖掘和提炼访谈对象胜任特征内容的重要依据。

接下来，我们就将以行为事件访谈法为主要资料收集方法的自下而上的模型构建方法的使用流程和注意事项进行相应的介绍和说明。依据时间的先后顺序，可以将自下而上的模型构建方法区分为六个具体环节，分别是选择合适的访谈对象、设计科学的访谈提纲、实施行为事件访谈、对访谈资料进行编码分析、确定教师胜任特征模型的结构和检验教师胜任特征模型的有效性。

（一）选择合适的访谈对象

由于行为事件访谈法是自下而上的模型构建方法中收集胜任特征资料的最常用方法，因此，选择合适的访谈对象也就成为运用自下而上方法构建教师胜任特征模型的第一步。行为事件访谈的对象同时包括绩效优秀者和绩效一般者。相应地，确定科学、合理的绩效标准就成为决定访谈对象选择是否合适的关键性因素。不同的职业或者岗位工作，其绩效评估标准不一样。有时候即使同属于某一种职业，用于评估从业者绩效的标准也可能不同。以教师职业为例，高校教师与中小学教师的绩效评估标准显然是不一样的。因此，在访谈对象的选择过程中，确定科学、合理的绩效标准也就成为最重要的工作。

一般来讲，某一岗位的工作内容或要求越复杂，用于评估其任职者绩效的标准也就越复杂。教师就属于这样一种工作内容和要求极其复杂的职业。作为一种专业性要求很高的职业，教师在工作中往往需要同时承担多种角色职责。在日常的学校教育情境下，教师不仅是知识的传授者，还是教育活动的领导者、班级的管理者、帮助学生应对心理困惑的成长导师，等等。由于教师职业的特殊性，很难真正区分哪种角色对教师的绩效更加重要。教师绩效标准的确定一直是研究者非常关注但迄今未曾形成一致观点的问题。可以确定的是，鉴于教师职业的特殊性和复杂性，试图通过单一的绩效标准来实现对不同教师绩效水平的区分是非常困难的。在已有的教师胜任特征模型构建中，研究者常用的做法是以职称为主要标准，再结合教师的获奖情况（如优秀教师、教学能手、模范教师等奖励或荣誉称号等）来区分绩优组和一般组。那些具有高级职称、曾经获得过市（区）级及以上级别奖励的中小学教师通常可以称作绩效优秀组，而其他教师则可以称作绩效一般组。

（二）设计科学的访谈提纲

在开展行为事件访谈之前设计科学、合理的访谈提纲是行为事件访谈效果的重要保障。访谈提纲的主要作用表现在两个方面：一是对行为事件访谈的主要问题进行明确界定，保证访谈资料收集的效率；二是对访谈实施的流程进行合理安排，保证访谈过程的顺利实施。根据访谈过程的结构化程度，可以将访谈区分为非结构化访谈、半结构化访谈和结构化访谈三种类型。一般来讲，用于教师胜任特征模型构建的行为事件访谈法介于半结构化访谈和结构化访谈之间。对于这样一种结构化程度较高的访谈，前期访谈提纲的准备尤其重要。在这里，访谈提纲主要用于指导行为事件访谈的具体实施，其科学性主要表现在两个方面：一是访谈问题设计的科学性，即依据模型构建目标的需要在访谈提纲中就哪些问题需要重点探讨、哪些问题只需轻度涉及等进行科学规定；二是访谈流程的科学性，即在访谈提纲中预先对各个访谈问题引入的先后顺序、拟花费的具体时间等进行科学安排，目的是指导访谈员对整个访谈过程的控制，提升访谈效果。

（三）实施行为事件访谈

实施行为事件访谈是教师胜任特征模型构建过程中的关键环节，主要工作是全面收集胜任特征模型构建所需的资料。前面曾提到，开放式的行为回顾式探察技术是行为事件访谈法的主要谈话技术，及访谈者要求访谈对象详细描述其工作中的特定行为片段，通过回忆找到并描述其在工作中遇到过的成功和失败的事件，并详细报告每一事件发生的经过。这里的开放式主要表现为访谈对象可以自主决定行为事件的选择，只要满足成功或者失败的标准即可。在访谈过程中，访谈员扮演"探察员"角色，主要工作是从访谈对象描述的行为事件中尽可能全面、深入地挖掘可能反映教师胜任特征的信息。

通常情况下，为了在保证行为事件信息收集效果的同时控制好访谈时间（单次访谈时间尽量不要超过 2 小时），在单次行为事件访谈中，一般要求访谈对象详细描述其工作中的成功和失败事件各 3 项（徐建平、张厚粲，2006）。具体到每一项行为事件的描述，要求必须包括一个完整故事的所有要素，如事件发生的时间、背景、当事人在事件发生过程中的所作所为及事件的最终结果等。负责实施行为事件访谈的访谈员必须具备较好的访谈控制和追问技巧，并且灵活地使用一些探测性问题来获取所需信息。为了尽可能全面、完整地收集到胜任特征模型构建所需的资料，访谈员可以借助于 STAR 工具来引导访谈对象对行为事件的描述（彭剑锋、荆小娟，2003）。具体来讲，"S"代表事件发生当时的情境信息（situation），"T"代表当事人在事件中需要完成的任务目标（task），"A"代表当事人在事件进程中采取的具体行动（action），"R"代表事件最终的结果（result）。为了确保所有访谈员都能够熟练地使用 STAR 工具，一般在正式的行为事件访谈实施之前都需要对访谈员进行培训、训练，并开展相应的预访谈。

（四）对访谈材料进行编码分析

行为事件访谈结束后，访谈员需要将访谈录音资料转录成逐字稿，以备随后的编码、分析用。访谈编码是指以胜任特征词典为基本依据，对访谈对象在特定工作事件中所反映出来的胜任特征进行检出并定位的过程。完整的胜任特征词典包括以下四个方面的内容：胜任特征名称、详细定义、与之相应的行为描述以及行为水平等级。胜任特征词典为从行为事件访谈资料中检出胜任特征提供了一个可供参考的基本概念框架，在有关工作要求的初始观念分类中发挥重要作用。由于研究对象不同，不同研究所用到的胜任特征词典也可能不同。但是需要说明的是，几乎所有研究中用到的胜任特征词典都是在基本胜任特征词典（斯宾塞等，1993；黑尔集团，2003）的基础上发展得来。基本胜任特征词典是指常见的胜任特征概念框架及其行为指标，通常包括 20～40 个胜任特征，每一个胜任特征又具有 5～15 个具体的行为指标（徐建平，2005）。具体到教师胜任特征模型构建中，基本胜任特征词典只是模型构建的一个起点。由于教师工作的特殊性，研究最终发展、完善的教师胜任特征词典可能大大超过基本胜任特征词典的范围，得到很多与教师工作内容和要求紧密联系的新胜任特征。

以胜任特征词典为参照的访谈资料编码一般包括四个阶段：预先阅读逐字稿或聆听录音资料的资料熟悉阶段、对逐字稿进行分类和编码的归类阶段、整理内容和提炼概念意义的检出阶段和使用合适方式进行解释的扩展阶段（斯泰奈尔·科拉，1998）。主题分析和内容分析是常用的编码方法（伯亚茨斯，1983）。编码人员在上述四个阶段中的任何一个环节都可能带入自己的主观倾向。为了控制或降低编码过程中可能带入的主观倾向，要求编码人员的数量一般不能少于 3 人，组成编码小组。在编码过程中，编码小组最好在编码的每一个环节都进行反复讨论，尽量保证与胜任特征词典中的内容协调一致，做到编码结果一致、客观、可靠、可测量（徐建平，2005）。

在编码过程中，编码小组不仅要参考胜任特征词典辨别和检出访谈资料中所反映的胜任特征，还需要对每个胜任特征的相关信息进行量化评定和记录。对于通过编码检出的胜任特征，可用于描述其信息的量化指标一般包括出现频次、等级分数、平均等级分数和最高等级分数。胜任特征的等级分数即当某一胜任特征在访谈资料中出现时，其表现在胜任特征词典中所对应的该胜任特征的行为水平等级。在这四个量化指标中，频次和等级分数可以说是原始指标，平均等级分数和最高等级分数均可以通过频次和等级分数计算得来。例如，如果在某次编码过程中，某一访谈对象在"关心学生"这一胜任特征上的编码情况为等级 1 出现 1 次，等级 2 出现 0 次，等级 3 出现 2 次，等级 4 出现 1 次，等级 5 出现 4 次，那么对这个访谈对象而言，"关心学生"这一胜任特征出现的总频次为 8，平均等级分数为 3.88，最高等级分数为 20。通过比较绩优组和一般组在这些指标（尤其是平均等级分数和最高等级分数）上的差异，就可以对编码所检出的特定胜任特征的有效性进行初步判断，初步确定胜任特征模型的具体内容。即在平均等级分数和最高等级分数上绩优组显著高于一般组的那些胜任特征才可能进入最后的胜任特征模型。在编码分析的基础上，研究者可以同时对胜任特征词典进行相应的修正和完善。

最后，为了判断编码人员在编码过程中是否具有良好的信度，需要在编码结束后对编码人员之间的评分者信度进行量化估计。目前，研究者通常使用"概化系数"（Generalizability Coefficient，G 系数）作为评估胜任特征编码过程中编码者一致性的指标（布伦南，1983；杨志明、张雷，2003）。概化系数是概化理论（Generalizability Theory，GT）中的一个核心概念（有关概化理论的详细介绍请参阅本书第三章第二节的相关内容）。概化系数代表的是测量过程中测量目标效应方差与总方差（测量目标效应方差与测量误差效应方差之和）的比值，通常用于对测验分数稳定性程度（如多个编码员编码结果之间的一致性）的度量（戴海琦、张锋、陈雪枫，2007），其计算需要通过进行 G 研究来完成。G 研究的主要目的是通过对观测全域中测量目标方差及各个测量侧面方差的定量估计，对观测数据的总体方差进行分解，从而明确主要的方差来源，计算确定不同条件下的 G 系数。如果编码过程中的 G 系数较高，说明编码一致性较高；如果 G 系数随着胜任特征数量的增加而显著改善，说明编码过程中所使用的胜任特征项目较好（徐建平，2005）。

（五）确定教师胜任特征模型的结构

对访谈资料进行编码的主要目的是检出并定位访谈对象在行为事件中可能反映出来的胜任特征，这些资料是探索并最终确定胜任特征模型结构的主要资料。胜任特征模型结构的探索和确认主要通过因素分析方法实现。第一步，研究者在编码结束后，参考修正、完善后的胜任特征词典，以各个胜任特征的行为描述等级为选项，编制"教师胜任特征行为自评问卷"，并以该问卷为工具，面向一线教师进行预测，利用预测收集的资料进行探索性因素分析（Exploratory Factor Analysis，EFA），进而初步确定胜任特征模型的内部结构。第二步，以预测基础上修正的行为自评问卷为工具进行大样本调查，再利用大样本调查收集的资料进行验证性因素分析（Confirmatory Factor Analysis，CFA），用以检验探索性因素分析所得到的模型结构的有效性。探索性因素分析与验证性因素分析在胜任特征模型结构探索与确认的过程中可以实现交叉验证，即先通过一个样本的数据资料探索出胜任特征模型的可能结构，建立初步的理论模型，然后通过另一个样本的数据运用验证性因素分析技术对模型结构进行检验和修正。这种交叉效度法（cross validation）可以较好地检验胜任特征模型结构的稳定性和可靠性，是已有的胜任特征模型构建中一种比较常用的结构效度检验方法（王重鸣、陈民科，2002；汪如洋、时勘等，1999；时勘、王继成、李超平，2002）。

（六）检验胜任特征模型的效标关联效度

效标关联效度检验是教师胜任特征模型构建的最后一个环节。效标关联效度是指胜任特征模型能够有效预测教师工作绩效的程度。效标关联效度越高，说明运用教师胜任特征测评结果预测教师工作绩效效果越理想。在实际的模型构建过程中，效标关联效度的估计通常采用的是相关分析方法，即计算教师胜任特征测评结果与其工作绩效之间的相关系数。相关系数（正相关）值越大，说明胜任特征模型的效标关联效度越好，反之则越差。

但是，由于相关分析本身的局限性，这样一种效标关联效度的估计方法不可避免地存在一些不足。一是相关系数的显著性受样本规模的影响，对于同样的相关系数值，当样本规模较小时可能达不到统计上的显著性水平，当样本规模较大时则很容易达到显著。二是相关系数值只能反映教师胜任特征与工作绩效之间的关系密切程度，不能确证二者间的因果关系。

近年来，有研究者认为可以通过补充法则有效性检验的方法来实现对胜任特征模型有效性的更全面评估。法则有效性（nomological validity）描述的是某种构思能够被采纳的必要条件是其存在于一定的法则关系之中；法则关系中的某些内容包括了观察到的现象，但是构思并非简化了的"观察现象"，而是与法则关系中的其他构思结合在一起来预测观察现象（克伦巴赫、米尔，1995；冯明、任华勇，2009）。这种检验方法要求必须在原有模型（构思）的基础上引入必要的前因变量或结果变量，构成模型（构思）存在的法则关系，通过相应的统计分析技术（通常是结构方程模型）对模型与前因变量、结果变量之间的法则有效性进行检验，从而实现对模型有效性的全面检验和验证（叶映华、郑全全，2007）。

以行为事件访谈法为代表性技术的自下而上的胜任特征模型构建方法是胜任特征研究中经典的实证模型构建方法，也是目前得到研究者广泛公认和使用的胜任特征模型构建方法之一。但是，这种模型构建方法也存在一些局限。突出的一点是，通过这种方法建立起来的胜任特征模型基于的往往是对过去经验的静态总结，由于外部竞争环境瞬息万变，这种通过行为事件访谈法建构起来的胜任特征模型能否有效反映或者在多大程度上能够有效反映这些外部环境的变化值得怀疑（斯图温、德·麦斯特，1996）。除此之外，行为事件访谈法操作起来非常烦琐，对访谈员和编码员的能力要求非常高，在实际使用过程中可能出现的误差较难把握，费时费力（刘泽文等，2009）。

二、自上而下的模型构建方法

自上而下的模型构建方法是指主要通过面向相关专家收集其总结性经验的途径收集模型构建所需资料，在此基础上构建教师胜任特征模型的模型构建方法的总称。在自上而下的模型构建方法中，使用较多的技术包括战略导向法、标杆研究法、专家会议法和德尔菲技术（Delphi Strategy）等（黄勋敬，2007）。

战略导向法是指将组织（包括学校）的发展战略进行逐步分解，通过小组讨论或者研讨会的方式得出针对某类员工的关键素质，并形成每个素质的定义和层级。标杆研究法是指收集并分析绩效卓越者的能力和素质特点，通过小组讨论或者研讨会的方式，从中总结、提炼出特定岗位的能力素质要求，形成相应的胜任特征模型。专家会议法是指通过邀请与研究主题相关的各个领域的专家，就研究主题进行集中式的全面、深入分析和讨论，进而达成研究目标的一种定性研究方法。德尔菲技术的参加者也是研究主题相关领域的专家，与专家会议法的最大不同表现在德尔菲技术的实施过程中，专家们互不认识，更不会集中讨论，而是在研究者的反馈中逐步达成更趋一致的结论。在一定程度上，可以将德尔菲技术视作专家会议法的一种特殊形式。

由此可见，对于自上而下的模型构建方法而言，专家会议法是使用最为普遍的技术。因此，在接下来对自上而下模型构建方法进行介绍和说明时，将重点介绍专家会议法的特点和使用。一般来讲，专家会议法的使用流程主要包括以下三个环节：选择合适的专家、召开专家会议构建模型、检验和验证模型的有效性。

（一）选择合适的专家

在自上而下的模型构建方法中，专家的选择直接影响资料收集的质量，并最终影响模型构建的质量。因此，如何依据模型构建目标选择合适的专家就成为这类方法使用中的关键问题之一。在实际的模型构建过程中，研究者选择专家时应重点考虑以下两方面的因素。

一是在保证研究主题相关性的前提下，专家的来源领域应尽可能广泛，即研究选取的专家应尽可能囊括与研究主题有关的各个领域。例如，如果研究目标是构建中学教师的胜任特征模型，那么与中学教育有关的各个领域的专家都应该考虑进来，包括资深的中学教师（中学特级教师）、中学管理者（学校层面的领导）、地方基础教育主管部门（教育局）的管理者、中学教师教育领域的研究专家等。专家来源的广泛性是资料收集全面性的重要保证。

二是应尽可能保证选择高水平专家。所谓专家，是指在某个领域内达到精通水平的专业人士。对研究主题的精通水平是衡量专家所提供的资料是否有价值的关键因素。因此，对研究主题的全面、深入了解是选择专家的首要标准。

（二）召开专家会议构建胜任特征模型

专家会议的实施是专家会议法的关键环节。实施专家会议的目的是收集胜任特征模型构建所需的资料。为保证专家会议的资料收集效果，在专家会议正式实施之前应明确会议的具体议题，并形成相应的文字材料，做到与会专家人手一册。

一般来讲，专家会议的进程应包括头脑风暴和总结讨论两个环节。所谓头脑风暴（brain storm），是在专家会议的前半程，由与会专家各自提出自己有关教师胜任特征内容的观点或想法。头脑风暴的目的是尽可能全面地收集与会专家所能提供的资料。由于专家来源领域的广泛性，在头脑风暴阶段专家们提供的资料势必比较零散，同时不可避免地存在意见分歧。因此随后的总结讨论就显得非常必要。总结讨论的主要目标是在头脑风暴的基础上对专家们的意见进行整理，并就会议主题达成一致意见。

与行为事件访谈法的一处明显不同在于，专家会议不仅是模型构建的资料收集过程，同时也是模型构建的实施过程。也就是说，胜任特征模型内容的提炼和模型结构的确定都是在专家会议过程中完成。如果与会专家已经就胜任特征模型的内容及结构达成了比较一致的意见，专家会议就可以宣告结束。

由于专家人数等原因，专家会议在会议次数以及单次的持续时间方面一般没有特别明确的要求。需要说明的是，作为专家会议的组织者和主持者，研究者在专家会议进行中的引导和控制对于保证专家会议的效果至关重要。

（三）模型有效性检验

对于任何一种胜任特征模型构建方法而言，模型有效性的检验都是必不可少的环节。在自上而下的模型构建方法中，模型构建所需的资料直接来自于与会专家的经验总结和提炼，缺乏像行为事件访谈法中进行的绩优组与一般组之间的差异比较，即缺乏胜任特征内容的初步筛选环节。因此，在自上而下的模型构建过程中，对模型的有效性进行检验尤为必要。在内容上，这里的模型有效性检验同时包括结构效度检验和效标关联效度检验两个方面。模型结构效度的检验可以参考专家的意见，也可以考虑使用验证性因素分析的方法。模型效标关联效度的检验思路则与自下而上的模型构建方法无异，仍然是通过比较绩优组与一般组在胜任特征得分上差异的方式来实现对模型绩效鉴别力的检验和验证。

与自下而上的模型构建方法相比，自上而下的模型构建方法的不同点主要表现在以下方面。①资料获取对象不同，自下而上的模型构建方法中的资料获取对象主要为一线教师，自上而下的模型构建方法中的资料获取对象是教师教育相关领域内的专家。②资料获取方式不同，自下而上的模型构建方法主要通过一对一的深度访谈方式进行，自上而下的模型构建方法则主要通过专家会议或者小组讨论的方式进行。③所收集的模型构建资料的特点不同，自上而下的模型构建方法所收集的模型构建资料属于原始资料，需要研究者做进一步的编码分析，自上而下的模型构建方法收集的资料是专家经过自己的经验总结和提炼加工后的资料，可以直接用于胜任特征的提炼。④模型构建资料收集效率不同，自下而上的模型构建方法资料收集效率较低，自上而下的模型构建方法由于通常以专家会议或小组讨论的方式进行，多名专家同时参加，资料收集效率大大提高。

综上所述，自上而下的模型构建方法的主要优点在于集中了各领域专家的智慧，能够在较短时间获得较丰富的信息，资料收集效率较高。而可能存在的不足则在于专家的背景各不相同，要在较短时间内消除分歧、达成一致可能比较困难；与此同时，由于自上而下的模型构建方法对专家水平的要求较高，在专家人选的获得方面可能比较困难；此外，在专家会议中，所有专家进行的是面对面的交流，由于专家人数较多，而会议时间有限，可能出现专家不能充分发表意见、权威人物的意见左右其他人的意见等弊端。针对自上而下的模型构建方法可能存在的这一局限，有研究者尝试引入管理学决策领域的德尔菲技术对其进行改进。德尔菲技术是指依据事先确定好的系统程序，采用匿名发表意见的方式，通过多轮次调查专家们对研究主题的看法，经过反复征询、归纳和修改，最后汇总形成基本一致的看法。这种技术具有广泛的代表性，较为可靠。引入德尔菲技术的自上而下的模型构建方法能够最大限度地收集专家的意见和建议，从而较好地保证模型构建的有效性，可能的不足在于过程操作比较复杂，时间和经济成本较高等。

最后需要说明的一点是，通过自下而上的模型构建方法得到的胜任特征模型本质上属于一种"盒型模型"，在内容上不仅有关于各个胜任特征的定义，同时还有针对各个胜任特征的行为表现等级。而通过自上而下的模型构建方法得到的胜任特征模型接近于一种"层级式模型"，虽然在胜任特征内容的界定方面可以做得很好，并且还可以确定各个胜任特征的重要性程度，但是较难获得各个胜任特征在真实工作情境中的具体行为表现等级（刘泽文等，2009）。这种模型特点上的差异可能影响二者的实践指导价值。通过自下而上的模型构建方法得到的"盒型模型"因其明确规定了任职者在工作中的具体行为标准，在对评估精确性方面要求较高的绩效管理中具有更好的应用价值；而通过自上而下的模型构建方法得到的"层级式模型"则在帮助任职者发展提高自己、更好地实现人—岗匹配方面具有更好的应用价值。

三、上下结合的模型构建方法

上下结合的模型构建方法是指用于构建胜任特征模型的资料以已有的相关文献研究资料为主，同时也包括相关专家的总结性经验和一线教师的直接经验性资料的一类模型构建方法的总称。模型构建资料来源的广泛性是这类胜任特征模型构建方法的主要特点。对于上下结合的模型构建方法而言，模型构建资料的获取并不局限于某种单一的研究方法。凡是有助于收集全面、具体的胜任特征模型构建资料的方法均可以为这类模型构建方法所用。

与行为事件访谈法和专家会议法的主要不同之处在于，上下结合的模型构建方法对模型初始资料的要求相对宽松一些。在模型构建的初始阶段，资料收集的全面性是研究者最关注的内容。在模型构建的过程中，需要安排专门的环节对模型构建资料的质量进行检验和验证，目的是保留那些真正符合胜任特征要求的资料。需要特别说明的是，文献资料是上下结合的模型构建方法中收集模型构建资料的重要来源。因此，上下结合的模型构建方法对已有的研究基础有较高的要求，其使用范围可能受到一定的限制。通常情况下，只有当相关的研究成果积累已经比较丰富时才比较适合采用这种模型构建方法。

上下结合的模型构建方法通常会包括以下几个主要环节：全面收集模型构建所需的资料、提炼和筛选胜任特征指标、探索胜任特征模型的结构、检验模型的有效性。

（一）全面收集模型构建所需的资料

全面收集模型构建所需资料是上下结合的模型构建方法的首要环节。这里着力收集的资料都是与教师胜任特征密切相关，有助于研究者挖掘、提炼教师胜任特征指标的资料。其中，非常重要的资料来源就是已有的与教师胜任特征模型有关的研究成果。文献分析是这一环节使用最普遍的资料收集方法。除此之外，研究者也可能会用到开放式问卷调查、访谈或专家咨询等方法。在模型构建资料收集方面，这些方法的使用是对文献分析法非常好的补充，有助于真正确保该环节中模型构建资料收集的全面性。

（二）提炼和筛选胜任特征指标

以第一阶段收集的模型构建资料为基础，从中提炼相应的胜任特征指标并对指标进行初步筛选，是上下结合的模型构建方法中的第二个重要环节。在这里，胜任特征指标的提炼类似于自下而上的模型构建方法中对行为事件访谈资料的编码环节，目的都是在初始资料的基础上挖掘出可能的胜任特征。与自下而上的模型构建方法所不同的是，这里所收集的资料并非第一手的原始资料，很多内容取自已有的教师胜任特征模型研究成果，因此在胜任特征指标的提炼上要相对简单很多。为了尽可能保证胜任特征指标提炼的科学性与合理性，组建相应的专家小组是非常必要的。

专家小组提炼得到的胜任特征指标仍然属于初始指标，由于初始资料来源的广泛性，很难保证专家小组提炼出来的所有指标都符合胜任特征的要求。因此需要对这些初始指标的有效性进行相应的检验和验证，剔除一些不符合胜任特征要求的指标。在这里，胜任特征初始指标的有效性可以通过专家小组来评定，也可以通过考查指标的绩效鉴别力的方式来确定。从操作性上来看，通过专家小组进行评定相对简单，但是这种方法仍然只是一种定性的评估，评估结果的准确性和可靠性在很大程度上取决于所选专家的水平。为了保证初始指标筛选的准确性，在实际的模型构建过程中，一般会综合使用上述两种方法。即在通过专家小组对初始指标有效性进行评定的同时，通过问卷调查方法考查各个初始指标的绩效鉴别力。绩效鉴别力是指被试在各个胜任特征初始指标上的得分能够将其绩效水平有效区分开来的程度。通常的做法是，比较绩优组与一般组在各个胜任特征初始指标上得分的差异。若绩优组与一般组在某初始指标上的得分差异显著，说明该指标具有良好的绩效鉴别力，符合胜任特征要求，应予以保留；反之，若绩优组与一般组在某初始指标上的得分差异不显著，则说明该指标鉴别力不好，不符合胜任特征要求，应考虑予以剔除，不再进入后续的模型结构探索环节。

（三）探索胜任特征模型的结构

有了前面两个环节的基础，接下来就可以进入模型结构的探索环节。经过初步筛选得到的胜任特征指标就是探索胜任特征模型的主要资料。在这里，探索性因素分析是探索胜任特征模型结构时最常用的方法。具体做法是，先以筛选得到的胜任特征指标为题干资料编制相应的胜任特征调查问卷并面向一线教师实施调查，然后使用探索性因素分析技术对调查数据进行统计分析，以此实现对胜任特征模型结构的初步考查。

（四）检验模型的有效性

在上下结合的模型构建方法中，检验模型的有效性同样是最后一个环节，也是非常重要的一个环节。这里的模型有效性检验主要包括两个方面的内容，一是模型的结构效度检验，二是模型的效标关联效度检验。

结构效度检验的目的是对探索性因素分析初步确定的模型结构的合理性与稳定性进行考查，主要通过验证性因素分析的方法来实现。通过验证性因素分析方法来检验模型的结构效度运用的其实是交叉验证的原理。因为用于探索性因素分析和验证性因素分析的数据来自于两个不同的样本，如果经由探索性因素分析探索得到的模型结构能够得到另一个样本数据的检验，说明探索性因素分析所确定的模型结构具有稳定性，能够反映总体的特点。

效标关联效度检验的目的是考查模型对教师绩效表现的预测效果。良好的教师胜任特征模型应能够有效预测教师的绩效表现。具体的检验方法是，在全面收集教师胜任特征资料与绩效表现资料的基础上，通过相关分析或者回归分析等技术考查教师的胜任特征得分与其绩效指标得分之间的关系，如果二者间显著相关或者胜任特征得分能够显著预测其在各个绩效指标上的表现，则说明研究构建的胜任特征模型能够有效预测教师的绩效表现，具有良好的效标关联效度。

综上所述，上下结合的模型构建方法能够充分吸收和借鉴已有的研究基础，在胜任特征收集的全面性和可靠性方面均做得较好，并且模型构建的效率较高，这是其他两种模型构建方法难以做到的。正是因为具有这样一些特点，上下结合的模型构建方法近年来开始为越来越多的研究者选择和使用（斯图温、德·麦斯特，2010；王沛、陈淑娟，2008）。不过，上下结合的模型构建方法也有其局限性。一是对已有的研究基础有一定要求。由于这类方法收集的模型构建资料主要来源于文献资料，因此要求有相当的已有研究基础作为参考。如果已有文献积累有限，那么这类模型构建方法的使用将可能受到很大的限制。二是与自上而下的模型构建方法类似，通过这类方法构建的胜任特征模型接近于一种"层级式模型"，虽然在胜任特征内容的界定方面可以做得很好，并且还可以确定各个胜任特征的重要性程度，但是较难获得各个胜任特征在真实工作情境中的具体行为表现等级。这一特点可能会在一定程度上限制模型的实际应用价值。

四、教师胜任特征模型构建方法总结

（一）存在的问题

1. 教师胜任特征与相关概念的关系有待进一步澄清

教师胜任特征与教师工作绩效。教师胜任特征是指教师在各种教育情境中取得期望绩效所需的知识、技能、态度、特质和动机等个人特征。能够有效预测教师未来的工作绩效是教师胜任特征最重要的特点。从这一意义来看，教师胜任特征是教师工作绩效的重要促进因素，而教师工作绩效是教师胜任特征的重要结果变量。但是，从表现形式来看，二者的区分却并没有这么清晰和明确。目前，人们对教师工作绩效的理解主要有三种观点：①教师工作绩效是教师工作的结果或者产出；②教师工作绩效通过教师的教育教学相关行为反映出来；③教师的工作绩效既可以表现为教师的工作产出也可以表现为其实施的与教育教学目标相关的行为。由前面的定义可知，教师胜任特征也需要通过教师在日常工作中的具体行为表现出来。这一点是麦克利兰等人提出通过行为事件访谈法构建胜任特征模型的重要依据。既然都可以在教师的日常工作行为中反映出来，那么，教师胜任特征和教师工作绩效的区别究竟是什么？这是困扰教师胜任特征研究者的一个基础性问题。

其实，单从这一个角度来看，教师胜任特征与教师工作绩效之间很难明确区分，二者在内容上有诸多重叠之处。只是，当前的主流观点仍然是强调教师工作绩效的结果或者工作产出方面胜过行为表现方面，而教师胜任特征则更关注与结果绩效密切相关的潜在个人特征。尽管如此，当前有关教师胜任特征与教师工作绩效之间关系的更加明确区分仍然欠缺。这一状况不可避免地为教师胜任特征相关研究的深入和应用推广带来一定的障碍。例如，在几乎所有的教师胜任特征模型构建方法中，效标关联效度检验都是必需的环节。此时，教师工作绩效指标的选择就显得至关重要。而如果不能澄清教师胜任特征与教师工作绩效之间的关系，那么，在检验教师胜任特征模型的绩效预测性时就很可能出现循环论证的问题。

教师胜任特征与教师能力。教师能力是教师的一种心理特征，是其顺利完成某种任务或活动的心理条件（刘泽文等，2009）。从内容上看，教师能力具有两方面的内容，既包括教师已经掌握的知识或技能，也包括教师先前具有的潜力和可能性。此外，教师能力还是一个相对宽泛的概念，教师的能力不仅局限于特定的教育或教学工作情境，在教师的各种生活情境下都可能得到体现并发挥积极作用。教师胜任特征虽然也属于促进教师顺利完成某些任务或活动（主要是教育教学相关任务）的心理条件，但仍然具有其独特性。

本研究认为，首先，教师胜任特征具有绩效预测性，凡是属于胜任特征的内容都应该能够有效预测教师未来的工作绩效；也就是说，凡是能够有效预测教师未来工作绩效的特征都可以归属于教师胜任特征的框架。第二，教师胜任特征除了包括与教师工作绩效密切相关的能力之外，还包括其他很多不同于能力的内容（如动机、态度、个人特质等）。第三，教师胜任特征具有工作特殊性，能直接反映教师所承担的教育教学等工作的需要。可见，教师胜任特征与能力其实是既相互联系又相互区别的两个概念。可以用一句话来描述二者之间的关系，即教师胜任特征的内容可以包括教师的能力，但是又不局限于能力，只有那些真正能够有效预测教师未来工作绩效的能力才属于胜任特征。在当前的教师胜任特征研究中，存在不少混淆胜任特征与能力的现象。明确教师胜任特征与教师能力的关系，是开展教师胜任特征研究的重要基础，有助于避免研究中教师胜任特征能力化倾向或者教师能力胜任特征化倾向的出现。

2. 行为事件访谈法的局限性

在当前的教师胜任特征模型构建研究中，行为事件访谈法的运用是最普遍的。虽然行为事件访谈法在胜任特征模型构建中有其突出的优点，但同时也不可避免地存在一些局限性。由于行为事件访谈和编码分析在该方法中扮演的特殊角色，访谈员素质和胜任特征编码词典可靠性的保证至关重要。访谈员是行为事件访谈的具体实施者，负责模型构建资料的收集和获取，只有对教师胜任特征有全面、深入的了解，在访谈技巧方面训练有素的访谈员才可能收集到尽可能理想的模型构建资料。

在编码分析阶段，作为重要参考和依据的胜任特征编码词典对于模型构建资料的充分挖掘和利用至关重要。在教师胜任特征模型构建中，编码前的一项重要工作就是建立一个研究所需的教师胜任特征编码词典。研究者当前的通行做法是在基本胜任特征词典的基础上，结合教师职业和工作的特点进行相应的修改或补充，从而形成模型构建所需的胜任特征编码词典。这种做法存在的第一个可能问题就是，基本胜任特征词典中的内容是否适合于教师这一特殊的模型构建对象，这是值得怀疑的。此外，研究者在编码词典中补充新胜任特征资料的依据或标准是什么？可靠性如何？这些问题在已有的教师胜任特征模型构建中很少受到足够的重视。由于编码词典的内容是研究者从行为事件访谈资料中整理和提炼教师胜任特征的主要参考依据，如果编码词典中的内容本身可靠性就存疑，后续研究结论的可靠性显然会大打折扣。另外，有研究者自己在基本胜任特征编码词典中补充新的内容，然后再依据这些内容进行编码，这中间还可能存在循环论证问题。加之行为事件访谈法的操作过程非常烦琐、费时费力，在访谈实施和编码环节都可能存在难以控制的误差，行为事件访谈法的信度和效度开始受到越来越多的质疑，这也是近年来研究者开始尝试采用其他模型构建方法（如自上而下和上下结合的模型构建方法）的可能原因之一。

3. 教师的绩效指标难以确定

在教师胜任特征模型的构建中，教师绩效标准选取的好坏直接影响最终模型的有效性和可靠性。教师所承担的教育教学工作的复杂性，使得教师工作绩效的内容也非常复杂。因此，教师绩效指标的选取就成为一项非常困难的事情。对于教师这一特殊职业来讲，评估其绩效时不仅要考虑短期绩效（如学生的学业成绩），更需要关注长期绩效（如学生的习惯养成和人格完善）。由此可见，在选择教师的绩效指标时，不仅要考虑教师的职称、获奖（荣誉）经历等教师个人的指标，更要考虑学生学业的进步、师生关系质量的提升、班级风气的改善等更加具体的指标。需要特别说明的是，直到现在，在评估教师工作绩效时究竟选择哪些指标更加合适，仍然是困扰研究者的一个重要问题。

（二）发展的方向

1. 根据研究目标和条件选择合适的模型构建方法

如前所述，以行为事件访谈法为主要途径的自下而上的模型构建方法虽然具有很多优点，但并非是教师胜任特征模型构建的唯一方法选择。不管是自下而上的模型构建方法、自上而下的模型构建方法还是上下结合的模型构建方法，都只是教师胜任特征模型构建的实施途径。每种方法都有其优点，也有其局限性。在实际的教师胜任特征模型构建研究中，选择何种模型构建方法归根结底取决于研究目标的需要和实际研究条件的限制。确保最终构建的教师胜任特征模型内容全面、科学有效，是教师胜任特征研究者的共同目标。因此，凡是能够实现这一目标的模型构建方法都是研究者的选择对象。美国著名的胜任特征模型构建服务提供商 Zwell International 公司就曾认为：采用哪种模型构建方法、选择什么样本、怎样对胜任特征进行命名和分类等，都不是最重要的问题，重要的是最终构建的胜任特征模型能够让使用者理解并且深入人心，真正改变他们的工作行为和态度、提升工作绩效（刘泽文等，2009）。正因如此，近年来开始有越来越多的研究者尝试选择行为事件访谈法之外的其他模型构建方法。研究方法的多样性和丰富性将是今后教师胜任特征模型构建研究的重要特点。

2. 更加全面地理解教师绩效内容的复杂性

国内的大多数研究者在教师胜任特征研究中选择教师的绩效指标时一般会考虑以下几方面的因素，包括教师的职称、获奖（荣誉）情况及教学年限等。常见的做法是，一般将具有高级职称、获得过市（区）级及以上级别奖励、教龄在一定年限（如 15 年）以上的教师归为绩效优秀组教师。这些做法固然考虑到了教师绩效内容的复杂性，但是能否真正全面地反映教师绩效的特点仍然值得怀疑。笔者认为，个人的工作绩效往往都通过其在所承担的重要工作角色上的表现来体现。类似的，在选取教师绩效标准时也可以考虑根据教师承担的重要工作角色来确定。教师担负着"教书"和"育人"的双重任务，因此在选择教师绩效的合适标准时也应充分考虑到这两个方面。

第二节　我国中小学教师胜任特征模型构建

在本章的开篇就曾提到，胜任特征思想可以为理解我国教师队伍建设的"高素质"和"专业化"目标提供良好的切入点。教师胜任特征模型构建既是教师胜任特征研究与应用的基础性工作，同时也是当前教师胜任特征研究的热点。但是，人们对于我国教师胜任特征模型的内容和结构的认识仍然有限，迄今没有形成广受大家认可的一致观点。我国教师胜任特征模型的核心内容是什么？我国教师胜任特征模型的内在结构如何？什么是能够真正体现我国当前教育特色、满足未来教育发展需要的教师胜任特征模型？这些问题的解决有待于更多教师胜任特征模型构建工作的展开。

基于此，在第二节中我们将详细介绍笔者已经完成的一项我国中小学教师胜任特征模型构建研究，一方面是对第一节中所介绍的教师胜任特征模型构建进行实际演示，另一方面也是期望借助于该研究对我国中小学教师胜任特征模型的内容和结构进行科学探讨，以有助于我们更好地理解国家建设"高水平""专业化"教师队伍的目标，并为教师胜任特征模型在教师人力资源管理中的应用提供基础和条件。

一、模型构建目标

旨在充分借鉴和参考已有研究成果的基础上，通过系列研究程序与方法挖掘我国中小学教师胜任特征的核心内容，揭示我国中小学教师胜任特征的内在结构，构建能够真正体现我国基础教育特色、满足未来教育发展需要的中小学教师胜任特征模型，并以反映教师工作绩效的不同指标为效标，对模型的有效性进行全面检验和验证，以期为今后国内教师胜任特征相关的理论研究和应用实践提供有价值的参考。

二、模型构建方法

基于上述模型构建目标的需要，加上研究条件的允许（既可以全面获取到国内外已有的与中小学教师胜任特征模型研究有关的文献资料，同时也可以联系到相应的专家），本研究确定采用上下结合的模型构建方法来构建我国中小学教师的胜任特征模型，具体的流程如图 2-1 所示。

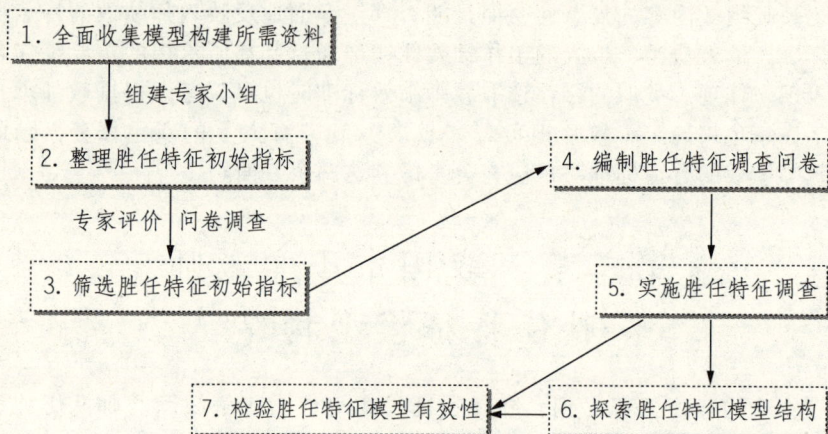

图 2-1　中小学教师胜任特征模型构建流程

三、模型构建过程

（一）收集和整理胜任特征初始指标

为全面收集国内外与中小学教师胜任特征模型有关的文献资料，笔者首先通过 EBSCO、PsycARTICLES、PsycINFO、Google Scholar 和 CNKI（仅限核心期刊文献和优秀硕士、博士论文）等数据库对已有的相关文献进行了全面检索、查阅。在此基础上共收集到了中小学教师胜任特征初始指标 127 项，指标内容全部来自国内外已经发表的中小学教师胜任特征模型构建相关的研究成果。

接下来，项目组组建专家小组对 127 项初始指标进行了认真整理。专家小组成员包括 1 名心理学教授和 4 名心理学专业的博士研究生。对初始指标进行整理的主要目标是在保证指标内容全面性的基础上对可能存在内容重叠的指标进行合并，对内容比较复杂的指标进行简化，同时对内容模糊的指标进行澄清。在具体的整理过程中，专家小组的工作主要遵循以下两条基本原则：第一，每个指标的内容必须具体明确，分解可能包含多重内容的指标；第二，不同指标的内容之间无重叠，合并内容相互重叠的指标。经过这一轮专家小组的整理，收集的中小学教师胜任特征初始指标由最初的 127 项变成 67 项。这 67 项中小学教师胜任特征初始指标的内容见表 2-1。

表 2-1　中小学教师胜任特征初始指标

ID	初始指标	ID	初始指标	ID	初始指标
1	教学过程富有激情	16	准确评估课堂教学效果	31	支持鼓励学生
2	灵活安排教学内容	17	灵活使用多样化的教学手段	32	主动找学生谈心
3	经常进行教学反思	18	了解学生身心发展规律及个体差异	33	尊重学生
4	关注教学效果	19	熟练掌握所任学科的教学方法知识	34	积极进取
5	言语表达清晰	20	对教师职业感兴趣	35	学科知识扎实
6	公平对待每一个学生	21	坚信教师职业的重要性	36	知识面广
7	教学准备充分	22	善于发现学生的优点	37	心地善良
8	不断探索和尝试新的教学方法	23	相信教师职业有光明前景	38	对学生和蔼可亲
9	善于挖掘学生的潜能	24	热情对待学生	39	能够接受新事物
10	营造良好的课堂氛围	25	关心爱护学生	40	风趣幽默
11	有计划有条理地组织教学	26	理解学生	41	坚持不懈
12	有效维持课堂秩序	27	对学生有信心	42	注重自我提高
13	有行之有效的教学方法	28	同事关系融洽	43	愿意坚守教师岗位
14	在教学中对学生进行积极反馈	29	相信学生的潜力	44	真心喜欢教师职业
15	针对学生的特点采用合适的教学方法	30	亦师亦友	45	热爱教育事业

ID	初始指标	ID	初始指标	ID	初始指标
46	有合作精神	54	待人真诚	62	认真
47	心态乐观	55	为人正直	63	诚实
48	宽容大度	56	有自信心	64	做事细心
49	淡泊名利	57	有自制力	65	兴趣广泛
50	严谨	58	诚实	66	虚心学习
51	言行一致	59	处事有耐心	67	有爱心
52	举止有涵养	60	工作勤勉		
53	有责任心	61	情绪稳定		

（二）确认和筛选胜任特征初始指标

根据本章第一节中介绍的上下结合的模型构建方法实施的具体流程，为保证收集整理得到的胜任特征初始指标的有效性，需要对其质量进行检验，筛选可能不符合胜任特征要求的指标。能否将绩效优秀的教师与绩效一般的教师有效区分开来，是检验胜任特征初始指标有效性的最重要标准。为了增加初始指标确认和筛选的准确性，研究者同时使用了专家评价和问卷调查两种方法。

专家评价法是指通过专家评价的方式收集相关专家对 67 项中小学教师胜任特征初始指标质量的量化评价资料，以此作为衡量各个初始指标质量的依据。在本研究中，专家评价的内容包括以下三个方面：①指标重要性，采用七级评分方式，"1"到"7"依次表示"非常不重要"到"非常重要"；②指标表述的合适性，采用五级评分方式，"1"到"5"依次表示"非常不合适"到"非常合适"；③指标内容的全面性，即是否还需要补充新指标。专家组成员共36 人，来源比较广泛，既包括基础教育一线的优秀教师（共 13 人），也包括基础教育学校的管理者（共 23 人）。这些专家全部拥有高级职称，22 人获得过市（区）级及以上教学能手或优秀教师称号，23 人身兼教研室主任及以上学校管理职务，具有丰富的教学经验和教学管理经验。专家的平均年龄 42.33 岁（SD = 9.25）、平均教龄 23.28 年（SD = 6.45），来自于小学和中学的专家人数分别为 17 人和 19 人。

问卷调查法是指通过问卷调查方式收集中小学教师在各个胜任特征初始指标上的得分及其工作绩效表现资料，然后再比较教师的胜任特征得分与其工作绩效表现之间的关系，以此作为评估胜任特征初始指标的重要依据。如果教师在某一胜任特征指标上得分能够有效预测其工作绩效表现，说明该指标具有良好的绩效预测力，符合胜任特征的要求，应予以保留；反之，若教师在某一胜任特征指标上的得分不能有效预测其工作绩效表现，则说明该指标的绩效预测力较差，不符合胜任特征要求，应考虑予以剔除。参加此次问卷调查并提交有效问卷的中小学教师共有 824 人。研究者在参考国内已有的通行做法的基础上，在确定中小学教师绩效标准的时候重点关注教师的职称和获奖经历，同时结合考虑教师的教龄因素。依据这一标准，归入绩效优秀组和绩效一般组的教师分别为 109 人和 137 人。其中，109 名优秀组教师均拥有高级职称，都曾获得过市（区）级及以上奖励（含优秀教师、教学能手、模范教师等奖励或荣誉称号），平均教龄 21.73 年（SD = 6.28），最低教龄 10 年；137 名一般组教师只拥有初级职称并且未曾获得过市（区）级及以上奖励，平均教龄 8.27 年（SD = 5.04），最低教龄只有 1 年。

专家评价的结果表明，36 名专家对 67 项初始指标的重要性评级均在 5 分（比较重要）以上；对指标表述合适性的评级均在 3 分（比较合适）以上；另外，没有专家提出需要再补充新指标的建议。这些结果说明，专家们对研究者收集、整理的 67 项中小学教师胜任特征初始指标的质量均比较认可。

问卷调查资料的差异分析结果表明，在其中的 10 项指标（乐观向上、亦师亦友、待人真诚、对学生和蔼可亲、对学生热情、兴趣广泛、风趣幽默、能够接受新事物、注重自我提升和有合作精神）得分上，优秀组教师和一般组教师的得分差异不显著。也就是说，这 10 项初始指标不满足教师胜任特征的定义要求，故将其删除。在其他 57 项初始指标上，优秀组教师的得分均显著高于一般组，说明这些指标具有良好的绩效鉴别力，满足教师胜任特征的定义要求，故将其保留，进入下一步的探索性因素分析环节。

（三）探索中小学教师胜任特征模型的结构

以筛选确认得到的 57 项胜任特征初始指标为主要内容设计中小学教师胜任特征评价问卷，面向一线中小学教师实施调查，收集定量数据。然后，通过探索性因素分析方法对这些问卷调查数据进行统计分析，初步揭示中小学教师胜任特征模型的内在结构。

用于探索性因素分析的调查数据共 219 份，从回收的 824 份有效问卷中随机抽取得来。参加调查的这 219 名中小学教师来自河南、湖北、安徽、广西和广东等地的基础教育一线，平均年龄 34.48 岁（SD = 7.20），平均教龄 12.61 年（SD = 7.96）；男性 91 人，女性 101 人，信息缺失者 27 人；小学、初中和高中教师分别为 64 人、71 人和 61 人，信息缺失者 23 人。

KMO 和 Bartlett 检验结果表明，KMO 值为 0.934，说明各指标间的共同因素较多；Bartlett 检验的卡方值为 6 756.168（df = 903，p < 0.000），说明数据适合进行因素分析。采用的因素分析方法是，通过主成分分析法（Principal Components）提取因子，并对因素符合矩阵进行最大变异法的正交（Varimax）旋转，以特征值大于 1 作为因子提取标准。首轮探索性因素分析共析出 8 个因子，其中一个因子只有 2 个项目，并且有项目存在多重负荷的现象。结合 Cattell 碎石检验的碎石图发现，在第 6 个因子以后坡度开始变得比较平缓，说明

保留6个因子比较合适。在随后的因素分析中，逐步剔除9个存在多重负荷问题（同一指标在多个因素上的负荷超过0.40）的指标后，6个因子的累积方差解释量达到63.75%。最终保留的6个因子的特征值分别为8.48、6.98、5.49、4.84、2.75和2.05；各自的方差解释量依次为17.68%、14.54%、11.44%、10.08%、5.72%和4.28%。虽然指标的数量有所减少，但是6个因子的累积方差解释量却比原来的62.33%有所增加，说明选择保留6个因子是合适的。

表2-2 中小学教师胜任特征模型的探索性因素分析结果

特征群	胜任特征
教学技能	教学过程富有激情、灵活安排教学内容、经常进行教学反思、关注教学效果 灵活使用多样化的教学手段、准确把握学生的课堂行为、有效维持课堂秩序 营造良好的课堂氛围、探索和尝试新的教学方法、有计划有条理地组织教学 有行之有效的教学方法、准确评估课堂教学效果、善于挖掘学生的潜能 在教学中对学生进行积极反馈、针对学生特点采用合适的教学方法
个人修养	有爱心、言行一致、情绪稳定、有责任心、举止有涵养、处事有耐心 工作勤勉、宽容大度、虚心学习、有自制力、心地善良、淡泊名利
个性特质	做事认真、讲信用、做事细心、作风严谨、有自信心 为人正直、诚实、同事关系融洽
职业态度	对教师职业感兴趣、坚信教师职业的重要性、愿意坚守教师岗位 真心喜欢教师职业、相信教师职业的前景、热爱教育事业
学生观念	关爱学生、尊重学生、理解学生、公平对待每一个学生
专业知识	熟练掌握所任学科的教学教法知识、学科知识扎实、知识面广

表2-2呈现的是利用探索性因素分析得到的中小学教师胜任特征模型6个因子各自所包含的具体指标。通过对各个因子所包含的具体胜任特征指标进行分析对其进行命名。其中，因子1包括的全部是与课堂教学相关的指标，反映的是中小学教师胜任课堂教学工作需要具备的能力素质，将其命名为"教学技能"；因子2所包括的指标反映的都是中小学教师在为人处世过程中所体现出来的基本品质和修养，主要通过后天的学习和修炼逐渐形成，将其命名为"个人修养"；因子3所涉及的指标反映的主要是中小学教师个人性格方面的特点，类似于人格特质，将其命名为"个性特质"；因子4反映的是中小学教师对于教师职业的基本认识和信念，将其命名为"职业态度"；因子5代表的是中小学教师在与学生交往中所坚持的基本观念和做法，将其命名为"学生观念"；因子6反映的是中小学教师对于专业相关知识的掌握情况，故将其命名为"专业知识"。上述6个因子的一致性α系数分别为0.94、0.94、0.91、0.92、0.84和0.84。

（四）检验中小学教师胜任特征模型的有效性

在已有的教师胜任特征模型构建研究中，研究者大多是从教师的角度来检验模型的有效性，很少有研究者从学生的视角进行考虑。学生是中小学教师工作的主要参与者和最重要的互动对象，他们对教师的胜任特征水平有着非常真切、深刻的认识。笔者认为，真正科学、有效的中小学教师胜任特征模型，不仅要经得起教师自评数据的检验，还应得到学生评价数据的支持。基于此，我们在已有研究的基础上，创新性地提出了同时从教师和学生两种视角来检验中小学教师胜任特征模型有效性的研究思路，以期对研究构建的中小学教师胜任特征模型的有效性进行全方位的检验和验证。

用于中小学教师胜任特征模型有效性检验的教师评价数据共605份，为回收的824份有效问卷中减去219份探索性因素分析数据的部分。参加调查的这605名中小学教师同样也来自河南、湖北、安徽、广西、广东、山东和湖南等地基础教育一线，平均年龄36.59岁（SD = 8.09），平均教龄15.49年（SD = 8.68）；男性216人，女性341人，信息缺失者48人；小学、初中和高中教师分别为259人、196人和145人，信息缺失者5人。

用于中小学教师胜任特征模型有效性检验的学生评价数据共303份。根据学生填写的被评教师的基本信息，基本可以确认这303份问卷分别评价的是303名不同的教师。其中，男、女教师分别为170人和122人，性别信息缺失者有11人；年龄自"30岁以下"（22.1%）到"50岁以上"（3.1%）均有分布，其中50岁以下者所占百分比为76.9%，尤以30~40岁者最多（占比52.7%）；小学、初中和高中教师分别为16人、60人和203人。

在这里需要说明的是，为了尽量保证以学生评价方式收集教师胜任特征数据的代表性，参加调查的每个学生所评价的教师应尽可能不同，若以在校中小学生为调查对象，很可能出现同一班学生评价的是同一名教师，故研究者选取了相对简便、可行又尽量保证数据代表性的方法，选取生源覆盖全国绝大多数省、直辖市和自治区的某综合性大学刚入校的大学一年级新生为调查对象。于刚入学一个月左右时完成调查，要求新生回溯自己在中小学阶段遇到的某位教师，对该教师在各个胜任特征指标上的表现进行评价，被评教师的任教科目通过随机分配方式确定。

1. 中小学教师胜任特征模型的结构效度检验

研究者运用验证性因素分析方法，分别以教师自评数据和学生评价数据为资料，检验了中小学教师胜任特征模型的结构效度。验证性因素分析的结果见表2-3。结果表明，不管是以教师自评数据还是学生评价数据为资料，单因子模型的拟合指标均不理想：X^2/df（卡方/自由度）均大于5，RMSEA（近似误差均方根）高于0.08，GFI（拟合指数）、CFI（比较规范拟合指数）、NFI（规范拟合指数）和NNFI（非规范拟合指数）值介于0.48~0.71；而探索性因素分析得到的六因子结构在教师自评数据和学生评价数据中的拟合情况均比较理想，并且各拟合指标值相近：X^2/df 均低于 5，RMSEA 低于 0.08，GFI、CFI、NFI 和 NNFI 值也超过或接近 0.90。这说明通过探索性因素分析初步确定的中小学教师胜任特征模型的六因子结构在教师自评和学生评价数据中均具有较好的稳定性和良好的结构效度。

表 2-3　中小学教师胜任特征模型结构的验证性因素分析结果

数据类型	Model	X^2	df	X^2/df	GFI	CFI	NFI	NNFI	RMSEA
教师自评	六因子模型	4 586.85	1 137	4.03	0.86	0.90	0.89	0.91	0.075
	单因子模型	9 368.01	1 080	8.67	0.43	0.59	0.57	0.57	0.167
学生评价	六因子模型	1 568.53	652	2.41	0.89	0.92	0.91	0.90	0.063
	单因子模型	4 872.48	651	7.48	0.65	0.73	0.57	0.68	0.148

2. 中小学教师胜任特征模型的效标关联效度检验

在这里，研究者主要通过考查中小学教师胜任特征模型对一些重要的教师绩效指标的预测力的方式来检验模型的效标关联效度。与模型结构效度的检验类似，用于模型效标关联效度检验的资料也包括教师自评数据（605 份）和学生评价数据（303 份）。

任职者的工作绩效往往通过其承担的重要工作角色中得以体现。因此，研究者在选择中小学教师绩效指标时充分考虑到了中小学教师所承担的重要工作角色，并以此作为挑选中小学教师绩效指标的主要依据。仔细分析中小学教师的工作特点可知，中小学教师主要承担"教书"和"育人"这两种重要的工作角色。"教书"角色关注的是教师向学生传授知识的情况，该角色履行的好坏主要通过教师的教学效能感、课堂表现和学生成绩等指标来体现。"育人"角色关注的则是教师促进学生健全人格发展方面的情况，该角色履行的效果短时间内较难表现出来。由于师生交往是教师履行"育人"角色的主要方式，因此可以考虑将教师受学生欢迎的程度视作评估中小学教师在"育人"方面的绩效表现的一项指标。基于此，研究者选取的中小学教师工作绩效指标包括教师的教学效能感、课堂表现、带课成绩和教师受学生欢迎的程度等。另外，研究者还设置了一个"总体评价"指标以实现对中小学教师绩效表现的总体评估。

在效标资料收集时，研究者也充分考虑到了各绩效指标的具体特点，目的是尽可能收集到准确、可靠的数据。例如，有些绩效指标（如教师的教学效能感）的信息通过教师自评方式收集比较合适，而另一些绩效指标（如教师受学生欢迎的程度）信息则通过学生评价方式收集可能更合适。研究者据此确定的各个绩效指标信息收集的方法是：教师的"教学效能感"信息通过教师自评方式收集；教师的"课堂表现"和"受学生欢迎度"信息通过学生评价方式收集；教师的"任教学生的学业成绩"和工作绩效"总体评价"信息则同时通过教师自评和学生评价两种方式收集。

具体来讲，各个绩效指标的测量工具分别是：教学效能感的测量工具为俞国良、辛涛等人（1995）编制的教师教学效能量表中的个人教学效能感分量表，包括17个题项，采用六级评分，内部一致性系数为0.84；课堂表现（"你觉得这位老师课上得怎样"，七级评分，"1"到"7"依次表示"非常不好"到"非常好"）和受学生欢迎度（"这位老师是一个受学生欢迎的老师"，七级评分，"1"到"7"依次表示"非常不符合"到"非常符合"）均通过单个题目由学生评价得来；总体评价（教师版本：总体来看，您对自己作为一名教师的评价如何；学生版本：根据自己的了解，你对这位老师的总体评价怎样）采用五级评分，"1"到"5"依次表示"很不合格"到"非常优秀"；带课成绩（教师版本：您所带班级学生的成绩在本校/本地区同年级中的排名如何；学生版本：这位老师所带班级的相应科目成绩在本校/本地区同年级中的排名如何）也采用五级评分，"1"到"5"分别表示"倒数"到"前列"。

表2-4呈现的是中小学教师胜任特征模型的6个因子与各绩效指标之间的相关分析结果。可以明确地看到，中小学教师胜任特征模型的6个因子与各绩效指标之间均存在显著的正相关关系。

表2-4　中小学教师胜任特征6个因子与各绩效指标间的相关分析结果

绩效指标	教学技能	个人修养	个性特质	职业态度	学生观念	专业知识
教学效能感[1]	0.59**	0.50**	0.44**	0.29**	0.44**	0.51**
带课成绩[1]	0.25**	0.19**	0.19**	0.10*	0.18**	0.17**
受学生欢迎度[1]	0.38**	0.35**	0.32**	0.17**	0.39**	0.37**
总体评价[1]	0.37**	0.25**	0.25**	0.18**	0.24**	0.33**
课堂表现[2]	0.70**	0.58**	0.61**	0.54**	0.55**	0.63**
任教学生的学业成绩[2]	0.47**	0.42**	0.44**	0.33**	0.36**	0.42**
受学生欢迎度[2]	0.67**	0.68**	0.64**	0.56**	0.64**	0.59**
总体评价[2]	0.69**	0.64**	0.60**	0.56**	0.58**	0.55**

注：绩效指标后附的商标为1者表示该指标为教师自评数据，商标为2者表示该指标为学生评价数据。

** 表示0.01统计水平上显著，* 表示0.05统计水平上显著，下同。

在此基础上，研究者进一步以反映中小学教师"教书""育人"的各个绩效指标为因变量，以胜任特征模型的6个因子为自变量进行多元层级回归分析。具体分析方法是，在回归分析的第一层纳入性别、教龄、学校所在地和学校属性（重点/非重点）等人口学变量，以控制这些变量对教师绩效表现的可能影响；在回归分析的第二层才纳入中小学教师胜任特征模型的6个因子。回归分析的结果见表2-5。可知，中小学教师胜任特征模型对各个绩效指标均具

表2-5 中小学教师各绩效指标对胜任特征模型的回归分析结果

绩效指标	数据来源	Step 1			Step 2							
		人口学变量	R^2	ΔR^2	教学技能	个人修养	个性特质	职业态度	学生观念	专业知识	R^2	ΔR^2
总体评价	I	—	0.105**	0.105**	0.17*	0.03	0.02	0.02	0.05	0.15*	0.219**	0.114**
教学效能感	I	—	0.052**	0.052**	0.36**	0.17**	0.01	-0.02	0.04	0.16	0.408**	0.356**
带课成绩	I	—	0.071**	0.071**	0.14*	-0.01	0.12	-0.04	-0.03	0.06	0.121**	0.050**
总体评价	II	—	0.055	0.055	0.44**	0.21*	0.01	0.01	0.05	0.09	0.554**	0.499**
课堂表现	II	—	0.020	0.020	0.49**	0.01	0.07	0.08	0.01	0.29	0.547**	0.536**
带课成绩	II	—	0.027	0.027	0.21*	0.15	0.19*	0.18*	0.05	0.17	0.279**	0.252**
受学生欢迎度	II	—	0.034	0.034	0.31**	0.33**	0.06	0.05	0.14*	0.13	0.540**	0.506**
受学生欢迎度	I	—	0.022*	0.022*	0.09	0.11	0.01	-0.09	0.21**	0.17**	0.219**	0.198**

注：数据类型 I 表示教师自评数据，数据类型 II 表示学生评价数据；由于篇幅原因，表中未呈现各人口学变量的回归系数。

有显著的预测力（R^2最高者达 53.6%）。需要指出的是，中小学教师胜任特征模型的 6 个因子在预测不同的绩效指标时体现出一定的差异性。具体来讲，中小学教师的教学技能对选取的所有绩效指标（尤其是教学效能感、课堂表现和带课成绩等与教学直接相关的绩效指标）均具有显著的预测作用，是相对最为重要的胜任特征；而学生观念、个人修养和专业知识等则能够显著预测教师受学生欢迎的程度。

综上所述，相关分析和回归分析的结果均表明，研究构建的中小学教师胜任特征模型确实能够有效预测中小学教师在各个绩效指标上的表现，具有良好的效标关联效度。

四、分析讨论

（一）中小学教师胜任特征模型的内容和结构

依据"冰山"理论，任职者的胜任特征从表层到深层依次包括五个层次的内容，分别是知识、技能、价值观、特质和动机等（麦克利兰，斯宾塞夫妇，1994）。从内容上看，本研究构建的专业知识、教学技能、职业态度、学生观念、个人修养和个性特质六因子中小学教师胜任特征模型也基本上涵盖了上述五个方面的内容。

基础教育的重要性决定了中小学教师在"教好书"的同时要"育好人"。时任国务院总理温家宝在 2010 年全国教育工作会议上的讲话（2010 年 7 月）中曾专门提及："教师不仅要注重教书，更要注重育人；不仅要注重言传，更要注重身教。"因此，必须从工作和职业两个层次来认识中小学教师胜任特征内容的复杂性。"学高为师、身正为范"是我国传统文化中对优秀教师特点的精辟阐述。"学高"是指业务精湛，"身正"则是指师德高尚。在已有的教师胜任特征研究中，业务素质受到的关注远甚于师德。在本研究构建的中小学教师胜任特征模型中，这两项内容均得到了很好的体现。教学技能、学生观念和专业知识反映的是对教师业务素质的要求，而个人修养、个性特质和职业态度则主要体现了对教师师德的要求。

本研究揭示的中小学教师胜任特征模型的六因子结构同时也反映了中小学教师胜任不同工作角色及成功应对职业生涯发展中的核心问题时需要具备的能力和素质。中小学教师既是"传道、授业、解惑"者，同时也是学生的"成长导师"。专业知识、教学技能反映的是胜任"传道、授业、解惑"者角色必备的特征，而其他因子反映的则是胜任"成长导师"角色应具备的特征。如何处理与学生、职业和自己的关系是任何一个中小学教师都必须面对的问题。这就要求广大的中小学教师在对待学生方面应做到以生为本、爱心施教（学生观念），业务精湛、教学高效（教学技能）；在对待职业方面应做到热爱教育、潜心从教（职业态度）；而在对待自己方面则始终做到为人师表、师德高尚（个人修养和个性特质），同时掌握渊博学识（专业知识）。

综上所述，本研究构建的中小学教师胜任特征模型并非 6 个因子的简单集合，而是彼此间既相互联系又相互区别的一个有机结构。这种结构的科学性与合理性在教师自评和学生评价数据中均能得到了良好的验证。

（二）中小学教师胜任特征模型的有效性

效标关联效度检验的结果表明，研究构建的中小学教师胜任特征模型具有良好的绩效预测力。一方面，中小学教师胜任特征模型中的各个胜任特征指标均能够将绩优组和普通组很好地区分开来。另一方面，中小学教师胜任特征模型对其在各个方面的绩效指标具有理想的预测效力（R^2 最高者达 53.6%），并且不同的胜任特征群对不同绩效指标的预测力呈现出一定的针对性。

具体来讲，教学技能和专业知识对中小学教师工作绩效的贡献主要集中于课堂教学领域（如教学效能感、课堂表现和带课成绩），而个人修养、个性特质和师生观念等内容对中小学教师绩效的贡献则主要集中于师生交往领域（如受学生欢迎度）。可见，研究构建的中小学教师胜任特征模型确实能够有效预测中小学教师在"教书"和"育人"这两个核心工作领域中的绩效表现，只是教学技能和专业知识对教师在"教书"领域的绩效预测效果更好，而其他胜任特征则对教师在"育人"领域的绩效预测效果更好。这一结果也充分体现了温家宝在 2010 年全国教育工作会议上的讲话精神："教师是知识的传播者和创造者，教师的知识和业务水平决定着教育的质量。这就要求教师具备广博的知识和广泛的兴趣，具备深厚的专业功底和独特的教学艺术，具有出色的教学效果和对教育教学的深入研究。"

有关中小学教师胜任特征模型效标关联效度检验的上述结果，可以为今后针对性地发展和培养中小学教师的胜任特征，提升其工作绩效提供有价值的指导和参考。

（三）中小学教师胜任特征模型的应用展望

本研究构建的中小学教师胜任特征模型将为中小学教师教育、选拔和培训等教师管理工作提供参考依据。中小学教师胜任特征的每一项内容都可以从重要性和可塑性两个维度加以分析，如图 1-5 所示。重要性强调的是胜任特征模型中各胜任特征因子之间的相对重要性，反映的是胜任特征对绩效指标的预测效力；可塑性则是指胜任特征通过教育或者培训获得发展的相对容易程度。在评估胜任特征重要性和可塑性的基础上可以形成有关中小学教师胜任特征模型应用前景的基本框架。

具体来讲，重要性和可塑性都高的胜任特征（Ⅰ类胜任特征）应成为师范生教育和在职教师培训的重点；重要性高但可塑性低的胜任特征（Ⅱ类胜任特征）可以作为教师资格准入和招聘与选拔时的重点考查内容；重要性低但可塑性高的胜任特征（Ⅲ类胜任特征）则可以作为短期培训内容；而重要性和可塑性都低的胜任特征（Ⅳ类胜任特征）则可以作为师范生和在职教师的自主学习内容。

在中小学胜任特征模型构建过程中，本研究还对 35 名师范生在 10 周教学实习前后的教师胜任特征变化情况进行了追踪比较。结果发现，教学技能（t = 3.17，p < 0.01）和学生观念（t = 2.74，p < 0.05）两项胜任特征的后测结果均显著优于前测结果。这说明通过 10 周的教学实习，师范生在教学技能和学生观念两项胜任特征上获得了显著提升，反映了师范生在课堂教学和师生交往经验方面一次质的跨越。这一结果提示我们，相比中小学教师胜任特征模型的其他 4 项内容，教学技能和学生观念可能具有更大的可塑性。黑尔－麦克伯（2000）的相关研究表明，中小学教师的教学技能与专业化特征、课堂氛围一起同属于教师有效性（Teacher Effectiveness）最重要的预测因素。前面有关中小学教师胜任特征模型效标关联效度的检验结果也表明，教学技能是中小学教师胜任特征 6 个因子中唯一能够有效预测其各方面绩效表现的。可见，教学技能应作为中小学教师教育和培训的重点内容，发展途径包括在职前教育的基础课程教学基础上安排充裕的教学见习和实习活动，在职后培训中安排定期的集中培训等。当然，由于此研究仅是对中小学教师胜任特征可塑性分析所进行的一次尝试，前后测的样本量较小，调查对象并非在职教师，研究推论的可靠性还有待今后更多实证研究证据的检验。

五、模型构建总结

本研究采用上下结合的模型构建方法，同时从研究文献、教师教育专家和一线教师中收集模型构建资料，科学构建了包括教师教学技能、个人修养、个性特质、职业态度、学生观念和专业知识的六因子中小学教师胜任特征模型，并且对该模型的结构效度和效标关联效度进行了全方位、多角度的检验和验证。结果表明，研究构建的中小学教师胜任特征模型在内容上具有全面性，在结构上具有合理性和稳定性，在效度上具有良好的绩效预测力。

当然，在研究方法的具体实施过程中，本研究同样存在一些不足之处。一方面，在学生评价数据收集上，研究采用的是让刚入学的大学一年级新生进行回溯的方法，由于记忆的影响客观上造成了学生评价的教师以高中教师和初中教师居多、小学教师较少的问题。因此，本研究中以学生评价数据为材料得出的结果对于中小学教师胜任特征模型有效性的检验只能作为补充和参考。另一方面，研究选取的中小学教师绩效指标虽然全面，但是这些绩效指标资料的收集大多通过单个题目进行，在资料收集的准确性方面可能存在一些不足，在今后的研究中可以考虑对这些绩效指标进行更加细化的考查。

第三章

教师胜任特征测量与评估

教师胜任特征测评的目标是通过科学的程序和方法实现对教师胜任特征发展状况和水平的全面、准确和有效的评估。具体来讲，教师胜任特征测评是指综合应用现代心理学、测量学、统计学、行为科学和计算机科学的研究成果，运用科学的手段和方法，通过心理测验、情景模拟、评价中心等具体活动，对教师的胜任特征发展状况和水平进行测量与评估的系统程序。在一定程度上，可以将教师胜任特征测评视作现代人员测评的一种特殊形式。胜任特征测评的"特殊性"主要体现在测评对象和测评内容上。在测评对象上，教师胜任特征测评重点关注的是教师这一特殊的职业群体。在内容上，人员测评的内容非常广泛，涉及一个人的能力特征、动机特征、风格特征、知识技能特征和品德特征等诸多方面，而教师胜任特征测评重点关注的是教师所具有的能够有效预测其未来工作绩效的那些知识、技能、自我概念、特质和动机等方面的内容（凌文辁等，2010；斯宾塞等，1993）。

为什么需要对教师的胜任特征进行测评？教师胜任特征测评有何特点？教师胜任特征测评的理论基础是什么？教师胜任特征测评的准确性和有效性如何评估和检验？教师胜任特征测评的方法和手段有哪些？教师胜任特征测评的实施流程如何？这些都是与教师胜任特征测评相关的重要问题。在这一章，我们将首先对教师胜任特征测评的功能和特点进行简要概述；接下来将对教师胜任特征测评的理论基础进行梳理；在此基础上详细介绍常用的教师胜任特征测评方法或技术；最后，将对教师胜任特征测评的实施流程进行介绍，并通过一个相应的案例说明教师胜任特征测评实施的具体过程。

第一节 教师胜任特征测评概述

如前所述，教师胜任特征是指能够将优秀教师和一般教师区分开来的教师个人特征的总和。也就是说，教师当前的胜任特征发展状况能够有效预测教师个人未来的工作绩效。正因为如此，教师胜任特征可以在教师选拔、培训、考核等诸多教师人力资源管理的关键环节发挥重要作用。但是，这些重要作用的发挥需要一个共同的前提，那就是对教师的胜任特征发展状况要有一个全面、准确和有效的了解和评估。这一前提条件的具备就有赖于对教师胜任特征的测量和评估。由此可见，测量和评估本身并非教师胜任特征测评的目标。对教师胜任特征继续测量和评估的目的是为充分发挥教师胜任特征在教师人力资源管理中的应用价值服务。基于此，我们将在这一节对教师胜任特征测评的功能进行相应的介绍；同时还将介绍教师胜任特征测评是怎样来保证测评结果的全面、准确和有效的，即教师胜任特征测评具有哪些重要的特点。

一、教师胜任特征测评的功能

本书第一、第二章中均提到，教师胜任特征是决定并区别任职者未来绩效水平的个人特征的总和，是指中小学教师在各种教育情境中取得期望绩效所需的知识、技能、态度、特质和动机等个人特征。对教师的胜任特征发展状况进行测量和评估，是发挥教师胜任特征在教师教育、选拔和培训等工作中的应用价值的前提基础。具体来讲，教师胜任特征测评具有以下几方面的功能。

（一）增强教师选拔工作的准确性和有效性

对教师应聘者（准教师）的胜任特征的各项内容进行鉴别和评定，是教师胜任特征测评最基本的一项功能。在传统的教师招聘和选拔中，往往只重视对应聘者的专业、学历、文凭、基本技能等浅层次胜任特征（基准性胜任特征）的考查，对应聘者的自我概念、动机和特质等深层次胜任特征的关注不够。而这些深层次的胜任特征内容恰恰在预测教师绩效的过程中发挥着突出作用。有研究者将这些内容称作鉴别性胜任特征，它们对于一个人能否成长为优秀教师至关重要。因此，通过对应聘者的胜任特征进行全面、深入、准确的测量和评估，有助于增加教师选拔的准确性和有效性。

（二）提升教师培训工作的针对性和实效性

教师培训是教师人力资源开发工作中非常重要的一环，原因在于没有任何一个人不经由学习就可以成长为优秀教师。可是，在传统的教师培训中，一方面，学校往往只从学校或者学科出发，不加区分地为所有教师制定统一的培训内容和课程，缺乏对教师个性化的关注；另一方面，学校往往过于重视对浅层胜任特征（学科知识、技能等）的培训，对态度、动机等深层次胜任特征的重视不够。这样做的直接后果就是，一方面，由于学校的培训没有关注到教师的个性化需求，因此教师主动参加培训的积极性不高；另一方面，由于对教师工作绩效至关重要的深层次胜任特征没有得到充分关注和训练，培训工作对教师工作绩效的促进效果不显著，造成教师培训的实效性不够理想。如果在传统的教师培训中引入对教师胜任特征的考查，在全面、准确掌握教师胜任特征发展状况的基础上确定教师真正需要的培训内容，也许就能很好地克服传统教师培训工作中存在的上述两方面问题，从而有助于提升教师培训工作的针对性和实效性。

（三）完善教师考核工作的激励性和发展性

传统的教师考核工作较多侧重于对教师已有工作结果的考查，使得考核的作用主要体现在对教师已有工作的评价上，而对教师未来工作的激励和促进作用有限。也就是说，传统的教师考核只是一种静态性评价。然而，教师考核的目标不应只局限在对教师的已有工作表现进行评价，更重要的是通过考核激励教师在未来做出更多、更好的工作绩效。由于胜任特征关注的就是任职者在未来做出优秀绩效的可能性，是一种着眼于未来而非过去的发展观。因此，如果能够将教师胜任特征测评的结果与传统的教师考核有机结合起来，将可以很好地弥补传统教师考核激励性不足的局限，促进传统教师考核由静态性评估向发展性评估的转变。

（四）促进教师个人潜能的开发和自我成长

全面、客观、准确的自我认识是进行科学职业生涯管理的基础。通过实施教师胜任特征测评，可以为教师更好地认识自己提供渠道，进而为教师巩固自身的优势、弥补不足提供科学依据和指导。教师的自我成长是贯穿其整个教师职业生涯的过程。并且，在教师胜任特征的内容中，包括特质、动机等深层次的胜任特征往往难以在短期内实现较大的提升，这就需要教师个人针对自己的职业生涯发展特点进行长期的学习和训练。而这一切的前提都在于教师个人能否准确地了解自己当前的优势和不足，即能否实现对其胜任特征的准确测量和评估。

二、教师胜任特征测评的要求

如前所述，教师胜任特征测评在教师人力资源管理和教师个人成长等诸多方面可以发挥特殊价值。而这些功能的有效发挥都必须建立在胜任特征测评结果的准确性、有效性和可操作性基础之上。如果教师胜任特征测评的结果本身不准确、无效，并且不具有操作性，那么其应有的功能不仅无法发挥，还可能产生极大的破坏性后果。因此，为了确保测评结果的准确性、有效性和可操作性，教师胜任特征测评必须满足以下几方面的要求。

（一）测评方法科学

教师胜任特征的科学性体现在以下几个方面。一是教师胜任特征测评指标通过科学的方法和程序确定得来，真正符合教师胜任特征的定义标准。这一点首先从测评内容上保证了教师胜任特征测评的科学性。二是教师胜任特征测评具有科学的理论基础。目前所使用的任何教师胜任特征测评方法背后都有相应的科学理论作为依据，其中就包括经典测量理论（Classic Test Theory，CTT）、项目反应理论（Item Response Theory，IRT）、概化理论（Generalizability Theory，GT）等。三是教师胜任特征测评实施的方法和程序具有科学性，这一点主要表现为测评方法和流程的标准化。所谓标准化，即负责教师胜任特征测评的人员资格、测评过程控制以及测评结果的处理等均具有相应的严格标准，不因时、因地或因人而异。最后，可以通过科学的方法和程序（如对测评的信度和效度进行科学考查）对教师胜任特征测评的准确性和有效性进行评估。

（二）测评内容全面

全面性是指教师胜任特征测评的内容涵盖教师胜任特征的所有方面，这也是保证教师胜任特征测评准确性和有效性的重要方面。只要是符合教师胜任特征界定的内容，就都应该属于教师胜任特征测评的内容。在教师胜任特征测评实践中，全面性主要通过教师胜任特征模型构建方法的科学性加以保证。例如，作为当前胜任特征模型构建最常用的一种方法，行为事件访谈法在使用过程中就专门有相应的程序来确保胜任特征初始指标提炼的全面性和指标筛选的科学性，从而可以在确保最终指标有效性的前提下尽量保证指标内容的全面性。

（三）测评指标客观

从严格意义上来讲，凡是心理特征的测量都不可能做到完全客观。这就决定了几乎所有的心理测量很难做到真正意义上的直接测量。教师胜任特征测评也不例外，本质上是一种间接测量。显然，不管是在测量的准确性还是有效性上，间接测量与直接测量相比都具有一定的劣势。那么，如何弥补间接测量的这一不足呢？在这一方面，教师胜任特征测评所采取的方法是尽量提升测评指标的客观性。心理学家普遍认为，一个人的胜任特征是可以通过其外在的行为表现反映出来的，而外在的行为是客观的，可以观察和测量的。这一点也是行为事件访谈法的重要依据。因此，与其他大多数心理测量所不同的是，教师胜任特征测评力求将所有的测评指标都落实到教师在实际工作中的具体行为上，以此来提升测评内容的客观性，从而尽可能提升测评结果的准确性和有效性。由此可见，这里所提及的客观，并非纯粹意义上的客观，强调的只是一种相对的客观。

（四）测评结果量化

定量方法与定性方法相结合是现代人员测评所遵循的一条基本原则（凌文辁等，2010）。教师胜任特征测评亦是如此，具有一套完整的测评计量体系和统计分析方法。通过科学定量方法的采用，为教师胜任特征的评估提供了全面、准确、可靠的数据资料，极大地提升了测评结果的准确性和有效性。在这里需要特别强调的是，定量方法的运用使得教师胜任特征测评的结果能够适用于更加丰富、更加高级的数理统计分析方法，大大拓展了教师胜任特征测评结果的应用范围。

第二节　教师胜任特征测评原理

教师胜任特征测评本质上属于现代人员素质测评的一种，因此现代人员素质测评的基本理论同样适用于教师胜任特征测评。这些重要的理论是保证教师胜任特征测评科学性的重要方面。因此，在这一节，我们将对教师胜任特征测评的理论基础、教师胜任特征测评的信度和效度评估以及教师胜任特征测评的基本原则等进行相应的介绍和说明。

一、教师胜任特征测评的理论基础

影响现代人员测评的理论比较多，在这里我们将重点介绍其中三种与教师胜任特征测评关系比较密切的理论，分别是素质可测原理、人—职匹配理论和心理测量理论。

（一）素质可测原理

素质可测原理是心理学测量学理论最基本的前提假设，也是教师胜任特征测评最基本的理论基础（肖鸣政、马克·库克，2007；赵琛徽，2002）。"凡是客观存在的事物都有其数量"（桑代克），"凡有数量的东西都可以测量"（麦柯尔）。这两句话说的即是素质的可测性原理。只是，由于素质不似其他物理存在那样可以直接观察或衡量，因此素质的测量没有通常的物理测量那么容易。具体来说，素质可测原理主要体现在以下两个方面，分别是素质测评的可能性和素质测评的可行性。

1. 素质测评的可能性

素质测评的可能性说的是人的素质虽然不能被直接观察和测量，但是可以通过外在的行为方式表现出来。人的任何行为都是由特定的内在属性决定的，不可能无缘无故地发生。胜任特征属于人的特殊内在属性之一。对于任何一种内在的胜任特征，我们总能够找到与其对应的一些外在行为表现。人的心理素质与行为表现及外在环境的关系可以通过公式 3 - 1 表示：

$$B = f\,(Q,\ E) \qquad\qquad\text{（公式 3 - 1）}$$

在公式 3 - 1 中：B 代表个体的行为表现，f 代表个体行为发生的机制，Q 代表个体内在的心理素质，E 代表个体所处的外在环境。例如，当一个人在过马路时看到旁边有一位盲人也准备过马路，立即走过去牵着盲人的手引导他过了马路。此时，B 表示帮助盲人过马路，f 表示从看见盲人准备过马路到做出帮助盲人过马路之间的心理过程，E 表示盲人准备过马路，Q 表示热心善良、乐于助人的品质。在这一例子中，这个人乐于助人的心理品质虽然不能被直接观察和测量到，但是却可以通过他（她）主动帮助盲人过马路这一行为表现出来。因此，只要找到并确定了与教师胜任特征相对应的那些外在行为表现，并通过科学的方法和程序对这些行为表现进行观察和评估，我们就可以实现对教师胜任特征的准确测量。

2. 素质测评的可行性

素质测评的可行性描述的是可以通过对能够反映特定胜任特征的代表性行为表现进行观察和评估来实现对个体内在素质的测量。人的心理素质具有相对稳定性，对于具有某一特定心理素质的个体，在各种相似的环境条件下，他（她）可能做出一致的行为反应。这一关系可以通过公式 3 – 2 表示：

$$Q = \int B \cdot dE \qquad\qquad （公式 3 – 2）$$

在公式 3 – 2 中，Q 表示人内在的心理素质，$\int$ 是积分符号，表示做总和运算，B 表示人在特定环境条件下的典型行为反应，dE 表示不同的环境条件。因此，这一公式所代表的意思是：心理素质是个体在各种环境刺激条件下的典型行为反应的总和。例如，对于一个具有乐于助人品质的人，凡是在遇到他人有困难需要帮助的时候，他（她）都可能力所能及地给予帮助（在街上帮助盲人过马路，在公交车上给需要帮助的人让座，给灾区人民募捐，等等）。在这里，Q 代表乐于助人的心理品质；dE_1 表示在街上看到有盲人准备过马路，dE_2 表示在公交车上看到老人、小孩或孕妇没有座位，dE_3 表示了解到有人受灾；B_1 表示帮助盲人过马路，B_2 表示让座，B_3 表示募捐。基于此，这个人所具有的乐于助人的心理品质就可以表示为：$Q_{乐于助人} = \int B \cdot dE = B_1 \cdot dE_1 + B_2 \cdot dE_2 + B_3 \cdot dE_3 + \cdots$。正是因为心理素质具有的这一特点，我们就可以通过观察个体在特定环境条件下的典型行为表现从而实现对其心理素质的全面、准确的评估。在这里，需要特别强调的一点是，在素质测评中被观察的行为必须是能够反映特定心理素质的典型行为，即一定要具有足够的代表性。

（二）人—职匹配理论

教师胜任特征测评的最终目的在于通过了解教师胜任特征的发展状况以为优化教师人力资源管理和促进教师个人成长服务。这是由教师胜任特征的绩效预测性和职业特异性两个特点决定的。所谓绩效预测性是指教师胜任特征能够有效预测教师未来的工作绩效，岗位特异性则是指教师胜任特征与教师的职业特点相匹配。也就是说，教师胜任特征不仅能够反映教师职业对教师个人能力、素质等的特定要求，而且还能够决定教师个人未来的工作绩效。这一点正好与人—职匹配理论的核心观点相一致。

人—职匹配的思想最早由美国心理学家帕森斯在 1909 年出版的专著《选择一种职业》中明确提出。帕森斯认为，每个人都有自己独特的人格模式，包括个人的能力倾向、兴趣、价值观和性格等各方面，每种人格模式的个人都有与之相适应的职业类型；职业选择的核心内容就是努力实现个人所具有的人格模式与职业所需要的能力和素质因素之间的合理匹配。霍兰德对帕森斯的思想进行了继承和发展，并在 1959 年出版的《职业决策》一书中提出了职业性向理论。职业性向是指与职业成功有关的人格模式。霍兰德归纳总结得到了职业性向的六种基本类型，包括：现实型、研究型、艺术型、社会型、企业型和传统型。具有不同职业性向的人所适合从事的职业类型也不一样。对于特定的个人，只有从事与其具有的职业性向相适应的职业才是理想的人—职匹配状态。在理想的人—职匹配状态下，个人从事适合自己的职业，拥有最充分的发挥潜能的空间；职业也找到合适的从事者，职业要求得到最充分的满足，能够获得最好的工作表现。如果人—职匹配不理想，就会出现由于任职者能力不足而不能很好地完成工作，或者因为任职者能力过高造成人才浪费现象。

近些年来，人—职匹配理论的内容更加丰富，开始纳入人—组织匹配的思想。在管理实践中，组织招聘新成员时，不仅考虑特定职位对个人的要求，同时还关心应聘者是否能很好地融入组织的文化氛围。不同组织具有不同的组织文化，那些满足职位需要的员工还必须真正融入组织的文化氛围，才能最好地发挥自身潜能，实现个人价值，并最终为组织发展贡献力量。人—组织匹配强调组织需要，包括企业文化、组织性质和类型等，与员工个人需要、价值观以及个性偏好等特点间的合理匹配。于组织而言，最理想的情况是努力实现人、职和组织三者间的合理匹配，即人—职—组织匹配。传统的人—职匹配理论只关心"人"和"职"之间的匹配。虽然"职"也体现着组织的要求，但是只能代表组织要求的一部分。新的人—职—组织匹配在人—职匹配理论的基础上，同时关心人—组织匹配，已经逐渐成为现代组织职业生涯管理的一种新趋势，展现出强大的生命力。

综上所述，如果说素质可测原理为教师胜任特征测评的实施提供了相应的理论依据，那么，人—职匹配理论则为教师胜任特征测评结果的应用提供了理论依据。一方面，教师胜任特征能够全面反映教师职业对教师个人能力、素质等的具体要求；另一方面，教师胜任特征又能够反映优秀教师身上所具有的能力和素质特点。因此，教师胜任特征能够在教师职业和教师个人之间架设一道桥梁，通过对教师胜任特征的挖掘、了解和评估，既帮助学校选拔到更适合教师工作的教师人选，又可以了解在职教师需要学习提高的能力和素质，同时还能够帮助教师个人明确今后学习发展的方向，最终实现教师个人与教师职业之间的良好匹配。

（三）心理测量理论

如前所述，素质可测原理为教师胜任特征测评提供了可能性和可行性，人—职匹配理论则为教师胜任特征测评提供了广阔的应用空间。接下来的一个问题是，教师胜任特征测评结果的可靠性和有效性如何来保证？在这一方面，以经典测量理论、概化理论和项目反应理论为代表的现代心理测量理论为教师胜任特征测评的实施提供了可资参考的理论依据。

1. 经典测量理论

经典测量理论有两个核心概念，测量误差和真分数。测量误差是指在测量过程中由与测量目的无关的因素所产生的一种不准确或不一致的效应（戴海琦等，2007）。我们总是期望每次测量都做到完全准确，这也是所有测量的理想。可是由于测量误差（Error）的客观存在，任何一次测量都不可能做到完全准确。以我们去菜市场买肉为例，摊主将肉过秤之后告诉我们挑的那块肉重1千克，这1千克是否就是这块肉的实际质量呢？严格意义上来讲，1千克只不过是摊主根据秤上的结果所读出来的一个数值而已，并非这块肉的实际质量。我们可以确定的是，这1千克可能并不是这块肉的真正质量，但是我们无法确定的是1千克与这块肉的真正质量之间到底相差多少。这一无法确定的差异实际代表的就是测量误差。测量误差具有两方面的含义：其一，测量误差是由与测量目的无关的因素（如卖肉者在秤上所做的手脚、卖肉者读数时故意读高等）所引起的；其二，测量误差会导致测量结果的不准确（测量结果与真实质量有差距）或者不一致（前后两次或多次测量结果之间有差异）。

从类型上看，心理测量误差与物理测量误差一样，也可以区分为随机误差和系统误差两种。随机误差是指由于与测量目的无关的偶然因素引起的，并且不容易控制的效应；系统误差则是指由于与测量目的无关的因素引起的一种恒定而有规律的效应。随机误差会导致多次测量的结果之间不一致，并且这种变化的方向和大小完全随机，几乎不可控。而系统误差的效应稳定地存在于每一次测量之中，是具有一定规律的，只要找准了它的规律，就可以对其进行比较有效的控制。从对测量结果的影响来看，系统误差只影响测量结果的准确性，不影响稳定性；而随机误差既影响测量结果的准确性，又影响测量结果的稳定性。测量误差之所以会出现，主要有测量工具、测量对象和测量实施过程三方面的原因。测量工具的问题（如刻度不准确），测量对象自身的不稳定或者测量实施过程不严格、不统一等都可能导致测量误差的出现。

真分数是经典测量理论的另一个核心概念。真分数（True Score）是指反映测量对象被测心理特质真正水平的那个数值。而在每一次测量中得到的那个用于代表测量结果的数值叫作被测特质的观察分数（Observed Score）。由于测量误差的存在，被测特质的观察分数总是会高于或低于其真分数，不可能与其真正水平完全一致。测量误差越大，观察分数与真分数之间的差异就越大，测量结果的准确性也就越低；反之，测量误差越小，测量结果的准确性也就越高。由于测量误差存在于任何一次测量中，因此我们通过测量也就不可能了解到被测特质的真正水平（真分数）。由此可见，真分数其实只是人们创造出来的一个抽象概念，是理想的测量结果，在实际测量中不可能真正得到。因此，任何测量都只能致力于如何尽可能降低测量误差，使观察分数尽可能接近真分数。在实际测量中，只要观察分数与真分数之间的差异不是太大，或者说测量误差控制在可以接受的范围之内，那么通过这样的测量所得到的测量结果就被认为是可以接受的。

由于真分数概念在经典测量理论中的重要性，经典测量理论又可以称为真分数理论（True Score Theory）。经典测量理论的核心观点也就是关于观察分数与真分数之间关系的假定。经典测量理论认为，观察分数（X）与真分数（T）之间是一种线性关系，二者之间只相差一个随机误差（E）。该观点可以通过一个公式直观地描述出来：$X = T + E$。这一公式代表的也就是经典测量理论的数学模型。基于这一公式，可以得到 3 个彼此关联的假设（格里克森，1959）。它们分别是：①如果测量对象可以通过平行测验测量足够多次，那么所有这些观察分数的平均值就会无限接近真分数，即 $\varepsilon(X) = T$ 或者 $\varepsilon(E) = 0$；②真分数与误差分数之间零相关，即 $\rho(X, T) = 0$；③在这足够多次的测量中，各次测量的误差分数之间零相关，即 $\rho(E_1, E_2) = 0$。第一个假设意在说明 E 是个服从均值为零的正态分布的随机变量，后两个假设则意在说明 E 属于随机误差，未包含系统误差在内。

在这里需要特别强调"平行测验"的重要性。经典测量理论认为，如果用于测量同一特质的两套题目不同的测验，在题目形式、数量、难度及区分度等指标上的分数分布相一致，那么这两套测验就可以称为平行测验。但是，在实际测量中，通过平行测验对同一个人进行足够多次测量往往是很难实现的，因此经典测量理论的上述假设只是一种理论上的描述。尽管如此，经典测量理论却为心理测量实践提供了非常有价值的指导。事实上，我们在实施一个标准化测验时，并不是用一批平行测验来反复测量同一个被试，而是用一个测验来同时测量许多个被试。由于每个人的误差都是随机的，并且服从均值为零的正态分布，因此当被试团体足够大时，团体内的各种随机误差就会相互抵消，整个团体的观察分数的均值也就会趋近于该团体真分数的均值。在这里，多个被试接受同一个测验也就相当于多个平行测验反复测查一个具有团体真分数均值水平的一个个体（戴海琦等，2007）。因此，在经典测量理论的基础上，我们可以进一步推导出如下关系：$S_X^2 = S_T^2 + S_E^2$。即在同一次测量中，观察分数的方差等于真分数方差与误差分数方差之和。需要注意的是，在这一公式中的 S_E^2 只代表随机误差的方差，系统误差的方差包含在真分数方差之中。因为在同一次测量中，系统误差与真分数一样是恒定的，不影响测量结果的稳定性。也就是说，在上面的公式中，真分数的方差（S_T^2）可以区分为与目的有关的方差（S_V^2）和与测量目的无关的方差（S_I^2）两部分，即 $S_T^2 = S_V^2 + S_I^2$。因此，公式 $S_X^2 = S_T^2 + S_E^2$ 也就可以改写为 $S_X^2 = S_V^2 + S_I^2 + S_E^2$。

经典测量理论的出现时间较早，发展也比较成熟，不仅是早期心理测量技术发展的重要推动力量，而且在当前心理测量领域中的应用仍然非常广泛。但是，经典测量理论也有其局限性。例如，经典测量理论的信度估计精度不高；各种项目统计参数的估计对样本的依赖性太大，参数指标之间的配套性较差；被测者的测验分数过于依赖于测验难度，以至于进行不同测验的被测者之间难以进行比较；并且，经典测量理论经常用到的平行测验假设几乎是不可能实现的；此外，经典测量理论对测量误差的分解也比较简单（戴海琦等，2007；凌文辁等，2010）。因此，经典测量理论对于心理测量实践的指导是有局限的。后来出现的项目反应理论和概化理论在这些方面为经典测量理论进行了很好的补充。

2. 项目反应理论

项目反应理论建立在潜在特质理论（Latent Trait Theory）的基础之上，将关注的焦点转向测评的试题上，从测评项目这一微观视角来考查测评的内部效度问题，将测评结果的报告由测评分数转向潜在的心理特质（Latent Trait）。对潜在特质的准确评估是所有测评理论的目标。就心理测量而言，潜在特质水平显然很难通过直接观测得到，但是可以借助于测评对象对测评项目的反应状况来推测。这是项目反应理论的基本思想。项目反应理论从测评对象对测评项目反应的正确概率出发，导入相应的解释模型，进而实现对测评对象潜在特征水平的估计。因此，项目反应理论实际上属于一种概率化的测评理论（Probabilistic Test Theory）。

项目反应理论对测评对象潜在特征的评估依据的是一条描绘项目反应概率的曲线，即项目特征曲线（Item Characteristic Curve，ICC）。项目特征曲线是以测评对象的潜在特质（θ）为自变量，以测评对象对测评项目正确反应的概率为因变量所作的回归曲线。通过项目反应函数（Item Response Function，IRF）确定项目特征曲线的形态是项目反应理论的重要内容之一。目前最常用的项目反应函数包含有 3 个项目参数（a，b，c），其数学表达式如公式 3 - 3 所示：

$$P\ (\theta)\ = c + \ (1 - c)\ \frac{1}{1 + e^{-a(\theta - b)}}\qquad （公式 3 - 3）$$

在公式 3 - 3 中，$P\ (\theta)$ 表示潜在特质水平为 θ 的测评对象在特定项目上正确反应的概率，θ 表示潜在特质水平，b 表示项目的难度，a 表示项目的区分度，c 表示测评对象仅仅通过猜测就能在该项目上作出正确反应的概率，也称猜测概率。在经典测量理论中，测验结果过于依赖测评项目的难度；而在项目反应理论中，项目参数与测评对象的潜在特质水平共同影响测验结果和测验的精度，这是项目反应理论优于经典测量理论的一个方面。通过完成对项目反应函数中的参数估计，项目反应理论可以在两种不同情况下指导心理测量实践。一是利用项目参数已知的测验对个体进行施测，根据个体在测验项目上的作答反应矩阵，实现对其潜在特质水平的估计；二是利用一套新测验对个体进行施测，根据个体在测验项目上的作答反应矩阵，同时估计所有测评项目的项目参数和个体的潜在特质水平。后一种情况主要用于测验研究者和编制者，而前一种情况主要用于测验使用者。

与经典测量理论相比，项目反应理论从理论导入到整个理论框架均呈现出较明显的不同，基本上突破了经典测量理论的公理体系。具体来讲，项目反应理论的优点突出表现在以下几个方面。第一，项目参数克服了经典测量理论中各种参数严重依赖于被试群体的不足，具有独立于被试群体的稳定性。例如，项目的难度参数被定义为项目本身固有的特性，不受被试群体的影响。项目反应理论的这一优点为建立大型题库提供了可能和便利。第二，项目参数的设计非常科学，提升了测评的针对性和有效性。例如，项目难度参数与被试的潜在特质参数被定义在同一度量系统上，这样就可以有针对性地选择与被试的潜在特质水平相近的试题，可以极大地提升测评的有效性；另外，项目区分度与难度参数相互独立，这样就保证了在任何难度水平上都可以选择高区分度的试题，这是经典测量理论所无法比拟的。第三，信息函数概念的引进为测验编制者提供了一种新的、切实可行的选题策略。信息函数是反应理论引入的一个全新概念。项目反应理论认为，测评项目的信息函数越大，测评误差就越小；并且，测评项目的信息函数具有可加性，累加值称为测验信息函数。第四，项目反应理论为计算机自适应测验（Computerized Adaptive Testing，CAT）的发展提供了巨大的助力。计算机自适应测验可以极大地提升当前测评活动的针对性、有效性和效率，代表着心理测验发展的新方向。然而，计算机自适应测验的实现有赖于以下三个条件的满足：①在测试过程中能够快速估计被试心理特质水平参数和参数估计的精度；②能针对测评的精度目标有针对性地选择与被试水平相匹配的试题进行测试；③能对使用不同试题施测的被试估计出具有同一参照系的水平值。经典测量理论很难满足这三个条件，但是项目反应理论可以。

3. 概化理论

概化理论由克伦巴赫（Cronbach）及其同事于 20 世纪 60 ~ 70 年代提出，是建立在经典测量理论基础上，从深入分析测量误差的来源、结构出发，从宏观上研究测量性质，致力于提升测量可靠性和针对性的一套全新的概念体系。

经典测量理论虽然考虑到了测量误差的存在，但是并没有对测量误差的内部结构和来源做进一步的区分，只是笼统地以一个误差量进行概括。而概化理论从对测量误差来源和结构的深入考查入手，对经典测量理论进行了发展。概化理论认为，测量误差是任何测量都无法避免的，问题的关键在于实施测量时必须明确测量的目标是什么，有哪些可能的因素会导致测量误差的出现，各种因素对测量目标的影响有多大（戴海琦等，2007）。因此，概化理论提出了测验情境关系说，认为在不同的测量情境关系下，测量误差的结构不同，误差量也不同。测量实施者可以通过有针对性地改变情境关系达到改善测量，降低测量误差的目的。

在概化理论中，影响测量结果的因素包括与测量目标相关的因素和与测量目标无关的因素，后者及测量误差的来源，它们被称作测量侧面（Facet）；每一个测量侧面会有不同的水平（Level），测量侧面的水平被称作条件（Condition）。例如，在一次情境模拟测验中，被试需要完成 3 个不同的情境模拟任务，同时有 5 个考官对其进行打分，那么此时的测验任务侧面就有 3 个水平，考官侧面有 5 个水平。在测量中，测量侧面的全部条件的可能组合就构成一个观测全域（A Universe Admissible Observation）。如果将每个侧面视作一个维度，那么观测全域就是由这些维度组成的多维空间。在上面提到的情境模拟测验中，观测全域就是由测验任务侧面和考官侧面构成的二维空间。概化理论认为，任何测量都依赖于特定的测验情境关系，测验情境关系中的目标、测量侧面及测量侧面的水平都是会变化的，它们的变化会影响测量误差的来源、误差大小、真分数的种类及测量信度的改变，同时测量结果的解释范围也会发生改变（戴海琦等，2007）。

概化理论的统计分析包括 G 研究和 D 研究两个阶段。G 研究的主要目的是通过对观测全域中测量目标方差以及各个测量侧面方差的定量估计，对观测数据的总体方差进行分解，从而明确主要的方差来源，为后续的 D 研究提供基础数据。D 研究是决策研究（Decision Study）的简称，目的是在 G 研究的基础上对各种可能的测量方案进行分析比较，并结合可能的实施条件优先选择有效和经济实用的方案。D 研究最终提供的是各种测量方案下测量误差的估计值。各种测量方案即在原设计方案采集的数据范围内，通过对测量情境关系作出各种不同的调整而得来。其中的一种调整方法就是，通过对某一种或某几种测量侧面进行固定，使这些侧面的效应方差成为测量目标效应方差的一部分，以减少误差效应方差的总量，进而增加测量目标效应方差。但是，这样的调整需要付出一定的代价，即可能限制测量结果的解释范围。

与经典测量理论相比，概化理论在深度解析测量误差方面具有明显优势，能够针对不同测量情境估计出测量误差的可能结构和来源，进而为改善测量、提高测量的准确性和经济性提供有价值的参考。需要特别强调的是，为了保证概化分析结果的可靠性，使用概化理论时必须注意抽样误差的影响，应充分保证样本数据的代表性，同时还要注意对测量条件的有效控制。另外，在使用概化理论分析测量误差时，测量侧面不宜过多。若测量侧面过多，不仅会给测量的实施带来困难，还可能影响到模型的设计和后续的统计分析。

二、教师胜任特征测评的质量分析

教师胜任特征测评的结果可以为教师选拔、培训和考核等工作提供依据和指导，而这一切都必须建立在胜任特征测评结果的可靠性和有效性基础之上。因此，在运用教师胜任特征测评的结果指导教师管理实践之前，必须对测评结果的可靠性和有效性进行科学检验和验证。从心理测量学的角度来看，对教师胜任特征测评的质量分析主要关注两个方面，即测评的信度和效度。

（一）教师胜任特征测评的信度

信度（Reliability）描述的是研究过程中所收集到的数据的一致性，或者可信度。一致性是指在相似的研究条件下，该结果具有可重复性。信度在教师胜任特征测评中具有重要意义，在实际测评的过程中必须对测量的信度进行检验，以确认测量结果是可靠的。根据实际测评特点和条件的不同，可以从同质信度、复本信度和重测信度对教师胜任特征测评的信度进行评估。

同质信度是指测评工具内部所有项目间的一致性程度。项目间的一致性包含了两方面的意思：一是所有项目测量的内容相同，二是所有项目得分之间具有较高的正相关。也就是说，同质信度评估的是同一测量工具所测内容或特质的相同程度，因此同质信度也称作内部一致性信度。

　　复本信度是指用两种等效的测量工具对同一内容或特质进行测量时的一致性程度。此时，具有等效的两种测量工具就称作复本。例如，平时考试中经常用到的 A、B 卷，就是典型的复本。如果两份复本测量的结果之间具有很高的正相关，就说明测量时一致、可信度较高。

　　重测信度是指用同一测量工具先后对相同的内容进行两次测量所得结果之间的一致性。如果两次测量结果之间具有很高的正相关，就说明该测量具有较高的重测信度；反之，则说明该测量的重测信度不高（如图 3 - 1 所示）。由于该方法比较简单、操作方便，因此在实际研究中被广泛使用。不过，由于所测量的对象可能随着时间的变化而发生改变，因此使用重测信度时应特别注意前后两次测量之间时间间隔的合理选择。

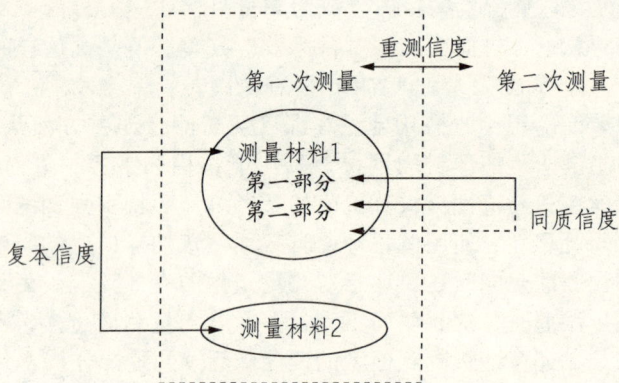

图 3 - 1　研究信度的三种估计方法（陈维政，2008）

　　需要特别说明的是，信度高并不一定意味着测量结果的准确性（或者有效性）也高。例如，通过 A、B 两套测验对某人的人际理解能力进行测量的结果都是"优秀"，是否就意味着这个人的人际理解能力真的是"优秀"水平呢？答案是否定的。有可能这两套测验所测量的并不是人际理解能力，而是人际沟通能力，因此虽然两套测验的测量结果非常相似，但是通过这两套测验所测得的这个人的人际理解能力根本不是这个人的实际水平。由此可见，在教师胜任特征测评中，仅仅通过信度这一个指标来评估测评的质量是不够的。

（二）教师胜任特征测评的效度

　　效度（Validity）描述的是研究收集到的数据是否精确地测量到了研究者想要的心理或行为变量，即研究结果的准确性，或者可靠性。例如，如果运用一套人际理解能力测得某人的人际理解能力处于"优秀"水平，而该人真实的人际理解能力确实也非常不错，那么就说明这套人际理解能力测验的测评结果是准确和可靠的。这个例子其实蕴含了效度的两方面含义：①测验测量的必须是测验者所关心的内容，即人际理解能力测验只能用于对人际理解能力的评估，而不能用于人际沟通能力的评估；②运用测验测量得到的资料必须是准确的，即测量的必须是变量的真实属性。在实际的教师胜任特征测评中，可以根据研究需要采用不同的方法对测评的效度进行估计。常用的效度估计方法有：内容效度、结构效度和效标关联效度。

内容效度是指用于描述实际测量到的内容与测评实施者希望测量的内容之间的吻合程度。内容效度的评估需要考虑以下三方面的内容：其一，测评所测量的是否真正属于应测量的领域；其二，测评所包含的内容是否涵盖了应测内容的所有方面；其三，考查所测内容不同方面的测评材料，其比例是否合适，是否与应测量内容自身的结构要求相符。在测评实践中，内容效度的评估通常采用逻辑分析法进行，即依靠有关专家对测评工具的上述特性做全面、系统、深入的分析，从而形成判断。因此，内容效度又常被称作"专家效度"。

结构效度描述的是测评工具的结构与研究应测量的心理或行为特质实际结构（或者已有的理论构想）的吻合程度。在教师胜任特征测评中，结构效度的评估非常重要。假如教师胜任特征包括课堂教学能力、师生关系处理能力、个人性格特质和教师职业认同等几方面的内容，那么在实施教师胜任特征测评时所选用的测评工具也应该包括上述几个方面，否则就无法全面、准确测量到期望了解的教师胜任特征内容。如果测评工具的结构与预测评的胜任特征的结构之间吻合程度较高，就说明测评工具的结构效度较好；反之，结构效度则不好。

效标关联效度又称实用效度或预测效度，其实质是检验测评结果与效标之间的相关程度，即利用测评结果来预测效标取值的准确性。所谓效标，是指用来检验效度的参照标准。例如，企业新员工招聘选拔的效标关联效度就常通过计算某人在招聘测试中的成绩（测评分数）与其进入公司以后的工作绩效（效标）之间的相关程度来评估。由于在效标关联效度的评估中，效标是对测评的效标关联效度进行衡量的参照，因此效标的选择对于效标关联效度的评估至关重要。如前所述，教师胜任特征测评的重要价值体现在对教师人力资源管理实践的指导上，亦即通过实施胜任特征测评帮助教师做出更好的绩效。由此可见，效标关联度评估对于教师胜任特征测评的质量至关重要。

（三）教师胜任特征测评中信度与效度的关系

前面提到，信度高并不一定意味着测量结果的准确性（或有效性）高。也就是说，高信度的测量，不一定具有高效度。但是，只要是高效度的测量，就一定具有高信度。效度不仅考查测评是否测量到了测评实施者真正关心的内容——有效性，同时还考查测评是否准确测量了测评实施者所关心的内容——准确性。显然，在不考虑测量对象自身变化的情况下，既准确又有效的测量结果一定也是稳定的，因此也一定具有高信度。可见，高信度是高效度的必要非充分条件；而高效度则是高信度的充分条件。

三、教师胜任特征测评的基本原则

教师胜任特征测评的最终目的在于通过实施测评，在帮助学校了解教师特点和教师认识自我的基础上，提升教师人力资源管理工作的科学化、规范化，切实推动教师队伍建设，促进教师队伍的科学发展。为了实现这一目标，在实施教师胜任特征测评的过程中必须突出测评方法与实施过程的可靠性、有效性、可行性和发展性。

（一）可靠性

从心理测量学的角度来看，可靠性致力于解决的是测量的信度问题，即测量指标是否具有明确的操作化定义，受测者之间的测量指标是否统一，受测者之间在实施过程中分数评定和解释是否规范、一致。为了保证教师胜任特征测评结果的可靠性，通常要求参与测评的教师在规定的时间、地点，在良好的实施环境下进行统一实施，以避免测评实施过程中各种随机误差的影响。对于教师胜任特征测评结果的评价，则要求严格按照测评指标的操作性定义进行客观评价，以尽量降低评分过程中的主观性和模糊性；使用统一的评价标准形成测评分数和测评结果解释，在整个实施过程中做到公平、公正，以确保测评的信度。

（二）有效性

有效性关注的是教师胜任特征测评的效度问题，是指测评必须能够真正测到"想测"的内容，做到测评结果准确、有效。在教师胜任特征测评中，测评方法的合理选择是实现测评有效性目标的关键环节。这就要求在设计教师胜任特征测评方案时必须合理选择测评方法，注重从多角度收集测评结果资料，注重对受测教师的反馈，以全方位地收集反映教师胜任特征及工作绩效的指标，从而保证测评结果的精准、有效。

（三）可行性

可行性强调的是教师胜任特征测评的操作性问题。即使是可靠、有效的测评系统，如果不具备可行性，也只能是纸上谈兵。具体来讲，在教师胜任特征测评实施过程中，可行性是指教师胜任特征测评方案的设计必须建立在对受测教师及其所在学校特点进行深入分析和把握的基础之上，结合受测教师所在学校现有的教师素质测评方法形成切实可行的教师胜任特征测评方案。

（四）发展性

发展性原则强调的是教师胜任特征测评对于教师个人成长和学校教师队伍建设的长远意义。因此，注重教师个人发展（职业生涯发展）与学校整体发展（教师队伍建设）是实施教师胜任特征测评的初衷。在教师胜任特征测评时必须重视对教师胜任特征测评过程的引导及测评结果的反馈，使受测教师认识到胜任特征测评是个人职业发展的新起点，是更全面、更客观地认识自身的素质发展状况的平台，是自身职业生涯发展规划制定的依据，也是学校更好地发掘现有教师潜力，推动学校教师队伍管理与建设的契机。

第三节　教师胜任特征测评技术

自 1908 年法国学者比奈和西蒙开发首个真正意义上的智力测验到现在，心理学家们关于人员素质测评方法和技术的探索已经超过百年。经过这逾百年的探索和实践，可用于人员素质测评的方法和技术已经相当丰富，早已经不再局限于最开始的心理测验。在方法和技术的使用方面，教师胜任特征测评可以说与现代人员素质测评没有任何区别。现代人员素质测评的常用方法和技术均可以在教师胜任特征测评中发挥相应的作用。接下来，我们将重点介绍包括心理测验技术、面试技术、情境模拟技术和360°评价技术等几种在教师胜任特征测评中可能具有重要应用前景的测评方法和技术。

一、心理测验技术

心理测验技术是指通过编制或使用已有的心理测验工具来实现对教师的胜任特征发展水平进行测量和评估。作为一种科学、有效的人员素质测评技术，心理测验技术具有以下几方面的特点。其一，心理测验是对行为的测量。心理特征的特殊性决定了人们不可能对心理特征进行直接的测量，只能通过观察个体外在的行为反应来实现对其心理特征的间接测量。其二，心理测验是标准化的测量。这里的标准化是指心理测验的编制、实施、结果处理和报告等各个环节均具有统一的标准和要求，不因时、因地或因人而异。这两方面的特点也是心理测验结果可靠性和有效性的重要保证。

胜任特征代表的是那些能够将某一工作岗位上绩效优秀者和绩效平平者区分开来的一系列个人特征的集合，既可以是较浅层的知识、技能等内容，也可以是态度、动机或特质等深层次特征。这些内容几乎都无法进行直接测量，只能通过观察测评对象在工作中的行为表现进行间接测量。这是行为问卷能够用于教师胜任特征测评的依据。通过让教师完成行为自评问卷的方式来实现对教师胜任特征水平的评估是教师胜任特征测评的最常用方法，也是教师胜任特征测评领域发展最为成熟的测评方法。

迄今为止，国内外已经开发出来的教师胜任特征测评工具几乎都是自陈式的行为评估问卷。这其中就包括"教师特质等级表"（哈特，1934）、"教师性格表现的重要因素检查表"（肖尔林、巴彻尔德，1956）、"教师行为分辨表"（雷恩斯，1960）、"有效教师素养特征表"（克鲁克香克，1986）、"教师心理素质调查问卷"（王卫红，2002）、"优秀教师基本素质检测"（查有良，1998）、"21世纪优秀教师心理素质调查表"（许燕，1999）等。

（一）心理测验技术的使用

一般来讲，使用心理测验技术对教师的胜任特征进行测量和评估需要经历以下几个环节，如图 3 - 2 所示：①确定教师胜任特征的内容和结构；②编制相应的教师胜任特征测评工具；③实施教师胜任特征测评，收集测评数据；④对收集的胜任特征数据进行整理和分析；⑤形成教师胜任特征测评报告并进行测评结果的反馈。

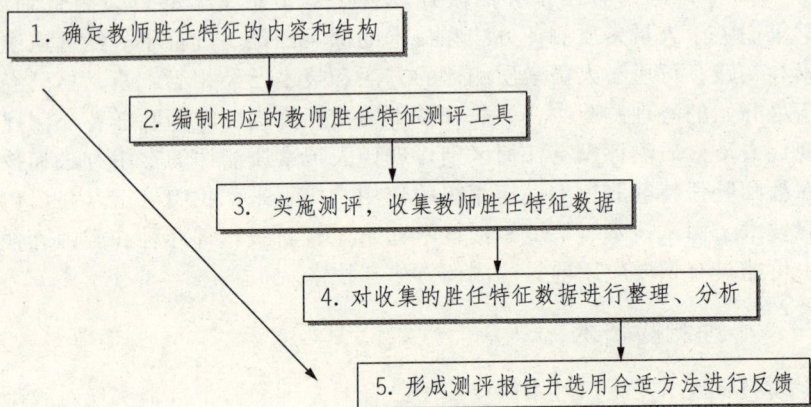

图 3 - 2   运用心理测验法进行教师胜任特征测评的流程

1. 确定教师胜任特征的内容和结构

确定教师胜任特征的内容和结构是实施教师胜任特征测评的前提基础。这一步的主要工作是确定教师胜任特征测评的指标体系，即构建科学、全面、有效的教师胜任特征模型。如果将教师胜任特征测评比喻成一次"射击"的话，那么确定教师胜任特征的内容和结构的目的就是确定射击的"靶子"，解决的是"测什么"的问题。有关教师胜任特征模型构建的具体方法和流程，我们在第二章中已经有过详尽的介绍和说明，这里不再赘述。

2. 编制相应的教师胜任特征测评工具

编制与教师胜任特征模型相对应的测评工具目的是解决教师胜任特征测评中"用什么测"的问题，相当于为射击者准备"弓箭"。由于这里采用的是心理测验技术，因此这一步的工作实际上就是遵循心理测验的编制程序，编制一套能够对教师胜任特征模型进行准确、有效测量的测评工具。一般来讲，编制一个可供使用的标准化的教师胜任特征测评工具需要经过以下几个步骤：①确定测评工具编制目的；②制订测评题目编制计划；③初始测评题目编制或收集；④进行预测；⑤在项目分析基础上筛选测评题目；⑥合成测评题目；⑦测评工具标准化；⑧测评工具质量分析（收集信度和效度资料）；⑨编制测评工具使用说明书。关于标准化教师胜任特征测评工具编制的具体实施流程和注意事项，我们将在本章第五节中通过一个实践案例进行详细介绍和说明。

3. 实施教师胜任特征测评，收集测评数据

这一步的工作主要是通过运用前面编制的教师胜任特征测评工具收集测评所需的教师胜任特征相关数据资料。教师胜任特征测评的实施工作并非简单地

发放和回收问卷过程，在具体实施过程中有不少细节需要特别注意，包括测评指导语的使用、与受测者建立良好的协调关系以及对测评实施过程进行有效控制等方面。例如，测评指导语除了包括对测评目的和题目反应方式进行准确、客观的描述外，不应向受测者传递其他可能影响对方的信息。因为主试在指导语中任何多余的信息都可能影响受测者对测评的认识和完成测评的心理状态（如产生不必要的焦虑）。这些都可能影响教师胜任特征数据收集的准确性，应极力避免。

4. 对收集的胜任特征数据进行整理和分析

通过实施测评收集得来的教师胜任特征资料都只是原始数据，要完成对教师胜任特征的评估，需要对这些原始数据进行相应的整理和分析。此时就需要用到一些相应的统计分析方法或技术，如标准分计算等。

5. 形成教师胜任特征测评报告并进行测评结果的反馈

这是运用心理测验法进行教师胜任特征测评的最后一步，主要工作是为受测者整理形成针对性的测评报告，并依据实际需要选择合适的方式向受测者反馈教师胜任特征测评的结果。在这一过程中，测评实施者应特别注意以下几方面的内容：①主试应充分了解实施教师胜任特征测评的目的和要求；②主试对测评结果原因的解释应慎重，谨防片面极端；③必须充分估计测评常模和测评效度的局限性；④要全面考虑到测评结果可能给受测者带来什么影响；⑤测验结果应向无关人员严格保密；等等。

（二）心理测验技术在教师胜任特征测评中的应用

心理测验技术是迄今发展相当完善的一种人员素质测评方法，适合考查的素质比较丰富，像智力、人格特质、态度和价值观等都可以通过心理测验技术进行测量和评估。心理测验技术具有现成的相关测评工具（如智力测验、人格测验和价值观测验等）比较丰富、操作简便、经济性较好等特点。但是，由于绝大多数心理测验都属于自陈式测验，因此测评结果可能受社会称许性等潜在因素的影响，有些测评情境下（如态度测评）的测评效度保证比较困难。但因为具有上述优点，心理测验技术在教师胜任特征测评中的应用非常广泛。已有的绝大多数教师胜任特征测评中几乎都少不了用到心理测验技术。当然，从测评准确性和有效性的角度考量，在教师胜任特征测评中只单一地使用心理测验技术一种方法可能并不够，在条件允许的前提下应适当补充运用其他一些测评技术，以尽量保证测评结果的准确性和有效性。

二、面试技术

面试技术是一种经过精心设计，在特定场景下通过测评者与测评对象之间面对面地双向交流，测评者以面谈和观察为主要手段，对测评对象的素质进行考查评估的过程（赵琛徽，2002；凌文辁等，2010）。作为一种广泛应用于招聘、选拔等人力资源管理过程中的常用测评技术，面试具有以下几方面的特点：①测评内容具有灵活性，问题可多可少，可深可浅，视受测者情况和面试要求而定；②测评信息具有复合性，同时包括受测者的言语信息和非言语信息；③测评过程具有互动性，在面试过程中面试官与受测者直接交谈和接触，信息的交流与反馈也相互作用。有研究表明，在所有的人员素质测评技术中，面试的信息沟通渠道最多、信息量最多、利用率也最高。

面试技术在人员素质测评中的使用，建立在以下两个假设基础上：其一，被测者在与岗位要求或绩效指标密切相关的问题上的答案能够有效预测其未来的工作绩效；其二，被测者在过去工作中的行为表现能够一定程度上预测其未来工作中的表现。也就是说，面试的主要目标是实现对被测者所具有的那些能够有效预测未来工作绩效的能力、素质水平的全面、准确的评估，进而为招聘、选拔和安置等人力资源管理环节提供决策依据。胜任特征的本质就是那些能够有效预测入职者未来工作表现的个人特征。可见，面试技术的作用与胜任特征测评的目标非常吻合。因此，面试技术在教师胜任特征测评实践中具有广阔的应用前景。在一般的面试中，面试官希望重点了解的信息包括：被测者在与未来工作内容密切相关的问题情境下的具体表现及其在过去的类似工作情境下的具体表现。而在实际的面试过程中，这些信息主要是通过被测者的言语信息和非言语信息得以传递。因此，面试官在面试中的工作主要包括两个方面：第一，提问、追问，目的是引出期望得到的信息；第二，倾听、观察，目的是对被测者表现出来的那些期望了解的信息进行客观、全面、准确的捕捉。

（一）面试技术的使用

一般来讲，运用面试技术实施教师胜任特征测评包括以下几个环节：①确定拟通过面试技术考查的教师胜任特征内容；②根据将要考查的内容确定相应的面试提纲；③确定面试评分标准；④选择合适的面试官；⑤实施面试；⑥面试官汇总、讨论确定面试结果并形成面试评估报告。

*确定拟通过面试技术考查的教师胜任特征内容。*确定拟通过面试技术考查的教师胜任特征内容即确定面试的测评要素。虽然说面试技术在教师胜任特征测评实践中具有广阔的应用前景，但是并不意味着所有的教师胜任特征都适合通过面试技术进行考查。一般来讲，比较适合通过面试技术来考查的要素主要有：语言表达能力、人际沟通能力、综合分析能力、应变能力、情绪稳定性以及个人仪表气质、专业知识和技能等。因此，在确定使用面试技术来考查教师胜任特征时，应结合面试技术的特点选择适合通过面试考查的胜任特征内容。

*根据将要考查的内容确定相应的面试提纲。*面试具有互动性特点，整个面试过程都是面试官与被测者在面试现场进行面对面的互动和交流。因此，现场的很多情境性因素都可能给面试进程带去不可预料的影响。因此，相对于其他人员素质测评技术来讲，面试更可能受到现场情境性因素的干扰，潜在上具有

更大的随意性。因此，为了尽量降低面试实施过程的随意性，需要提前确定面试提纲，根据测评要素的内容和特点确定提问要点、提问方式等细节，以保证面试实施过程的标准化。具体来讲，面试提纲的内容包括拟考查的测评要素、面试的评价内容（测评要素的具体化）、针对特定评价内容的提问要点及提问方式等。

确定面试评分标准。评分标准是面试官在面试过程中对被测者表现出来的测评要素特点进行评价的依据，对面试结果的准确性和可靠性具有至关重要的影响。因此，评分标准的确定其实也是降低面试随意性，保证面试客观性、一致性，提高面试信度和效度的重要措施。具体来讲，面试评分标准包括评价指标、评价量表及相对应的规则。评价指标代表的是能够反映评价要素的典型行为表现；评价量表即反映不同水平的评价指标的连续分布顺序和等级序列，既可以是三级制、五级制，也可以是十分制、百分制；对应规则就是特定行为表现与评价量表中特定等级之间的对应关系，是连接评价指标与评价量表之间的桥梁。表3－1呈现的是一个面试评分标准示例，供大家理解时参考。

表3－1　面试评分标准示例

评价要素	评价量表	评价指标
语言表达能力	优	表达准确、简洁大方，叙述流畅得体、无语病
	中	表达尚清楚，叙述较通顺，不够简洁，有些语病
	差	表达不准确，语言不通顺，说话啰唆、累赘、混乱
逻辑思维能力	优	层次清晰，主次分明，条理清楚，善于综合分析，逻辑性强
	中	有条理、有主次，有一定逻辑性，能分析归纳问题
	差	条理混乱，内容零乱，缺乏逻辑性，思维面窄

选择合适的面试官。在面试中，虽然面试提纲基本确定了面试过程实施的程序，评分标准确定了评分时参考的依据，但是如果它们没有被面试官严格遵循的话，最终的评价结果就不可能做到客观、准确。因此，面试官的选择也就非常重要。面试官是否有能力掌控面试局面，能否对被测者表达的信息进行全面捕捉并遵照评分标准作出准确评价，直接关系到面试的成败。一般来讲，合格的面试官应具有以下几方面的特点：良好的个人品质和修养、扎实的专业知识和丰富的工作经验、熟悉相关的人员素质测评技术、较强的人际沟通能力、认真负责的敬业精神。另外，由于绝大多数面试都同时有多个面试官参加。因此，在选择面试官时除了充分考虑面试官个人的特点外，还应该考虑到面试官小组的人员构成。集体面试有助于降低个别考官因个人偏见或知识、经验不全面带来的评价偏差。但是，集体面试的这一优势要得以发挥，就必须注意面试官之间的互补性。综合合理性和经济性两方面的考虑，在确定集体面试考官人

数时，以 5~9 人为好，其中一人担任主考官；在人员能力、经验背景方面，面试小组应包括以下三方面的人员：人力资源管理人员、熟悉工作业务的部门主管以及人员素质测评专家。

实施面试。从确定测评要素直到选择面试官，其实都只是在为面试的实施作好准备。一般来讲，面试的具体实施过程包括以下几个环节：预备环节（努力营造和谐、宽松、友善的面试气氛）、引入阶段（面试基本情况介绍）、正题阶段（对被测者进行全面考查）和结束阶段（注意给被测者留下自由提问时间，自然结束整个面试过程，尽量不要让被测者感觉突然，留下疑惑）。

确定面试结果并形成面试评估报告。这是面试的最后一个环节。如果是由考官小组集体面试，在面试结束后整个考官小组应汇总自己的评分结果，以形成最后的评估结论。如果出现考官对被测者某一方面的评分不一致的情况，应由所有考官共同讨论后决定最终的评分情况，以确保面试结果的准确性。

（二）面试技术在教师胜任特征测评中的应用

面试技术在人员素质测评实践中的应用非常普遍，几乎在任何人员素质测评实践中都或多或少会用到。面试最大的优点就在于它的灵活性。不过，也正因为面试的使用比较灵活，在实际使用的过程中很难做到真正的标准化，面试结果很可能受到面试官的主观倾向或其他认知评价偏差（如晕轮效应、投射效应）的影响。总体而言，面试技术在教师胜任特征测评中的应用价值还是非常大的。在所有的教师招聘过程中，几乎都有面试这一环节。在今后将面试技术应用于教师胜任特征测评实践中时需要重点关注的是，如何在充分发挥面试灵活性优点的基础上，尽量提升其标准化程度（如结构化面试），从而提升面试结果的准确性和有效性。另外，也可以考虑将面试作为一种辅助，与其他测评技术一起使用，各取所长。

三、评价中心技术

与心理测验技术和面试技术相比，评价中心技术（Assessment Center, AC）被认为是人员素质测评的一种较新的技术，最早起源于德国心理学家于 1929年建立的一套挑选军官的非常先进的多项评价技术（肖鸣政、马克·库克，2008）。具体来讲，评价中心技术是一种包含多种测评方法和技术的综合评价系统，主要用于评价、考核和选拔管理人员。情境模拟测验是评价中心技术的主要手段，即通过工作分析确定目标岗位的工作内容及职务素质要求，在此基础上创设一种与被测者实际工作情境相似的工作情境或管理系统，将被测者置于逼真的模拟工作情境中，让被测者完成该情境下的典型管理工作或活动，如主持会议、公文处理、日常活动决策等，考官小组按照各种评价技术或方法的要求对被测者在各种情境下的表现进行观察和评价，对被测者的核心能力、素质进行评量，以此作为人员决策的依据（凌文辁等，2010）。

作为一种全面、综合的人员素质测评技术，评价中心主要具有以下特点。

模拟性。情境模拟性是评价中心技术的最重要特点之一，也是该技术区别于其他技术的重要方面。通过将被测者置于与其实际工作情境非常接近的模拟情境下进行考查，评价中心技术大大拉近了人员素质测评与实际工作之间的距离。由于测评过程中所考查的内容都是被测者在未来工作岗位中经常需要处理的一些典型活动，因此这样的考查也就更加具有针对性，考查结果对于被测者未来工作表现的预测也就更加有效。

全面性。在情境模拟性的基础上，评价中心技术包括有多种不同的具体测评形式，可以依据不同的测评内容选择合适的测评形式。这样就可以通过评价中心技术的使用实现对被测者各方面能力、素质的全面考查。与心理测验和面试技术相比，评价中心技术适合考查的能力、素质范围有了极大的拓展。

综合性。强调多种测评手段的综合使用，这也是评价中心技术的重要特点之一。这一特点实际上也就意味着，评价中心技术并非一种特定的测评技术或者手段，它实际是多种测评手段的综合。只不过，这种综合是建立在对特定测评内容的深入考查基础之上的。也就是说，根据测评内容和测评条件的需要，评价中心技术可以有选择性地纳入多种不同的测评手段。

标准化。标准化是任何素质测评技术都应该具有的特点，因为它是测评结果准确性和有效性的重要保证。评价中心技术虽然活动频繁、形式多样，但是每个活动的设计、每种测评手段的选择都是按照明确的测评需要确定的。首先，测评内容全都是基于严格的工作分析所确定；其次，所有的活动安排都是基于工作分析所找出的特定素质要求确定；最后，所有考官对被测者表现的观察和评价都基于同样的标准进行。

通过回顾评价中心技术的发展历史可以了解到，评价中心技术最常用的领域是对管理者管理素质的考查和评估。这不仅与评价中心技术的上述特点有关，也与评价中心技术的使用成本有关。由于测评活动较多，一项以评价中心为主要测评技术的测评活动的完整实施可能历时好几天的时间，并且评价中心技术的考官要求都比较高，加之评价中心技术的测评题目开发成本也较高，这些特点都大大增加了评价中心技术的使用成本。因此，在一般的基层员工的选拔或考核中很少会用到这种技术，只有对比较重要的中高层管理者进行选拔或考核时才可能用到评价中心技术。但是，这并不意味着评价中心技术在教师胜任特征测评中就没有用武之地。通过了解评价中心技术的主要特点可以知道评价中心技术其实是非常适合用于考查像胜任特征这样的全面、深入的能力素质特点的。综合来看，限制评价中心技术在教师胜任特征测评中的应用的主要因素在于评价中心技术的使用成本。但是，因为评价中心技术包含有多项不同的测评手段或形式，因此在实际的教师胜任特征测评中可以有针对性地挑选一种或几种评价中心的测评形式（如情境模拟技术），这样既可以保证测评的有效性，同时在降低测评成本方面也可以做得很好。

（一）评价中心技术的形式

评价中心技术的常用形式有以下几种：公文筐测验、无领导小组讨论和角色扮演等。

公文筐测验。公文筐测验是评价中心技术中使用较多的一种测评形式。在这种测评活动中，主要是通过将被测者置于一种模拟的管理者处理公文的情境中，测评材料即为管理者在日常工作中需要处理的一些典型的文件材料，包括公文、信函、电话记录、报告、备忘录等。这些文件材料分别来自上级和下级，组织内部和外部的各种典型问题、指示、日常琐事或重要文件，要求被测者在规定的时间（一般是 2~3 小时）里进行批阅、处理。处理结束后，还要求被测者逐项填写自己处理文件的理由，说明自己为什么那么处理。最后，考官会将考查到的行为进行分类，再进行相应的评分。通过这一系列的测评活动，考官可以从中考查被测者在处理文件的过程中是否考虑到轻重缓急，是否有条不紊地请示上级或指示下级，进而对其组织、计划、分析、判断、决策和任务分派等能力以及对工作环境的理解和敏感程度等进行评估。

无领导小组讨论。无领导小组讨论是评价中心技术中一种常用的无角色群体自由讨论的测评形式。具体做法是将被测者按一定人数分成小组（5~7 人/小组），不确定小组领导，不确定重点发言，不布置具体的讨论顺序，不规定具体的要求，要求被测者根据考官提供的或真实或假设的材料（如管理有关的统计报表、假设的两难情境等），就某一指定的主题进行一定时间（40~60 分钟）的自由讨论，最后要求小组形成一致意见，并向考官报告。考官在讨论过程中根据事先确定好的评分标准对每一名被测者的发言情况、倾听情况及相关的行为表现等进行全面观察和记录，并进行评分。讨论结束后，由考官小组汇总评分情况，并给出针对每一名被测者的评分结论。一般来讲，无领导小组适合对被测者的表达能力、沟通能力、逻辑思维能力、组织能力和应变能力等素质进行考查和评价。

角色扮演。角色扮演是评价中心技术中一种主要用于考查被测者人际关系处理能力的测评形式。在具体的实施中，测评小组事先设计好一系列特定的人际冲突或人际矛盾情境，要求被测者以特定的角色身份进入角色情境处理各种问题和矛盾。考官通过对被测者在各种角色情境中表现出来的行为进行贯彻和记录，并根据事先确定的评分标准对被测者的相应能力、素质进行评价。在角色扮演技术的使用中，考官一般从以下四个方面对被测者的表现进行评价：①角色把握性，即被测者能否迅速判断形势并进入角色情境，按照角色规范的要求采取相应的处理方式；②角色行为表现，包括被测者在角色扮演过程中的行为风格、价值观、人际倾向、语言表达能力、思维敏锐性以及对突发事件的应对能力等；③角色的衣着、仪表和言谈举止；④其他内容，包括缓和气氛化解矛盾技巧、行为决策的正确性、情绪管控能力和人际关系技能等。

（二）评价中心技术的使用

一般来讲，评价中心技术的具体使用包括以下环节。

明确将通过评价中心技术考查的能力素质内容。可以通过评价中心技术考查和评估的能力素质非常广泛。以教师胜任特征测评为例，几乎所有的胜任特征内容都可以通过评价中心技术进行考查。因此，第一步工作就是要构建全面、有效的教师胜任特征模型。

选择合适的测评形式并开发相应的测评题目和评分标准。如前所述，评价中心技术的测评形式比较丰富，各有其特点，每种测评形式适合考查的素质也不一样。因此，在教师胜任特征测评中，就需要将已经构建好的教师胜任特征模型与评价中心技术的测评形式进行整体分析，同时结合具体的测评条件，确定将要使用的测评形式。然后，根据所选择的测评形式的具体要求，开发出相应的测评题目和评分标准。

设计测评方案与实施计划。由于评价中心技术中的测评形式多样，测评活动也比较多，因此在测评正式实施前需要根据测评内容、测评形式以及测评条件等诸多因素，综合制订出合适的测评方案。

选择并培训考官。与面试的要求一样，考官同样是影响评价中心技术测评结果准确性和有效性的关键因素。由于评价中心技术比面试技术要求更高，因此在测评实施前对考官进行相应的培训非常有必要。具体的培训内容包括熟悉待测评的素质内容及相应的评分标准、观察记录和评分的技巧、突发情境下的应对策略等。

实施测评。这一环节是评价中心技术的核心环节，所有用于评估被测者能力素质水平的资料都在这一阶段收集。由于前面已经制订有相应的测评方案和实施计划，因此这一步只需按照测评方案进行即可。

统计测评结果，形成评价结论。在评价中心的实施过程中，考官们首先对被测者的行为表现等进行独立观察、记录、归类并打分。测评结束后，考官小组应对各被测者的所有测评结果进行逐一讨论，直到达成共识，形成对被测者的一致评价结论。

（三）评价中心技术在教师胜任特征测评中的应用

评价中心技术主要用于中高层管理者的素质测评，在已有的教师胜任特征实践中，还未曾整体运用评价中心技术。原因前面已经有过说明，并非评价中心技术不适合对教师胜任特征进行测评，而主要是受到评价中心技术的实施难度和使用成本的限制。教师胜任特征具有明显的绩效预测性特点，包括的主要内容是一些深层次的个人特征，而评价中心技术因为其全面性和综合性，在对这些内容进行评价时有着明显的优势。由此可见，评价中心技术在教师胜任特征测评实践中其实具有广阔的应用前景。当前的主要问题是如何在测评效果和测评成本控制方面取得合理的平衡。其实，在当前的教师素质测评实践中，已经可以看到评价中心技术应用的影子。例如，在每个学校的教师招聘过程中，几乎都少不了"试讲"这一环节。所谓试讲，其实就是将应聘者置于一个模拟的课堂教学情境下，通过观察其言行举止、行为表现而实现对其能力素质的评估。这恰恰体现了情境模拟性这一评价中心技术的核心特点。

第四节　教师胜任特征测评实践

在本章的前三节中，我们对教师胜任特征测评的功能、原则、原理以及常用的测评技术等方面进行了相应的介绍。接下来，我们将通过一个实践案例对教师胜任特征测评的具体实施进行详细的介绍和说明。

案例背景：

A中学这几年发展迅速，生源质量和升学率都有持续、显著的提升，学校也刚刚由市级重点中学升级为省级示范中学。但是，现在学校有不少教师都已经临近退休年龄，学校的师资队伍在未来几年里可能面临比较大的缺口。为了应对这种即将到来的挑战，校领导讨论决定，在接下来的三年时间里，有计划地招聘一批有潜力的年轻教师，一方面以应对这两年生源增加所带来的师资需求，另一方面让那些经验丰富但临近退休的老教师发挥余热，好好带一带这些年轻人，让他们尽快成长起来。

现在面临的问题是，该学校的教师队伍这些年来一直相对比较稳定，每年新进教师数量非常少，学校在新教师招聘方面并没有投入太多的精力，很多时候委托当地的教育局代为招聘，由教育局负责新教师招聘的绝大多数工作，学校仅在后期对拟招聘人员进行简单的面试。鉴于未来三年新教师招聘对于学校长远发展的重要性，校领导决定，今后的新教师招聘工作全部由学校自己承担完成，以充分保证招聘的质量。为此，学校专门成立了一个新教师招聘工作小组（以下简称"工作组"），由常务副校长带队。在全面了解和梳理当前人员素质测评领域的现状之后，工作组决定全面引入胜任特征思想，构建一整套基于教师胜任特征模型的新教师招聘评估系统，核心工作就是将教师胜任特征测评作为新教师招聘工作中最重要的内容。因此，教师胜任特征测评的结果也就成为学校决定是否录用应聘者的关键依据。

在确定上述工作思路之后，工作组决定首先制订一套完整的教师胜任特征测评方案。

一、教师胜任特征测评方案

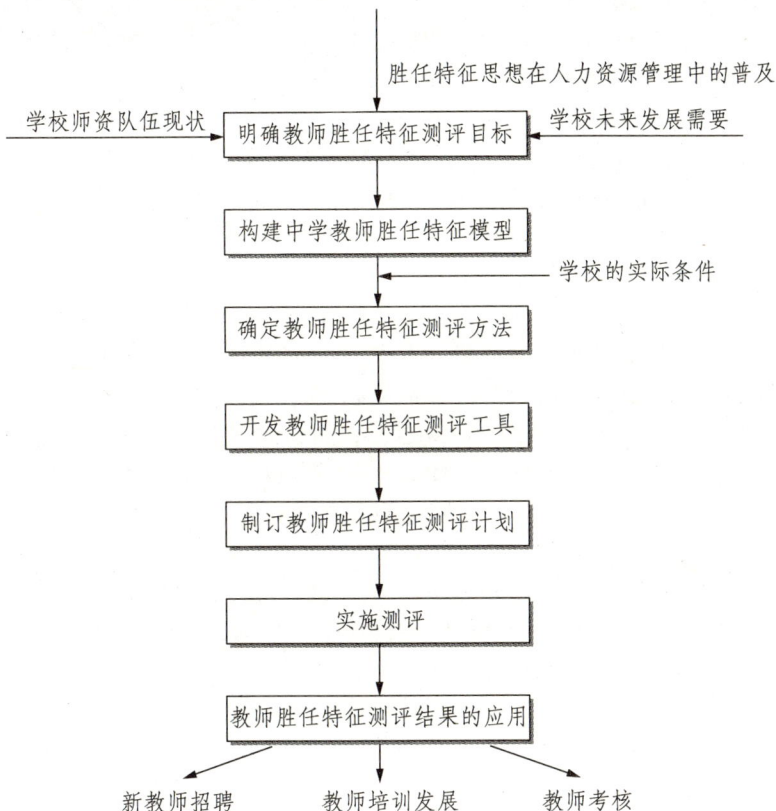

图 3 - 3　中学教师胜任特征测评方案

二、教师胜任特征测评实施

(一) 明确教师胜任特征测评目标

在这里，A 中学之所以决定实施教师胜任特征测评，主要目的是通过测评实现对该校新教师候选人胜任特征状况的准确了解，进而提升新教师选拔工作的准确性和有效性。由于一些较浅层次的胜任特征 (如专业知识和技能) 还可以通过入职后的学习和培训加以提升，但是那些较深层次的胜任特征 (如自我概念、动机、态度等) 则较难以通过短期的培训或训练而获得显著提升，因此，A 中学确定将那些较深层次的胜任特征作为此次测评工作中重点考查的内容。

(二) 构建中学教师胜任特征模型

此次测评工作的对象为中学教师，因此在测评工作正式实施之前需要构建中学教师胜任特征模型，以解决测评过程中"测什么"的问题。根据胜任特征的定义可知，中学教师胜任特征是指那些能够将优秀中学教师和一般中学教师显著区分开来的包括知识、技能、动机、态度及个性特质等在内的个人特征的集合。在本书第二章的第二节中，我们已经通过严谨、科学的方法构建了一个能够反映我国当前基础教育特点的中小学教师胜任特征模型。该模型共包括6个一级指标和38个二级指标，基本涵盖了中小学教师胜任特征的各个方面（见表3-1）。效度检验结果表明该模型具有良好的效标关联效度，能够对中小学教师的工作绩效进行有效预测。因此，可以直接将该模型作为A中学此次新教师选拔工作中胜任特征测评的内容，而无须再重新构建一个中学教师胜任特征模型。

只是，本书第二章中构建的中小学教师胜任特征模型反映的是我国当前中小学教师胜任特征的一种普遍状况。考虑到A中学在组织文化、教师管理方面可能具有自己的特殊性，对所聘任教师可能还有一些特殊性的要求，这些内容对于A中学的教师管理可能具有特殊意义，而它们在第二章所构建的中小学教师胜任特征模型中又难以体现。因此，A中学可以考虑在本书第二章构建的中小学教师胜任特征模型基础之上，根据自己的特殊需要有针对性地补充一些内容，并将其作为测评考查内容之一。

中学教师胜任特征模型的构建是A中学此次测评工作中的关键环节之一。由于本书在第二章中已经专门就教师胜任特征模型构建的具体流程和方法进行了全面、详细的介绍，因此在这里将不再赘述。

（三）确定教师胜任特征测评方法

教师胜任特征测评方法的选择直接决定测评数据收集的质量，对于最终测评结果的准确性和可靠性至关重要。根据本章第三节中有关教师胜任特征测评技术的介绍可知，心理测验技术、面试技术和评价中心技术是三种主要的教师胜任特征测评技术。这三种测评技术各有其特点。其中，心理测验技术操作简便、测评效率高，但是测验开发专业性要求较高，同时测评结果较容易受到社会称许性等无关因素的干扰；面试技术最大的优点在于使用的灵活性，主要不足则表现在对面试官的要求较高，测评结果容易受面试官个人主观因素的影响；评价中心技术可以采用多种方法、从多个角度对候选人进行全面、深入考查，在测评结果的准确性和可靠性方面无疑是最好的，但是它也具有对考官要求较高、测评成本较高等不足。总体而言，心理测验技术和面试技术在教师胜任特征测评中的使用是最广泛的，而评价中心技术就目前来说使用相对还不是很多。

通过对A中学此次测评工作的实际情况进行分析可知：一方面，A中学此次教师胜任特征测评的对象是新任教师候选人，目的是为学校补充一批基础好、能力强、有潜力的青年教师；另一方面，作为新教师招聘与选拔，拟考查的候选人可能会比较多，而学校的新教师招聘与选拔预算又有明确的限制，因此在保证质量的前提下尽可能提升测评效率将是学校测评工作组重点考虑的方面。因此，在综合考虑三种测评方法的特点和 A 中学的实际情况的基础上，工作组决定将心理测验和面试作为此次教师胜任特征测评的主要方法。

另外，为了尽可能降低上述两种测评技术的不足可能给测评结果带来的不利影响，A 中学决定对这两种测评技术的使用方案做一定的改进和完善。具体改进措施如下：一方面，为了尽可能减少候选人自评过程中可能存在的社会称许效应，工作组在使用心理测验技术时将结合 360 度评价的思路，即在收集候选人自评数据的同时收集专家评价的数据；另一方面，为了提升面试结果的准确性和有效性，工作组将采用情境面试的方法，即将中学教师在日常教育、教学工作中可能经常遇到的一些典型工作事件作为面试题目，考查候选人在这些典型工作情境下的表现，进而实现对候选人特征（尤其是教学技能、学生观念等内容）的更深入考查。

（四）开发教师胜任特征测评工具

不管选择什么样的测评方法，都必须借助于相应的测评工具才能够完成测评目标。A 中学将心理测验和面试两种技术确定为此次教师胜任特征测评的方法，因此接下来的主要任务就是根据这两种测评技术的需要开发相应的测评工具，即教师胜任特征评价问卷和情境面试题目（含评分标准）。与教师胜任特征模型构建一样，测评工具的开发也是测评正式实施前最重要的准备工作，测评工具的质量可以直接影响最终的测评结果。接下来，我们将分别对教师胜任特征评价问卷和情境面试题这两种测评工具的开发过程进行具体介绍。

1. 教师胜任特征评价问卷的编制和常模构建

教师胜任特征评价问卷的编制严格按照心理测验编制的流程进行，具体包括以下几个环节：问卷题目收集、项目分析、信度和效度检验以及常模构建。

问卷题目收集。教师胜任特征评价问卷的题目来源包括中学教师个别访谈和群体焦点访谈资料、已有的教师胜任特征评价问卷和相关的一些权威测验（卡特尔 16 因素人格测验、埃森克人格测验等）。工作组通过对这几方面资料的收集和整理，共得到了教师胜任特征评价初始题目 170 道（教学技能：31题；学生观念：36 题；人际修养：30 题；职业态度：19 题；个性特质：35题；专业知识：19 题）。在这 170 道初始题目的基础上再加上 4 道效标题（用于评估中学教师绩效的指标，包括总体绩效评价、受学生欢迎度、带课成绩和职称）组成教师胜任特征评价预测问卷，供后续的试测使用。

项目分析。项目分析是进行问卷题目筛选的重要步骤，为了尽量保证题目筛选的准确性，工作组前后共进行了两轮试测，以对拟筛选题目进行反复确认。首次试测共回收有效问卷 159 份。被试基本信息如下：男性、女性教师人数分别为 50 人和 98 人（性别信息缺失者 11 人）；拥有初级、中级和高级职称的教师人数分别为 15 人、52 人和 75 人（信息缺失者 17 人）；被试平均年龄为 36.69 岁（SD = 7.77），平均教龄为 19.24 年（SD = 8.56）。在这里，项目分析的主要内容是考查每个项目之于教师绩效的重要性。即比较在教师绩效指标上得高分和得低分的两组教师在特定题目上的得分是否存在显著差异，如果差异显著，则说明该题目能够将不同绩效水平的教师有效区分开来，亦即对于教师的绩效比较重要，应予以保留；反之，如果差异不显著，则说明该题目不能有效区分不同绩效水平的教师，对教师的绩效不重要，应考虑删除。考虑到这是第一次试测，因此根据绩效得分对教师进行分组时选取的标准相对比较严格，目的是首先将那些质量很不理想的指标筛选出来，其他相对不太理想的指标可以在第二轮试测中再重点筛查。具体分组标准如下：在总体绩效评估得分上，确定回答"非常优秀"的 16 人为绩优组，回答"很不合格""不合格"与"合格"的 40 人为一般组；在受学生欢迎程度得分上，确定回答"非常受学生欢迎"的 58 人为绩优组，回答"不太受欢迎"和"一般"的 12 人为一般组；在带课成绩得分上，确定位居"前列"的 56 人为绩优组，位居"中等""中下"和"倒数"的 39 人为一般组；在职称方面，确定拥有高级职称的 75 人为绩优组，拥有初级职称的 15 人为一般组。不难看出，这里对绩优组的要求其实是比较高的。通过比较绩优组和一般组在各个题目上的得分差异发现，在其中 29 道题的得分上，不管是依据哪个绩效指标所区分的绩优组和一般组，差异均不显著。据此作出判断，这 29 道题并不能有效区分不同绩效水平的教师，应考虑予以删除。因此，通过以首轮调查数据所进行的项目分析，确定从 170 道初始题目中剔除 29 道缺乏绩效鉴别力的题目。然后在保留的 141 道题目基础上，加入 10 道用于衡量被试社会称许性的题目和 4 道效标题目（总体工作表现、优秀程度、受学生欢迎度和教学效能感）组成新的试测问卷并进行第二轮试测。

第二轮试测的主要目的有三个：一是对首次试测之后保留的 141 道题目的绩效鉴别力做进一步的检验和确认；二是在首次试测之后的项目分析基础上，进一步筛选出相对不太重要的一些题目；三是检验自编的教师胜任特征评价问卷的信度指标。第二轮试测共回收有效问卷 439 份。被试基本信息如下：男性、女性教师人数分别为 139 人和 257 人（性别信息缺失者 43 人）；拥有初级、中级和高级职称的教师人数分别为 139 人、152 人和 129 人（信息缺失者 19 人）；被试平均年龄为 35.22 岁（SD = 9.34），平均教龄为 13.81 年（SD = 8.86）。由于第二轮调查中所收集的教师绩效资料均为连续性变量（职称除外），因此选取被试在各个题目上的得分与其绩效水平之间的相关系数作为判断该题目对于教师绩效是否重要的主要依据。另外，为了降低社会称许性可能带来的不利影响，在统计分析之前删除了部分在社会称许性上得分较高（高于均值 1 个标准差）的被试共 77 人。针对剩下的 326 人的相关分析结果表明，除其中的 5 道题外，被试在其他所有 136 道题上的得分均与其在各绩效指标上的得分显著正相关。这一结果表明：一方面，通过第一轮试测之后保留的 141 道题目总体而言是相当有效的，可以与第一轮试测的结果实现相互验证；另一方面，在这 141 道题中，另有 5 道对于教师的绩效表现而言相对不太重要，可以考虑剔除。并且，在职称上的差异分析结果也表明，拥有高级职称的教师在这 136 道题目上的得分显著高于初级职称教师。剩下的 136 道题目在各个胜任特征群上的分布情况是：教学技能 28 题，学生观念 30 题，人际修养 28 题，职业态度 14 题，专业知识 9 题和个性特质 27 题。如果将每个胜任特征群视作一个分量表，那么这 6 个分量表的内部一致性信度系数分别为：0.941、0.945、0.935、0.949、0.839 和 0.927。可见，教师胜任特征评价问卷各个分量表的一致性信度良好。

信度和效度检验。通过两轮试测对教师胜任特征评价问卷题目的反复评价和筛选，基本上可以确认所保留的 136 道题目均具有较好的绩效鉴别力。因此，接下来的一个环节就是对该问卷的信度和效度做进一步的确认。工作组在试测之后保留 136 道题目的基础上，加入 10 道用于评估被试社会称许性的题目以及包括 6 个绩效指标的效标测量题目（总体工作表现、任教学生的学业成绩、受学生欢迎程度、教学效能感、优秀水平及职称）组成教师胜任特征评价问卷的正式版本，并进行大样本的数据收集。此次调查共回收了有效问卷 967份。被试基本信息如下：男性、女性教师人数分别为 347 人和 447 人（性别信息缺失者 173 人）；拥有初级、中级和高级职称的教师人数分别为 283 人、298人和 261 人（无职称者 89 人）；被试平均年龄为 36.01 岁（SD = 8.92），平均教龄为 14.88 年（SD = 9.30）。为了尽量确保绩效分组的准确性，在收集上述6 个绩效指标资料的基础上，工作组还采用了校长提名方式在问卷发放之前对拟参加调查的教师进行分组。具体做法是，首先让各个调研点（学校）的联系人（校长或副校长）根据各自学校的教师规模按一定比例提名本校的优秀教师（绩优组）和一般教师（一般组），之后再面向这些被提名的教师发放评价问卷。

对回收的有效问卷进行统计分析发现，校长提名的绩优组和一般组教师人数分别为 384 人（39.7%）和 583 人（60.3%）。比较这两组教师在各绩效指标得分上的差异可以发现，绩优组教师得分均显著高于一般组教师。也就是说，那些由校长提名确定的绩优组教师确实在总体工作表现、任教学生的学业成绩、受学生欢迎程度、教学效能感和优秀水平上表现更好。与此同时，绩优组教师中的高级教师比例（45.4%）显著高于一般组教师（16.8%）；平均教龄（17.89 年）也显著高于一般组（12.92 年）；而初级教师和无职称教师的比例（19.9%）则显著低于一般教师（52.9%）。由此可见，研究采用校长提名方式来区分绩优组教师和一般组教师的做法确实是比较有效的。因此，根据教师胜任特征的定义，可以通过比较绩优组教师与一般组教师在各题目上得分的方式来评估最终保留的问卷题目的绩效鉴别力，同时也可以通过比较绩优组教师与一般组教师在各分量表得分上的差异来评估各分量表的绩效鉴别力。单因素方差分析的结果（剔除社会称许性得分高于均值 1 个标准差的 172 人）表明，除职业态度分量表的 14 道题目外，在其他的所有 122 道题上，绩优组教师的得分均显著高于一般组教师。针对各分量表得分的差异分析结果也得到了同样的结果：除职业态度 1 个维度外，绩优组教师在其他 5 个维度上的得分均显著高于一般组教师。据此可以认为，除职业态度外的其他 5 个分量表均具有良好的绩效鉴别力，效标关联效度良好。为什么绩优组与一般组教师在职业态度分量表上的得分差异不显著呢？工作组认为这可能与职业态度本身的特点有关。具体来讲，教师职业态度描述的是教师在认知、情感和行为意向三个方面对自己所从事的教师职业的认同程度。不难看出，通过自评方法来评估教师的职业态度可能存在很高的社会称许性风险。社会心理学家也认为，通过自我报告方式所测量得到的态度更可能是一种外显态度。而对于教师这一特殊的职业而言，绩优组教师与一般组教师在职业态度上的差异可能更多体现在内隐层面。因此，在这里，绩优组教师与一般组教师在职业态度分量表上的得分并不意味着绩优组教师与一般组教师在如何看待教师这一职业方面不存在差异。这一结果只能提示我们，在实际测评中对教师的职业态度进行评价时采用自我报告方法可能是有问题的，应考虑采用内隐测量的方法。此外，各个分量表的内部一致性系数介于 0.873~0.925 之间，说明各分量表具有良好的一致性信度。

常模构建。常模是对心理测验结果进行解释时的重要依据。在这里，使用教师胜任特征评价问卷的主要目的是对 A 中学新任教师候选人的教师胜任特征水平进行考查和评估，进而为 A 中学的录用决策提供依据。因此就必须收集该问卷的常模资料。正式调查的被试接近 1 000 人，来自全国多个省市的中小学校，被试在各人口学变量上的分布情况与我国当前的中小学教师队伍状况基本一致，这说明正式调查所选取的样本具有一定代表性。考虑 A 中学使用该问卷的目的为选拔新教师用，因此对候选人的教师胜任特征水平进行考查时最好选择教龄在 5 年以下的教师作为参照对象可能比较合适。在此次调查的 1 000 人中，教龄在 5 年以下的教师共有 156 人。在这里，进行教师胜任特征测评的目的是给 A 中学新教师选拔、录用提供可资参考的依据，因此我们确定，常模包括三个层次：不合格、合格、良好。这三个层次分别对应于建议淘汰、可以考虑和建议录用三种情况。关于各个胜任特征群在上述三个层次上的具体分值见表 3-2。

表 3-2　新进教师（教龄 <5 年）胜任特征测评常模

胜任特征群	不合格——建议淘汰	合格——可以考虑	良好——建议录用
教学技能	<3.478	3.478~4.601	>4.601
学生观念	<3.554	3.554~4.645	>4.645
个人修养	<3.753	3.753~4.733	>4.733
职业态度	<3.394	3.394~4.872	>4.872
专业知识	<3.652	3.652~4.777	>4.777
个性特质	<3.652	3.652~4.621	>4.621

2. 教师胜任特征面试题的开发和评分标准制定

教师胜任特征情境面试的工具应包括情境面试题和相应的评分标准两项内容。综合对教师工作特殊性和教师胜任特征模型的分析可知，在所有 6 个教师胜任特征维度中，比较适合用情境面试方法加以考查的维度是教学技能和学生观念两个方面。其中，教学技能是指教师的日常课堂教学工作对教师在教学技术和能力等各个方面的具体要求，包括教学方法、课堂组织和教学效果等内容；学生观念则是指教师对师生交往所秉持的基本态度及做法，具体内容包括理解学生、关爱学生、支持鼓励、有亲和力等。这两方面胜任特征在教师的日常教学和师生交往情境中均有明确体现，因此工作组将情境面试的内容重点锁定在这两个方面，主要针对这两类胜任特征开发相应的情境面试题和相应的评分标准。

情境面试题的收集、整理和检验。教师在日常课堂教学和师生交往中所经历的事件纷繁复杂，如何从这众多的事件中找寻到那些真正能够反映教师教学技能和学生观念这两方面胜任特征的典型事件，作为情境面试题的材料。这里，对情境事件的典型性（特定事件或类似事件在教师日常工作中发生的可能性，可能性越高说明该事件在教师工作中越普遍）和有效性（特定事件相对于靶特征而言的重要性，即教师针对该事件的处理方式能够反映其在靶特征上表现的程度，程度越高意味着该事件对于靶特征越重要，有效性也越高）进行评估就成为情境面试题收集环节的核心内容。为了收集到尽可能多的第一手资料，工作组首先在教师中间进行了一次开放式问卷调查，从开放式问卷调查中共收集、整理得到了 33 个备选事件（事件的具体内容详见本章后面的附件 1 中附表 3 - 1），几乎全部发生于教师课堂教学或师生交往情境中。事件整理完成之后，由 5 名心理学博士生和 6 名心理学硕士生组成的专家小组共同讨论后对这 33 个事件的典型性和有效性进行了初步评定。结果表明：所有备选事件的典型性得分均在 6 分及以上（最低 0 分，最高 10 分），其中得 6 分者 5 个事件，得 7 分者 7 个事件，得 8 分者 19 个事件，得 9 分者 2 个事件；各备选事件的有效性得分也均在 6 分及以上（最低 0 分，最高 10 分），其中得 6 分者 2 个事件，得 7 分者 13 个事件，得 8 分者 18 个事件。这一结果初步说明项目收集、整理的备选事件具有较好的典型性和有效性。

情境面试题评分标准制定。收集、整理得到的 33 个工作事件仅仅是为情境面试题的确定提供了原始材料，还需要在此基础上制定出相应的评分标准。即对不同绩效水平的教师在这些工作事件发生后的处理方式进行收集，并就不同绩效水平教师在特定工作事件情境下的典型处理方式进行整理，以此作为面试过程中对应聘者表现进行考查和评价的参考依据。因此，为了收集教师在特定工作事件下的行为表现，为评分标准的制定准备相应的内容素材，工作组面向中学教师进行了开放式调查。在调查问卷中除了要求教师记录自己在工作中遇到特定事件或类似事件时的行为表现/处理方式（要求 250 字）外，还要求他们对特定工作事件的有效性和普遍性进行评价。考虑到一共有 33 个工作事件，如果让每个教师都对所有事件进行回应和评定不太现实，因此共设计了6个版本的问卷，平均每个问卷包含4~6个工作事件，也就是说每个参加调查的教师只需要对4~6个工作事件进行处理即可。工作组共回收了有效问卷60份，即平均每个工作事件可以收集到约10个教师的处理方式。参加调查的60名教师的个人基本信息如下：男性27人、女性32人（性别信息缺失者1人）；具有初级、中级和高级职称者分别为9人、39人和7人（职称信息缺失者5人）；任教科目包括语文、数学、外语、历史、政治等中学常设科目；平均年龄为32.17岁；平均教龄为10.25年。通过对60名教师在事件典型性（在工作中是否遇到过该事件或类似事件；该事件在教师日常工作中发生的可能性）进行分析后发现，有7个事件的实际发生率低于50%（其中超过一半的教师在过去工作中未曾遇到过该事件），并且这7个事件在教师实际工作中发生的可能性均在3分（五级评分，"1"到"5"依次代表"很不重要"到"很重要"）以下。据此可以推测，这7个事件的典型性不够理想，可以考虑剔除。因此，最后确定保留26个典型工作事件。

接下来，由专家小组对教师在各个工作事件上的处理方式进行编码。在第一轮编码中，保证每个工作事件的编码工作均由2名专家参与，这2名专家先各自进行编码，然后共同讨论，初步确定针对各个事件的编码结果。具体的编码内容包括两个方面：①确定各道面试题适合考查的教师胜任特征内容；②对教师在各个工作事件情境下的处理方式进行分级（包括好、中、差三个等级），以形成相应的评分标准。第一轮结束之后，再以专家会议的形式，由整个专家小组成员一起讨论，对第一轮的编码结果进行修改和完善，并据此确定最终的编码结果，形成有关各个情境面试题的评分标准。最终形成的针对各个情境面试题的评分标准形式见表3-3。

为了确保专家小组所制定的评分标准的有效性，工作组在第二轮编码结束之后，再邀请多名经验丰富的优秀中学教师组成教师专家小组做进一步的讨论、修改和完善。

表3-3 教师胜任特征情境面试题及评分标准示例

事件1	小江酷爱《知音漫客》和《小说绘》，他总是控制不住自己，违反班规将这些书带到学校来，还借给同学看，基于这点，班主任杨老师决定联合家长一起帮助教育小江。家长浏览了《小说绘》得出结论："这种书就是低级趣味，老师您放心，我们一定管好孩子。"第二天，杨老师发现小江早读、上课都"罢工"了，把他叫到办公室谈话，小江气冲冲地说："我又没有在上课时间看，你为什么要请家长？我父母昨晚把我的《知音漫客》和《小说绘》全卖给废品站了，他们剥夺了我唯一的爱好，活着还有什么意思？"
1	**尊重学生**
定义	尊重学生的人格尊严和选择自己兴趣爱好的权利，重视学生的意见和想法。

续表

好	能够意识到贸然请家长可能带给学生的负面影响,对此进行反思;尊重学生选择自己兴趣爱好的权利;愿意倾听学生的意见和想法,并尝试通过沟通的方式处理问题。
中	尝试通过沟通、谈话的方式处理问题。
差	不尊重学生的人格尊严和选择自己兴趣爱好的权利,试图通过说服、观点灌输的方式处理问题。
2	**理解学生**
定义	注意倾听和了解学生的所感和所想,站在学生的角度思考和处理问题。
好	努力倾听和了解学生的所感和所想,尝试站在学生的角度,有针对性地思考和处理问题。
中	注意倾听和了解学生的想法,跟学生讲道理,进行说服教育。
差	不顾及学生的感受,仅从自己的角度思考和处理问题,对学生进行思想灌输和说服。
3	**关爱学生**
定义	关心、爱护学生,当学生遇到问题或困难时对其给予及时帮助。
好	在全面分析问题的基础上选择有针对性的方法帮助学生改正当前的不良行为,注意鼓励和支持学生。
中	关注当前问题的处理和解决,较少关注学生本人的感受和体会。
差	用单方面的手段或方法处理问题,如,让学生写保证书。
理想处理方式	反思自己欠合适的处理方式(贸然请家长)并向学生道歉;与小江深谈,倾听其心中所想,在尊重小江兴趣的基础上有针对性地进行开导和教育;与小江共同讨论双方都满意的问题处理方案,如老师推荐好书,小江承诺不在课堂上看课外书,老师与小江家长沟通等。
不当处理方式	意识不到自己"冲动"请家长的方式不合适;不愿意倾听小江的想法;主要通过讲道理等传统教育方法进行处理,甚至单方面让小江接受自己的处理方案,如以后不再看课外书。

(五)教师胜任特征测评实施

A 中学有了前面开发的两种测评工具(教师胜任特征评价问卷和教师胜任特征情境面试题)以后,就可以真正开始对新教师候选人的教师胜任特征水平进行选拔和评估。教师胜任特征评价问卷既可以通过候选人自评的方式使用,也可以通过专家评价的方式使用;而情境面试题在具体的面试过程中使用。这里需要特别强调的是，这两种测评工具的使用可以起到相互补充的效果。教师胜任特征评价问卷更多适合于评估候选人的个性特质、人际修养等胜任特征水平；而情境面试题则更适合于评估候选人的教学技能、学生观念等胜任特征的水平。测评结果出来以后，A 中学就可以参考测评的具体结果进行相应的选拔录用决策了。

三、教师胜任特征测评小结

在这里，我们通过对 A 中学在新教师的招聘与选拔中如何使用教师胜任特征测评的整体思路和具体工作流程进行了较详细的介绍，比较清楚地说明了教师胜任特征测量与评估在新教师招聘选拔这一重要教师人力资源管理工作中的应用价值。通过上面的案例介绍和分析，我们可以从中得到两点启示：第一，教师胜任特征测评在教师人力资源管理中的应用其实并不局限于新教师招聘选拔这个单一环节，同样可以体现在教师培训开发和绩效考核等其他人力资源管理工作职能中；第二，在使用教师胜任特征测评服务于教师人力资源管理工作时，构建相应的教师胜任特征模型、根据构建的模型选择合适的评估方法并开发出与之相应的测评工具是其中最为核心的三个环节。

附件1

附表 3-1   中小学教师日常教育教学中可能遇到的典型事件

编号	事件内容
1	刚接手七年级，王老师觉得 701 班的学生太没有自觉性了，他们到学校来好像就是专门和老师作对的：课堂上王老师一开始讲课，马上就有人讲话；王老师要求记笔记，又有人讲话。王老师很生气，警告说："如果再讲话我就要采取措施了！"可是，刚好了一会儿，等王老师转身写板书，学生讲话又开始了，而且"嘁嘁嘁"的声音总是一小片，还真难做到"罚不责众"。
2	李老师上课时总是有学生在底下做小动作，一了解，有的学生说："老师，我在外面培过优的，你讲得太简单我就没有耐心听了。"可是李老师稍微讲得难一点，基础差的学生就又抗议了，因为他们听不懂，作业不会做。面对学生基础差异大的局面，李老师真不知道该怎么上课了。
3	课堂上，当袁老师提出一个稍有难度的问题时，全班无一人回答，且这样的情况多次出现。
4	由于原来的班主任生孩子请假了，郭老师中途接手担任 708 班的班主任，他明显看出班上的学生对他有抵触情绪，因为他老听到学生背着他嘀咕："要是原来的班主任，绝不是这样管的……"。他很想尽快拉近学生与自己之间的距离，可又不知道从哪些方面入手。

续表

编号	事件内容
5	就在吴老师决定让一名迟到的学生写检讨时，这名学生对他说："老师，昨天×××迟到没有写检讨，我今天迟到了就要写，这不是歧视吗？是不是我成绩没他好？"
6	有一次周老师在从办公室往教室走的路上，一名自己班上的学生与他擦肩而过，周老师确定那名学生看到了自己，但是他/她却没有主动问好。
7	张老师在一次课堂上没有控制好自己的情绪，冲一名学生发了很大的脾气，事后觉得自己当时确实有点失态。
8	王老师找年级组长给自己提供教学用具，对方让他直接去找教科处主任要，但是去了之后却被教科处主任严厉批评，说这是越级行为。
9	为了激发同学们的听课兴趣，增强他们的参与感与合作能力，周老师会在课堂上开展一些活动，但是有时太多同学举手了，为了不挫伤大家的积极性与热情，周老师会尽量给他们每一个人机会展示和表达，可是这样一来，教学进度就会受影响。
10	在一次课堂上，王老师点名让一名学生回答问题，可是那名学生完全答非所问，全班同学听完后哄堂大笑。
11	刘老师如平常一样在讲课，有个知识点已经反复讲过好几遍了，但还是有学生表示不明白。
12	小方的父母离异了，她和奶奶一起生活。但是她在同学面前描绘的却是：我爸爸很爱我，妈妈很爱我，我们一家很幸福。同学在背后嘀咕说她撒谎、不诚实。她的不诚实还表现在方方面面：作业没做她当着老师的面说交了；科技制作费用没交，她信誓旦旦说绝对交了，气得科技老师说要调监控录像回放，她才改口说没交。
13	李老师班上新转来的一名学生经常顶撞老师，很难管理。有一天，李老师突然发现这名学生给自己留言说了很多心里话（不喜欢学校、不适应现在的生活），并述说了很多关于家里的情况。
14	班上一名学生答应马老师好好努力争取在下一次测验中取得好成绩，可是后来成绩却不升反降，该学生向马老师抱怨："这努力有什么用啊？"
15	有一次课间休息时间，班上一名学生向杨老师请教一个非常难的题目，由于当时杨老师还要赶着去给另一个班级的学生上课没有时间现场解答，因此她跟学生说等第二天上课时再给他/她解答。但是杨老师后来回到办公室后苦苦琢磨了半个小时都没有把那道题目解答出来。

续表

编号	事件内容
16	早晨的时间总是很紧促，早自习就要开始了，小峰一边吃着热干面一边匆匆冲上四楼往教室赶，在走廊上被班主任李老师拦住了："×××，我们多次说了，不允许把吃的带进教学楼，你怎么不遵守呢？"小峰着急了："我来不及啦！"突然另一位老师也提着热干面上四楼了，急匆匆往办公室赶，正经过走廊，小峰眼睛一亮，指着那位老师说："李老师，你们老师不也是这样？您先管好他吧！"
17	闫老师自信自己是一个很严谨的人，她对学生严格，也对自己严格。她说："我们是平等的，学生违纪要惩罚，老师违纪也要受惩罚，比如说，如果我上课时手机响了，我也和你一样接受扫地的处罚。"有一天，闫老师孩子生病了，她急急忙忙将孩子送去医院，关照婆婆有事情给她打电话，就匆匆忙忙到校上课了。其间，手机铃响了，学生高喊："老师，放学扫地；老师，不能食言！"闫老师为难了，婆婆还等她到医院结账呢。
18	有一次课堂上张老师正在背对着学生写板书，突然有两个学生大声争吵了起来，严重影响了整个课堂的气氛。
19	当李老师在课堂上滔滔不绝，甚至是很有激情时，却发现学生在下面无精打采，昏昏欲睡，问问题也没有反应。
20	前一天下午周老师刚在班上进行了一次测验，当天晚上批改试卷时发现有一名学生的试卷明显抄袭他人。
21	杨老师在班上强调了中学生的发型：男生头发前不能过额头，侧不能过耳，后不能到肩；女生长发要扎起来。可是班上男生啸天同学总是达不到要求，杨老师多次向他提出警告，每次他到理发店修剪不到一厘米就完事，他说他这个发型很有创意，很"酷"，干吗要掩盖自己的个性呢？
22	在一次上课中，王老师点名让一名学生站起来回答问题，可是他/她就是装作听不见，既不站起来也不回应王老师的提问。
23	有一次李老师答应班上学生说如果他们在期中考试获得全年级第一名就带大家去郊游一次。后来他们真的考了全年级第一，可是那段时间由于附近的另一所学校刚发生一起学生安全事故，学校领导明确要求教师不能组织学生集体出游。
24	王老师答应班上一名学生只要他/她在下一次测验中前进10个名次就奖励一本书，后来这名学生在测验中前进了9个名次。

编号	事件内容
25	小江酷爱《知音漫客》和《小说绘》，他总是控制不住自己，违反班规将这些书带到学校来，还借给同学看。基于这点，班主任杨老师决定联合家长一起帮助教育小江。家长浏览了《小说绘》得出结论："这种书就是低级趣味，老师您放心，我们一定管好孩子。"第二天，杨老师发现小江早读、上课都"罢工"了，把他叫到办公室谈话，小江气冲冲地说："我又没有在上课时间看，你为什么要请家长？我父母昨晚把我的《知音漫客》和《小说绘》全卖给废品站了，他们剥夺了我唯一的爱好，活着还有什么意思？"
26	有一次课堂上，张老师在讲课时发现自己刚才有一处内容讲错了，但是班上学生并没有意识到。
27	有一次吴老师正在讲台上讲课，突然有一名学生站起来说："老师，您刚才有一处内容讲错了。"
28	班委会改选前，有名学生主动找到班主任张老师说想当班长，但是张老师认为这名学生的能力还不足以胜任班长一职，并且他心中早已有了班长人选。
29	在一次班会上，学生对参加兴趣小组的事情轮流发表意见和建议，轮到一名平时不善言辞的女学生时，她停顿了好一会儿都说不出话来，脸涨得通红，场面有些尴尬。
30	今天，张老师在五班上课，发现下面大部分同学昏昏欲睡，张老师停下来询问情况，小明说："老师，您讲的内容我们大多懂了，书上都写着呢，忒没意思！"小芳则说："老师，您讲的太老套了，您让我们自己讲吧！"
31	欧阳老师上课的时候激情澎湃，讲得高兴时，欧阳老师模仿起文章中的人物表演，突然，在他踱步的时候忘记走下讲台的台阶，一个趔趄摔倒了，全班同学哄堂大笑。
32	一个学生因为总爱看书，所以将书带到课上，借给他人看。当问到那名学生时，他说他只是带书，上课没看。

第四章

基于胜任特征的教师职业生涯管理

作为一种职业，教师是人类社会现存的最古老的职业之一，也被称为太阳底下最光辉的职业。一直以来，社会意识形态和统治阶级都倾向于把教师塑造成历史的智者、清欲无求的圣贤和自我牺牲的典范，突出和放大了教师职业的社会价值、工具价值与职业道德要求。但事实上，在多元价值观念和经济主导市场的现今社会中，教师也和其他职业一样，以职业为生命发展平台，在职业发展中感受生命、品味生活并追求崇高。平时，人们关注和看到的只是教师职业光辉、神圣的一面，却很少看到教师职业背后存在的问题和挑战。正因为如此，即使从事的是这样一个太阳底下最光辉、最应充满欢声笑语的职业，仍然有教师感觉工作单调乏味，有时更觉得心力交瘁、缺乏成就感和继续坚守下去的动力。包括入职适应困难、职业倦怠、职业生涯高原、职业生涯危机等一系列的职业发展问题，在教师的职业生涯发展过程中同样存在。只是，由于教师职业的特殊性，教师职业发展背后的这些问题较少引起社会的广泛关注。

长久以来，国家无论是在社会、学校还是教师个人层面，对有关如何帮助教师制定切实可行的职业生涯发展规划，科学合理地对教师的职业生涯进行管理以及协助教师积极进行自我职业生涯管理等方面的工作都非常欠缺。胜任特征思想的发展为传统的教师职业生涯管理活动提供了全新的视角和思路。本章将在回顾教师职业生涯管理基本理论的基础上，深入探讨胜任特征在教师职业生涯管理中的应用价值，并对基于胜任特征的教师职业生涯管理流程和内容进行全面介绍，最后，以一个实践案例生动呈现基于胜任特征的教师职业生涯管理实施方案。

第一节 教师职业生涯管理现状研究

国际上有关职业生涯管理的理论研究和实践探索始于 20 世纪 60 年代，并于 20 世纪 90 年代中期开始传入中国。其间，包括职业生涯管理的内涵、职业生涯管理理论以及方法、技术等都得到了较大发展，积累了丰富的理论研究成果和实践经验。迄今，职业生涯管理的理念早已经渗透进入包括企业、医院、学校等各种组织的人力资源管理工作中，并发展成为组织人力资源管理体系中的重要工作模块，在推动个人和组织发展的过程中发挥越来越重要的作用。结合教师胜任特征模型来进行职业生涯管理，并将其应用于教师职业生涯管理的实践中，有必要就教师职业生涯管理相关的基本理论（包括相关的概念、理论基础等）进行全面的总结和回顾。

一、教师职业生涯管理概述

（一）职业生涯

美国国家生涯发展协会认为，职业生涯是指个人通过从事工作创造出的一个有目的的、延续一定时间的生活模式。具体来说，职业生涯包含了个人一生的工作经历，特别是职业、职位的变动以及事业发展目标实现的整个过程，具有以下几方面的特点。第一，职业生涯的主体是个人。指个人而非组织的行为经历，强调的是个人一生中的职业经历或历程。第二，职业生涯具有特定的时间周期。一般始于个人第一份正式工作之前与职业发展有关的专门学习和训练，终止于个人完全结束或者退出职业工作，即退休。实际职业生涯的时间长短在不同的个体之间差别很大，有长有短。第三，职业生涯具有动态性，反映个人职业成长全过程中的发展和变化。职业生涯不仅表示个人职业工作时间的长短，还包含着个人职业变更、发展的经历和过程，包括从事何种职业、岗位，职业成长的阶段，职业的转换以及晋升等具体内容。

（二）职业生涯管理及其内容

职业生涯管理是指对个人潜能进行开发，监控职业生涯发展目标并且探索和确定有效的发展策略促进职业生涯目标实现的过程。根据职业生涯管理实施主体的不同，又可以将其区分为个人职业生涯管理和组织职业生涯管理。未曾加入某一特定组织之前，职业生涯管理更多的只是一种个人层面的活动，实施职业生涯管理的主体是个人。当个人选择加入某一特定的组织并在该组织中发展自己的职业生涯之后，职业生涯管理就开始成为组织和个人双方的责任，这时候，组织上升为职业生涯管理的主体。

个人职业生涯管理描述的是个人在职业生涯的全程中，明确自身的职业素质特点，评估职业发展的环境和机会，确定职业发展目标并制订相应的职业发展行动计划和策略的一系列活动。

组织职业生涯管理则是指由个人所在组织实施的，在确保员工个人目标与组织整体目标一致的前提下，通过开发员工潜能，促进个人职业素质与绩效水平的提升，进而推动组织整体战略目标实现的过程。更具体地讲，组织职业生涯管理集中表现为协助员工制定职业生涯发展规划，设计各种适合员工个人实际情况的职业发展通道，针对员工职业发展需求进行有效培训，同时给予员工必要的职业发展指导，促进员工获得职业生涯的成功，最终推动组织发展目标的实现。

个人职业生涯管理与组织职业生涯管理密不可分，二者之间相互呼应、相互作用，只有这两方面的目标一致、计划吻合，对于个人和组织来讲才有可能是卓有成效的。通过比较分析发现，个人职业生涯管理的实施必须在组织职业生涯管理的框架下进行，并参考组织现有的条件和机会，据此来规划个人的职业生涯发展目标、发展通道以及学习和培训计划等。同时，组织职业生涯管理的实施必须以推动个人职业生涯管理为落脚点，针对组织现有的条件、资源，以及员工个人的具体特点来进行。在具体内容上，组织职业生涯管理与个人职业生涯管理非常相似，二者均包括职业生涯规划、职业生涯开发与职业生涯调控等。

职业生涯规划是指结合个体的实际情况、当前的机遇和制约因素，为其确立合适的职业方向、职业目标，并选择相应的职业发展道路，确定教育、培训和发展计划，从而为实现其职业生涯目标确定行动方案。职业生涯规划的实施流程一般包括以下环节：（1）个体评估，即对个体的职业兴趣、能力、价值观、个性特征等进行全面评估，以尽可能准确地了解个体适合从事什么样的工作；（2）环境评估，即全面评估个体所处的环境条件，主要是与个体可能从事的工作职业相关的信息（如就业机会、工作对任职者的能力素质要求、职业发展前景、薪资待遇等），进而准确把握个体职业生涯发展所面临的机遇和挑战；（3）目标设置，即在综合考虑个体自身与外界环境条件的基础上为其确定合适的职业发展目标；（4）路径选择，即结合个体当前的发展条件、未来可能遇到的机遇和挑战，选择有助于实现其职业发展目标的合适的发展道路；（5）计划制订，即在前面各个环节的基础上为个体制订切实、可行的行动计划；（6）反馈修正，即根据个体后续的职业生涯发展实际，对之前所制订的行动计划进行适时的调整和修正，这一环节其实贯穿职业生涯管理的整个过程。如图4-1所示。

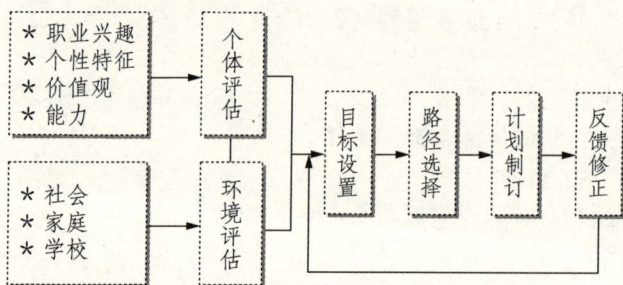

图4-1 职业生涯规划流程（连榕，2002）

职业生涯开发是指在职业生涯不同发展阶段所进行的职业基础素质教育、职业技能培训和其他提高职业成功的各种活动。实施职业生涯开发的最终目的体现在两个方面：一是通过职业生涯开发来促进个体职业生涯发展目标的实现；二是通过职业生涯开发协调个体发展目标与组织发展目标之间的关系，使其合理匹配，在实现个人目标的同时促进组织目标的达成。职业生涯开发的内容丰富，可选择的方法很多，不同行业、不同组织的职业生涯开发的内容与方法也不一样。例如，人生早期的职业教育活动（包括有关职业方面的学校教育、家庭教育与社会教育），职业生涯中期的再培训、再学习，以及职业生涯后期或晚期开展的"学到老""夕阳红"等均属于职业生涯开发的内容。

职业生涯调控是指在职业生涯发展过程中根据内外情势随机应变，对规划实施情况进行追踪监控，对短期与长期、局部与全局、个人与组织等一系列矛盾和冲突进行平衡协调，对职业生涯发展过程中的有关突发事件、意外困局进行紧急应对等。例如，对职业倦怠的个体进行心理援助，对工作—家庭冲突的个体采取有效的措施来帮助其实现工作与家庭之间的平衡，对新入职的员工进行入职指导，减缓其适应困难，等等。

（三）职业发展通道

职业发展通道也称职业发展路径，是组织为其成员所设计的自我认知、成长和晋升的管理方案，它指明了组织内员工可能的发展方向。职业发展通道直接指向个人的职业发展目标，是个人实现职业发展目标的必经之路。在组织内部，员工的职业发展通道可以是单一的，也可以是丰富的。

管理心理学家沙因（E. H. Schein）认为，员工在组织内的职业发展可以遵循三条不同的发展通道，分别遵循三个不同的发展方向：层级维度、职能维度和核心维度。遵循层级维度的职业发展是指沿着组织内部的职务序列由低层向高层发展，这一通道的典型代表是传统的管理类发展通道。遵循职能维度的职业发展指的是通过在组织内的不同职能部门、不同岗位之间进行工作转换的方式实现职业生涯发展，像轮岗、挂职锻炼等都属于这一类型的发展通道。遵循核心维度的发展反映的是组织内部一些特定成员的职业发展现象，属于一种特殊的横向职业发展通道。例如，在组织内部可能有这样一些人，虽然具体的工作职位没有明显的改变，但是他们却能够有机会承担更大的工作责任，更加接近组织的管理或者权力核心的提升。

这种职业发展三维通道的提出，为员工在组织内的职业发展开辟了广阔空间。随着社会经济的发展，现代组织的结构越来越趋向扁平化，员工在以传统管理类通道为代表的层级维度方向上的发展空间越来越受限，未来员工在组织内的职业发展将更多地偏向沿着职能维度和核心维度这两种方向上的横向发展通道。

在现实的组织情境中，几乎所有的组织都包含有管理类和技术类两种类型的岗位。管理类员工和技术类员工的职业生涯发展通道不一样，分别称之为管理类通道和技术类通道。管理类通道是指由基层的管理职位逐渐晋升到高层的管理职位，这是组织中最重要的一条职业发展通道，也称之为传统的职业发展通道。技术类通道是指从基层的项目工作人员，如一线工人，逐步成长为组织内的技术、技能专家这样一条发展道路。技术类通道在技术人员占主体的组织中相对更普遍。不过根据组织特点的不同，也可能以不同的形式存在。除了管理类和技术类这两种主要的职业发展通道，有些组织内部还存在有另一种职业发展通道，可以称之为职业转换通道，即员工通过在管理类通道与技术类通道中进行转换而实现自己的职业生涯发展。

（四）教师职业生涯

根据职业生涯的定义，教师职业生涯是指教师一生中所有与教师工作相联系的行为与活动，包括相关的态度、价值观、愿望的经历过程。换句话说，教师的职业生涯也可以视作教师专业发展的过程。教师在职业生涯发展过程中，自己的专业成长或者教师内在专业结构不断更新、演进与丰富。上述职业生涯具有的特点教师职业生涯同样具有。除此之外，教师职业生涯还具有一些不同于一般职业生涯的特点，即教师职业生涯的个性。

第一，教师职业生涯无明确的职业发展通道。与大多数职业不同的是，教师职业生涯没有职位高低之别，在职业内部没有明确的职业发展通道。除了少数教师可能担任行政职务之外，大多数教师没有明确的职务分别。当然，教师的职称序列似乎也具有职业发展通道的一些特点。但是，我国的教师职称序列与真正的职业发展通道之间还存在一定的距离。近年来，国家正在进行全方位的中小学教师职称改革，目标之一就是努力将现有的职称序列打造成一条具有激励作用、有助于促进教师职业发展的职业发展通道。

第二，教师职业生涯漫长而宁静。教书育人是教师最重要也是最主要的工作内容。在教书育人的过程中，教师必须让自己全身心地投入其中。除了面对教育对象，大多数时间都是独立地进行工作，如备课、批改作业、评定学习成绩等。因此，教师工作都是教师自己策划、自己执行、自己考核。不同于其他职业，一个人一旦选择了教师职业就意味着接下来的数十年时间里将一直持续这样的工作。在某种程度上可以说，教师是"一生"的职业。在这个漫长而寂静的职业发展过程中，教师不免会有孤寂感。中国教师历来倡导"淡泊明志、宁静致远"，反映的就是教师职业生涯的这一特点，这也恰恰是教师专业化所需要的。

第三，教师职业的工作对象群体同质性大，个体差异性强。教师工作每天所面对的群体是年龄相近的学生，从发展心理学的角度看，这些对象的认知发展、人格特质、价值观等，大都是可以预期的，大部分都表现为同一阶段的特征，因此说群体的同质性大。但是在同一群体中，尽管年龄相同，每一个学生又是那么的不同，学生的个性特点可能千差万别，这又使教师的工作对象具有很强的个体差异性。

第四，在教师职业生涯发展过程中，教师与工作对象的年龄差距一直在增大。教师在职业生涯中所面对的学生大都处于相对固定的年龄组，而教师的年龄却在逐年增加。经过一个时期，师生之间的代际关系也就会发生变化。例如，初任教师时，与学生年龄差距不大，称为"大哥型"或"大姐型"的教师，后来，成为"爸爸型"或"妈妈型"的教师，最后成为了"爷爷型"或

"奶奶型"的教师。随着年龄的增长，教师必须不断地调整自己的教学行为，努力保持工作热情和对新生一代的积极情感，克服生理上带来的惰性和暮气。

（五）教师职业生涯管理

教师是一门古老的职业，但其职业发展的规律，其职业管理的策略，直到最近几十年才开始逐渐受到研究者的关注。在管理学中，职业生涯管理被视为人力资源管理理论的重要组成部分。组织职业生涯管理理论在教育领域内的渗透直接催生了教师职业生涯管理的出现，并逐渐发展成为教师人力资源开发与管理的重要活动之一。具体来讲，教师职业生涯管理是有效利用学校人力资源、最大限度发挥教师的潜能、调动教师的工作积极性和创造性的一种手段，通过教师本人或所在学校对教师的职业生涯进行有意识的规划、调控和促进的动态过程。与企业组织中员工的职业生涯管理类似，同样可以从组织（学校）和个体（教师）两个不同层面来理解教师职业生涯管理。在内容上，教师职业生涯管理亦包括职业生涯规划、职业生涯开发和职业生涯调控三个方面。值得一提的是，教师职业生涯管理的研究者似乎更加关注教师职业生涯发展的规律，并就此提出了很多职业生涯发展的理论，这些理论为教师职业生涯的管理提供了重要依据。

二、教师职业生涯管理的理论基础

职业生涯管理的主要理论有职业选择理论和职业发展理论。职业选择理论将职业生涯发展视作个人与工作之间互相选择的过程，强调"人"与"职"之间的匹配，因此称之为人—职匹配理论。职业发展理论关心的是职业生涯发展的不同阶段，强调应该根据不同职业发展阶段的具体任务和特点，确定不同的发展目标，制订相应的发展计划以及采取合适的发展策略。人—职匹配理论和职业发展理论是职业生涯管理领域的经典理论。当然，近年来也有不少学者开始尝试将一些新思想和新观点引入职业生涯发展领域，如无边界职业生涯和多变的职业生涯等。接下来，重点对人—职匹配理论和职业发展理论做相应的介绍和说明。

（一）人—职匹配理论

职业生涯管理缘起于人与职业之间的"匹配"问题，包括为特定的"人"寻找与之匹配的"职"，以及为特定的"职"挑选与之匹配的"人"。人—职匹配是职业生涯管理的核心思想。职业生涯管理领域的发展历程，虽然不断有新理论、新观点涌现，但是在人—职匹配这一核心思想上始终一脉相承。

"人—职匹配"的最初观点由美国心理学家帕森斯于 20 世纪初提出。帕森斯认为，每个人都有自己独特的人格模式，不同人格模式的人适合从事的职业类型也不同；职业选择的核心内容就是实现任职者具有的人格模式与将从事职业之间的合理匹配。20 世纪中叶，美国职业心理学家霍兰德在帕森斯早期人—

职匹配理论基础上做了进一步的发展，提出了著名的霍兰德职业性向理论。与帕森斯的早期观点相比，霍兰德职业性向理论最大的发展就是在比较宽泛的人格模式基础上提出了相对具体的职业性向（Career Orientation）概念。职业性向是指一个人所具有的有利于其在某一职业方面取得成功的素质的总和，它是与职业方向相对应的人格特征，也指由人格决定的职业选择偏好。同时，霍兰德还对职业性向的类型进行了相应的区分，提出了包括现实型、研究型、艺术型、社会型、企业型和传统型在内的六种职业性向类型。霍兰德的这些发展极大地拓展了人—职匹配理论在职业生涯规划与指导中的应用价值，使得人—职匹配理论真正发展成为可用于职业生涯规划指导的核心理论。

近些年来，有研究者进一步认为，个体在进行职业生涯规划时全面考虑个体的素质、人格特点与待从事职业之间的匹配固然重要，但是也不能忽略组织方面的因素。因为几乎所有的职业或工作岗位都是特定的组织所提供的。准确地说，个体从事的是特定组织内部的工作岗位，相对于工作岗位本身而言，组织是更大的环境因素。因此，在进行职业生涯规划与指导时还必须综合考虑组织方面的特点和需要。具体到教师职业，在进行教师职业生涯规划与指导时除了考虑教师本人特点与教师职业需要之间的匹配，还必须考虑教师本人特点与所在学校特点之间的匹配。只有建立在教师本人、教师职业和学校三者间合理匹配基础上的职业生涯规划，才是真正有助于教师个人目标和学校整体目标实现的生涯规划。

（二）职业发展理论

经典的人—职匹配理论关注个人稳定的、内在的与职业生涯成功有关的人格模式，人—职匹配是一种静态匹配。个人的职业生涯发展是持续终生的动态过程，在不同的职业发展阶段，个人的职业心理特点也不一样。职业发展理论更加关心个人职业生涯发展的动态性特点，认为只有充分了解职业生涯发展不同阶段的特点及其对个人知识水平、能力素质的要求以及各种职业偏好，才能更好地推动个人的职业生涯发展。萨柏（D. E. Super）、金兹伯格（E. Ginzberg）、格林豪斯（J. H. Greenhaus）和沙因等职业心理学家均对职业发展理论做出了自己的贡献。下面将只对萨柏和格林豪斯的两种代表性观点进行重点介绍。

萨柏以年龄为依据，将个人职业生涯发展过程明确区分为五个不同阶段，包括成长阶段、探索阶段、确立阶段、维持阶段和职业衰退阶段。从成长阶段依次到衰退阶段，个人的职业生涯发展遵循先逐步向上、达到顶峰，然后再向下的趋势。个人在职业生涯发展的特定阶段表现出相似的心理特征和职业需求，面临相似的职业发展任务。例如，确立阶段属于职业生涯发展的选择、安置阶段，一般在 25～44 岁。根据个人特点不同，确立阶段又可以进一步细分为三个不同时期：尝试期、稳定期和职业中期危机期。尝试期一般介于 25～30 岁之间，个人对最初的职业选择进行反思，如果有问题则需要重新选择、更换工作;重点是寻求职业发展及生活上的稳定。稳定期介于 31 ~ 44 岁之间,个人经历尝试期后最终确定稳定的职业发展目标,并致力于实现这些目标。职业中期危机期是一个转折期,一般发生在 30 ~ 40 岁的某一时期,个人可能会发现自己并没有朝着事先确定的职业发展目标前进或者发现了新的目标,因此需要对自己的职业生涯发展状况进行重新评估,如图 4 - 2 所示。

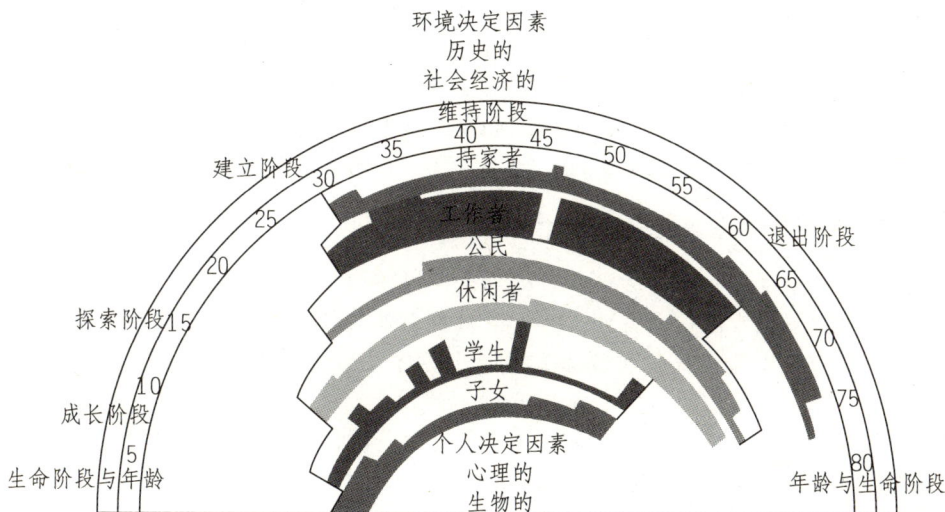

图 4 - 2 萨柏的职业生涯发展阶段理论

与萨柏根据个人在不同年龄段对职业需求与态度来理解职业生涯发展过程并划分相应的阶段不同,格林豪斯则从个人在不同年龄段职业生涯发展所面临的主要任务的角度来研究职业发展的过程。格林豪斯也将个人的职业生涯发展过程区分为五个阶段,分别为职业准备阶段、进入组织阶段、职业生涯初期、职业生涯中期和职业生涯晚期。

职业准备阶段。一般为 0 ~ 18 岁。该阶段的主要职业发展任务是:发展职业想象力,培养职业兴趣和能力,对职业进行评估和选择,以及接受必需的职业教育和培训。

进入组织阶段。一般为 18 ~ 25 岁。该阶段的主要职业发展任务是:以求职者的身份出现在劳动力市场上,在获取足够职业信息的基础上,努力选择一种适合自己的、比较满意的职业,并在一个理想的组织中获得一份相应的工作。

职业生涯初期。一般为 25 ~ 40 岁。该阶段的主要职业发展任务是:了解和学习组织的规章制度,接受组织文化,逐步适应组织和工作要求,融入组织以获取正式成员的资格;并且不断学习专业知识和技能,提高工作能力,为未来职业生涯成功做好准备。

职业生涯中期。一般为 40 ~ 55 岁。该阶段的主要职业发展任务是:不断学习新知识,努力工作,力争有所成就;同时还需要对早期职业生涯发展情况进行重新评估，以确定下一步的职业生涯发展目标，做出新的职业选择等。

职业生涯晚期。一般为 55 岁直至退休。该阶段的主要职业发展任务是：继续保持已有的职业成就，努力成为一名良师，对他人承担责任，维护自尊，准备引退。

人—职匹配理论和职业发展理论的基本观点为组织进行职业生涯规划设计与管理研究提供了重要理论指导。组织职业生涯管理工作的开展必须结合人—职匹配和职业发展阶段性的思想来进行。在进行招聘、选拔和晋升时，必须考虑个人特点和组织的需要，确保双方的合理匹配，同时，在进行人才开发、培养和利用的过程中，还要明确不同职业发展阶段的职业心理特点和具体发展任务，确保职业生涯管理的针对性，努力实现动态的合理匹配。

（三）教师职业生涯发展阶段理论

已有的有关教师职业生涯管理的理论探讨主要集中于教师职业发展阶段的区分及其影响因素的描述方面。接下来将重点就教师职业生涯发展阶段划分的几种比较有代表性的观点（教师关注阶段理论、基于心理周期的教师生涯发展理论、教师生涯发展模式等）加以介绍。

教师关注阶段理论。教师关注阶段理论由美国德克萨斯大学学者富勒（F. Fuller）提出。1969 年，为了改进教师的教育质量，富勒编制了"教师关注问卷"（Teacher Concerns Questionnaire），以研究教师所关注的事物在其职业发展过程中的变化情况。富勒指出，一名教师的成长过程是经由关注自身素质、关注教学任务，到最后关注学生的学习状况以及自己对学生学习的影响这样一个发展过程。她在总结自己与助手的这一研究以及其他相关研究的基础上，提出了著名的教师关注的四阶段发展模式。这四个阶段分别是：任教前关注、早期生存关注、教学情景关注和对学生的关注。

基于心理周期的教师生涯发展理论。以心理周期来分析教师工作生涯，提出教师生涯的五个阶段：心理适应期（第 1 年到第 3 年）。新教师一方面对复杂的课堂教学感到无所适从，产生理想与现实的失落感，急切需要获得实用的教学技能；另一方面，也会因初为人师而兴奋不已。心理稳定期（第 4 年到第 7 年）。逐渐适应课堂教学，并可根据实际情况以自己的个性特征去探索自己的教学风格，此时的教师对教师职业较为投入，情绪较为稳定。心理试验期（第 8 年到第 23 年），也称为重新评价期。被认为是职业危险期。此时教师开始埋怨教师职业缺乏挑战性而不满足现状，并重新审视自己所从事的职业，他们大胆进行教改试验，批评学校组织管理中的弊端，甚至怀疑自己是否适合一辈子执掌教鞭而心理骚动。心理平静和保守期（第 23 年到第 31 年）。长期的教育工作使之成为资深老教师。他们所拥有的教育经验和技巧使之对教师工作充满自信，并滋长了职业的自满情绪，由此而失去专业发展的热情和精力，其兴趣在于"做自己乐意的事"。退出教职期（第 31 年到第 39 年）。慢慢进入教师职业生涯的终结阶段。

教师生涯发展模式。司德菲（B. E. Steffy）于 1989 年系统地提出了自己对教师职业生涯发展模式的思考结果，认为对于一名教师来讲，其职业生涯发展必然会经历准备期、专家期、退缩期、更新期和退出期五个阶段。其中，准备期是指师资培育系统中的学生、实习教师及学校新进教师，他们对教学常抱着崇高的理想及热忱，具有活力且对各项教学技巧感兴趣。专家期是指教师在此阶段已对教材教法非常熟悉，并能灵活运用于教学上，对教师工作投入，积极参与学校各项教学活动。退缩期通常是教师职业生涯发展的中间期，教师在这一阶段可能对教学工作有挫折感及产生工作厌倦等现象，较少参与活动，或对各项教学活动或研究不感兴趣，或以严苛态度评论别人各项教学做法。更新期指的是教师在此阶段已发现自己有退缩的现象，而能采取较积极的态度来面对教职工作。最后一个阶段是退出期，此时教师已临近退休年龄，他们会将重心转向未来退休的规划。

教师职业生涯发展的"八阶段"理论。教师生涯发展的"八阶段"理论认为，教师的职业生涯发展将前后经历职前教育、实习导引、能力建立、热切成长、挫折调适、稳定停滞、生涯低潮及退休落幕八个阶段。职前教育阶段指接受师范教育阶段；实习导引阶段指初任教师的头几年，要学习教师角色社会化，适应学校系统的运作，并且努力求表现，希望能为学生、同事及行政人员所接纳；能力建立阶段指教师尽量改善教学技巧的时期；热切成长阶段指持续的追求自我实现，热爱工作，以突破现状；挫折调适阶段是指教学的理想幻灭，工作不满意时期；稳定停滞阶段是只求无过，不求有功的敷衍苟安的态度；生涯低潮阶段是准备离开教育专业的低潮时期，有人感到愉悦自由，而有人觉得苦楚艰辛；最后，在退休落幕阶段则指教师离开教师职业后寂寥的时期。

三、教师职业生涯管理现状分析

我国是一个发展中的教育大国，支撑我国各级各类学校教育的教师大约有 1 500 万人之众，而其中的 1 000 万人是中小学教师。这些教师的职业素养和教学质量关乎基础教育的质量和学生的身心发展，他们的职业生涯的效能、成功是教师职业素养与教学质量的保证。但是，教师要获得职业生涯的成功，就必须在专业成长的道路上，通过有效的职业生涯规划和管理，使自己的能力、技术、价值观等沿着崇高的目标，不断追求、不断实现。那么，我国教师职业生涯管理的实践现状如何？我国当前的教师职业生涯管理存在哪些主要的问题？为了回答这些问题，就需要从职业生涯管理的主体来进行考查，即教师个体与教师所在的学校。从教师个体来说，就要分析教师对自己的职业生涯管理方面的实践现状；从组织来说，就要分析学校或者区（县）教育机构进行的教师职业生涯管理实践现状。因此，本小节将结合我国中小学教师自我职业生涯管理与学校职业生涯管理的现状，从职业生涯管理两个主体的行为与心理两个方面来分析职业生涯各个环节上的实践状况，为改进和完善我国当前的教师职业生涯管理提供现实依据。

（一）教师自我职业生涯管理现状分析

自我职业生涯管理是指个人为了实现自己的职业生涯目标而采取的各种策略和措施。企业员工的自我职业生涯管理包含 5 个维度，即职业探索、职业目标和策略制定、继续学习、注重关系以及自我展示（龙立荣，毛忞歆，2007）。对于中小学教师的自我职业生涯管理的内容，不同研究者有不同的结论。一项采用高中教师为被试的研究发现，高中教师自我职业生涯管理包括 5 个维度：教育教学、职业发展、目标规划、了解组织、人际沟通（卢雪，2009）。教育教学实践的内容包括教师为了提高教学采取的措施，主要涉及高中教师在教学知识、方法、内容与教学计划上的措施；职业发展实践的内容包括教师为了谋求适合自身职业的发展而发生的一系列行为，主要涉及高中教师在自己职业发展方面学习、撰写论文以及学术交流活动；目标规划实践的内容包括教师为了自身的职业发展而制定的一系列发展目标和为了达到目标而制定的相应对策，主要涉及高中教师的短期、长期的目标以及具体的实施步骤；了解组织实践的内容包括教师是否了解学校的发展、人事或评定考核体制等；人际沟通实践的内容包括教师在学校与人际关系有关的各方面的情况，主要涉及高中教师与领导、同事和学生的关系方面。但是，一项来自中小学体育教师的研究发现，中小学体育教师自我职业生涯管理包括职业目标、追求发展、社会交往和离职倾向等因素（郑旗，孙静静，2009）。职业目标实践主要体现在中小学体育教师职业选择后，根据主观因素和客观环境，确立自己的职业生涯发展方向以及为实现它所采取的行动及策略，并适当地表现出个人的成就使其感到快乐的程度和令人满意的工作行为。追求发展实践的内容主要体现在中小学体育教师在教育教学实践中寻求专业发展的自主意识和终身学习的愿望及其行动上，例如，"积极参加教师继续教育方面的培训""阅读体育专业杂志与书籍""重视提高与教师专业有关的能力"等。社会交往实践的内容主要体现在职业生涯发展中如何对待、处理与组织、领导、同事等的关系，如何获取组织的社会支持。例如，"与学校有重要影响的人交往""和同事的日常交流"等。离职倾向主要体现在教育教学实践中有不称职、低效、倦怠乃至离职的行为和现象。例如，"设法改变体育教师这一职业""反思体育教师职业是否适合自己"。这一实践内容反映出基础教育改革对教师的要求、学校管理等方面的因素因缺乏对教师自我职业生涯管理而产生的负面影响，也反映出教师缺少职业生涯规划的自我认识与相应的管理。另外，赵敏和吕有典认为，教师自我职业生涯管理包括了解自我、了解学校、职业发展和关系构建四个方面的实践内容（赵敏，吕有典，2011）。

由以上的研究可见，与企业员工相比，我国教师在自我职业生涯管理方面也对自己从事的教师职业进行了解，学习教学相关的专业知识与技能，并制定相应的职业目标与发展策略，进行相应的继续学习，追求发展，而且在此过程中主动适应学校的环境。相对而言，中小学教师很少进行自我展示。而且，中小学教师在自我职业生涯管理的实际操作中，往往缺乏自我职业生涯管理的方法技术的掌握，对各个阶段教师职业规划与管理的过程性、跟踪性和监督性等方面的内容也很少。

总而言之，中小学教师的自我职业生涯管理实践的内容还处于自发随性的状态，而且在各个方面都没有系统和科学的理论与实际操作方法。当然，这样的实践现状受到一些因素的影响，这些影响因素可以分为环境因素和个人因素。环境因素主要包括组织职业生涯管理，个人因素主要包括教师的年龄、学历、个人成就动机、一般自我效能感、自我概念、职称、受教育程度。而且，关于教师自我职业生涯管理的影响因素，目前的研究主要集中在教师个体因素上。中小学教师的勇于创新自我概念、师生关系自我概念和职业能力自我概念对其总体的自我职业生涯管理具有显著的正向预测作用。其中尤以勇于创新自我概念的解释率最高，多达19%。由此可见，勇于创新自我概念对其自我职业生涯管理具有较大的促进作用，值得大力提倡。此外，师生关系自我概念对中小学教师的自我职业生涯管理亦具有较大的预测作用。相对于初中教师而言，高中教师有更多的职业探索行为。原因可能是高中教师具有更大的职业压力，以及具有更多的职业外竞争力，因此相对而言，更可能采取指向组织外部的职业探索行为。

教龄越长，职业探索行为越少。随着教龄增长，教师在职业中的各种投入增加，指向教师职业外的职业探索会使教师付出更大的代价，较大的年龄也意味着在劳动力市场上就业机会的减少和竞争力的降低；再加上目前我国就业形势严峻，劳动力市场明显供大于求，而教师职业相对稳定，已成为人们心目中的热门职业，随着教龄增加，教师会更安于本职业，试图尝试其他职业或寻找其他职业的行为会减少。

职称为中教三级和中教二级的教师其职业目标更明确，这一群体中绝大多数是走上讲台不久的青年教师。职称为中教一级的教师在职业目标上显著低于这一群体。作者在课题研究实施过程中对一些中小学教师进行访谈时发现，目前中学由一级晋升高级相当困难，在很大程度上职称为一级的教师对此并不能有所作为，因此可以推测一级教师在职业目标上得分较低。具有高级职称的教师在专业职称上可谓已"功成名就"，可以理解他们在职业目标上与职称为中教一级的教师没有显著差异。另一个可能的原因是，职称为三级和二级的教师多处在成长期，访谈中发现，成长期教师的特点是热情十足，并精力充沛地投入到各种职业行为中，相对于其他教师而言，会有更高的职业目标。

高中教师比初中教师更注重关系。原因可能是执教于高中，除有升学压力外，对教师各方面的能力要求更高，竞争更为激烈。在访谈调查过程中发现高中有一种由班主任决定任课教师的聘用制度，如果某任课教师没有被班主任聘用，这位教师就无课可上。这一制度在高中普遍实行，而在研究者调查的初中却没有实行。因此对于高中教师而言，其职业发展中社会资源的支持相当重要，关系显得尤为关键。

职称为三级和二级的青年教师更注重自我展示。青年教师一般处于职业发展的成长期，其主要任务之一是适应组织环境，他们尤其关心能否被同事和学生接受，领导是否认可他们的能力、肯定他们的工作。另外，青年在表现自己方面更主动，年龄大的教师可能还会认为谦虚是美德，青年教师则更看重如实或充分地表现自己。因此可以推测他们会积极向上级领导展示自己的才能，汇报自己的工作成绩及职业发展愿望。

在受教育程度方面，教育系统近年来对中学教师进行学历达标，要求学历达到本科，除教师个人通过各种方式取得本科学历外，还有专门的中学教师学历班等，因此学历不能对自我职业生涯管理产生预测作用。

赵敏和吕有典（2011）认为，影响我国民办中小学教师自我职业生涯管理的主要因素有组织职业生涯管理、个人成就动机和一般自我效能感，而且个人成就动机对我国民办中小学教师的自我职业生涯管理影响最大，其次是组织职业生涯管理，影响稍弱的是一般自我效能感。

（二）学校职业生涯管理现状分析

了解学校职业生涯管理的现状，可以发现当前学校职业生涯管理的主体、实践内容以及各个流程的执行等各个方面的问题。而这些问题的解决，可以从胜任特征的开发与管理入手，将其贯穿于职业生涯管理的全过程。因此，对学校职业生涯管理的现状分析为基于胜任特征的教师职业生涯管理提供了现实依据。

1. 教师个人与学校及教育主管部门职业生涯管理意识薄弱

在我国传统教师管理模式中，职业生涯管理这一重要的内容长期被忽视。因此，我们的教师队伍建设以及教师培养和培训等，都比较倾向于以一种被动的规范性标准来管理、培训我们的中小学教师，希望教师应该怎么样，不应该怎么样，极大地限制了教师的个性与潜力，极大地制约了教师自主发展的能力，从而制约了中小学师资队伍建设。而中小学教师管理关系到我国基础教育的质量，只有认清并解决这些问题，才能开创新世纪我国中小学教师管理的新局面。而随着校本管理模式的流行和现代人力资源观念的盛行，学校也逐渐认识到人力资源开发的重要性，意识到教师职业生涯管理是学校人力资源开发的重要手段。

教育主管部门和学校普遍不太重视教师的职业生涯管理问题，对教师职业生涯管理的重要意义缺乏应有的认识，这是教师职业生涯管理意识淡薄的突出表现之一。一些市县教育行政部门和学校的领导及相关工作人员，他们中的不少人认为中小学教师职业生涯管理只是教师个人的事情，并且对此采取不关心不介入的态度。教师培训部门更没有把如何帮助教师进行职业生涯管理列入培训内容，很少组织关于教师职业生涯管理的高质量的培训。

有研究表明，教师的职业地位，即经济收入、社会地位、职业声望等方面的总体状况，影响着教师的职业认同和职业发展。因此，处于一定社会职业地位背景下的教师，其发展在很大程度上依赖于学校管理。

　　当前大多数学校均有一套促进学生发展的教育教学目标体系，却很少有学校将教师作为人力资源进行系统性、阶段性的培训和开发，很少有学校将教师的发展列入学校管理的议事日程，教师职业生涯发展存在自发性、盲目性。主要表现在学校未能根据不同教师的个体特点，帮助教师规划设计好自身的职业发展方向，为教师的职业成长提供良好的环境和条件；未能真正关注考虑每一位教师在不同职业发展阶段的不同特征和需求，创造条件促进教师不同职业阶段的发展。这样，由于教师职业生涯发展缺乏组织指导和外部动力的推进，教师的职业发展普遍存在自发性和盲目性。

　　教师职业生涯规划方面，金连平（2011）研究发现，在中小学教师职业生涯规划这个问题上，现实状况堪忧，主要表现在以下几个方面。首先，教育行政教师培训部门和学校普遍不太重视教师职业生涯规划问题，不少教育行政部门和学校认识不到中小学教师职业生涯规划的重要意义。其次，大部分中小学教师没有自己的职业生涯规划，也缺乏职业生涯规划的意识和能力。据抽样调查和访谈显示，92%～93%的中小学教师从来没有制定过职业生涯规划，81%～85%的中小学教师缺乏职业生涯规划的意识。调查中还发现，南京、苏州、无锡、常州和南通的部分学校的教师虽然有职业生涯规划，但是存在两大问题：一是这种职业生涯规划多是在外力作用下形成的，甚至是自上而下强加的，教师自己缺少主动意识、主体意识和自觉意识，因此执行起来非常被动消极，职业生涯规划不能有效地促进教师自身的进步和成长；二是职业生涯规划的质量和水平不高，缺乏科学性和有效性。再次，关于中小学教师职业生涯规划的研究也很少。涉及中小学教师职业生涯规划的专著和文章不多，真正有深度和有分量的研究更少。不少文章内容大同小异，要么照搬国外的一套，要么照搬其他行业特别是大学生的职业生涯规划，脱离我国的实际和中小学教师的实际，缺乏应有的针对性和指导性。

　　2. 教师生存状况存在"职业枯竭"困境

　　教师的社会期望过高，工作负荷重，考试压力大，自我发展的困惑，社会地位低，工资福利欠佳，人际关系复杂等，是造成教师陷入"职业枯竭"困境的压力源。对教师过高的社会角色期望造成教师自我认同混乱。在市场经济时代，教师失去了传统社会"传道授业解惑"的主导地位，在新教育理念中教师扮演"学生服务者"角色。社会角色认同的改变必然给教师的心理带来挑战。繁重的工作压力，考试分数至上的评价机制，"考考考，学校的法宝；分分分，教师的命根"，压得教师喘不过气来。随着社会发展和我国教育改革的深入，教师自我发展的需要越来越迫切，新知识、新理念、新技术层出不穷，教师应接不暇。对教师社会期待的要求越来越高，与当前中小学教师社会地位不高、经济收入欠佳等职业地位形成强烈的心理反差，导致教师困惑多多。再加上教师在工作中与学生、家长、领导、同事等所结成的剪不断、理还乱的纷繁复杂的人际关系，使得教师存在严重的工作倦怠，教师心理、生理健康状况不佳，多数教师对工作不满意。

3. 教师职业继续教育不到位

教师的发展有赖于教学实践的反思和继续教育的"充电"。当前中小学教师的继续教育存在这样的特征：第一，教师参加继续教育的机会较少，时间较短；第二，教师参加培训的层次较低，多数为县级及县级以下培训；第三，农村教师参加继续教育多为自筹经费，70.5%的初中教师和76.1%的小学教师是自筹经费接受继续教育；第四，从培训形式来看，农村教师的培训多为业余培训或自学。

我们可以发现，至今对中学教师职业生涯管理的研究很少，并且没有将教师个人的职业生涯规划和管理与学校组织所进行的教师职业生涯规划和管理结合起来，教育主管部门和中等学校组织对教师职业生涯缺少咨询帮助、政策支持和发展指导，中学教师缺乏与学校组织配合进行职业生涯管理的意识，与上级领导沟通方面缺乏主动性和积极性。目前对教师职业生涯发展影响因素的研究没有具体到学科教师，其实所教学科对教师的发展也有影响。

（三）教师职业生涯管理的实践效果分析

教师职业生涯管理的实践现状还反映在职业生存状况、职业流动状况与职业心理健康水平等方面。这些方面的现象反映了职业生涯管理水平的高低。

第一，教师职业生存状况。教师职业生存状况是指教师对自己的职业感受、工作现状和职业发展等方面的综合表现和感受。包括教师的职业评价、自身工作能力评价、工作对象评价、职业前景预测、职业压力、职业满意度、生活满意度等心理和行为指标。教师职业生存现状反映了职业生涯管理实践对教师职业的影响。基于此，了解中小学教师的职业生存状况，一方面有利于分析已经进行的教师职业生涯管理的实践效果，另一方面有利于了解教师职业生涯管理需要加强的内容与环节。

学校为帮助教师在学校内部实施职业生涯计划，教师将沿着学校设计的发展通道，不断地从一个岗位转移到另一个岗位，从较低的层次上升到较高的层次，直至达到职业生涯目标。伴随着岗位和层次的变化，教师会不断接受新岗位和新层次的挑战，会不断接受学校培训，不断地提高自身的素质。由此可见，职业生涯计划对教师的激励是内在的、高层的和持久的。这样做的结果能使教师得到充分的激励，最大限度地降低教师的流失。来自国内不同地区的调查数据表明，我国中小学教师的职业生存状态与职业生涯管理都不尽理想。例如，针对不同地区的38所中学和21所小学的教师（近1 200人）和少数学生（近200名中学生）进行的一项问卷调查和访谈发现，许多教师都有这样一些状态：从教之初的豪情壮志逐渐消失了，桃李满天下的希冀淡漠了，安于现状、平淡无为、得且过的想法增多了；原先可爱的学生似乎都变得令人生厌；甚至有了放弃教师职业的消极想法。从心理学的角度来看，这些实际是教师职业倦怠的典型表现。这在其他一些调查研究的结果中也得到了印证。例如，有研究发现，42.7%的被调查教师有较明显的情绪衰竭，只有24.4%的被调查教师情绪衰竭程度较低或者没有出现情绪衰竭的情况（卢雪，2009）。

另外，在"2005年中国教师职业压力和心理健康调查"中有8 699名教师填写了调查问卷，中国人民大学公共管理学院组织与人力资源研究所李超平博士统计分析后认为，教师生存状况堪忧，减压势在必行；超过80%的被调查教师反映压力较大；近30%的被调查教师存在严重的工作倦怠，近90%的被调查教师存在一定的工作倦怠；近40%的被调查教师心理健康状况不佳；20%的被调查教师生理健康状况不佳；超过60%的被调查教师对工作不满意，部分甚至有跳槽的意向。造成职业倦怠的原因有很多，其中最核心的原因包括职业发展前景黯淡、工作动力不足、对工作的负性评价增加，等等。企业组织中的人力资源管理实践已经表明，像这样的一些问题均可以通过积极的职业生涯管理来有效缓解。

第二，教师职业流动状况。教师职业流动是指教师资源在教育与其他行业之间、在教育系统内部不同学校、不同地域之间进行重新配置的过程。作为教师职业流动的一种形式，教师流失是指教师向教育系统外部的流动，是一种不合理流动。目前学界普遍认为不合理流动就是教师流失。教师的流失间接反映了中小学教师的职业生涯规划与管理状况。一项针对北京、上海、广州、深圳四地共600名中小学教师的问卷调查结果显示（金连平，2010），有接近一半（48%）的教师考虑过转行。

董京京（2010）认为，我国教师流动呈现一种"无序失衡"的特征。从这些特征我们可以看出，教师流失可以部分归因于教师职业生涯规划与管理的匮乏或者缺失。这主要表现在以下几个方面。第一，在教师流失数量上，整体呈逐年上升的趋势，但是流动比例较其他国家仍然偏低。第二，流动方式上，自动离职的比例远远高于正式的调动，处于一种盲目、无序的状态。教师流动多为个人行为，而非由政府部门组织和主导。教师通常根据自身的主客观条件，本着自身利益最大化的原则，通过流动找到一个各方面条件更优越的学校，不转关系、不要档案、不辞而别的人数逐年增多。这不仅反映出教师职业生涯规划的不足，也可能是教师职业生涯管理的缺失和失效。第三，在流动的方向上，多表现为一种自下而上的单向流动。即由条件相对差的学校流向条件相对好的学校，如由边远、贫困的农村流向乡镇，由乡镇流向县城，由县城流向城市，由落后地区流向经济文化发达地区，由工作条件差、待遇低的普通学校流向工作条件较好、待遇较高的重点学校，等等。第四，在流动教师的个人特征方面，男性多于女性，青壮年多于中老年，而且流动教师大多具有较高学历、较强工作能力和较为丰富的教学经验。第五，从流动教师的学科结构来看，热门专业及主干课程的教师流失多，如英语、计算机技术等。同时，也有学者研究表明，由于社会需求的推动，我国的教师流动经历了从"单向流失"到"多向流动"的演变过程，并逐渐呈现出多样化的格局：不仅在教育系统与非教育系统之间的流动增加，而且在公立学校与私立学校之间的流动也愈加频繁。而不同地区之间的教师流动，特别是热门学科高质量教师的引入更是频繁（董京京，2010）。这些特点反映出教师流失既有教师个人职业生涯规划的改变，也有学校组织管理的缺失。上述特点集中反映了中小学教师，尤其是偏远农村中小学教师，对自己当前职业生涯发展状况的不满。之所以呈现出上述特点，主要原因可能是教师为生计、发展所迫，不得已而为之。

第二节　基于胜任特征的教师职业生涯管理方案设计

一、胜任特征在教师职业生涯管理中的应用价值

（一）教师胜任特征是教师职业生涯成功的基础

职业生涯的发展是与职业成功的探索紧密联系在一起的，胜任特征在其中的作用不言而喻。教师胜任特征直接指向教师的工作绩效，通过提升教师胜任特征，不仅可以提高教师的工作绩效，而且可以促进教师的成长，推动教师职业生涯的发展与成功。随着教师专业化与教师教育的不断发展，学校与教师都需要识别卓越绩效给教师提出的胜任特征要求是什么，需要利用胜任特征模型来帮助教师清楚地认识到自身的优势与发展定位，并通过一系列的职业生涯管理活动来促进组织发展与个人职业生涯的成功。胜任特征清晰地描述了教师职业成功所需要具备的个人特质，并且确定这种关键特质不以任何主观判断、理论假设为基础，而是以客观数据为依据，这样就能够保证达成匹配所带来的高绩效目标的可能性。胜任特征模型能够帮助教师确定自己哪方面有欠缺，需要加强哪方面的学习，以及个人职业发展处于哪一个阶段，需要培训（开发）什么能力，提高什么素质，从而使得教师的职业发展与学校的发展协调一致，有助于促进教师的职业生涯成功。

（二）教师胜任特征贯穿教师职业生涯管理的全程

如前所述，教师胜任特征是指中小学教师在各种教育情境中取得期望绩效所需的知识、技能、态度、特质和动机等个人特征。正是因为对教师工作绩效的直接预测作用，使得教师职业生涯管理的任何环节都必须紧紧围绕教师胜任特征来展开。具体来说，在教师个人评估环节，教师胜任特征是教师个人所具有的最重要、最核心的职业发展条件，对教师个人条件和素质的全面评估离不开对其所具有的教师胜任特征的准确测评。因此，教师胜任特征测评自然也就成为教师个人评估环节中最重要的评估内容。相应地，在随后生涯发展目标确定环节，教师胜任特征也就自然而然地成为教师制定个人生涯发展目标时最需

要考虑的参照因素。教师当前具有的教师胜任特征状况应成为确定其职业生涯发展目标时最重要的依据。在职业生涯发展行动计划制订环节，教师胜任特征则是所有行动计划的直接目标。某种程度上可以说，只有真正指向教师胜任特征的行动计划，才可能是真正有助于教师职业生涯发展目标实现的行动计划。而在后续的监控和修订环节，教师胜任特征仍然是最重要的监控内容，是判断之前制订的行动计划是否有效的直接衡量指标。可见，在整个教师职业生涯管理过程中，教师胜任特征无处不在，并且均扮演着至关重要的角色。

（三）教师胜任特征有助于协调教师与学校发展目标的一致性

确保教师个人发展目标与学校战略发展目标一致，是学校层面的教师职业生涯管理最重要的内容之一。如何才能真正做到教师个人发展目标与学校整体发展目标之间的协调与一致？这是传统的教师职业生涯管理所面对的一项重要挑战。胜任特征思想的引入，为学校和教师个人更好地应对教师职业生涯管理中的这一挑战提供了新的思路。分析教师胜任特征的定义即知，教师胜任特征其实同时体现了教师个人和学校两方面的发展目标。首先，教师胜任特征包括的是那些能够有效预测教师工作绩效的特征，而通过提升教师的工作绩效来推动学校的整体发展正是学校层面的教师职业生涯管理的最终目标。即教师胜任特征与学校层面的职业生涯管理目标之间具有一致性。其次，教师胜任特征是优秀教师身上所具备的致使其获得卓越工作绩效必不可少的个人特征，而努力成为绩效卓越的优秀教师是每一位教师职业生涯发展的核心目标。因此，个体要想成为一名优秀教师，就必须努力提升自身的教师胜任特征水平。从这个角度来看，教师职业特征与教师个人层面的职业生涯管理目标之间具有一致性。由此可见，教师胜任特征其实在教师个人发展目标与学校整体发展目标之间发挥着纽带作用，是协调二者一致性的重要支点。

（四）教师胜任特征有助于提升"人—职—组织"匹配的科学性

如前所述，致力于实现"人—职—组织"的合理匹配是职业生涯管理的核心目标。在传统的职业生涯管理中，达成这一目标的总体思路是先分别对个人、职业（工作）、组织三个方面的条件和需要进行评估，然后再进行彼此间的分析、比较，以尽可能在这三者之间取得一个合理的匹配。这种做法中存在的一个潜在问题就是最终匹配的程度究竟怎样谁也无法准确地计算和评价，只能通过个体随后的工作表现情况来进行间接的推测。由于个体、职业（工作）和组织三者的条件和需要本身存在诸多不同处，要在这三者之间取得一个合理的匹配其实是一件非常不容易的事情。但是，胜任特征思想的引入有望改善这一现状。前面已经提到，胜任特征本身已经蕴含了个人和组织两个层面的发展需要，因此，只要任职者真正具有了岗位所要求的胜任特征，他（她）就能够在这个岗位上做出高水平的工作绩效，而高水平的工作绩效同时有助于任职者个人和组织二者发展目标的实现，自然也就可以称之为合理的"人—职—组织"匹配。由此可见，通过在职业生涯管理中引入胜任特征的思想，将有助于简化传统职业生涯管理中实现"人—职—组织"合理匹配的难度。人们无须再对个体、职业（工作）和组织三方面的条件和需要进行烦琐的比较和分析，而只需要确定特定组织中特定岗位的胜任特征内容和结构即可。与此同时，胜任特征思想的引入也大大提升了教师职业生涯管理中"人—职—组织"匹配的科学性。因为胜任特征理论发展到现在，有关揭示岗位胜任特征的方法已经非常成熟，不仅可以揭示岗位胜任特征的内容，还可以对所揭示出来的胜任特征的有效性（即能否有效预测任职者的岗位工作绩效）进行科学检验和验证。这样一来，自然极大地提升了教师职业生涯管理中"人—职—组织"匹配的科学性，因为这一切都可以通过科学、严谨的胜任特征研究方法和流程加以有效保证。

（五）教师胜任特征有助于体现教师职业生涯管理的动态性

受传统职业决策理论的影响，传统的教师职业生涯管理更多关注的是如何实现合理的"人—职—组织"匹配，而较少关注教师职业生涯发展的动态性特点。例如，已经有大量研究揭示了教师职业生涯发展的阶段性特点。显然，在不同的职业发展阶段，教师个人、教师职业和学校三方面的条件和要求也不一样，传统的"人—职—组织"匹配观点难以体现这一特点。但是，胜任特征思想的引入可以很好地改变这一现状。如前所述，教师胜任特征关注的是对教师工作绩效的有效预测作用。胜任特征对绩效的这种预测作用不只表现在一时一地，而是在教师职业生涯发展的各个阶段都应如此。那么，教师胜任特征的这一核心特点如何来保证呢？具体的做法是，在教师胜任特征的框架下都必然地包括至少两部分的内容：一部分是在教师职业生涯发展的任何阶段都必须具备的那些内容，如对教师职业的认同、良好的个性品质等；另一部分就是特定的教师职业发展阶段所要求的那些内容，如职业发展中期的再学习能力。这也就意味着，任何职业或工作岗位的胜任特征内容都不可能是一成不变的，必须随着时间的推移和环境条件的变化而进行适时的修正。也正是通过这种适时的修正，教师胜任特征才能够真正体现教师职业生涯管理的动态性特点。

（六）基于胜任特征的教师职业生涯管理目标

在总体目标上，基于胜任特征的教师职业生涯管理较之传统的教师职业生涯管理的优势主要表现在以下几个方面。其一，稳定教师队伍，增加教师的工作满意度，在留住现有的优秀教师的同时吸引外来优秀教师的加入。其二，确保每位教师的职业生涯发展目标与学校整体的发展目标相一致，降低和减少因教师个人职业生涯管理与组织职业生涯管理相冲突而带来的损失。其三，实现学校内部人力资源的合理配置，保证学校的未来人才需求和学校的健康、可持续发展。

二、基于胜任特征的教师职业生涯管理实施流程

与企业员工的职业生涯管理一样，教师职业生涯管理也包括两部分，教师

自我职业生涯管理与学校职业生涯管理，二者相互联系、相互促进。基于学校的角度，不管是教师自我的职业生涯管理还是学校职业生涯管理，最后都应有助于学校整体发展目标的实现，这是职业生涯管理的最终目标。只是，学校发展目标的最终实现必须依赖于所有教师的工作，只有教师的工作绩效提升了，学校的发展目标才可能达成。并且，教师要想实现个人的发展目标，也必须有出色的工作绩效作为前提。由此可见，不管是教师自我职业生涯管理还是学校层面的职业生涯管理，都离不开教师工作绩效的提升。由本书第一章有关教师胜任特征的介绍可知，能够有效预测教师的工作绩效是教师胜任特征最重要的特点。基于此，我们可以明确教师胜任特征与教师工作绩效、教师个人的职业生涯发展目标以及学校的整体发展目标之间的关系，如图4-3所示。

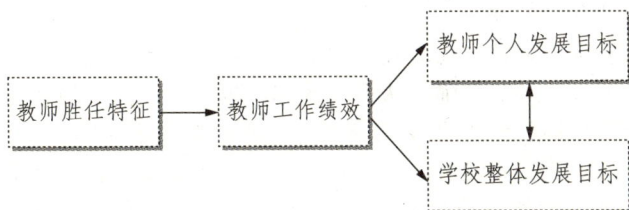

图4-3　教师胜任特征与教师个人及学校发展目标之间的关系

由图4-3不难看出，教师胜任特征是教师工作绩效的直接决定因素，同时也是促进教师个人和学校整体发展目标实现的关键力量。这一关系直接决定了教师胜任特征在教师职业生涯管理中的核心价值。只有围绕教师胜任特征而展开的教师职业生涯管理才有助于教师个人和学校两方面发展目标的最终实现。因此，理想的教师职业生涯管理应紧紧围绕教师独特的胜任特征来展开，这也是基于胜任特征的教师职业生涯管理的核心思想。在接下来的这一节中，我们将对教师胜任特征与教师职业生涯管理的关系进行更深入的分析，揭示教师胜任特征在教师职业生涯管理中的应用价值，并在此基础上对基于胜任特征的教师职业生涯管理进行全面介绍。

基于胜任特征的教师职业生涯管理流程仍然包括职业生涯规划、职业生涯开发和职业生涯调控三个主要环节。与传统教师职业生涯管理的不同之处主要体现在具体工作开展的思路和内容上。接下来我们将从这三个环节对基于胜任特征的教师职业生涯管理流程进行详细介绍。

（一）基于胜任特征的职业生涯规划

职业生涯规划是教师职业生涯管理的首要环节，也是整个教师职业生涯管理的基础。对教师职业生涯的主客观因素进行分析和评估、确定职业生涯发展的目标、选择合适的职业发展通道、制订相应的行动计划并对计划进行修订，是传统教师职业生涯规划中所要完成的具体工作内容。基于胜任特征的教师职业生涯发展规划内容也大抵如此，但是在具体的操作上有自己独有的一些特点。其中最核心的一点就是，在基于胜任特征的教师职业生涯规划中，所有的工作内容都紧紧围绕着教师胜任特征而展开。

首先，对教师职业生涯发展的主客观因素的分析和评估，实际上就是对教师胜任特征内容结构的挖掘及测评。基于胜任特征的思想，教师胜任特征是影响教师职业生涯发展的最重要的因素，同时也是驱动教师职业生涯发展的主要动力。因此，基于胜任特征的教师职业生涯管理的首要工作就是确定教师胜任特征的内容结构，并对教师个人当前的胜任特征状况进行准确、有效的评估，这也是对教师个人素质和职业生涯条件最全面的了解。教师胜任特征内容结构的挖掘即本书第二章所涉及的教师胜任特征模型研究，而针对教师个人胜任特征的评估即本书第三章详细介绍的教师胜任特征测评，具体的内容和流程在前面均已有过详细的介绍和说明，这里不再赘述。

一旦全面掌握了教师当前的胜任特征状况，实际上也就对教师当前的职业生涯发展优势和劣势有了明确的认识。显然，教师当前所具有的那些高水平的胜任特征，也就是其职业生涯发展的优势，而那些表现不太理想的胜任特征，即是制约其未来职业生涯发展的劣势。在这一基础之上，再结合教师当前所处的外部环境特点，教师职业生涯发展目标的确定也就变得水到渠成。具体来说，在基于胜任特征的教师职业生涯规划中，可以将教师个人的职业生涯发展目标区分为三个不同层次：位于最下面也是最基础的发展目标就是在继续保持提升当前的优势胜任特征水平的基础上努力弥补并发展那些当前所欠缺的胜任特征；位居中间层次的发展目标是追求高水平的工作绩效；位居最上面同时也是最终的发展目标则是实现自己的事业理想（个人的长远发展目标），并为所在学校的发展贡献力量（学校的发展目标）。

在职业发展通道的选择方面，基于胜任特征的教师职业生涯管理与传统的教师职业生涯管理面临同样的困难。因为当前的实际情况是，对于国内的中小学教师而言，可以说并不存在真正意义上的职业发展通道。即使有少部分优秀的中小学教师会逐渐走上学校的行政管理岗位，这样的通道既非常窄，同时也缺乏清晰的晋升渠道。当前最接近教师职业发展通道的就是中小学教师的职称序列，教师在自己的职业生涯中可以沿着职称序列由低向高发展。只是，由于历史和现实的原因，我国现有的中小学教师职称序列距离真正的职业发展通道仍然存在不小的差距。值得欣慰的是，国家近年来努力推动的中小学教师职称制度改革在这方面已迈出了重要的一步。可以预期，在不久的将来，职称序列将有可能真正发展成为中小学教师的职业发展通道，在推动教师职业生涯发展的过程中发挥更大的作用。

基于胜任特征的教师职业生涯发展计划制订和修订同样围绕着教师胜任特征来进行。如前所述，提升教师现有的胜任特征水平是教师职业生涯发展目标中最基础、最具体的内容。因此，所有的职业发展行动计划都应直接指向那些需要提升的教师胜任特征。凡是有助于提升教师胜任特征的内容都可以被纳入到教师职业发展行动计划中来。换句话说，评估教师职业发展行动计划好坏的最重要标准就是它们是否有助于教师胜任特征的提升。除此之外，教师职业发展行动计划的制订还需要遵循现实性和操作性原则。即所有的行动计划都应充分考虑到教师个人所处环境条件的限制，必须做到切实可行。

（二）基于胜任特征的职业生涯开发

职业生涯开发是指在教师职业生涯发展过程中所进行的职业基础素质教育、职业技能培训和其他提高职业成功的各种活动，是教师职业生涯管理的具体实施过程。具体到基于胜任特征的教师职业生涯管理中，职业生涯开发的核心内容就是如何通过切实有效的教育或培训活动提升教师现有的胜任特征水平，使其符合未来职业发展的需要。需要特别指出的是，这里的职业生涯开发活动应与前面制订的职业生涯发展行动计划保持一致，二者具有共同的目标。职业生涯开发活动受职业生涯发展规划的指引，贯穿教师职业生涯发展的各个阶段。

什么样的开发活动能更有效地提升教师的胜任特征水平？有关自我导向改变的研究认为，只有在对现状不满、清楚了解目标及现实到目标的步骤时，个体才会改变自己的行为。社会学习理论也认为，人都会观察并模仿各种情景下表现成功人士的行为。动机理论也发现，促使个体去追求或改变的核心原则是：概念模式（个体必须有新的概念框架，以思考他们的行为）、自我评估（个体必须将现有的能力和达到目标所需的能力加以比较，并从中得到反馈）、练习（个体必须练习新的想法和行为）、目标设定（个体必须设立目标，并将这种能力运用到生活中）、社会支持（个体必须在安全的支持环境中学习）。基于动机发展的胜任特征培养策略包括：认知、了解、自我评估、技巧练习、工作应用和后继支持。因此，教师职业生涯开发应充分考虑待提升的教师胜任特征的特点以及教师所处的职业发展阶段特点，灵活选择最合适的开发活动和方法。

例如，对于处在职业初期的教师，生涯开发的重点在于入职培训，使其对教师职业素质要求等有充分的认识，从而自觉做好知识、能力等方面的准备，早日确立自己的职业锚，为将来的职业生涯打下良好的基础；而对处于职业中期的教师，在经验、知识和能力方面都已有相当的储备，则要以提供合适的职业发展通道为主，促使其多出成果、有所作为，避免职业倦怠的产生；对于处在职业后期的教师而言，由于其身体衰退、大脑退化，处在职业淡出阶段，职业生涯开发和管理的重点则要转移到退休计划的安排上来，做好老年教师的角色和心理转化教育和帮助，尽量能使他老有所乐以及充分发挥余热。

在方法方面，教师职业生涯开发的选择非常丰富。其中就包括与事实和概念的教育培训相适应的培训方法，如讲义法、项目指导法、演示法等；与解决问题能力的培训相适应的培训方法，如案例分析法、文件筐法、课题研究法等；与创造性培训相适应的培训方法，如头脑风暴法、形象训练法、等价变换的思考方法等；与技能培训相适应的培训方法，如实习或见习、工作传授法、个人指导法、模拟训练等；与态度、价值观以及人格、教育相适应的培训方法，如面谈法、集体讨论法、集体决策法、职务角色扮演法、悟性训练等；以及基本能力的开发方法，如自我开发的支持、在职培训以及将集中培训运用到工作中的跟踪培训等。

（三）基于胜任特征的职业生涯调控

职业生涯调控是指在职业生涯发展过程中根据内外情势随机应变，对规划实施情况进行追踪监控，对短期与长期、局部与全局、个人与组织等一系列矛盾和冲突进行平衡协调，对职业生涯发展过程中的有关突发事件、意外困局进行紧急应对等。具体到基于胜任特征的教师职业生涯管理中，职业生涯调控的实施需要参考两方面的依据。一是教师在职业生涯开发过程中工作绩效的改善情况；二是教师在职业生涯开发过程中教师胜任特征的提升情况。只要是所进行的职业生涯开发活动没有在这两方面达到预期的效果，就应该进行及时调整和修正。也就是说，对教师的工作绩效和胜任特征水平进行适时测量和评估是进行教师职业生涯监控的重要手段。除此之外，职业生涯调控还应包括对特定生涯发展阶段教师可能遇到的典型发展问题的关注和应对。例如，对出现职业倦怠的个体进行心理援助，对工作—家庭冲突的个体采取有效的措施来帮助其实现工作与家庭之间的平衡，对新教师进行入职指导，减缓其适应困难，等等。

第三节　基于胜任特征的教师
职业生涯管理实践探索

本章第二节专门就基于胜任特征的教师职业生涯管理思路和方法等内容进行了介绍。为了更好地说明胜任特征思想在教师职业生涯管理中的重要意义，同时更加清晰、全面地呈现基于胜任特征的教师职业生涯管理的具体实施过程，本节将引入一个与教师职业生涯管理相关的实践案例，通过案例分析的方法呈现将教师胜任特征模型应用于教师职业生涯管理工作中的实践探索。

一、B 中学教师职业生涯管理现状描述

B 中学创建于 1942 年，素以名师云集、校风朴实、人才辈出而著称，该校现为省示范性普通高级中学、省文明单位、教育部现代教育技术实验学校、省级园林式单位。学校占地约 8 万平方米，教学楼、科艺楼、图书馆、办公楼与体育馆、塑胶田径场、篮球场以及宿舍楼群遥相呼应。教学区、运动区、生活区基本分离，"动""静"结合，布局规范合理。校园内香樟成林，花木扶疏，自然景观与人文景观水乳交融，四季景色宜人。学校不仅拥有配置在全省乃至全国领先的各科实验室、天文台、生物标本室、多媒体语音室、现代教育技术

中心和藏书逾 16 万册的图书馆，还拥有集辅助教学、办公自动化、图书管理、视频点播等功能于一体的以太交换校园计算机网络，实现了学校三网（广播网、计算机网和通信网）合一，为开展教育教学工作创造了良好的条件。

B 中学现有 33 个教学班，2 500 余名学生。主张"教无定法"，鼓励创新，提倡教学方法在传统的精讲多练、启发多思基础上的灵活多样，"不拘一格育人才"，调动了广大教师的主观能动性，提高了业务水平，以"敬业、务本、爱生、奉献"为师德规范，先后有 11 人被授予"中学特级教师"殊荣。

该校一直重视素质教育。多年来，始终以"面向现代化、面向世界、面向未来"为指针，以"德育为首、教学为主、教研领路、质量第一"为宗旨，基本形成了"素质＋个性，规范＋创新"的办学特色，注重教育、教学、教研的有机结合，总结出了中学教育要注重基础性、中学管理要注重稳定性、中学教育管理要注重开放性这一宝贵的办学经验，并取得了丰硕的办学成果。学校现有国家"十五""十一五"规划课题 4 个，20% 左右的教师参与了课题研究。近两年来，学校共有 20 多位教师在国家、省、市级赛课中获奖，公开发表、出版的教学论文和著作达 200 余篇（部），在国家、省、市级教学论文评比中，共 100 余篇论文获奖。每个学科有 2 名学科带头人，在省内外都有一定的影响，有 10 余人在省、市各学科专业学会担任正、副理事长或秘书长。该校现有在编教职工 245 人，其中专任教师 206 名，各类管理人员和工勤人员 39 人。从教师的学历结构来看，专任教师中硕士生占 1%，本科生占 37%，专科生占 62%。

最近，学校的校长找到了 HY 教育管理咨询公司的总经理诉说学校目前一些教师的职业生存状况，不同职业生涯发展阶段的教师都出现了不同程度的生涯发展问题，有些教师对教师职业产生倦怠，有些教师的入职适应困难，有些教师心理健康状况不断。校长分别举出了该校教师在职业生涯发展过程中出现的 3 个典型案例。

个案 1：

小李是该校的英语教师，具有学士学位，他对自己的期望较高。可是刚刚参加工作不到半年，他就对学校的职业生涯产生了厌烦情绪，认为学校生活单调乏味，没有多大发展前途。小李的主要感受是：学校生活比较单调，整天的生活就是从家庭到办公室，再到课堂。学校对年轻教师的成长关心不够。小李还没有适应学校的教育教学工作，经验不足，需要那些有经验的教师加以指导，可是学校并没有为他提供一位"指导教师"帮助他渡过这一困难的"适应期"，而是要靠自己去探索。小李也希望有机会参加培训，可是因为资历太浅，外出培训和交流的机会总是与他无缘。更使小李感到困惑的是自己职业生涯的发展方向。小李在学校工作快半年了，可是对自己的职业发展通道还是一无所知，学校的领导也没有跟小李讨论过他的职业发展问题。

个案 2：

白老师，51 岁，在该校担任教学工作近 30 年，教学中一直兢兢业业，在年轻教师心中也是德高望重。但近两年来，她自身发生了一些变化：学校安排教师到校外听课，她总是拒绝参加，经常说出"我老了，要参加学习干吗呀？又不要评先进！让年轻人多学习吧！"这样的话；遇到年轻的领导布置任务也是一副置若罔闻的态度；对于一些在工作上取得成绩的同事，她也极少表扬，而是经常说："这么出风头干啥？想升官！要不是我们教师选他，凭他能得先进啊？"总之，对待任何事都是一种消极抵抗的态度，对一些年轻教师的发展造成了不良影响。

个案 3：

该校的一位数学教师，工作几年后，最近发现总是打不起精神，晚上睡觉也不好，脑袋昏昏沉沉的，觉得教师工作非常乏味，没什么兴趣。刚入职时积极向上，热情，认真，但是现在每天都不备课，讲课就是机械地改练习作业，在家里和学校两点一线上奔走。在课堂上脾气很大，总是觉得学生不听教诲，学习态度不端正，甚至在课堂上斥责他们。心情总是很差，因而更加对工作厌倦，觉得学生难管、课本难教、家长要求难以满足、高考难以应付，总觉得自己生活在社会的夹缝中，令人无法呼吸。

二、B 中学教师职业生涯管理的现存问题分析

HY 管理咨询公司的研究人员在跟学校的领导与部分教师交流、了解与调查后发现以下问题：第一，该校教师对教师职业特点、教师胜任特征以及自身的胜任优势都缺乏相应的了解。第二，自我职业生涯管理意识与学校的职业生涯管理理念都比较缺乏，因此职业生涯管理实践措施也相对缺乏。第三，教师职业发展路径单一。多年以来，学校在教师的职业发展通道上最主要的只有教师系列的职称评聘，通道极为单一，教师无法进行职业选择，形成了人员聘任、选拔上的"唯职称论"，出现了行政管理人员、教辅人员等千军万马争过"独木桥"的现象，而且由于职称高低不同导致的收入上的差异，出现了年轻教师不愿担任行政工作，而纷纷转向专任教师队伍的情况，在一定程度上影响了管理人员的梯队培养，影响了学校的管理质量，也扼杀了行政管理人员、教辅人员、工勤人员等的积极性，在学校各层面的教职工中出现了心理不相容的不和谐情况。第四，缺乏相应的人力资源管理的配套措施来促进教师职业生涯成功与专业化发展。

三、基于胜任特征的 B 中学教师职业生涯管理实践探索

根据基于胜任特征的教师职业生涯管理流程，将胜任特征模型的理念纳入到教师职业生涯管理的过程中。以胜任特征模型为出发点，帮助教师明确目前胜任特征状况，并为其指出发展方向和目标，建立职业发展通道，在此基础上以继续教育、薪酬、晋升等机制为保障，使职业发展生涯管理措施在吸引、留住人才方面发挥重要作用。

（一）基于胜任特征的 B 中学教师职业生涯规划方案设计

根据本章第一节和第二节介绍的基于胜任特征的教师职业生涯规划流程，我们设计了以下方案。首先，个人与环境评估的 SWOT 分析，然后进行职业选择与职业发展路径的选定，再制订职业生涯行动方案，最后在方案执行过程中，进行评估与反馈，以更好地促进职业生涯成功。

1. 个人与环境评估的 SWOT

SWOT 分析法又称为态势分析法，是一种能够较客观而准确地分析和研究个体和团体现状的方法。S 代表"优势"（Strengths）、W 代表"劣势"（Weaknesses）、O 代表"机会"（Opportunities）、T 代表"威胁"（Threats）。应用SWOT 进行个人优势与劣势评估时，结合个人职业兴趣、职业价值观与教师胜任特征进行，为职业目标与职业行动计划的制订提供依据。基于此，为了了解个人的优势与劣势，需要进行兴趣、价值观与教师胜任特征的测评。表 4-1是根据这一思路进行 SWOT 分析的结果。

表 4-1　SWOT 分析的结果

优　势（Strengths）	劣　势（Weaknesses）
1. 个性特质：做事认真、细心、诚实、合作。我的个性比较温和，有耐心，有极强的责任心，与同事关系相处融洽。	1. 语言表达能力欠缺，缺乏与人交流的技能，不擅长与陌生人沟通。
2. 兴趣：喜欢做自己感兴趣的工作，喜欢干自己该做的工作，喜欢结交有共同爱好的人，喜欢享受生活。我特别喜欢学校浓厚的学习氛围。	2. 信心不足，不敢去尝试一些新的事物，对失败和没有把握的事感到紧张和压力。
3. 职业价值观：教师是一个比较适合我的工作，工作环境相对单纯。在一群求学的学生当中，可以保持一种进取的心态。	3. 缺乏实际工作经验、社会经验，对许多方面的知识了解不够。
4. 现实优势：我上的是师范类学校，专业是心理学，这个专业的培养目标是能够从事中小学教育。另外，我在学校努力取得了相关的职业证书。	4. 组织和管理的能力和经验欠缺。
5. 课外学习：参加教学技能比赛，阅读著名教育学家如苏霍姆林斯基、杜威、巴班斯基、皮亚杰、叶圣陶等的经典著作。	5. 做事有时拖拉，不够雷厉风行，总是拖到最后时间才紧急处理。

机 会（Opportunities）	挑 战（Threats）
1. 教育事业在国家发展中起至关重要的作用，它的发展状态是积极向上的，可以说是属于永远的"朝阳产业"，我选择教育事业作为自己的终身职业，也是考虑到了它的社会地位和发展前景的。	1. 当前就业形势严峻，大学毕业生出现找工作难的问题。我所在的院校又是普通本科，在社会上的影响力不高。
2. 我出生在农村，父母是普通农民，不存在为我安排好工作的可能，所以毕业后必须自己找工作。父母希望我可以找份稳定的、待遇不错的工作，教师于他们而言是个不错的选择，我的两位表姐也从事教育事业，应该说，她们的工作经历也影响了我的职业选择。	2. 教师岗位饱和。当前大部分学校的教师人数已经饱和，可提供的工作岗位较少，这就要求应聘者必须具备更为突出的条件。
3. 学校为我进行素质磨炼、开展教学研究、提升岗位竞争力提供了优势平台。学校管理严格，教研氛围浓，为我的个人发展提供了许多物质、学术、时间上的便利和优越的条件，想精心把我锻造为教学骨干。	3. 学生人数减少。我国实行计划生育以来，每个家庭只有一个孩子，使得受教育人数越来越少。

在 SWOT 分析的基础上，根据个人的优势与劣势、机会与威胁，确定职业生涯发展目标，进而制订职业发展行动计划。最后，教师个人根据学校的"教师职业生涯规划表"（见表 4－3）进行填写，学校从教师自我评价、学科方向、培训需要和职业通道等方面对每位教师的职业生涯规划进行诊断，提出评估意见，并通过逐一面谈将评估意见与教师进行沟通交流，使每位教师都能清晰自己的职业生涯发展方向。

2. 职业生涯发展目标与行动计划

与大多数学校组织一样，在 B 中学中，教师的职业发展方向可以分为教学与行政两方面。教学方面，主要包括教学方法的提高与改良、教学手段的革新、教材与著作的编写、教学研究、课程开发与设计、学校效果的提升；行政方面，主要包括班主任（辅导员）、年级组长、教导主任、校长、党支部书记等。因而，教师的职业发展路径主要包括教学路径与行政路径，或者教学与行政并进的路径。个人可以根据自己的胜任特征优势与学校的发展需要确定职业生涯发展路径，并在此基础上，制定职业生涯发展目标：长期目标与短期目标。根据 SWOT 分析的结果，确定职业生涯的最终目标，然后再把目标细化，做好长期规划与短期规划。在制定目标的过程中，既要考虑目标的可达到性、可操作性，也要考虑自身情况，太高的目标和太低的目标都不利于目标的达成。以教学的职业生涯发展路径为例，教师可以参考表 4－2 来制订自己的职业生涯发展目标与行动计划。

表4－2　教师职业生涯发展目标与行动计划

姓　　名		性　　别		年　　龄		政治面貌	
当前工作部门				现任职务		到职年限	
				现有职称		到职年限	
职业选择		心理健康教育教师					
生涯路线选择		教学					
生涯发展目标		短期目标	合格教师	实现时间		2014 年（28 岁）	
		中期目标	熟手型教师	实现时间		2018 年（32 岁）	
		长期目标	专家型教师	实现时间		2022 年（36 岁）	
完成短期目标的计划与措施		适应过程，并通过学习与积累为中期目标打好基础。因此，需要掌握丰富的教学方法与手段，提升个人修养，掌握扎实的专业知识。提升以下教师胜任特征：情绪调节、人际技能、教学反思、有计划有条理地组织教学、维持课堂秩序。 　　1. 坚持不断学习，提高学科功底。新的课程理念、新的教材、新的课程评价观，强烈冲击着现有的教师教育体系，对广大教师提出了新的更高的要求，促使教师必须加强学习、进修，尽快提高专业化水平。本人力求有扎实的学术功底，广阔的学术视野，不断更新知识、追求学术前沿，以主人翁的心态投入到课程改革的浪潮中。 　　2. 学习信息技术，熟练制作课件运用于教学与讲座。新世纪教育工作者应具备最先进的教育理念及驾驭课堂的能力，向45 分钟要质量。因而能够制作一些分散教材难点、突出重点的生动课件，无疑能够起到事半功倍的效果。因此本人计划继续深入学习计算机知识，掌握多媒体教育技术，力争熟练制作课件运用于教学与讲座。 　　3. 提高自身素质，教师劳动不同于一般的劳动，教师的专业包括学科专业和教育专业两个方面。教师既应该是学科知识方面的专家，又应该是学科教学方面的专家。只有不断学习科学文化知识，才能积淀丰厚的文化底蕴，才能够得心应手地参与教学活动。因此，要积极参与各种培训与评比活动。 　　4. 通过自学、教研活动和上级部门组织的继续教育学习和学校组织的校本研训活动，努力提高自身教育理论的水平。 　　5. 积极参加学校课程改革的各项活动。 　　6. 积极参加教学课题研究，撰写教育论文。争取发表于国家级刊物上。 　　7. 经常深入课堂听课，开展调查研究，探讨教学中的问题与教学管理中的问题，采取切合实际的措施予以解决，坚持在行动中学习、行动中研究、行动中提高。 　　8. 保持良好的工作状态，乐观、积极地面对工作中出现的困难。						

续表

完成中期目标的计划与措施	1. 教学相长，教研并进，形成自我教学特色；树立终身学习的观念，切实提高自身业务素质。通过学习提升师德修养，丰富知识结构，增强理论底蕴。多听老教师和同行的课，主动向同教研组前辈学习，吸取他人的长处，不断提高教学能力，努力使自己的教学质量达到优良的水平。 2. 熟练地掌握教育教学技能，有一定的教学经验和反思能力，并能在反思的过程中不断调整自己的教学行为，在教育教学过程中初步形成自己的教学特色。即探索适合自己的课堂教学模式，用新的理念指导自己的课堂教学，通过课堂教学实践，形成自己的教学风格并大胆创新，总结经验，不断求索。 3. 时刻关注教育界的最新动向，通过各种信息传播手段广泛获取现代教育教学信息和教育教学改革经验，进一步加强教育理论学习，为成为研究型教师打下基础。 4. 认真研究课堂教学，在实践中反思与总结。重视对教学的反思，教学感想要做即时的记录、整理和归纳。最重要的是能够随时记录，要形成每一节课写教学反思的习惯，把课堂中最精彩及最难忘的片段及时地记录下来。积累日后成为教学论文的素材。 5. 认真备课，提高教育科研水平。课前积极钻研教材，理清教学顺序，做好充分的备课工作，认真备好每一堂课，备好每一个学生的课，备好课堂的教学教法。课后做好教学后记与教学反思。善于观察与总结，提高课堂教学设计能力。并及时积累个案，归纳资料，撰写有实效的专题论文或报告。
完成长期目标的计划与措施	待定。
所在部门主管意见	
学校领导部门意见	

3. 教师职业生涯规划效果评估

教师职业生涯规划实施一段时间后，教师个人与学校管理层要统计、总结教师在职业生涯规划中的职业幸福感、教师职业生涯规划对学校发展的作用以及教师的满意度，而且要分析教师职业生涯行动对学生的效果。评估方式包括教师个人评估、教学组评估。评估内容要从教师学科方向的理顺、培训开发方案的制定与执行、职业通道的建立等多方面进行，将实际情况与职业生涯规划相比较，根据评估的结果对职业生涯规划进行适时的调整与修改，避免在职业发展的道路上出现盲目性和低效性（见表4-3）。

表4-3 教师职业生涯规划表

姓　名		性　别		出生年月	
毕业学校			毕业专业		
毕业时间		学　位		最后学历	
入校工作时间		工作部门		任教学科	
任教年限		任辅导员 工作年限		普通话等级	
政治面貌		现任职务		技术职称	
教育背景 （从最高学历填起）					
管理工作背景 （如工会小组长、 教研室主任等行政工作）					
教学经历 （曾主讲课程）					
社会工作经历 （包括校内外公益 事业或非公益事业）					
任辅导员（班主任） 工作经历					
主要研究方向 （以1~2个为宜）					
现主讲课程					
未来拟开设的课程 （要与研究方向一致）					

续表

其他可讲授的课程	
获奖情况 （省部级及以上 科研奖或教学奖）	
一、教学方面：如开设新课、精品课程建设、教改立项、双语教学等方面的设想和三年或五年的具体规划	
二、科研方面：如出版著作或教材、发表文章、参与课题、参加学术团体和研究中心、学术交流等方面的设想和三年或五年内的具体规划	
三、其他方面：如进修培训、参与企业实践、提高学历和学位、提高外语水平、晋升专业技术职务、荣获教学名师、荣获主讲教师等方面的设想和三年或五年内的具体规划	
四、设想和建议	

填表人（签字）：　　　　　　　　　　　填表日期　　　年　　月　　日

（二）基于胜任特征的 B 中学教师职业生涯开发方案设计

教师成长是一个漫长、持续、动态的历程。在不同的成长发展阶段，由于其知识、经验、技能、阅历等的积累以及岗位对其提出不同的要求，其胜任特征也会不断地提高和发展并表现出不同的特征。教师胜任特征是在长期的教学实践过程中获得的，在新手型教师逐渐成长为专家型教师的过程中，熟手型教师是其成长的关键阶段。熟手型教师是能按常规熟练地处理教学问题但教学创新水平不高的教师，是常规水平的胜任。熟手肯定是昨天的新手，但不一定是明天的专家。实际上，许多教师的专业发展往往停滞在这一阶段，习惯于熟手的角色，直至教师职业生涯结束也未成长为专家。因此，熟手是从新手型教师成长为专家型教师的关键阶段，教师能否在常规水平的胜任上不断得到新的提高是问题的核心（连榕等，2004，2005）。因此，对于不同职业发展阶段的教师及其相对应的胜任特征特点，职业生涯开发的具体方式也不一样。职业生涯早期前适应阶段管理策略是确定职业锚，强化入职培训，缩短适应期，探索教育教学策略，培养合格教师；职业生涯早期后成长阶段管理策略是培育教育智慧，形成教学风格，培养优秀教师；职业生涯中期的阶段管理策略是关注"职业倦怠"，激发成长动机，加强培训，突破高原瓶颈，培养骨干教师；职业生涯中期后阶段管理策略是重建教师信念，更新专业知识，重构专业能力结构，教育智慧日臻成熟，培养专家型教师；职业生涯后期阶段管理策略是关注"职业退缩"，促其继续发展，担当顾问，培养青年教师。因此，基于胜任特征的职业生涯开发方案，应根据不同职业发展水平的胜任特征状况与职业阶段特点与问题来制定。下面以教师职业生涯早期的开发为例进行介绍（见表4-4）。

表4-4　教师职业生涯早期的开发

生涯发展阶段	生涯开发策略	生涯开发途径
职业生涯早期	**个人策略** 1. 树立正确的教师职业态度 2. 提高教学技能 3. 熟悉并融于学校环境 4. 职业探索 **组织策略** 1. 注重新、老教师关系的培养 2. 帮助新教师进行职业生涯规划 3. 实施组织社会化策略	1. 教师辅导制 2. 冲突处理技能培训 3. 课堂管理技能培训 4. 通过示范的教学架起理论与实践之间的桥梁 5. 教学研讨会 6. 学生家长和教学视导人员的反馈

（三）基于胜任特征的 B 中学教师职业生涯发展调控

职业生涯管理是一个动态的过程，必须根据职业生涯规划的实施结果以及因应变化进行及时的评估与修正。根据基于胜任特征的教师职业生涯管理流程，在职业生涯发展调控过程中，我们先要定期对照胜任特征的提升情况，对教师的工作绩效水平及其改善情况进行评估，进而做出反馈、面谈与调整。在此基础上，针对教师职业发展的阶段性特点及其典型问题，采取有效的干预措施。

因此，在进行职业生涯的评估过程中，我们拟进行以下内容的评估：职业生涯目标评估、职业锚评估、职业路径评估、实施策略评估、教师绩效评估、胜任特征评估等。根据这些内容，我们制定了表4-5来进行基于胜任特征的教师职业生涯发展调控。

表4-5　教师职业生涯发展调控

生涯目标	生涯评估内容	评估时间	反馈与调控
短期目标	职业生涯目标		
	职业锚		
	教师绩效		
	新手教师胜任特征		
	教学效能感		
	职业压力、职业认同、人际关系		

续表

生涯目标	生涯评估内容	评估时间	反馈与调控
中期目标	职业生涯目标		
	教师绩效		
	熟手型教师胜任特征		
	职业倦怠、职业压力、职业生涯高原		
长期目标	职业生涯目标		
	教师绩效		
	专家型教师胜任特征		
	职业满意度、职业成熟度、职业成功		
职业生涯晚期的调控：			

第五章

基于胜任特征的教师职前教育

第一节　教师职前教育现状研究

一、教师职前教育概述

（一）教师教育

教师教育是指对从事教师工作的人进行职前、入职与职后一体化的专业培养与培训，使其成为一个良好的教育专业工作者，也就是从一个"普通人"变成专门的"教育者"的过程。教师教育的概念由师范教育一词发展而来。18世纪末期，法国资产阶级创办师范学校（Normal School），中等师范教育逐渐发展起来。19世纪80年代，美国率先将阿拉巴马州师范学校升格为师范学院，拉开了高等师范教育发展的序幕。随着办学层次的提升，最初的师范学校逐渐为师范学院、师范大学所取代。待到20世纪30年代前后，在西方发达国家师范学校的概念已经几乎完全被教师学院（Teacher College）、教师大学（Teacher University）或综合性大学中的教育学院（School of Education）所取代。与此相对应，师范教育（Normal Education）一词也逐渐被教师教育（Teacher Education）所取代。

联合国教科文组织1966年在《关于教师地位的建议》中提出，应该把教学工作视为一种专门职业，认为它是一种要求教师具备经过严格和持续不断的研究才能获得，并要维持专业知识及专门技能的公共业务。因而形成了新的教师教育的概念，它分三个阶段进行：职前教育、入职教育和在职教育。国内学者中有关教师教育的较早介绍见于梁忠义和罗正华1998年所著《教师教育》一书。他们认为之所以改称师范教育为教师教育，主要是因为教师教育同时包含着教师培养和教师进修的双重职能，是职前与职后两种教育的综合概念，而师范教育主要关注的是职前教育的内容。

（二）教师职前教育

教师职前教育的含义，即新教师在正式任教之前，为了保证其成为有教师注册资格的具有较高个人素养、优秀理论基础、合格教学技能和良好工作态度的教师，在高校等具有相关教师教育办学资格的机构中，接受专业、系统的提高教师各方面素质的教育过程。在我国，教师职前教育既包括从业前的学历教育即师范教育，也包括入职培训。这些活动的目的旨在使新教师掌握开展教育教学活动和班级管理所需的专门知识和能力，并最终促使教师个人教学技能的发展（韩映雄，2010）。

我们在理解教师职前教育内涵的时候必须首先树立终身教育的教师教育理念，即教师职前教育与职后教育并非分割开来的两个阶段，对于教师的生涯发展来讲是一个紧密联系的有机整体（陈永跃，2002）。与此同时，教师职前教育作为教师专业发展的准备阶段，其基本任务是使准教师具备开展教育教学工作所需的基本知识和技能。当然，还有一点需要明确的是，培养先进的教育理念和树立对教师职业的热爱更是教师职前教育的核心任务和目标。

（三）教师职前教育的实施主体

教师职前教育的实施主体是指各国实施教师职前教育工作时的主要依托单位或机构。在国际教师教育发展的早期，教师职前教育的实施主体与师范教育的实施主体往往是重叠的，均为各级各类的师范学校。但是，随着国际教师教育的改革和发展，各国的教师教育制度不断完善，相对应的教师职前教育的实施主体也不断丰富起来。

总的来说，目前各国教师职前教育的实施主体主要有以下几种类型：综合性大学的教育学院或教育系，各级师范院校，以及高等院校与中小学组成的共同体。例如，在美国、芬兰和以色列等国，教师职前教育几乎全部由综合性大学的教育学院或教育系来具体实施（周艳华，2005；刘河燕，2010；邱兴，2009）；在我国，教师职前教育则主要由各级各类师范院校负责实施（余小红，2009；黄培森，2009）；而在英国、德国等国，教师职前教育的实施往往由高等院校与各级中小学合作共同负责实施（饶从满，1996；雷小波，2007；王艳玲、苟顺明，2007）。

（四）教师职前教育的实施途径

教师职前教育的实施途径是指各国教师职前教育的实施主体具体通过什么样的学年设置、课程设置、操作方式等来实现教师职前教育的目标。可以说，实施途径是各国教师职前教育特点的最主要体现之一。如前所述，虽然各级师范院校和综合性高等院校的教育学院或教育系是当前各国教师职前教育的主要实施结构，但是在教师职前教育的实施途径方面还是存在一定的差异。

例如，德国的教师职前教育主要分两阶段来实施。第一阶段主要由综合性高等院校的教育学院或教育系负责实施，强调理论性和学术性训练，目的是帮助师范生熟练掌握教育、教学的重要理论基础和学生研究成果，以获得娴熟运用学术研究方法和知识传授方法的能力。第二阶段则主要是在教育行政部门的管理、负责下开展教师职业实践，也称实习阶段，目的是让实习的"准教师"熟悉学校和教学实践相关的问题，从中训练独立开展教育、教学工作的能力（饶从满，1996）。而在以色列，针对不同类型的教师，其职前教育实施途径也具有一定的差异。具体来说，有意从事中学教育教学工作的个体必须在综合性大学的教育学院或独立的教师培训学院进行学习，以获得教师资格证书；有意到小学和幼儿园从教的个体则可以报考相应的教师培训学院。教师培训学院可以提供三种证书的学历学习，一是合格教师证书，学制为两年；二是高级合格教师证书，学制为三年；三是教育学士学位，学制为四年，可以同时获得高级合格教师证书和教育学士学位（邱兴，2009）。我国的教师职前教育实施途径与德国的两阶段模式比较类似，致力于从教的个体一般都需要在各级师范院校或者综合性大学的教育学院或教育系中先进行一段时间的理论学习；然后需要在相应的中小学进行一段时间的教育教学观摩和实践，即见习或实习。只是，根据培养目标的不同，不同类型教师的职前教育在上述两个阶段的学制时长设置方面可能有一定的差异。

总的来说，各国教师职前教育的实施途径大致相同，即一般都会包括基础理论学习和教育教学实践两个阶段。所不同的是，由于培养目标或各国教育实践的不同，各国家在基础理论学习课程的设置、不同阶段学制时长的安排等方面可能存在一定差异。

（五）教师职前教育的课程设置

这里的教师职前教育课程设置既包括理论学习阶段的课程设置，同时也包括教育教学实践阶段的课程安排。例如，英国针对幼儿园和小学教师的职前教育课程就包括核心课程研究、专业研究、学科研究和学校体验四大模块，同时涵盖了教师职前教育中的理论学习和教育教学实践两个环节。课程设置对教师职前教育的实施效果有直接影响，也是各国教师职前教育理念和特点的重要反映。

具体来讲，教师职前教育理论学习阶段的课程主要包括公共基础课程、学科专业课程和教育专业课程三大板块（曲铁华、李娟，2009）。其中公共基础课程包括教育学、心理学、教育媒体与技术等；学科专业课程包括围绕特定学科（如物理、化学等）相关的专业课程；教育专业课程则包括教育评价、教学管理、德育教育、教育社会学等相关课程（刘茂军，2011）。这些理论课程的设置目的主要是通过一段时间的集中学习让师范生能够对教育教学相关的基础理论和基础知识有比较全面的理解和掌握，为毕业后成为合格教师准备必要的理论和知识储备。

教师职前教育中教育教学实践阶段的课程主要由实践教学基础课程、教师职业技能训练和教育实践三大模块组成。一般来说，实践教学基础课程包括基础理论课程和职业技能课程；教师职业技能是从事教师职业的必备技能，包括课堂教学技能、多媒体教学技能、板书书写等；教育实践主要包括教育见习和教育实习两个部分（黄培森，2009）。与理论学习的目标不同，教育教学实践阶段的课程设置目的主要是训练学生运用所学知识和所掌握技能从尝试教育活动到初步熟悉教育活动，从而基本实现从师范毕业生到准教师的角色过渡。

当然，上面的内容仅是对各国教师职前教育课程设置总体框架的介绍，各国由于教师教育理念和侧重点的不同，在具体课程内容的设置和安排方面肯定具有一定的差异。不管具体内容怎样，教师职前教育课程设置的首要任务都是根据教育课程改革的需要，结合教师职前教育的特点和教师专业化的发展方向，建立具有前瞻性的课程体系，同时建立与之相适应的课程标准，以利于教师职前教育培养的人才具有较为合理的知识结构、稳定的专业思想和持续发展的后劲（周艳华，2005）。可以说，这是各国教师职前教育课程设置的共同标准。

二、国内教师职前教育现状分析

在我国，教师职前教育一般既包括从业前的学历教育即师范教育，也包括入职培训。长期以来，教师职前教育也被称为师范教育，它是新中国成立以来颇具特色的高等教育形式。在过去几十年中，教师职前教育为我国的教育事业输送了大量的优秀人才，促进了师资队伍的壮大。但是，随着我国经济和社会的迅速发展，原有的教师教育体系被打破，而新的教师教育体系却又还没有完全建立起来，新老矛盾交织，使我国的教师职前培养在总体上呈现出不能完全适应造就"高素质专业化"教师队伍需求的现状。

教师职前教育究竟应该培养怎样的教师人才？应该如何培养这样的人才？这些问题在国家新一轮的基础教育课程改革背景下显得更加突出。教育的开放性和多元化，已经成为当今世界教育的发展趋势，我国教师职前教育的专业化和一体化改革也势在必行。

（一）我国教师职前教育的培养目标

教师职前教育只是学校教师队伍建设和教师个人职业生涯发展的起点和基础，而不是终点和全部。教师职前教育应将每个未来教师潜能的开发、健康个性的发展、为适应未来社会发展变化所必需的自我教育、终身学习的意识和能力的初步形成等作为最根本的任务，为社会发展和未来教师的终身发展服务。

当前，我国教师职前教育的培养目标正在由原来的单纯培养教师向培养各级各类学校的教师、科研人员，以及与教育、教学相关的管理人员和服务人员的职能目标转变（韩映雄，2010）。相应地，高等师范院校的人才培养目标也转型为培养适应基础教育改革需要的合格的基础教育教师，即培养教育型专门人才（杨万林、王咏梅，2005）。

（二）我国教师职前教育的实施途径

一直以来，各级师范院校尤其是地方师范院校是我国教师职前教育的主要实施机构。除了地方师范院校外，还有其他类型的师范院校，如教育部直属师范大学、教育部直属非师范大学、地方非师范院校、海外高等学校、民办高等院校等也是教师职前教育的实施途径之一，但是总体而言数量相对较少（韩映雄，2010）。然而，随着高等教育大众化和教师教育的开放化发展，我国传统的封闭式的三级师范教育体系已经被打破，师范教育的层次结构不断发生变化，教师职前培养也由二级师范教育体系向着"新三级"（专科、本科、研究生）方向过渡，教师教育进入转型期（李敏强，2006）。

虽然现有的师范院校仍然是我国教师培养的主体，但是教师教育体系应该是开放的，师范院校和综合性大学都应该参与到教师教育体系中来。尤其是近年来，我国的综合性大学也逐渐开始兴办致力于教师教育的教育学院。综合性大学办教育学院主要有以下两种基本的设置途径。一种是综合性大学创办以教师培养特别是以培训为特色的教育学院，甚至在一些理工科院校也开设了教育学院，成为各级各类学校教师的重要来源之一。第二种是师范院校与其他院校合并或以师范院校为基础发展而成为综合性大学，如现在的西南大学、湖北大学、长江大学等（郑开玲，2006）。

（三）我国教师职前教育的实施效果

总体来说，我国当前的教师职前教育确实取得了较好的实施效果，具体表现在以下几个方面。第一，教育类课程在师范教育阶段的落实情况比较好；在各类培训课程的参与程度上，各层次学校差别不大。第二，教师队伍的整体素质有了相当程度的提高。第三，教师职前教育涉及的范围越来越广，可以让更多的教师在上岗之前接受职前培训。第四，师范毕业生的学历层次不断提高，大部分教师的学历层次已经基本达到了国家教师队伍建设规划的要求。第五，在教师职前教育培养成本不断增加的同时，教师培养的水平也确实在不断提高。

但是，不可否认，我国当前的教师职前教育实施过程中仍然存在一些亟待解决的问题。

其一，我国教师职前教育的理念有待更新。当前的教师职前教育比较偏重于师范性，而对学术性的关注不够。与此同时，我国师范院校教师培养模式与国际教师教育改革发展的前沿趋势间存在一定距离，教师职前培养的创造性和活力不够。例如，专业设置过窄；注重知识传授，忽视能力培养；片面强调师范技能，不够重视综合知识的学习提升；培养内容与教育教学实践脱节等（郑开玲，2006）。

其二，我国现行教师职前教育模式下的课程设置不尽合理。具体表现为课程比例的结构性失调，公共基础课程种类过少、门类单一，教师专业课程内容陈旧老化等方面。此外，教师职前教育专业课程的教学始终难以兼顾知识掌握和教学技能技巧的培养，难以为师范学生提供迫切需要的教育教学能力、教育科研能力等方面的培养和训练。

其三，我国现行教师职前教育的实施途径仍然比较单一。各级各类师范院校仍然是我国教师职前教育的主要实施机构，这固然可以发挥师范院校在教师职前教育方面的经验和优势，但是客观上限制了其他高水平综合性大学为我国基础教育培养优秀教师的作用。

其四，我国现行教师职前教育的效果评价不够完善。如何对教师职前教育的培养效果进行科学评价，这是教师职前教育实施过程中的重要环节。教师职前教育的目的是培养符合教师职业和我国教育改革发展需要的人才。但是，我国现行教师职前教育在效果评价方面较多关注的仍然是个体的理论学习成绩，对于教师更深层次的能力、动机、态度等内容关注不够。

（四）我国教师职前教育的改进方向

结合上述对我国当前教师职前教育存在问题的分析，本研究认为今后我国的教师职前教育可以从以下几个方向加以改进和完善。

第一，更新教师职前教育的教育理念。教育理念对教育教学行为有重要的导向作用。没有好的理念，就不可能有好的教师职前教育。本研究认为，以下几种理念对于我国今后教师职前教育的改进和完善非常重要，分别是教师专业化、教师职业生涯发展观和终身教育观等。其中，教师专业化是当前国际教师教育发展的主流思想，指教师在整个职业生涯中，通过专门训练和终身学习，逐步习得教育专业的知识与技能并在教育专业实践中不断提高自身的从教素质，从而成为一名合格的专业教育工作者的过程。教师专业化包含两方面的意义：既指教师个体通过职前培养，从一名新手逐渐成长为具备专业知识、专业技能和专业态度的成熟教师及其可持续的专业发展过程，也指教师职业整体从非专业职业、准专业职业向专业性职业进步的过程。教师职业生涯发展观是指从职业生涯发展的视角来认识教师个人的成长过程，教师往往是终身的职业，每一阶段的学习和积累都应该指向最终的职业生涯发展目标。终身学习观将个人的学习过程视作一个连续体，即主张在每一个人需要的时刻以最好的方式提供必要的知识和技能。终身学习是社会每个成员为适应社会发展和实现个体发展的需要，贯穿于人的一生的、持续的学习过程。终身学习观将个人的学习范围从传统意义的学校拓展开来，即个体为了适应环境变化和社会发展的需要，任何时候任何地点都需要并且都可以进行学习。现在，终身学习思想早已经成为很多国家教育改革的指导方针。这三种观点为我国当前及今后的教师职前教育改革和发展提供了明确的方向，即我国的教师职前教育应从教师职业生涯发展的视角出发，为培养能够进行终身学习的专业化教师服务。

第二，完善教师职前教育的课程体系。科学、合理的课程体系是教师职前教育效果的直接决定因素之一。如前所述，我国当前的教师职前教育课程体系存在着结构失调、难以兼顾理论学习与实践技能训练等方面的问题。这些问题的存在往往是由于教育理念和教育模式不合理等因素所造成的，只不过通过课程体系的设置直接反映出来。因此，今后的改进方向应是在新的教育理念的指导下，改革相对落后的教师职前教育模式，构建高层次、多元化及开放式的教师职前教育课程体系。具体内容包括：一方面，增加人文类课程，拓宽公共基础课，加强通识教育。教师作为一种特殊职业，承担着教书育人的职责，良好的人文素养和宽阔的视野对于保证其教书育人的质量至关重要。因此，在开展教师职前教育时更应该重视通识教育。另一方面，适当精简学科类课程，合理分配专业比重，加强对教育专业课程的重视。在教师职前教育阶段，学生在进行学科专业知识学习的同时多了解一些与教育心理、教育管理、教育评价、课程论等相关的教育专业基础知识非常必要。此外，在教师职前教育中探索和创设更多的一体化课程也很重要。所谓一体化，就是为了适应学习化社会的需要，以终身教育思想为指导，根据教师专业发展的理论，对教师职前和职后教育进行全程的规划设计，建立起教师教育各个阶段相互衔接，既各有侧重又有内在联系的教师教育体系。课程设置的内容既要注意不同阶段的针对性，也必须考虑区分不同教师的水平分层实施（余小红，2009）。最后，适当增加实践学习课程（教育见习、实习）的比重，强化教育实践环节。教育实践课程是教师职前教育课程中的重要组成部分，在教学实践中为学生提供大量的机会，帮助其运用掌握的知识和技能于实际教学中，通过自身的努力充分将理论与实践整合。

第三，丰富教师职前教育的实施途径。教师承担着为国家和社会培养未来建设人才的重任，对于任何国家和社会来讲都是具有长远战略意义的职业。因此所有教师教育工作者都应该树立积极吸引最优秀人才加入教师队伍的目标。一直以来，依托于各级各类师范院校进行的师范生教育始终是我国教师（尤其是中小学教师）职前教育的主要实施途径。自2007年开始，国务院决定在教育部直属师范大学实行师范生免费教育政策，目的就是通过试点，积累经验，建立制度，鼓励更多优秀青年参与到国家的教育事业中，为培养造就大批优秀中小学教师和教育家奠定基础。这一举措可以说是对我国教师职前教育的师范教育途径所作的进一步推动和强化。通过前面对国际上教师职前教育实施主体和途径的分析可知，在其他很多国家（尤其是西方一些教育相对比较发达的国家），教师职前教育的设施途径其实相对比较丰富，除了专门的师范院校之外，综合性大学的教育学院以及其他各种相关的教育培训机构都可以作为教师职前教育的渠道。确实，由于长期的发展，我国的师范院校已经形成了比较完备的由教育部直属师范院校、省属师范院校和市属师范院校组成的三级师范教育体系。但是，伴随我国经济社会快速发展带来的人才需求增加，传统的仅仅依靠师范院校来培养教师的单一渠道越来越难以满足国家对更高水平、更大规模人才的需要。高水平大学和其他非师范类高校可以发挥其学科优势、人才优势和多学科综合的优势，积极参与到教师职前教育体系中来，实现教师队伍来源的多元化，为教师队伍建设带来生机与活力（李敏强，2006）。因此，今后如何推进师范院校转型，吸引和鼓励高水平大学和综合性高校参与到教师职前教育工作中来，丰富教师职前教育的实施主体和实施途径，形成教师职前培养市场的开放竞争格局，促进开放灵活的教师教育体系逐步形成，将是我国未来教师职前教育改革的重要方向。

第四，改进教师职前教育的评价体系。效果评价是教师职前教育工作中至关重要的一环。我国传统的教师职前教育对这一环节的重视往往不够。在对教师职前教育的效果进行评价时，很重要的一点就是培养的师范毕业生或"准教师"的能力素质水平是否能够满足教师职业的需要。然而，传统的教师职前教育对毕业生的能力素质进行评估时往往过于侧重学科专业知识掌握程度的考查，而对更深层次的职业素养、态度和人格特质等重视不够。这样的直接后果就是造成对教师职前教育效果的评估缺乏全面性，不能准确地反映教师职前教育工作的真实效果。因此，在今后的改革和发展过程中，如何加强对上述深层次内容的考查和评估，将是我国教师职前教育评价体系改进的重要方向。

三、国外教师职前教育现状分析

教师职前教育是教师专业化发展进程中的一个重要阶段。从国际教师教育的发展进程和现状来看，教师职前教育逐渐呈现出朝更加开放、专业和多元方向发展的趋势。接下来，本研究将从培养目标、实施途径和模式特点等方面就国外（尤其是西方部分发达国家）教师职前教育发展的现状进行简要介绍和分析，从中总结一些可能对我国教师职前教育的改进和完善有价值的启示。

（一）国外教师职前教育的培养目标

总的来说，国外教师职前教育的培养目标并非一成不变的，而是随着经济社会的发展有一个逐渐演变的过程。例如，国外早期针对中学教师的职前教育侧重于单一学科知识的传授，后来逐渐发展为教育理论知识和教学技能等较全方位的培养和训练；针对小学教师的职前教育则从一开始只要求较低水平的知识教育和教学实习，逐渐发展为要求具有较高的一般文化水平和教育理论知识与技能。尤其是在第二次世界大战以后，国外教师职前教育的目标再次经历深刻变化，逐渐呈现出全面性趋向，当代教师职前教育的培养目标更是已经超越学科知识、教育理论和教学能力的范围，扩展到教师职业所需的所有方面。

当然，不同国家在教师职前教育的培养目标方面同样也呈现出一定的差异性。例如，美国教师教育改革提出培养中小学教师必须具备宽厚的文理知识，精通所教的科目，掌握"教"与"学"的性质和规律，懂得儿童、懂得学校、懂得自己周围的世界，具备献身教育事业的责任心和事业心。日本的教师职前教育培养目标则要求"准教师"必须具备高度的专业知识、高超的指导技术和对学生深厚的教育关爱。其中，特别强调提高教师对道德教育重要性的认识。另外，法国的教师职前教育改革则要求面向未来培养一种新型的教师，要求具有牢固的基础知识和深厚的文化修养，从而具有教育应变能力。与此同时，法国还提出要培养"思想型"的教师，能够启发儿童、学生的特殊才能，并具有"育人"的品质（王惠来，1997）。通过对国外教师职前教育培养目标的综合分析和总结可以发现，为了符合经济社会发展的要求，适应时代发展的新趋势，致力于培养能够适应多元文化社会、具有多元文化教育的知识和能力，正成为英美等国教师职前教育培养目标中新的重要内容（孟凡丽、于海波，2008）。

（二）国外教师职前教育的模式分析

目前，国外的教师职前教育主要存在以下几种不同的培养模式，包括"3＋1"模式、"3＋2"模式、"4＋1"或"4＋2"模式（谭兆敏、段作章，2005）。不同的教师职前教育培养模式在具体的实施主体、实施途径和实施效果方面都有各自的特点。

"3＋1"模式。教师职前教育的"3＋1"模式最初起源于英国。是指在大学教育系或教育学院招收大学本科毕业生，学制1年，主要学习教育理论课程以及任教学科的教学法课程，还要进行教育实习。学生结业后可获得研究生教育证书（PGCE），又称为"研究生教育证书课程计划"。这是英国培养中学师资的主要模式。PGCE的课程主要由学科研究、专业研究和教学实践研究三部分组成。培养中学师资的PGCE的总学时为36周。这种培养模式的价值在于用较短的时间培养高学历的教师，缩短了教师培养的周期，同时也体现了对教育实习、教学实践经验的重视，在帮助师范生更快地进入教师角色、缩短其入职适应时长等方面发挥了重要作用。

"3＋2"模式。教师职前教育的"3＋2"模式主要为法国所用。这种模式是一种典型的综合性大学和高等师范学院合作培养中小学教师的模式。按照这种模式，教师的职前培养分为两大阶段。所有师范生的职前专业教育在大学完成，3年学历和学士学位是报考师范学院的起码条件，师范学院负责未来教师的职业培训。这种模式将教师职前培养的起点提高到学士学位的获得，有利于提高教师的学术水平，更为重要的是能够充分发挥综合性大学和高师院校的办学优势，同时重视专业定向。这种模式还有一个较鲜明的特色即教育实习是分散进行的。

"4＋1"或"4＋2"模式。教师职前教育的"4＋1"或"4＋2"模式主要为美国所采用。在"4＋1"模式中，前四年，师范生与非师范生学习同样的学科专业课程，接受完整的学科专业训练，取得该学科的学业证书，第五年则进入教育专业机构接受训练，包括学习教育理论课程、教育实习及撰写教育论文。"4＋2"模式在"4＋1"模式基础上发展而来，是一种"本硕连读"的人才培养模式。学生无论是师范专业还是非师范专业，在四年本科学习期间，完全按照综合性大学的培养模式接受本专业的训练，经过四年学习获得学士学位后，经筛选直接进入教育专业硕士阶段学习两年，学习合格获得教育专业硕士学位。它以培养硕士研究生学历层次的中学教师为目的，以适应社会对高素质研究型教师的需求。这种模式站在教师专业化发展的高度对人才培养模式进行整体设计，兼顾学科专业教育和教师专业教育的协调发展，全面提升教师的学科专业水平和教育专业素质，较好地解决了教师培养中"学术性"与"师范性"之间的矛盾，为培养高学历、高水平的中小学教师探索出一条新路。

（三）国外教师职前教育的特点分析

西方许多国家教师职前教育的发展常常遵循这样一条规律，即师范院校伴随着初等教育诞生，并随着社会人口平均受教育年限的延长，逐步提高对教师培养的学历层次和专业要求；教师职前教育由中等教育走上高等教育，由专科教育走上本科教育，进而提高到本科后教育；教师教育机构也由师范学校升级为师范学院，再升级为综合性大学。

近几年来，西方国家有越来越多的中小学教师具有教育硕士学位或教育博士学位。美国等一些国家建立了教师教育机构认可制度，即对教师教育机构的办学条件和办学水平进行评鉴，确认其是否符合一定的教师教育品质标准。这项制度可以在一定程度上确保教师职前培养的质量，是促进教师专业发展的一个重要保障机制。同时还建立了吸引优质生源的政策机制，严格挑选新生，以保证师范生的质量（李敏强，2006）。

总的来说，西方国家间的教师职前教育具有相当多的共同点，如通过设置高标准的入学资格来保证师范生生源的高质量，通过严格的教师资格考试来确保新教师的能力素质水平等（张伟，2012）；同时，不同的西方国家之间在教师职前教育的实施过程中也具有一些特殊性。

例如，德国的教师职前教育通常具有以下特点：课程内容丰富，重视学科教学论的研究和教学；增加了教育实习时间，提高教育实习质量；教师资格认证严格，重视教师专业发展；规范教师认定制度，提高教育课程比重，重视教育科学课程建设（刘茂军，2011）。

英国的教师职前教育的特点是：密切关注学校教育的需要，以便随时调整教育要求。实行灵活性较强的模块课程；采用多样化的教学方法，重视对学生的评价和反馈。同时，英国非常重视实践体验对于教师职前培养的作用。不仅实践体验的时间长，而且与理论学习交替进行（王艳玲、苟顺明，2007）。

而美国的教师职前教育与英国、德国等西欧国家又有所不同。美国教师职前教育的特点是：强调知识的宽泛性；强调实践的重要性；强调教师专业发展的持续性；同专业从不同阶段、不同层面要求教师专业发展，为入职后的教师专业发展打下坚实的发展基础，凸显出教师专业发展的重要性（刘河燕，2010）。

第二节　基于胜任特征的教师职前教育模式设计

基于胜任特征的教师职前教育是指在现有教师职前教育的基础上引入胜任特征思想，将教师胜任特征模型应用于教师职前教育的培养目标设置、实施途径选择和实施效果评价等各个环节，进而提升教师职前教育的质量和水平的一种新型的教师职前教育模式。接下来，本研究将从教师胜任特征模型在教师职前教育中的应用价值、基于胜任特征的教师职前教育实施原则、基于胜任特征的教师职前教育的具体内容以及主要特点等方面进行详细的介绍和说明。

一、胜任特征在教师职前教育中的应用价值

是否具有足够的应用价值，这是决定基于胜任特征的教师职前教育是否有意义的前提条件。通过分析教师胜任特征的内涵可知，能够有效预测教师未来的工作表现是教师胜任特征最核心的内容。而教师职前教育的最终目标就在于培养能够满足教师职业和未来教育改革发展需要的合格人才，也就意味着教师职前教育必须让师范生具备教师胜任特征模型所要求的能力和素质。由此可见，在最终目的方面，教师胜任特征培养与教师职前教育其实是一脉相承的关系。这也就意味着教师胜任特征在教师职前教育中具有重要的应用价值。接下来，我们将从几个方面对其进行简要说明。

（一）胜任特征思想为教师职前教育培养目标制定提供了新依据

为国家和社会培养什么样的教师是我国当前及今后教师职前教育改革面临的首要问题。《国家中长期教育改革和发展规划纲要（2012—2020年）》中明确指出，我国未来教师培养的目标是"严格教师资质，提升教师素质，努力造就一支师德高尚、业务精湛、结构合理、充满活力的高素质专业化教师队伍"。显然，这是我国今后教师职前教育培养目标制定的核心指导思想。但是，怎样才能将这一目标具体落实到实际的教师职前教育工作中来？本研究认为，起源于管理学领域的胜任特征思想可以为理解和落实我国教师队伍建设的高素质、专业化目标提供良好的切入点。如前所述，教师胜任特征是教师在各种教育情境中取得期望绩效所需的知识、技能、态度、特质和动机等个人特征。教师胜任特征具有以下几方面的特点：其一，能够有效预测教师未来的工作绩效；其二，能够全面反映教师职业对任职者的能力素质等要求；其三，能够将优秀教师和一般教师有效区分开来（马红宇等，2012）。不难看出，衡量一名教师是否"高素质"和"专业化"的最好方式就是看其是否能够在日常的教育教学工作中表现出高绩效。而教师胜任特征又是教师在教育教学工作中表现出高绩效的前提条件，因此教师胜任特征的发展和培养也就成为教师职前教育工作最为直接、具体的目标。可以说，通过引入胜任特征思想，不仅可以很好地克服传统教师职前教育培养目标模糊、操作性不强等问题，而且为我国教师职前教育培养目标的制定提供了切实可行的新依据。

（二）胜任特征思想为教师职前教育课程体系建设提供了新方向

课程体系建设是影响教师职前教育培养效果的关键因素之一。如前所述，我国当前的教师职前教育课程体系在科学性、系统性和针对性等方面存在一些局限和不足。本研究认为，这些问题的存在一定程度上与我国现有教师职前教

育的理念和培养目标设置等有关，通过引入教师胜任特征模型将有助于提升我国教师职前教育的科学性、系统性和针对性。教师胜任特征模型是由一系列能够有效预测教师工作绩效的个人特征组成的有机集合。并且，通过对特定胜任特征的重要性和可塑性进行分析，就可以对其适合培养的途径、方式及时长等有较明确的认识。例如，教学技能是教师胜任特征模型中非常重要的内容，重要性和可塑性都较高，通过中短期的培训就可以取得较好的效果，并且较适合采用一些结合教学实践的途径来训练。因此，在实际的教师职前教育中，在针对教学技能设计课程体系时就应该充分考虑到教学技能培训具有的这些特点，进而选择最合适、最有效、最经济的培养内容、途径和方法。总的来说，通过将教师胜任特征作为教师职前教育的直接目标，教师职前教育课程体系的建设也就有了明确、具体的方向，更加有助于我国教师职前教育目标的实现。

（三）胜任特征思想为教师职前教育实施途径选择提供了新启示

教师职前教育的实施途径是实现教师职前教育目标的过程保证。实施途径的选择直接影响教师职前教育的实施效果。在本章第一节分析我国当前教师职前教育途径时就指出，总体而言，我国现有的教师职前教育实施途径仍然以各级各类师范院校为主，开放性不够，未能充分发挥其他高水平、综合性大学在教师队伍建设中的积极作用。基于胜任特征思想可知，凡是有助于教师胜任特征培养和训练的途径都可以为实现教师职前教育的目标作出贡献。通过分析我国现有的教师职前教育课程体系特点和教师胜任特征模型的具体内容可知，通识教育在教师职前教育中具有十分重要的地位。而通识教育恰恰是一些综合性大学（尤其是高水平的综合性大学）的优势。近年来，一些重点师范院校在改进教师教育模式、提升教师教育质量的过程中，也正给予通识教育越来越多的重视。因此，在我国现有的以各级各类师范院校为主体，以师范教育为主要途径的教师职前教育实施途径的基础上，积极吸引包括高水平综合性大学在内的优秀人才培养机构加入进来将具有十分重要的意义。可见，通过引入胜任特征思想，将有助于极大地提升我国现有教师职前教育途径的开放性。

（四）教师胜任特征为教师职前教育实施效果评价提供了新标准

对教师职前教育的实施效果进行客观、准确的评价既是对已进行的教师职前教育工作的结果评估，同时也可以作为评估毕业生能否胜任教师职业要求的重要渠道。如前所述，实施效果的评估是当前教师职前教育工作中比较薄弱的一环。其中很重要的原因就是找寻不到合适的评价指标。本研究认为，胜任特征思想的引入可以很好地解决这一问题。教师胜任特征是能够有效预测教师未来工作绩效的个人特征的集合。因此，在师范毕业生从学校毕业但是还没有真正走上教师岗位之前，如果能够对其已具有的教师胜任特征水平进行准确评估，就能够对其走上教师岗位后的工作表现实现有效预测，从而为判断其是否已经具备胜任教师岗位的能力和素质提供科学、有效的依据。换句话说，教师胜任特征的引入为实现对教师职前教育效果的有效评估提供了可能。即教师胜任特征模型本身就可以成为教师职前教育效果评估的重要标准。

二、基于胜任特征的教师职前教育的实施原则

基于胜任特征的教师职前教育并非迥异于现有教师职前教育的全新模式。在现有教师职前教育的基础上，引入胜任特征思想，并且将教师胜任特征模型应用于教师职前教育工作的各个环节是基于胜任特征的教师职前教育的突出特点。与传统的教师职前教育一样，基于胜任特征的教师职前教育在具体实施时也必须遵循一些重要的原则。接下来的内容将对这些原则做简单的介绍和说明。

发展性原则。发展性原则关注的是教师职前教育的核心理念。教师职前教育的目的是为培养能够胜任未来教师职业需要的人才服务。因此，教师职前教育的培养目标应重点关注的是学员的职业发展潜力。真正决定学员职业发展潜力的并不是知识、技能等表层特征，而是包括职业态度、信念、个性特质、视野等深层次特征。因此，诸如专业知识、教学技能等基本的知识和技能固然重要，但是不应该将这些内容视作教师职前教育的重点。这里所强调的发展性原则具体所指就是：教师职前教育应该将态度、信念、个性特质、通识视野等深层次胜任特征的培养和训练作为职前教育的核心内容。只有这样，才可能真正培养出具有长远发展潜力的准教师人才。

全面性原则。全面性原则关注的是教师职前教育的培养内容。传统教师职前教育对学科专业知识的学习往往比较重视，却对一些通识性课程关注不够。这样做的一个重要结果就是传统的教师职前教育模式下培养出来的准教师在专业理论知识的掌握方面也许做得很好，但是在真正胜任教师工作岗位时却仍然存在不少困难。随着经济全球化和国际化的发展，传统的"教书匠"型人才将难以适应未来教育发展的需要，未来教育对教师个人的宽广视野、综合素质等的要求只会越来越高。因此，这里所强调的全面性原则指的就是：基于胜任特征的教师职前教育致力于培养的是具有宽广视野、知识全面、综合素质高的教师人才，要求职前教育的课程设置必须遵循这一原则。

针对性原则。针对性原则关注的是教师职前教育的培养方式。通过前面对教师胜任特征模型的分析可知，不同的胜任特征具有不同的特点，适合采用的培养和训练方式也不同。因此，要想取得理想的培养和训练效果，就必须针对待培养的教师胜任特征特点灵活选择相对最为合适的培养方式。例如，对于一些专业理论性知识的学习，课堂讲授的方式也许比较合适；但是对于包括教学技能、班级管理能力等胜任特征的学习，与教育教学实践紧密联系的教育见习、实习等方式可能就更合适。也就是说，这里的针对性原则关注的核心问题是如何尽可能地确保和提升教师职前教育的有效性。

开放性原则。开放性原则关注的是教师职前教育的实施途径。如前所述，我国目前的教师职前教育实施途径仍然以各级各类师范院校为主，包括高水平综合性大学在内的各种具有教师职前教育潜质的机构所发挥的作用仍然有限。

近年来，随着教师资格认证制度的发展和完善，非师范专业毕业生进入教师队伍的路径已经被打通。也就是说，只要能够通过国家的教师资格认证，真正具备教师职业所需的能力和素质，就有机会进入到教师队伍中来。教师胜任特征的培养渠道非常丰富，在某些特定的教师胜任特征（如通识视野、个性特质等）的培养方面，那些高水平的综合性大学可能比师范院校更具优势。因此，这里的开放性原则强调的就是：基于胜任特征的教师职前教育实施渠道应该包括尽可能多的能够实现教师胜任特征培养目标的机构或单位，在保证培养质量的同时尽可能丰富教师职前教育的实施渠道。

三、基于胜任特征的教师职前教育的具体内容

在具体实施过程中，基于胜任特征的教师职前教育一般包括以下几方面的内容，如图 5-1 所示，分别是：培养目标设置、课程体系建设、实施过程控制和实施效果评价。从基本内容和操作流程来看，这些环节与传统教师职前教育几乎一致。但是，基于胜任特征的教师职前教育着重关注的是如何最有效地发挥教师胜任特征模型在各个环节中的应用价值。

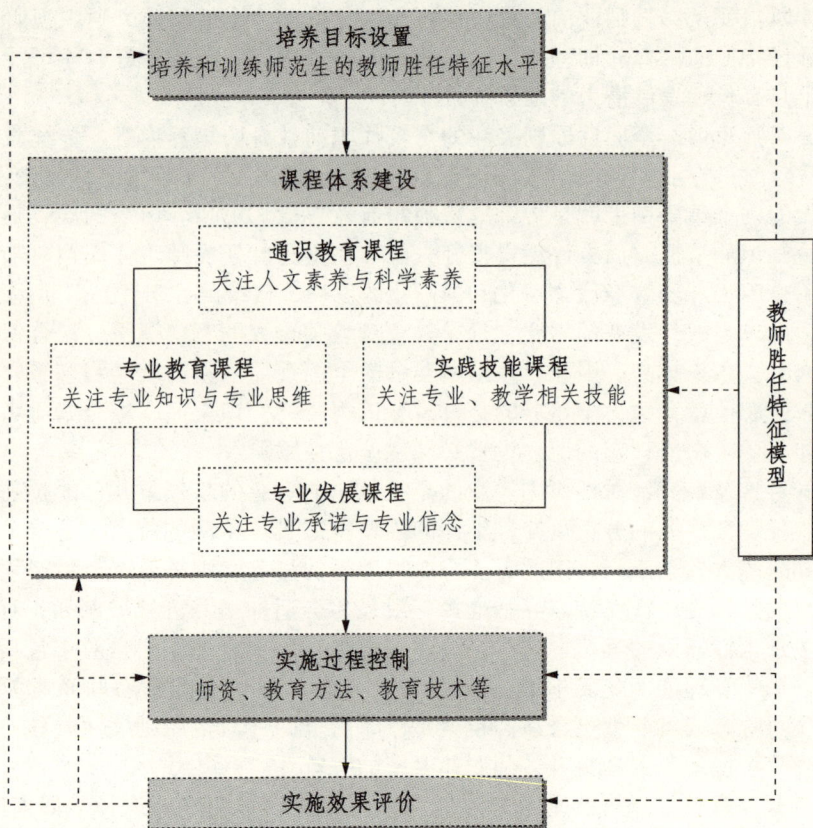

图 5-1 基于胜任特征的教师职前教育

接下来，本研究将就基于胜任特征的教师职前教育的各模块内容作相应的介绍和说明。

（一）教师职前教育培养目标设置

培养目标设置是基于胜任特征的教师职前教育的首要环节。一定程度上可以认为，培养目标设置既是教师职前教育理念的直接体现，同时也是教师职前教育其他环节工作的直接指导。如前所述，对基于胜任特征的教师职前教育来说，其直接的培养目标就是让师范生在毕业后具备胜任教师职业所需的能力和素质，以及未来成长为优秀教师所需的发展潜力。因此，在基于胜任特征的教师职前教育工作中，首先需要做的就是构建一个科学、有效的教师胜任特征模型。有了这样一个教师胜任特征模型，在确定教师职前教育培养目标时也就有了直接的依据。换句话说，在基于胜任特征的教师职前教育中，教师胜任特征模型的内容和要求就是职前教育最直接的培养目标。所有后续的职前教育工作都必须指向这些具体、明确的教师胜任特征，为培养和训练师范生的教师胜任特征服务。此外，由于在教师胜任特征模型框架下，不同的胜任特征对教师工作绩效的重要性和其自身的特点也有不同，因此在设置教师职前教育目标时还必须充分考虑到这一特点，即明确哪些胜任特征是教师职前教育的重点培养内容。在整个职前教育阶段，不同的教师胜任特征培养不可能完全一致。具体来讲，像职业态度、信念、教育视野以及个性特质等深层次胜任特征应是基于胜任特征的教师职前教育中重点关注和培养的内容。因为这些胜任特征往往需要较长时间的培养和训练才可能有比较显著的提升，并且这些内容也是决定个体未来优秀与否的核心因素。

（二）教师职前教育课程体系建设

培养目标的设置为教师职前教育明确了工作的方向，但是这些目标能否实现还需要有针对性的培养课程加以保证。没有科学、有效的课程体系作为支撑，教师职前教育的培养目标也就不可能真正实现。在传统的教师职前教育中，课程体系建设是至关重要的内容，也是贯彻落实职前教育理念的重要体现。在基于胜任特征的教师职前教育中，课程体系的建设同样应该紧紧围绕教师胜任特征模型来进行。具体来讲，基于胜任特征的教师职前教育课程体系建设应该坚持以下几条原则。第一，进行课程体系建设时应明确职前教育培养目标的层次性，给予核心培养目标以特别关注。第二，进行课程体系建设时应关注到培养目标中所有在职前教育阶段将要培养的胜任特征，体现课程内容的全面性。第三，进行课程体系建设时应考虑到不同胜任特征的特殊性，体现出课程内容的针对性。总的来说，根据待培养的胜任特征内容的不同，我们可以将基于胜任特征的教师职前教育课程体系区分为通识教育课程、专业教育课程、实践技能课程和专业发展课程四大模块。其中，通识教育课程致力于培养师范生整体的学术视野，扩大并提高师范生知识的广度和深度，使师范生兼备人文素养和科学素养，为师范生的全面发展准备条件。专业教育课程则是在通识教育的基础上，强化师范生对特定专业知识的理解和掌握，培养相应的专业思维和专业素养。实践技能课程则致力于训练师范生运用专业知识从事教育教学实践的基本能力。专业发展课程则致力于培养师范生对教师专业的兴趣和爱好，树立长期从教的教育信念和专业承诺，同时加强师范生在个性品质方面的修炼。这四大职前教育课程模块分别对应于不同的培养目标，最终目的是致力于培养对教师职业感兴趣、兼具人文与科学素养、学科专业知识扎实、教育教学技能过硬、个性品质高尚的未来教师人才。而这些内容也正是教师胜任特征模型所关注的内容。

（三）教师职前教育实施过程控制

实施过程控制亦即教师职前教育活动的具体实施，重点是课程内容的呈现和效果转化。可以说，前一环节的课程体系建设只是为教师职前教育准备了基础和条件。如何将这些课程付诸实施，将它们真正转化为师范生的教师胜任特征水平的提升是非常重要的一环。具体来讲，这里的实施过程控制重点关注的是创造什么样的条件、以什么样的形式将职前教育课程付诸实践，从而真正实现其对师范生的教师胜任特征培养和训练的效果。显然，并非所有胜任特征水平的提升都适合以教师讲授为主的授课形式。根据前面介绍的课程体系设置内容，基于胜任特征的教师职前教育课程体系共包括通识教育课程、专业教育课程、实践技能课程和专业发展课程四大模块。而这四大模块又可以进一步归结为两大模块，即理论学习课程和实践技能课程。对于理论学习课程来说，可以采用以教师讲授为主的授课形式；但是对于实践技能课程来说，以教师讲授为主的知识传授式授课方式可能就不再合适。一般来说，对于实践技能课程，结合教育教学的实践学习形式可能更加合适。因此，根据课程特点和培养目标的不同灵活选择多样化的职前教育方式，增强教师职前教育实施方式的丰富性和有效性显得尤为重要。除了授课形式的选择之外，师资力量的保证也是教师职前教育实施中过程控制的重要内容。不管是理论学习课程还是实践技能课程，确保师资质量和水平都是非常关键的工作。当然，在教师职前教育的实施过程控制中，不同课程的时长安排等内容也很重要。

（四）教师职前教育实施效果评价

实施效果评价应是教师职前教育实施过程中必不可少的一个环节。具体来讲，可以将教师职前教育实施效果的评价区分为阶段性评价和结业评价两个部分。所谓阶段性评价是指在教师职前教育的实施过程中，根据职前教育活动的实施计划，定期对学员的能力素质提升状况进行评估。这样做既可以适时掌握学员的学习进度，同时也可以及时获取教育活动效果的反馈信息，为后续教育活动的调整或改进提供有效依据。结业评价则是在学员毕业或结业前对整个职前教育的实施效果进行全方位的测量和评估，主要目的在于衡量毕业（结业）

学员是否已经具备胜任教师岗位工作的基本条件。这一评价结果一方面可以作为判断学员是否可以毕业（结业）的重要依据，同时也可以作为用人学校是否决定录用某位学员为教师的重要决策参考。可见，上述两种效果评价的主要目标并不相同，但是二者的实施过程基本一致。两种效果评价方法都是对学员所具备的教师胜任特征状况的评估。所不同的是，阶段性评估可能更加关注那些相对容易改变的胜任特征，如专业知识、技能等；而结业评估更加强调的是评估内容的全面性，关注的是对学员整体教师胜任特征状况的全面和准确评估。

四、基于胜任特征的教师职前教育的特点分析

虽然基于胜任特征的教师职前教育并不能算是一种全新的教师职前教育模式，但是确实具有一些不同于传统教师职前教育的特点或优势。具体表现为以下几个方面。

（一）让教师职前教育的目标更加具体

基于胜任特征的教师职前教育将教师职前教育的目标落实到培养和训练学员的教师胜任特征上来，使得教师职前教育的培养目标更加明确、具体。这是基于胜任特征的教师职前教育相比传统教师职前教育的重要特点之一。通过引入胜任特征思想，每一门教师职前教育课程的设置和每一项职前教育活动的开展都有了明确的指向，这样也就更能体现出针对性，从而提升职前教育的有效性。

（二）让教师职前教育与实践更加接近

基于胜任特征的教师职前教育着重培养和训练的是教师胜任教育教学工作必需的能力和素质，这些能力和素质均能够有效预测教师在教育教学工作中的实际绩效，因此大大拉近了教师职前教育与教育教学实践之间的距离。显然，经历过基于胜任特征的教师职前教育并且顺利毕业（结业）的学员将更快、更好地度过新入职阶段的适应期，同时也更可能在其自身的教师职业生涯发展过程中走得更加顺利。

（三）让教师职前教育的评价更加科学

基于胜任特征的教师职前教育不仅重视培养和训练学员的教师胜任特征，同时也非常关注对学员学习效果的科学评价，并且由于核心评价内容是学员具有的教师胜任特征状况，可以借助于教师胜任特征测评领域已有的科学方法和技术来实现，从而极大地提升了教师职前教育效果评价的科学性和有效性。在传统的教师职前教育中，由于培养目标不够明确和具体，使得在对教师职前教育的实施效果进行评价时往往难以做到科学、有效。另外，由于评价的科学性、全面性和准确性均能够得到有效保证，这也就为更好地发挥教师职前教育实施效果评价结果的实践参考价值提供了可能。

第三节　基于胜任特征的教师
职前教育实践探索

　　本章第二节专门就基于胜任特征的教师职前教育实施相关的内容进行了详细介绍，重点梳理了胜任特征思想在教师职前教育中的应用价值及基于胜任特征的教师职前教育的具体实施过程。为了更好地呈现基于胜任特征的教师职前教育的特点和优势，本节将引入一个与教师职前教育相关的实践案例，通过案例分析的方式就基于胜任特征的教师职前教育的具体实施进行探索和尝试。

一、华中师范大学心理健康教育教师职前教育现状概述

　　华中师范大学是教育部直属重点综合性师范大学，国家"211工程"重点建设大学和国家教师教育"985"优势学科创新平台建设高校。华中师范大学心理学院成立于2005年4月，现有心理学一级学科博士点；在校各类本科生600余人，研究生300余人。学院设有心理学系、心理辅导研究所、发展与教育心理研究所、人力资源开发与管理研究所、脑与认知研究所、公共教学部，建有人的发展与辅导实验室、脑—认知实验室、心理学教学实验室、公共课心理学实验室。并设有学校大学生心理健康教育中心、湖北省青少年心理健康教育中心、湖北省人的发展与心理健康重点实验室、华中师范大学社会心理研究中心。

　　其中，华中师范大学心理学院是国内最早认识到心理健康与咨询工作的价值并集中力量开展相关研究的单位之一，在多年的建设发展中，重点明确，学科组成员自觉协调，集中力量在心理健康教育和心理咨询领域开展研究和教学工作，形成了比较充分的学术积累，在国内学术界和基础教育实践领域均产生了良好影响。自1985年设置心理学本科专业到现在的近30年间，华中师范大学心理学院（包括最初的教育系心理学专业、教科院心理学系及现在的心理学院）为我国培养了大量的心理健康教育教师人才，为我国心理健康教育教师队伍建设作出了重要贡献。尤其是近年来，华中师范大学心理学院在国内心理健康教育教师人才培养领域的影响力更是不断提升。现在，华中师范大学心理学院平均每年毕业全日制专业本科生60余人，研究生100余人，其中有相当部分的毕业生均走上国内各级心理健康教育教师岗位。

　　另外，自2007年开始，国家在教育部直属七所重点师范院校实施新的师范生免费教育政策，华中师范大学就是这七所师范院校之一。华中师范大学心理学院每年都会在全日制本科生中招收一定比例的免费师范生，2011年夏天第一批心理学免费师范生毕业，绝大多数都成为了我国新一批的中小学心理健康教育教师。与此同时，华中师范大学心理学院每年还会招收一定数量的心理健康教育专业硕士，这些学生毕业后的工作去向主要是各级各类高等院校的心理

咨询中心或辅导员队伍，主要在各级高等院校承担心理健康教育和心理咨询工作。通过多年的实践探索和尝试，华中师范大学心理学院在心理健康教育教师培养方面取得了比较突出的成就，同时也积累了较为丰富的心理健康教育教师职前培养经验，已经发展成为国内非常有影响力，同时拥有自身特色的心理健康教育教师职前培养单位。

二、华中师范大学心理健康教育教师职前教育挑战分析

如前所述，虽然国内的心理健康教育教师职前培养在过去一段时间里取得了突出的成就，但是与国际上心理健康教育教师培养的发展趋势相比，我们仍然存在相当的距离。另外，近年来我国经济社会的快速发展也给国内的心理健康教育教师提出了新的能力和素质要求。相应地，国内当前的心理健康教育教师职前培养工作也不可避免地面临新的困难和挑战。作为国内心理健康教育教师职前培养的重要力量之一，华中师范大学心理学院也不例外。接下来，我们将对华中师范大学心理学院心理健康教育教师职前培养面临的主要挑战进行相应的介绍和说明，在认清发展形势的同时明确今后的改进方向。

具体来讲，华中师范大学心理学院在开展心理健康教育教师职前教育工作时主要面临的挑战有以下几个方面。

第一，如何培养出能够满足新形势下心理健康教育工作所需的新型心理健康教育教师人才。我国当前处于深刻的社会变革和社会转型时期，青少年的成长环境发生了重大变化，社会结构的深刻变革给青少年的成长带来了强大的冲击。在新的社会背景下，青少年间的个体差异越来越丰富，可能遇到的心理困惑或心理健康问题也愈加丰富。显然，这样的深刻变化给各级各类的心理健康教育教师提出了前所未有的挑战。在新的社会发展背景下，怎样才能培养出能够有效适应当前社会提出的新的更高能力素质要求的心理健康教育教师人才，是华中师范大学心理学院在改进心理健康教育教师培养模式时首先面临的挑战。

第二，如何实现心理健康教育教师职前培养与入职适应间的顺畅衔接。与其他类型的教师职前培养一样，现有的心理健康教育教师职前培养也比较关注专业理论知识的学习，对学员从事专业实践的能力的培养和训练重视不够，导致学员从毕业走上工作岗位到完全胜任岗位需求之间需要的入职适应时间较长。换句话说，传统教师职前培养中对理论学习的过分强调和对专业实践能力训练的不够重视在很大程度上造成了教师职前教育与入职适应之间衔接不顺畅的现状。虽然华中师范大学心理学院在培养心理健康教育专业学生时一直都比较重视学生的专业实践能力训练，但是由于传统管理制度方面的限制仍然存在一些做得不够理想的地方。因此，今后如何改革培养方式，使得在不影响学生理论知识学习的同时有效提升其专业实践能力训练的水平，将是华中师范大学心理学院心理健康教育教师职前教育改革的重要方向之一。

第三，如何提升社会转型期心理健康教育教师的职业承诺。现在，虽然心

理健康服务已经是社会大众一项重要的基本需要，整个社会对心理健康教育教师的需求规模也一直在提升，但是不可否认的是整个社会对心理健康教育教师价值的认可程度仍然不够高。这一状况的直接表现就是，不管是学生、家长还是学校的管理者对心理健康教育教师工作价值的认识仍然非常有限。因此，与其他课程（语文、数学等）的任课教师相比，广大心理健康教育教师在学校中的地位非常尴尬。这样一来，心理健康教育教师将不可避免地经历职业理想与残酷现实间的冲突。近年来，虽然已经有越来越多的管理者逐渐意识到这一问题，但是不可否认的是这样的尴尬的现状仍将会持续较长的一段时间。因此，在外部环境条件的改变比较缓慢的情况下，如何在职前培养阶段就关注学生职业承诺的提升，引导其树立坚定的从业信念，将是华中师范大学心理学院接下来在进行心理健康教育教师职前培养时需要特别关注的一个方面。

三、基于胜任特征的华中师范大学心理健康教育教师培养实践探索

在梳理和总结华中师范大学心理学院心理健康教育教师职前教育的发展现状和未来挑战的基础上，我们认为积极应对这些挑战的一条重要途径是：明确新形势下心理健康教育教师的能力素质要求，并以这些能力素质要求作为改进和完善当前心理健康教育教师职前教育的直接依据。根据胜任特征的基本定义可知，若我们能够构建一个科学、有效的心理健康教育教师胜任特征模型，也就可以明确新形势下心理健康教育教师的能力素质要求。换句话说，胜任特征思想可以作为华中师范大学改进和完善当前心理健康教育教师职前教育的重要理论指导。有关胜任特征思想在心理健康教育教师职前培养中的应用，其实在国外已经积累了比较丰富的实践经验。例如，美国现今的学校心理学家（School Psychologist，其职能涵盖国内心理健康教育教师的所有职能）培养工作的核心指导思想就是胜任特征思想（马红宇等，2012）。

近年来，华中师范大学心理学院尝试引入胜任特征理念，以心理健康教育教师胜任特征模型为基础，在改进和完善心理健康教育教师职前培养的实践教学体系方面进行了一系列积极的实践探索，致力于提升心理健康教育专业学生的教师业务素质，同时促进其教师职业认同感和入职适应能力的提升。这些积极的探索和尝试在帮助华中师范大学心理学院有效应对上述心理健康教育教师职前教育的三大挑战方面迈出了重要一步。接下来，我们将就华中师范大学心理学院在引入胜任特征思想完善心理健康教育专业学生实践教学体系方面的积极探索进行简要介绍和说明。

总的来说，基于胜任特征的华中师范大学心理学院心理健康教育教师职前教育实践教学体系由"一个目标、两个重点、三种形式与四个阶段"构成。具体而言，"一个目标"是指通过四学年各实践教学环节的设计系统训练心理健康教育专业学生，将其培养成为可以胜任中小学教学工作的教师；"两个重点"是指心理健康教育专业学生的实践教学不仅要强调专业知识的积累和教学技能的培养，更应侧重职业态度、个人修养、个性特质的长期熏陶；"三种形式"

是指在课堂教学基础上，主要采用专业见习、专业实习、自主训练三种实践教学形式来相互递进与补充；"四个阶段"则是通过四个学年系统学习，各阶段的实践教学内容应有所侧重，不断加强心理健康教育专业学生实践技能的培养。通过心理健康教育专业学生实践教学体系的构建，促进课堂理论教学和实践教学的有机结合，加强教育见习与教育实习的衔接，突出学校系统引导与学生的自主训练融合，构建适合于心理健康教育专业本科生的教师胜任特征的培养。

图5-2详细呈现了华中师范大学心理学院基于胜任特征的心理健康教育教师职前教育实践教学体系的具体内容。

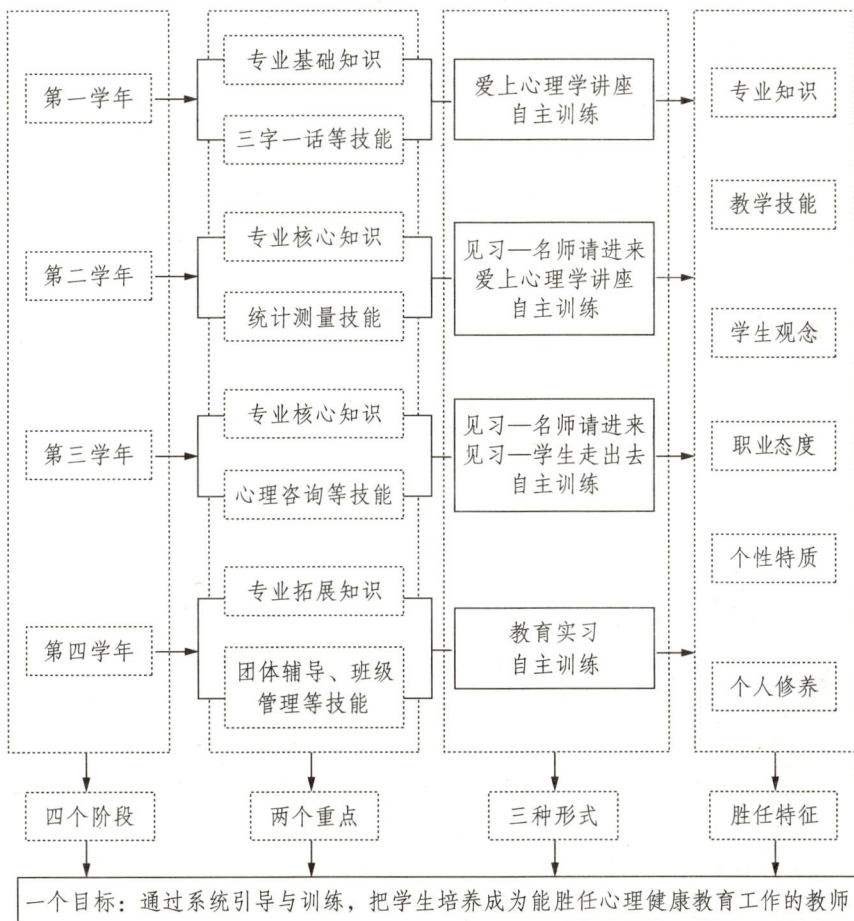

图5-2 华中师范大学心理学院基于胜任特征的心理健康教育教师实践教学体系

针对培养优秀的学校心理健康教育教师这一心理健康教育教师职前教育培养目标，对基于胜任特征的心理健康教育教师职前教育实践教学体系进行了实践探索。需要说明的是，由于我国还未有广受研究者和教育实践者一致认可的心理健康教育教师胜任特征模型出现，因此华中师范大学心理学院在引入胜任特征思想、完善心理健康教育教师职前教育实践教学体系时参考的是马红宇等人（2012）构建中小学教师胜任特征模型的"六维度"框架，结合中小学心理健康教育教师的实际工作特点，采用"自上而下"的胜任特征模型构建思路，通过专家小组确定中小学心理健康教育教师胜任特征模型。该模型仍然包括教学技能、个人修养、个性特质、职业态度、学生观念和专业知识六个维度，只是每个维度下的具体内容反映中小学心理健康教育教师的工作特点。例如，掌握学校心理辅导的基本理论和方法，胜任有关课程的教学，胜任学校心理辅导工作和心理档案的建设与管理，了解国内外学校心理辅导工作的发展趋势，能够为有特殊需要的学生个体或团体提供诊断、评估、专项训练、咨询和治疗等专业服务。通过心理学专业名师开设的爱上心理学专题讲座、中小学心理名师走进来（分享中小学心理健康教育工作经验），为心理健康教育专业学生树立优秀学校心理健康教育教师的榜样，使其切身体会到名师的成长与发展始于当下，激励其树立对心理健康教师职业的认同；通过中小学心理名师走进来和学生走出去（中小学观摩）这两种教育见习形式，让学生对心理健康教育有直接的认识与感悟，使学生明确实践教学的具体目标；通过成立心理学教师成长联盟的形式，为学生提供一个自主交流、相互帮带、取长补短、提高心理健康教育教师职业能力的自我发展的平台。

华中师范大学心理学院前后经过两届学生实践教学的探索发现，这一针对不同学习阶段根据培养目标及重点采用课程教学、专业见习和专业实习（学校及院系层面的系统引导）与学生自主训练相结合的模式，确实可以有效强化学生的专业知识和教学技能，培养学生树立良好的职业态度、个性特质、个人修养以及正确的学生观念。并且，通过对毕业生实习学校和就业学校的追踪研究发现，华中师范大学心理学院培养的心理健康教育教师确实能够很快地适应由学生向教师的转变，不管在实习单位还是工作单位的表现均受到在校学生和领导的好评。这固然反映了华中师范大学探索基于胜任特征的心理健康教育教师实践教学体系建设的效果，同时也切实体现了胜任特征思想在教师职前教育中的应用价值。当然，由于华中师范大学心理学院在建设基于胜任特征的心理健康教育教师职前教育实践教学体系时参考的并非专门构建的心理健康教育教师胜任特征模型，因此，在今后改进和完善时应首先考虑尽快构建一个真正属于中小学心理健康教育教师的胜任特征模型，并将其作为改进和完善心理健康教育教师职前教育的参照标准。

第六章
CHAPTER SIX

基于胜任特征的教师招聘与选拔

　　教师招聘与选拔既是教师人力资源管理的起点，同时也是整个教师人力资源管理体系的基础。确保新进教师的质量对于我国当前和未来中小学教师队伍建设同样至关重要。正是在这一背景下，为深化教师队伍补充机制改革，确保教师聘用质量，2009 年，教育部发布了关于进一步做好中小学教师补充工作的通知。通知指出："全面推行新任教师公开招聘制度，形成长效机制；从 2009 年开始，各地中小学新任教师补充应全部采取公开招聘的办法，不得再以其他方式和途径自行聘用教师；要坚持德才兼备和'公开、平等、竞争、择优'的原则，严格招聘程序，严把选人标准和质量，吸引有志于从事基础教育事业的优秀人才到中小学任教。"同时，2010 年发布的指导我国未来十年教育改革和发展的《国家中长期教育改革和发展规划纲要（2010—2020 年）》在学校人事制度改革方面亦明确指出，要"进一步落实聘用制度和公开招聘办法"。教育部进一步在此基础上研究制定了中小学教师公开招聘办法，主要包括以下两个方面的内容：一是改革教师聘任、考核和评价制度，实行聘任制，引导教师把主要精力用于教书育人；二是改革人才招录与选拔机制，完善自主招生制度。

　　近年来，胜任特征受到学界和人力资源工作者的广泛关注，自 1973 年麦克利兰等人将胜任特征应用于招聘后，胜任特征模型的应用逐步遍及全球，目前在世界 500 强企业中，大多数企业都在人力资源管理招聘领域应用胜任特征模型。胜任特征在人力资源管理领域的研究与应用，为人力资源的合理配置和提高企业经营绩效提供了新的理论依据和管理方法（江日辉、张海雯，2010）。现在，胜任特征模型正在推动人力资源管理招聘、绩效、培训等工作模块的变革（张海，2006）。

　　随着教师资格的放开，很多无教育训练背景的人进入教师队伍，如何甄选合适的教师成为用人单位的工作重心。丁克（Dineke）认为教师胜任特征是包括教师的人格特征、专业知识和在不同教学背景下所需教学技巧及教学态度等内容的总和。从人力资源管理理论的角度来看，教师招聘与选拔的直接目标就是将那些已经具备或者有潜力具备各种教师胜任特征的应聘者挑选出来，并将其补充进入现有的教师队伍中去。这也是将胜任特征应用于教师招聘与选拔的切入点。基于教师胜任特征的招聘，依据的是优秀绩效教师所具备的胜任特征和典型的行为表现。招聘人员对应聘者的态度、价值观以及过去的表现进行判断，并与胜任特征指标对照，预测应聘者未来的工作表现，最终决定是否录用。在整个教师招聘与选拔过程中，以各个胜任特征指标为基础，将胜任特征的识别方法与其对教师工作的影响连接起来，形成一个整体，将胜任特征模型融入到教师招聘的核心环节中。胜任特征模型是人力资源管理中的一项辅助性工具，其本身不可能独立地发挥作用，更不能替代人力资源管理的职能模块，只有融入到教师招聘等工作中，其价值才能得到体现。

在这一章，我们将首先对教师招聘与选拔的一些基本理论进行简要介绍；然后对当前国内外教师招聘与选拔的现状进行梳理，主要从教师招聘的制度与探索、教师的资源与需求、教师招聘测试、教师招聘存在问题以及国外经验借鉴五个方面展开；在此基础上，将重点介绍胜任特征在教师招聘与选拔中的应用，尝试在总结和借鉴国内外实践经验的基础上探索出一套基于胜任特征的教师招聘与选拔工作模式，并对其主要特点、操作流程进行介绍和说明；最后，以一个实践案例生动呈现基于胜任特征的教师招聘与选拔的实际应用。

第一节　教师招聘与选拔现状研究

人类社会已经进入知识经济时代。世界经济合作与发展组织（OECD）在1996 年的年度报告《以知识为基础的经济》中指出：知识经济是以知识（智力）资源的占有、配置、生产和使用（消费）为重要因素的经济。随着知识经济时代的到来，各个国家都加大了在教育方面的投资力度，对于许多国家来说，招聘到高质量的教师一直是重要的问题。我国社会也正面临着这样一个历史性的发展契机，推动教育事业科学发展、建设人力资源强国、实现教育规划纲要描绘的宏伟蓝图，广大教师起着决定性作用。

在我国教育工作者中，中小学教师占据相当大的比例，中小学教师为国家培养下一代，担任提升国民基本素质的重担。中小学教师队伍的建设还关系到义务教育的均衡化与教育公平的实现，如何把最优秀的人才吸引到中小学教师队伍中来，是教育发展过程中应当解决的重要课题。一支合格的高质量的教师队伍对于推进我国现代化建设具有重要作用。

一、教师招聘与选拔概述

（一）教师招聘与选拔的基本概念

教师招聘。在人力资源管理中，招聘（Recruitment）也可称作招募，即适时地为组织吸引到足够数量的合格应聘者来应征组织职位的过程（韦恩·蒙迪，2011）。具体到教师招聘，即学校为补充当前师资空缺或储备未来师资力量而开展的一系列旨在吸引足够数量的合格者来应征教师职位的工作。基于教师人力资源管理的角度，教师招聘是学校师资队伍建设中至关重要的一个环节。一方面，对于那些可能不能满足学校当前或未来发展需要的不合格教师来讲，招聘是将其拒绝于学校之外的第一道门槛；另一方面，对于那些可能成为学校未来发展中坚力量的优秀教师来讲，招聘则是吸引他们加入的第一道工作。与国外相比，教师招聘在我国真正出现的时间并不长。2003 年，人事部、教育部联合印发了《关于深化中小学人事制度改革的实施意见》（国人部发［2003］24 号），开始全面推行中小学教职工聘用（聘任）制度。可以说，这是国内真正意义上的教师招聘工作开始实施的时间，至今不过 10 余年。

教师选拔。选拔（Selection）也可称作甄选，是组织从一组求职者中选择最适合组织和职位需求的人员的过程。因此，所谓教师选拔就是学校从众多应征教师岗位的人员中选择最适合学校和空缺岗位要求的人员所开展的一系列工作。

在人力资源管理中，选拔与招聘是密不可分的两项工作，二者拥有共同的目标，即为组织挑选最合适的人力资源。任何一项工作的好坏都会直接影响最终目标的实现。如果招聘工作没做好，意味着前来应聘学校空缺岗位的人员质量可能难以保证，这将大大降低学校挑选到最合适人员的概率；同样，如果选拔工作没做好，即使有再多合格的人员来应聘，也可能挑选不出那些最符合学校需要的人员。因此，人力资源管理领域的研究者和实践者通常将招聘与选拔共同视作一项重要的人力资源管理职能。

（二）教师招聘的常用渠道分析

内部招聘。在我国当前的学校教师招聘过程中，内部招聘可以说是非常重要的一种招聘渠道。具体是指，当有学校出现教师岗位空缺时，可以直接从学校内部或当地其他学校现有的教师队伍中挑选合适的人员补充。这种招聘渠道在过去相当长的一段时期里非常普遍。例如，在以前未实施初中和高中分开办学之前，很多学校同时拥有初中部和高中部，当该学校的高中部出现教师岗位空缺时，不需要到外面去招聘，直接从该学校初中部的现有教师队伍中挑选合适的人员补充就可以。

近年来，随着各地纷纷实施初中、高中分开办学，像这样一种教师补充的方式正变得越来越少。不过，存在于当地教育系统内部的师资流动仍然比较常见。例如，我国从国家到地方一直都有重点学校与普通学校的区分，在重点学校与普通学校之间最显著的差异之一就是师资力量的差异。其中很重要的一个原因就是各重点中学的师资有相当一部分是由当地普通学校中的优秀教师组成。即当重点中学出现教师岗位空缺时，当地其他普通学校那些经验丰富的优秀教师往往是最受欢迎的补充对象。这里"内部"的含义并不局限于学校内部，更多指的是学校当地的教育系统内部。

院校招聘。院校招聘是指当学校出现教师岗位空缺时前往专门培养教师的各师范院校进行招聘，从师范专业毕业生中挑选合适人员的一种教师招聘方式。这种面向师范院校毕业生的教师招聘方式是我国正式实施教师聘任制改革之后最为普遍的教师招聘渠道。

在我国，不管是教育部直属还是各地方所属的师范院校，最为重要的一项职能就是为国家培养未来的师资力量（主要是中小学师资）。对于师范专业的学生来讲，毕业后成为一名教师就是其最重要的就业目标。因此，这些经历过专业培养和训练的师范毕业生无疑是各中小学校最为重要的师资来源。尤其是近年来，各地教育主管部门组团到各大师范院校招聘新教师的现象越来越常见。单从人数规模上来看，院校招聘毫无疑问是我国当前最主要的一种教师招聘渠道。

社会招聘。社会招聘主要是指面向社会上有志并且有能力从事教师职业的广大人员的一种教师招聘方式。

近年来，随着教师资格考试的规范化推行，通过社会招聘渠道成为教师的人员越来越多。在我国，教师资格制度是国家实行的教师职业许可制度。教师资格是国家对专门从事教育教学工作人员的基本要求，是公民获得教师职位、从事教师工作的前提条件。《中华人民共和国教育法》和《中华人民共和国教师法》中明确规定，凡在各级各类学校和其他教育机构中从事教育教学工作的教师，必须具备相应的教师资格，没有相应教师资格的人员不能聘为教师。也就是说，学校内部招聘和院校招聘不再是教师招聘的仅有渠道。现在，任何一名有志于成为教师的人员，只要通过相应的学习或培训参加国家的教师资格考试并获得相应的教师资格证书，就有资格参加学校的教师招聘并成为一名教师。面向社会的教师招聘渠道，极大地丰富了我国教师队伍的来源范围，为更多有志于成为教师的优秀人才提供了切实可行的途径，对我国当前及今后的教师队伍建设具有重要的意义。

（三）教师选拔的主要方法分析

教师选拔的主要工作是对应聘者的知识、能力和素质等进行尽可能全面的考查和评估，确定应聘者是否符合学校和教师岗位的需要，进而为教师招聘录用决策提供依据。针对不同的考查内容，适合的考查方法也不一样。一般来讲，常用的教师选拔方法主要包括笔试、试讲和面试等。

笔试。笔试又可以分为专业知识测试和心理特征测验两类。前者主要考查的是应聘者在学科专业知识方面的水平，而后者通常用于对涉及应聘者职业兴趣、人格特征等内容进行考查和评估。在实际的教师招聘与选拔中，笔试的一般操作流程如下：首先，学校人事部门组织相关学科教师、人力资源专家和心理学家进行命题，即确定笔试的工具；然后，由学校教师招聘小组按照规范化、标准化的操作流程实施笔试并回收应聘者的答卷；最后，严格按照测验的评分方法和标准对应聘者的作答情况进行评阅并形成相应的笔试评估报告，作为招聘小组初步筛选候选人的重要参考依据。

试讲。试讲是当前教师招聘与选拔工作中最为常用的一个环节，也是教师招聘与选拔在方法上可能不同于其他组织人员选拔的重要方面。试讲的目的是考查应聘者的专业水平、心理素质、仪表风度、个人魅力、语言表达能力和反应能力等。但是，由于试讲的时间往往比较短，并且试讲效果容易受应聘者前期准备、现场着装、临场气氛等不可控因素的影响，试图通过试讲这一环节实现对应聘者专业水平、心理素质、语言表达能力和反应能力等多方面特点的准确评估比较困难。通常来说，招聘小组通过试讲往往只能对应聘者的整体表现和综合素质做一个比较概括化的评估。要想实现对应聘者更加全面、深入的了解，仍然有待其他选拔方法的补充和支持。

面试。面试一般采取结构化面试的形式。结构化面试具有面试程序标准化、面试问题标准化、评分标准化等特点，其效度和信度较高，成为近年来规模大、规范性要求较高的考试的首选面试方法。结构化面试侧重于考查应聘者深层次的胜任特征，如应聘动机、自我意向、个性特质、与职位的匹配性、与组织文化的匹配性等。结构化面试的操作技术又分为行为描述面试（Behavior Description Interview，简称 BDI）和行为事件访谈法（Behavioral Event Interview，简称 BEI）。

现代面试技术认为，一个有效的面试应当基于以下两条假设：第一，与绩效指标紧密联系的问题更能有效预测被访者在将来工作中的表现；第二，过去行为是将来行为的良好预测指标。因此，现代面试技术会更多地呈现应聘者与工作相联系的典型的某些假设的模拟情境或实际情境。然后，通过发掘应聘者在这样的情境下会采取哪些行为，来判断该被访者是否适合该岗位。行为描述面试和行为事件访谈法在现代面试技术中使用较为广泛。

行为描述面试是指在对目标岗位进行充分而深入分析的基础上，对岗位所需的关键胜任特征进行清晰的界定，然后在应聘者过去的经历中探测出是否存在教师职业所要求的胜任特征，它采用的面试问题都是基于关键胜任特征的行为性问题，在胜任特征的层次上对应聘者作出评价。主要有两个信息来源：一是应聘者过去的能力和经验，二是应聘者在特定情境下的表现。将应聘者的表现与岗位素质需求进行比较分析，判断预测他未来在教学工作中的表现，以此来确定应聘者是否适合教师职业。

面试问题的构建要围绕确定的胜任特征来进行，为要测评的每一项胜任特征设计两个或三个问题。如果胜任特征是由关键事件法获得的，关键事件就成为编制面试问题的基础；如果胜任特征是基于工作任务推断出来的，那么问题就来源于对未来工作中最有可能遇到的事情的假设。设计的问题应尽可能含有最大限度形容词，如"最近的""最难忘的""最具挑战性的""最困难的""最失望的""最大的"等。基于胜任特征的行为描述设计实例见表 6 – 1。

表6 – 1　针对"人际能力"胜任特征的行为描述面试设计

人际能力的外在行为指标	面试提问方法示例
1. 在处理复杂的人际关系问题时，能够使用有效的策略和方法；能够在处理问题的最佳时间作出准确判断，对问题涉及的对象有准确的了解和把握。	1. 请你谈谈曾经在工作中处理过的某件非常复杂的人际关系问题的经历。

续表

人际能力的外在行为指标	面试提问方法示例
2. 能够花费必要的时间去了解他人的立场、观点和感受；能够以建设性的方式向他人反馈；向他人表达真实的感情。	2. 回顾一下你曾经发现自己了解到别人的立场或者感受时的事例，描述一下当时的情境以及经过。
3. 能够积极地在组织内部营造起一个坚固的关系网；高度关注和评价与他人之间的良好关系；能够被他人信任和喜欢。	3. 请描述一下你最近在工作单位里营造的关系网络的情况，为此你都做了哪些投入？

在实施行为描述面试的面谈时，提问的顺序是先以一个开放式问题引出，使应聘者进行行为描述，然后，用追踪式问题促使应聘者为事件的情境、目标、行为和结果提供具体的细节。行为描述面试的面谈时间一般要一个小时或更长时间。追问在面谈中非常重要，面试官不仅要询问求职者在事件中的行为，还要探求其行为背后的动机。面试官应把握4个关键的要素：①情境，即应聘者经历过的特定工作情境或任务；②目标，即应聘者在这情境当中所要达到的目标；③行动，即应聘者为达到该目标所采取的行动；④结果，即该行动的结果，包括积极的和消极的结果，生产性的和非生产性的结果。行为描述面试的具体分析举例见表6-2。

表6-2 行为描述面试记录分析举例

问题：举例说明你怎么对待新事物？		
答案一 我对待新事物总是抱着一种热情，努力去尝试。有一次我在网上看见一个新编程工具①，就把它下载下来，一直研究到凌晨两点②，把它研究清楚才睡觉③。	答案二 我很喜欢尝试新事物，有什么新手机、新游戏、新运动、新服装我都会马上去尝试。这种感觉很不错。	答案三 我对新鲜事物采取一种相对稳妥的态度。比如，我们部门曾经有人研究了一个新的工艺，很多人都积极学习①。我觉得还是应该多实验才能应用，所以就没有像其他人那样去尝试②。
①情况 ②行为 ③结果	该回答不是具体行为，而且和应聘职位间的关联很小，应该要求应聘者举一些更加具体的、与职位关联较大的例子。	①情况 ②行为 缺少结果。建议追问：最后结果怎么样？你有没有因此在技术上比别人落后？

行为事件访谈法则是一种开放式的回顾式访谈，是揭示胜任特征的主要工具之一。要求应聘者列出他们在工作和生活中发生的三个成功事件和三个失败

事件，并详尽地描述事件的时间、起因、相关人物、过程、结果以及自己当时的想法。在行为事件访谈结束时让应聘者总结事件成功或失败的原因，从而了解应聘者的动机、个性特征、自我认知和态度等。与传统面谈方式相比，行为事件访谈在客观性、针对性、准确性和真实性上都有绝对的优势，见表6-3。

表6-3　行为事件访谈与传统面谈方法的特点比较

特　点	行为事件访谈	传统面谈
客观性	招聘人员基于已有的胜任特征模型和各种胜任特征的行为描述对应聘者的回答作出分析和判断。	招聘人员没有客观、统一的要求和标准，具有很大的主观性。
针对性	招聘人员可以根据教师岗位的特点，要求应聘者针对性地说出自己过去的工作或学习事件，并且描述这些事件是否有效。通过应聘者陈述的事件预测他未来在该方面的行为表现。	只是让应聘者讲述过去的经验和曾从事的活动，应聘者的许多报告只是泛泛而谈，招聘人员不清楚其工作和学习的表现好坏。
准确性	关注应聘者在过去时间中作出的具体行为，容易判断出应聘者的能力高低。	应聘者自我评价，如描述优缺点、爱好等，并不能说明个人的实际行为表现。
真实性	由于应聘者被要求讲述具体的事件以及自己在其中的表现，而非想象其会怎么做，应聘者很难虚构。	应聘者容易虚构或讲出取悦招聘人员的话。

　　任何一个岗位对任职者的特征要求都是相当复杂的，因此，在设计面试问题之前，需要首先解决这样一个问题：一个任职者能够顺利解决工作情境中的哪些问题对于该工作来说是更加重要的，也就是说，在面试过程中，应该向被访者呈现哪些典型情境。行为事件访谈法就是在设计好面试问题的前提下，获取最关心的典型行为，或者说与高绩效最相关的行为信息，用以判断应聘者是否适合该岗位。

　　不论是复杂的还是简化的行为事件访谈，对其结果的要求都是必须能够直接应用于人才选拔和考核。所以在成果上要有能够直接观察的行为指标作为依据，可以观察应聘者是否表现出教师胜任特征模型所描述的行为和事件来判断其是否与教师的胜任特征模型相符合。

　　评价中心技术。教师招聘中最常用的技术是评价中心技术，它通过专门设计的一些教学和日常工作的模拟情境，观察和评价他们在这些模拟情境中的行为表现，以预测他们在未来教师工作岗位上的绩效。评价中心技术是一种以测评应聘者胜任特征为中心的一组标准化评价活动，它是一种程序而不是一种具体的方法。简历筛查、面试、心理测验等传统方法都是着重于"用过去的经历来预测未来工作岗位的绩效",而评价中心的核心在于识别和确定应聘者胜任未来教师工作所必须具备的特征。评价中心技术的效度高达 0.65 以上,而行为事件访谈法的效度为 0.48~0.61,人格测试的效度为 0.39,传统面试的效度只有 0.20。可见,评价中心技术是目前较为有效的工具。

评价中心技术集合了多种测试方法,由多位考官对应聘者在测试过程中的行为表现进行共同评价,以情境模拟为主体的综合性测评技术,主要技术有文件筐测验、无领导小组讨论、角色扮演、案例分析、管理游戏、投射测验、模拟面试等。没有最好的招聘技术,只有最合适的技术。可以根据不同的评价内容采用不同的技术,制订在教师招聘中可供参考的测评指标和评价中心技术的搭配表(陈宛玉,2011),详细内容见表 6-4。

表 6-4 在教师招聘中可供参考的测评指标和评价中心技术的搭配

评价指标	测评方法
专业知识和技能	模拟面试、公文筐测验
课堂驾驭能力	角色扮演、模拟面试
创新能力	管理游戏、案例分析
沟通表达能力	无领导小组讨论、演讲、书面表达
人际交往能力	无领导小组讨论、角色扮演

二、国内教师招聘与选拔现状分析

从《中华人民共和国教师法》颁布到《国家中长期教育改革和发展规划纲要(2010—2020 年)》(以下简称《纲要》)的实施,国家和相关部门对教师招聘特别是聘任制的实施作出了巨大的努力,也取得了较大的成效。首先,打破教师岗位终身制,提高了教师忧患意识和责任感,优化了教师队伍;其次,聘任制的实施,一定程度上增加了公立中小学校的话语权,学校可以根据实际情况选聘最合适的教师;最后,教师可以较为合理地流动,增进各学校和地区教学经验的交流,提高教学质量。

随着教师社会地位和职业待遇的不断提高,中小学教师的职业受到了越来越多人的青睐。在某些重点中学,出现了几十人竞聘一个教学岗位的情况,竞聘者不乏研究生层次的高学历人才。面对庞大的良莠不齐的应聘队伍,学校最重要的工作是甄别哪些是学校真正需要的人才。虽然目前教师的数量供大于求,但是从众多候选人中挑选出最合适的人才并非易事。学校的盲目招聘不仅会挡住许多有用人才,而且造成学校资源的浪费,给日后的教师管理带来一定的困难。由于缺乏科学规范的招聘机制,传统招聘模式已经无法满足新环境和新形势的要求,如何正确、全面、科学地了解应聘者的全部才能,如何建立科学合理的招聘模式,是目前教师招聘中面临的最紧迫的问题。

（一）我国在教师招聘制度与实施方法方面的探索

1993 年，《中华人民共和国教师法》首次以法律的形式对教师资格和教师聘任予以规定。1995 年，国家颁布了《教师资格条例》和《教师资格认定的过渡办法》，详细规定了教师资格的申请和认定程序。1996 年以后，全国各师范院校逐渐取消了毕业生分配制度，由国家组织统一教师资格考试，吸引非师范专业毕业生从事教师工作。2003 年以来，国家颁布了《关于深化中小学人事制度改革的实施意见》《事业单位试行人员聘用制度有关问题的解释》《事业单位公开招聘人员的暂行规定》等一系列文件，文件规定招聘教师必须坚持公开性。招聘应遵循规定的程序，招聘考试内容和形式要符合要求，招聘结果要进行公示，最后应与聘用人员签订聘用合同。但这些文件对招聘程序、回避人员等问题规定不够详细，使得目前中小学招聘工作还存在许多漏洞。

《纲要》第四部分第十七章专门论述了教师队伍建设问题，提出"积极推进师范生免费教育，实施农村义务教育学校教师特设岗位计划，完善代偿机制，鼓励高校毕业生到艰苦边远地区当教师"。要稳定和完善教师队伍建设，只依赖奉献精神是不够的。《纲要》还提出"提高教师地位待遇。不断改善教师的工作、学习和生活条件，吸引优秀人才长期从教、终身从教。依法保证教师平均工资水平不低于或者高于国家公务员的平均工资水平，并逐步提高"。为了促进教师自我提高的积极性，稳固和提升教师队伍，《纲要》提出"建立统一的中小学教师职务（职称）系列，在中小学设置正高级教师职务（职称）"。

我国至今尚没有专门的法规、规章对中小学教师招聘制度进行规范，中小学教师聘任问题和教师聘任制的推行，基本是依据中央和地方的行政规范性文件。各地在实际招聘工作中根据相关政策文件进行了诸多尝试。

福建省率先宣布于 2010 年起在公办中小学补充新任教师中实行全省统一公开招聘笔试的方式。2011 年安徽省宣布在公开招聘的基础上将有更严格的规范。在招聘信息公开发布后，相关部门要严格按照核准的招聘方案规范实施招聘工作，不得随意更改招聘程序、方式，不得擅自增减招聘岗位数量和缩小招聘范围，不得任意设置加分、倾斜条件；与招聘岗位职责无关的报考资格不能设置，包括歧视性、指向性、限制性条件等。每一个岗位中报考人数与招聘人数的比例应不低于 3∶1；对达不到规定比例的少数紧缺专业或招聘硕士研究生以上层次人员的岗位，经同级人力资源和社会保障部门同意可降低比例开考。

（二）我国教师招聘的资源与需求状况

发展教育事业是国家长远性、基础性的发展战略。多年来，财政部和地方各级财政部门一直把教育摆在优先发展的地位，在经费上予以重点保障。2006—2010 年，财政性教育经费的年均增长率为 23.3%，高于同期财政支出的增长。2010 年财政性教育经费占国内生产总值（GDP）的比重达到 3.69%。

目前教育支出已成为公共财政的第一大支出。

随着招生规模的逐年扩大和国家教育政策的促进，截至 2010 年我国在校教育总人口从 2007 年的 2.09 亿上升为 2.64 亿，增长了 26.3%。根据教育部 2012 年最新发布的统计数据，我国各级各类学校专任教师总人数约 1 400 万。其中，普通高校专任教师 134.3 万人，成人高校专任教师 4.6 万人，民办高校专任教师 1.8 万人，中等教育（含高中阶段教育和初中阶段教育）类学校专任教师 591.9 万人，初等教育（含普通小学和成人小学）类学校专任教师 564.6 万人，工读学校专任教师 4.0 万人，学前教育专任教师 114.4 万人。具体到师生比方面，普通高中、普通初中、普通小学和学前教育的师生比分别为 16：1、15：1、18：1 和 26：1。由此可见我国教师数量缺口仍很大。

当前，高校毕业生就业形势严峻，就业压力加大，同时，部分农村学校特别是中西部边远贫困地区农村学校教师仍然紧缺，合格教师难以补充的问题仍然突出。为了促进农村义务教育和缓解农村教师紧缺的现状，国家在 6 所教育部直属师范大学推出了师范生免费教育政策，4 年累计招收免费师范生 4.6 万人，首届 1 万余名毕业生全部到中小学任教，90% 以上到中西部中小学任教，39% 到了县镇及以下的中小学任教。2006 年以来国家通过"特岗计划"输送了 24 万中央特岗教师赴 22 个省（区）、1 000 多个县、近 3 万所农村学校任教，服务期满特岗教师的留任比例连续两年达到 87%。其中 2010 年中央财政用于"特岗计划"经费达 30.5 亿元，招聘教师达 6 万人。

为了缓解教师资源不足的现状，学校通过各种途径引进大量的优秀教育人才。据教师招聘门户网站统计，2010 年 9 月—2011 年 9 月，国内各大中专院校、中学、小学以及各类民间机构，通过网络招聘人数接近 20 万，而实际招聘人数远远超过这个数字。其中，综合类大学及高职高专院校招募高校教师占总体招聘份额的 40%，中小学教师的招聘数量所占份额不容小视，而社会类培训学校对专业类教师的需求也逐年递增，占到总体招聘份额的 26%。

（三）我国教师招聘与选拔的实施方法

教师招聘考试，是由地区教育局或人事局统一组织的教师上岗考试，是一种公开选拔优秀教师的人才录用制度，采取公务员招聘考试的形式。教师招聘考试的程序一般为"报名—资格审查—笔试—面试—考查—体检—录用—签约"等。

笔试考核的内容主要是教育学、心理学基本理论知识、行政能力测试以及时事政治。面试主要是专业课的试讲，通常指定教材的某一个问题或章节，通过试讲或说课的方式考查应聘者的教学能力，包括教学内容是否合理，教学方式、手段、环节是否恰当，还有口头表达、板书、课件制作以及运用相关教育教学资源的水平。在这种传统的教师招聘程序中，应聘者实际上只需要过两道关：硬件关、教学关。所谓硬件也就是指应聘者的学历、专业、毕业院校、学习情况等；而教学关指的就是考查应聘者对教材的理解，说课的能力。

随着教育改革的进程，教师招聘考核的内容也相应发生了变化，对应聘者的综合素质要求变得更高了，只掌握教育学和心理学的应聘者未必能顺利通过教师招聘笔试。因为除了教育学和心理学，教育法规、新课程理论、教师道德修养知识以及中小学教师应具备的专业知识和综合运用能力都将成为笔试的重点考查内容。部分省份，笔试内容还按应聘不同科目的教师进行调整，考试科目一般分为两项，一是教师基本能力测试，按教师类别命题，侧重考查利用学过的有关知识理论处理本领域教育教学具体问题的综合能力，还可以考查书面表达、分析推理等基本能力。二是学科教学能力测试，按任教学科命题，主要考查本学科用于教学的知识掌握情况和有关教学原则和方法的运用情况。面试还是采取试讲、说课等传统方式，考查应聘者的基本素养、逻辑思维、教育教学水平、对待教育教学的基本态度以及仪表举止等。部分地区，专家面试时还要考核教师的写字能力，包括钢笔字和粉笔字。

（四）我国现行教师招聘与选拔中存在的主要问题

教师招聘考试是以公开招聘的形式在全国、省市或城镇大范围内为各级学校挑选优秀人才，但是仍不能满足学校扩招和教育改革的需要，因此学校自主招聘作为一种及时、有效的形式，经常被用于补充解决学校师资不足的问题。学校自主招聘是由学校根据自身需要来进行的，相对而言，能够更有针对性地满足学校补充教师的实际需求，如招聘到的教师人格特征与学校文化的匹配度较高。但是，各级学校自主招聘的流程和考核内容不同，缺乏科学性、系统性、实用性的招聘理念和人力资源理论的指导，直接影响到招聘效果。

中小学教师招聘中往往存在这样的错误观念，重视学历而忽视能力，重视智力因素而忽视非智力因素，重视过往成绩而忽视发展潜力，仅仅凭借学历、专业、毕业院校等外显条件去推断其个人能力和素质，而在胜任特征结构中具有核心作用的动机、人格特征、态度和价值观等则不被重视。因此，传统的中小学招聘流程存在很多误区，导致招聘效率低下，招聘教师素质不高，进而造成学校用人困难的问题，具体分析如下。

1. 招聘主体不够清晰

目前，公立中小学的教师招聘是由上一级的教育部门组织。招聘名额首先由学校校长根据学校的实际增人需要上报教育局，经相关领导批准，再由教育局分派教师编制到学校。参加笔试和面试等考核过程的多为上级教育局领导和人事专员，学校在招聘中权力有限。上级直接指派的形式没有结合考虑学校的学科建设和长远发展对人才的需求，学校文化和录用教师的个性匹配等情况，这会造成学校将来的用人困难。

2. 招聘与选拔考核内容不够全面

中小学校教师的自主招聘，首先根据应聘者的学历、专业、毕业院校、学习成绩、获奖情况等材料初步挑选条件优秀者。一般来说，学校比较看重应聘者的毕业院校和专业成绩。然后是教学试讲，由校长、教务主任和学科骨干教师组成的评审小组对应聘者的表现进行评分，通常是根据教学试讲的表现确定最终录取名单。

首先，在简历筛选环节，将学历文凭等作为教师准入的基本条件是缺乏科学性的。随着知识更新周期不断缩短，教育课程改革不断推进，已有的知识水平已经不再是教师最主要的素质要求，综合素质和学习能力才能更全面地反映一个教师的发展潜力。其次，主要通过试讲考核教学能力也是比较片面的，教学能力是教师必备的基本能力，但是这种能力可以通过培训或再教育得到显著的提高。所以，将过往的知识水平和可以自我提升的教学能力作为选拔教师最重要的两个标准，是非常不合理的。

目前，在进行教师招聘中往往注重资格审查和试讲，不重视其他环节，尤其是心理测试环节。心理测试环节一般考查内容为人格特质、职业兴趣等，其结果反映了应聘者的教育价值观、教师职业观等，是一项内隐的重要指标。教师招聘考核的内容侧重于考查应聘教师的知识、机能等表层特征，这些特征易于观察，也可以通过教师素质培训和教学进修而得到提高。而在个人素质中比较稳定的内隐特征不能通过简单的培训加以改进，如教育观念、性格特点、心理因素、团队协作能力等，往往被忽视。如果招聘的教师不具备教师所需要的这些核心特征，无法胜任教师的本职工作，教师个性特征、职业兴趣与学校文化不匹配，会严重影响教师的绩效，对学校来说也是重大的损失。

3. 招聘与选拔过程的标准化和量化程度不够

教师招聘的面试基本上是非结构化面试。非结构化面试具有面试问题的不确定性、答案的非标准性、过程的发散性和面试评分标准的模糊性等特点，对主考官的素质依赖性较强，其实质是靠经验办事，面试技术很难做到客观和科学。

首先，由面试官随机提问一些预设的问题，根据应聘者的回答来考查他们的专业知识、思维能力、应变能力和口头表达能力等。这种方式要求主考官的个人能力素质较高、面试经验丰富，因为面试官必须在较短的时间内观察和了解应聘者，从应聘者的外显行为、专业能力和浅层心理中判断应聘者是否具有成为教师的特质。其次，有时招聘人员所提问题的真实目的带有很大的隐蔽性，可能造成应聘人员理解上的偏差，反映不出其真实水平。

面试官往往利用积累的经验、个人常识、零散知识信息作为判断依据，多以应聘者的外表、资历、年龄为选拔标准，挑选出在面试中表现不错的应聘者，而非工作中取得优秀绩效的应聘者。没有针对是否胜任工作的标准来挑选，使招聘标准与现实需求产生了脱节。传统面试多为定性评价指标，也无法判断应聘者的个性特点、素质结构和潜力，因此传统面试的效度较低，研究数据表明其效度仅为 0.2。

4. 招聘流程缺乏评估环节

和企业员工招聘相比，教师招聘流程还缺少招聘评估环节。招聘评估环节是指通过对已完成的招聘工作的目的、过程、效率和效果等的客观全面的分析，确定招聘的预期目标是否达到，招聘过程是否科学，招聘方法是否有效，招聘效果是否满意等。主要量化指标有应聘比例、招聘完成率、教师录用比、教师录用质量等。通过分析评价，可以找出存在的问题及产生问题的原因，及时将有关信息反馈到学校人事部门和学科部门，为改进未来的招聘工作提供参考。

5. 聘任制实施和教师资源流动比较困难

学校属于事业单位，教师实行聘任制。在事业单位职位"终身制"依然普遍存在的今天，教师实行聘任制的示范作用显而易见。学校规模的扩大与缩小，生源数量的多与少，学校的增设与撤并，都会影响国家和学校对教师的数量与结构的需求，因此聘任制应运而生。

聘任制，实际上为教师建立了一个能通过自己的劳动和努力来改善自己的工作条件和经济待遇的机制，从而扭转了教师与社会利益价值比较失衡的心态，拉开了教师内部先进与后进、积极与消极、勤奋与懒惰的距离。教师聘任制的实施也存在很多缺点。当前，考核标准不健全，尤其在初中和高中，往往以升学率作为标准，加重了学生负担。目前教师聘任制度还处于从全员聘任到差额聘任的过渡期，目的是让处于过渡期的教师逐渐认识到只有通过辛勤工作才能得到生存与发展的机会，使大家产生危机感与紧迫感，直至对那些不符合教师资格的人实施解聘。现在聘任制实施存在的主要问题是，因没有健全的国家标准，难以真正打破传统的教师聘任机制，聘任制、分级流动制、末位淘汰制、引入外部竞争机制等就难以得到切实有效的执行。聘任制的落实也直接影响到教师资源的流动。

三、国外教师招聘与选拔现状分析

西方一些发达国家在教师招聘与选拔方面的一些好的经验或许可以为国内教师招聘与选拔工作的改进提供一些有价值的参考和启示。基于此，接下来我们将重点从招聘主体、考核内容、招聘面试、招聘流程、聘任与教师流动这五个方面对国外教师招聘与选拔工作的一些实践经验进行总结和介绍。

（一）国外教师招聘的实施主体

在英国，教师的招聘主体是学校董事会。学校董事会一般由校长、家长、社区人士、学生、地方教育局代表组成，人数为 10～15 人。在日本，为了挑选优秀的教师，教师招聘面试的主考官还包括临床心理医生。可见，教师的心理素质对其能否胜任本职工作起到极其重要的作用。

（二）国外教师的聘任条件分析

在美国，教师的聘任条件非常严格。首先，由州教育厅进行教师资格审查，审查内容包括学历与学位、教育技能、测验成绩等。教师资格证书是教师被聘任的先决条件。美国的教师资格证书按水平具体划分为初始教师资格证书、标准教师资格证书和专家熟练教师资格证书三种，测评更科学，难度更大。

初任教师取得教师资格要通过 Praxis 系列考试，该考试是目前全美范围内应用较为广泛的考核与测验，主要包括入学鉴定测验 Praxis I、出任执照测验鉴定 Praxis II、继续执照鉴定测验 Praxis III 三类测试；具有从教经历的教师资格申请者，除了要完成一份基于"州际初任教师评价与支持联合会"所规定的 10 个标准的专业发展计划之外，还必须参加 Praxis II 的四种测验：①全美教师测验，即核心综合测验，包括一般知识测验、沟通技巧测验、专业知识测验等；②教育学原理测验，即以案例研究形式测验申请者，内容涉及教学内容的组织、学生学习环境的建立、有效教学的执行和教师的专业知识四个领域；③特定学科领域知识测验，即测试申请者在任教学科领域的知识以及相关教学知识；④多元学科评估测验，即测试小学教师在文学语言、数学、历史与社会科学、科学、视觉与表演艺术、人类发展和体育七个领域的知识和高层次思考的技巧。此外，有些州和学区还设定了公立学校聘任的其他必要条件：如要求被聘者居住在聘用者居住区域内，在医学检查中符合健康标准，要求教师在工作义务和个人、财政、政治或家庭利益上保持一致，没有冲突等（丁文珍，2002）。

新加坡对教师学历要求很严，要求申请教师岗位者必须拥有大学本科学位。专业知识是新加坡中小学教师招聘的重要条件。在新加坡，专业知识的评价更为具体，往往通过量化标准予以确定。新加坡申请教师岗位，对专业知识的要求包括：①拥有技术学院文凭且通过英文和数学之内的五个"O"水准的科目；②拥有技术学院文凭且通过两个"A"水准和两个"AO"水准的科目（包括综合试卷，且一次性或者两次就通过这些科目），并且通过包括英语和数学的 5 个"O"水准的科目。另外，对于不同学科的教师又提出了不同的要求，如艺术教师要求申请者必须满足以下条件之一：①拥有艺术学位；②"A"水准的艺术类的最低分数是"C"级；③LaSalle（拉萨尔艺术学院）或 NAFA（南洋艺术学院）的专业艺术文凭。

（三）国外教师的选拔考核流程

在英美国家，申请当教师的人员必须经过选拔委员会的考核，考核的方式和内容多样化，通过提问、交谈、笔试等方式全面考查申请人的教育观念、知识水平、文化背景、性格特点、交往及团队协作能力等。

英国中学的招聘面试由四个环节组成，是建立在尊重教师职业和教学规律的理念上。首先，应聘者至少有半天时间和学生在一起，使学生认识自己和接纳自己。然后根据学生的反馈，判断应聘者是否具有亲和力适合担任教师职业。然后，应聘者至少有半天时间和同学科的教师在一起，就学科和专业前沿问题、热点问题进行讨论，由学科一线教师判断应聘者对学科发展动态的了解程度、专业前沿知识的掌握程度以及教学科研能力等。应聘者还需要和校长谈论自己对教师职业的认识以及未来的职业规划。最后，应聘者要经过学校董事会的面试。英国中学对教师的招聘面试反映了英国教育文化中的"教师观"，教师为学生而存在，教师的教学必须要求教师具备创新与合作的品质，作为专业工作者的教师一定要明确自己学习与发展的路向，清晰自己对家长和学生利益的关注等。

(四) 国外教师的流动配置情况

从人力资源有效配置的理论上看，社会主义市场经济的建立与发展，迫切要求社会中的人力资源在全社会广泛流动及重新组合，使人才在最适合自己的岗位上发挥作用，人力资源的最优配置便在这种动态平衡中得以实现。美国聘用采取终身制与任期制（聘任制、试用制、契约制）相结合的方式，在提高教师教学积极性的同时，为教师营造一个相对稳定的教学氛围，吸引优秀的教育人才。美国和日本还实行教师定期流动制，很少有教师会在一个学校任教10年以上。日本的教师流动是行政命令式的，教师流动极大地促进了教育的地区平衡发展。这在很大程度归功于完善的法律体系和教育体制，这是值得我们学习的地方。

第二节 基于胜任特征的教师
招聘与选拔方案设计

传统的教师招聘与选拔大多着重考查应聘者的过往经验，主要是针对应聘者的学历、教师资格等，而对应聘者在未来教师职业生涯中的发展潜力等关注不够。因此，在传统的教师招聘与选拔工作中，可能经常有这样一些问题出现：有的应聘者资历和应聘表现都很优秀，但在后续的实际工作中却难以胜任其本职工作，这样的直接后果往往是教学质量低下，造成学校资源的浪费。

传统的招聘与选拔模式已经无法满足我国当前教育改革与发展的现状，尤其明显的是广大中小学正在逐步构建的自然科学和社会科学的综合课程，如综合实践活动、科学等课程的师资力量已经出现了结构性缺乏。那么，导致传统教师招聘与选拔工作出现这些问题的关键原因是什么？究竟是什么因素干扰了传统教师招聘与选拔的效果？怎样改进可以更好地克服我国当前教师招聘与选拔中存在的这些不足？本研究认为，教师胜任特征的合理应用可以在其中发挥重要的作用，有助于改进和完善我国当前的教师招聘与选拔工作。

一、胜任特征在教师招聘与选拔中的应用价值

如第一章所述，教师胜任特征是指那些能够有效预测教师工作绩效水平的所有个人特征的集合。对教师实际工作绩效的有效预测作用是胜任特征能够应用于教师招聘与选拔工作中的关键。因为，教师招聘与选拔的目标就是为学校当前和未来的教师队伍建设补充能够胜任教师工作并具有长远发展潜力的优秀

人才。怎么判断应聘者是否能够胜任教师工作及是否具有长远发展潜力？只需要对其所具备的教师胜任特征状况进行全面、准确的考查就可以实现。由此不难看出，胜任特征在教师招聘与选拔工作中最重要的应用价值就体现在通过对应聘者具有的教师胜任特征状况进行科学考查，以有助于实现教师招聘与选拔的工作目标。

具体来讲，可以从以下几个方面来阐述胜任特征在教师招聘与选拔中的应用价值。

（一）胜任特征理论为教师招聘与选拔确定了清晰的方向

即基于胜任特征理论，教师招聘与选拔的直接目标就是为学校挑选出那些在教师胜任特征上表现优秀的应聘者。亦即教师招聘与选拔需要做的就是首先吸引在教师胜任特征方面表现优秀的个体前来应聘，其次从应聘者中准确挑选出那些最为优秀的合适人员。此外，胜任特征理论还为教师招聘与选拔工作的实施提供了具体而实用的参考。例如，在教师招聘与选拔环节，是否需要对应聘者的所有素质都进行全面的考查？是否应该对应聘者的所有素质进行同等重要的关注？

传统的教师招聘与选拔理论可能倾向于认为，对应聘者的考查应该越全面越好。但是胜任特征理论提示我们：由于不同的胜任特征具有不同的特点，其对教师工作绩效的预测效力也存在差异，因此，并非所有的胜任特征都适合成为教师招聘与选拔环节中重点考查的内容，同时，不同的胜任特征在教师招聘与选拔指标体系中的重要性（权重）也应体现出相应的差别。一方面，虽然教师胜任特征模型中的每一项特征都对教师的工作绩效具有有效的预测作用，但是在具体的预测效力上却具有差异。例如，我们的前期研究发现，同样是预测教师的受学生欢迎度，教师的教学能力、专业知识和人际修养三项胜任特征指标的预测效力相对就更大一些。另一方面，不同胜任特征的可塑性水平之间也存在差异，有的可塑性较高（如教学能力），有的可塑性较低（如个性特质、职业态度）。这就意味着，对于那些可塑性较高的特征，即使现在水平较低，但可以通过后期的学习培训有效加以改进；而对于那些可塑性较低的特征，如果现在水平较低，后期对其进行培训或训练的效果就不理想。也就是说，在最开始的招聘和选拔环节，那些可塑性相对较低的胜任特征应成为重点考查的内容。由此可见，通过对教师胜任特征的分析，我们不仅可以知道哪些内容应成为教师招聘与选拔中重点考查的内容，同时还可以知道哪些胜任特征在教师招聘与选拔指标体系中应占有更重的分量。

（二）胜任特征理论为教师招聘与选拔提供了科学的方法

目前，在胜任特征理论的框架下，研究者和实践者一道已经发展出一系列可以实现对个体的胜任特征水平进行准确、有效测量和评估的科学方法。即该领域现有的胜任特征测评方法和技术已经可以保证胜任特征测量评估的准确性和有效性。而这一点恰恰是现有的教师招聘与选拔工作中可能存在的一个重要问题。即很多时候招聘与选拔的质量不够理想并不是因为招聘方不知道应该考查应聘者的哪些素质，而是因为招聘方缺乏准确、有效的方法对应聘者的这些素质进行测量和评估。如果前文所阐述的是胜任特征理论为教师招聘与选拔工作明确了考查目标，那么接下来我们要阐述胜任特征理论如何指导教师招聘与选拔工作科学、有效地实施。

正如本书第三章所介绍的，教师胜任特征测评的方法比较丰富，常用的测评方法包括心理测验、面试和评价中心等。不同的方法各有其优势和劣势，但是只要能够在实际使用时根据实际需要和条件的限制确定好最合适的方法组合并按照严格的程序进行实施就一定能够取得比较理想的效果。也就是说，只要严格按照各种方法的使用规范和流程去实施，就可以实现教师胜任特征测评的可靠性、有效性、可行性和发展性特点，也就可以为教师招聘与选拔的录用决策提供最为准确、可靠的参考依据。

二、基于胜任特征的教师招聘与选拔实施原则

基于胜任特征的教师招聘与选拔是指将胜任特征理论全面引入到现有教师招聘与选拔工作的各个环节中来，以提升教师招聘与选拔的效果和质量。为了确保这一目标的达成，在引入胜任特征改进现有的教师招聘与选拔时必须坚持以下几条基本原则，即关注发展潜力、重视关键素质、确保测评效度、保证公平公正。

（一）关注发展潜力

基于胜任特征的教师招聘与选拔主要关注的并不是应聘者当前的能力或已有的知识经验，而是其未来发展的潜力。这是因为，在基于胜任特征的教师招聘与选拔中，教师胜任特征是最主要的考查内容，而教师胜任特征最大的特点在于其可以有效预测应聘者未来工作中的实际表现。也就是说，通过对应聘者当前所具有的教师胜任特征的准确、有效评估，可以了解其未来在教师职业生涯中的发展潜力。换句话说，基于胜任特征的教师招聘与选拔本质上是一种未来导向的人员补充机制，即为学校挑选那些能够胜任未来教育需要并作出优秀绩效的人员。显然，这正是所有学校在进行教师招聘与选拔时最希望实现的目标。

（二）重视关键素质

基于胜任特征的教师招聘与选拔考查的只是那些对教师胜任工作和未来发展最为重要的能力和素质。传统的教师招聘与选拔理论或许倾向于认为，在招聘与选拔中对应聘者的素质了解越全面越好，这样可以更好地提升录用决策的准确性。这其中确实有一定的道理，但是同时存在一个潜在的问题——要在有限的招聘与选拔时间和同样有限的招聘与选拔成本支持下实现对应聘者素质的

全面、准确考查其实是非常困难的一件事情。以至于在大多数传统的教师招聘与选拔中，招聘方因为希望了解应聘者的方方面面反倒是让每一方面的考查都无法深入和准确。胜任特征理论不支持这一做法。已有研究表明，虽然所有胜任特征均能有效预测任职者未来的工作绩效，但是不同胜任特征的预测效力存在差异。这主要体现在两个方面：一是在预测同一种绩效指标时，有些特征预测效力更高一些；二是同一种特征对不同绩效指标的预测效力也不同。并且，不同胜任特征在可塑性方面也存在差异，有些特征可以通过培训或训练活动加以改进，但是另一些却可能很难。因此，基于胜任特征的教师招聘与选拔并不会试图在招聘与选拔环节对应聘者的所有胜任特征进行考查，而只会重点考查那些关键的特征，即那些对教师工作绩效预测效力更高，同时难以通过培训和训练活动加以提升的胜任特征。这么做的一个好处就是可以集中资源对那些最关键的特征实现更准确和有效的考查，进而为最终的招聘录用决策提供更可靠的参考依据。

（三）强调测评效度

教师选拔的主要工作就是对应聘者具有的胜任特征状况进行科学、有效的测量和评估。任何科学录用决策的作出都必须以对应聘者的准确考查和评估为基础。基于胜任特征的教师招聘与选拔亦是如此。为了确保这一目标的实现，研究者和实践者已经开发和发展出了很多用于胜任特征测评的方法和技术，其中就包括心理测验、结构化面试、情境测验、评价中心技术等。因此，如何选择最为合理、有效的测评方法在基于胜任特征的教师招聘与选拔中至关重要，这将直接影响最终录用决策的科学性和有效性。

（四）保证公平公正

保证公平公正是所有与人员筛选相关的工作都必须坚持的原则。可以说，任何缺乏公平公正的招聘与选拔工作，都不可能真正做到准确有效。换句话说，公平公正原则是确保教师招聘与选拔工作目标顺利达成的核心内容之一。这一点在基于胜任特征的教师招聘与选拔中同样至关重要。

三、基于胜任特征的教师招聘与选拔实施流程

教育改革对教师的职业道德、个性修养、教学观念和教学模式提出了变革性的要求，期待教师自身具有更完善的知识结构和能力结构，实现从知识的传授者到知识体系的建构者，从课程的执行者到课程研究者、开发者的转变。从人力资源的角度来看，教育改革对教师角色期待变化的本质是教师的胜任特征结构要发生根本变化，现行的教师招聘方式已经无法适应这一根本性转变。教师胜任特征作为一种新型的人才选拔指标，对教师绩效的作用越来越明显。因此，我们可以根据人力资源招聘理论和教师胜任特征制订更为全面的招聘流程去考查应聘教师的综合素质。

　　传统的教师招聘与选拔流程一般包括招聘计划确定、招聘信息发布、选拔内容和方法准备、选拔过程实施、录用决策制定和招聘选拔效果评估等环节。在总体的实施流程上，基于胜任特征的教师招聘选拔与传统的教师招聘与选拔之间并没非常明显的区别。所不同的是，在基于胜任特征的教师招聘与选拔中，几乎任何一个环节都能够体现胜任特征的思想。其基本思路是根据事先已经构建好并经过科学检验和验证的教师胜任特征模型，确定招聘选拔的评价标准和评价工具，然后针对待评估的教师胜任特征特点选择一套科学化和标准化的测评方法对应聘者的胜任特征水平进行准确、有效的测评，最后基于胜任特征测评的结果和人—岗匹配的理念作出最合适的录用决策。

　　接下来，我们将对基于胜任特征的教师招聘与选拔流程（如图 6 - 1 所示）进行详细介绍。

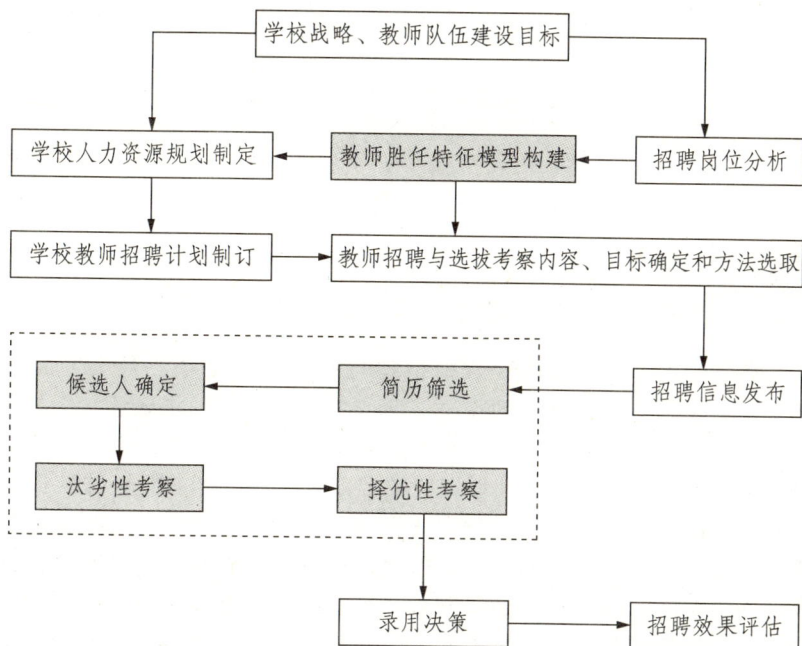

图 6 - 1　教师胜任特征模型在招聘与选拔中的应用

（一）成立招聘小组，培训招聘人员

　　在进行基于教师胜任特征的招聘流程设计之前，首先要建立一个招聘工作小组。招聘工作小组的成员应该包括学校领导、人事部门专员、一线学科教师、学生代表等，10～15人。首先，招聘人员需要具备开展招聘工作的基本素质和能力，招聘人员的形象代表了单位的形象，因此，需要对全部参与招聘工作的人员进行专业的培训，培训内容应该包括系统全面的专业招聘理论知识、教师胜任特征的选拔标准、人事招聘的应用技术、礼仪等。其次，招聘人员需要进行分工与合作，相关学科教师主要考核教学能力，学校领导需要对应聘者进行综合评价，了解应聘者与学校文化、岗位的匹配情况，而人事部门则侧重于聘用政策和相关人事服务。根据不同的负责内容，对招聘人员进行进一步的培训，确保招聘的每一环节都落实好。

（二）制订学校教师招聘计划

招聘计划对后续招聘工作开展具有全局指导性的意义，是招聘工作得以顺利进行的基本条件之一。首先要在学校建设和学科专业的中长期发展规划的指导下，统计现有师资队伍的教师数量、年龄结构、专业分布、学历职称等信息，分析和预测未来的师资队伍需求，明确学校在未来一段时间是否需要进行人员补充，是临时补充还是长期储备，如何进行补充，是教育系统内部招聘有经验的教师，还是从应届毕业生和持有教师资格证书的社会人员中进行外部招聘，进一步比较分析现有师资队伍和未来师资队伍两者之间的差异，最终形成师资队伍的中长期发展规划。根据师资队伍的中长期发展规划，制订每年的教师招聘计划。教师招聘计划的内容应该包括招聘教师的人数、年龄、学历、专业、职称等信息。要真正做到"按需设岗、择优录用"的原则，有计划地进行招聘，避免招聘过程中的盲目性和随意性，满足学校的发展对人才的不断需求。

（三）确定教师招聘选拔的考查内容、目标及测评方法

这一环节的工作主要是解决教师招聘与选拔中应该"测什么"和"怎么测"的问题。教师胜任特征模型在这一环节中具有重要的指导意义，具体表现在以下几个方面。一是在教师胜任特征模型中，那些对教师未来工作绩效有显著预测作用并且通过短期训练和培训比较难以改变提升的教师胜任特征（如职业态度、个性特质）应成为教师招聘选拔中重点考查的内容；二是在教师招聘和选拔中，选拔环节最重要的工作目标就是实现对应聘者当前具有的教师胜任特征水平进行全面、准确的测量和评估，这是最后作出合理录用决策的前提条件；三是不同的教师胜任特征对测评方法的要求也有不同，因此应根据待评估的教师胜任特征内容选择最合适的测评方法。

（四）发布招聘信息

招聘信息作为学校引进优秀教师的主要工具，不仅能帮助学校获取人才资源，还是学校对外宣传的重要窗口，因此制定科学、务实的招聘信息和信息发布渠道非常重要。招聘信息的内容包括学校简介、招聘方针、招聘条件、工资待遇、需求专业、岗位名称、岗位职责、工作内容等。招聘信息给应聘人的信息应该比较全面、详细。制定完招聘信息后，选择针对性强、有效性高的信息发布渠道，如报纸、电视台、网络等，以最直接的方式让应聘人了解到招聘信息。其中利用互联网刊登招聘信息是比较有效的途径之一，如教育机构网站、

教师招聘门户网站、师范类高校就业信息网等。招聘信息的发布还会影响到应聘者的数量和质量，所以应该积极拓宽信息发布渠道，如学术期刊、招聘宣传单页、参加各类招聘会等，争取更多的优秀应聘者能关注到招聘信息，尽可能收集到更多的人才信息。一般符合条件能进入面试关的应聘者和招聘人数的比例至少要达到 3∶1，才能保证招聘的有效性。

（五）实施招聘选拔

具体的招聘选拔程序分为简历筛选、确定候选人、汰劣性考查和择优性考查这四个环节。具体来讲，简历筛选是任何招聘与选拔工作的共同环节，一般是通过教育背景、工作经历初步识别应聘者的知识结构、知识广度和深度等信息。通过对应聘者的简历进行筛查基本上就可以淘汰那些明显不符合招聘岗位要求的应聘者，并确定初步的候选人以进行后续更深入的考查和评估。在这里，根据教师胜任特征的实际特点，我们提出了两种新的选拔评估思路，即可以根据考查目标的不同将教师招聘与选拔环节中对候选人胜任特征水平的考查区分为"汰劣性考查"和"择优性考查"两个环节。

这是因为虽然教师胜任特征模型框架下的所有特征都能有效地预测教师工作的绩效，但是不同特征在预测效力大小及自身的可塑性（通过学习培训可获得提升的容易程度）方面是存在差异的。因此，在基于胜任特征的教师招聘与选拔中，应首先重点考查那些日常重要、可塑性较低的胜任特征。如果不能将这方面不符合要求的候选人筛查出来，那么想要通过入职后的培训或学习等方式弥补是非常困难的事情，显然这些胜任特征将直接决定招聘与选拔的成败。我们这里提出的在通过简历筛选确定初步候选人之后先进行的"汰劣性考查"正是基于这一考虑。越能先将在这方面不符合要求的候选人筛选出来就越可以最大限度地利用招聘与选拔资源，提升招聘与选拔的成功率。所以，在基于胜任特征的教师招聘与选拔中，"汰劣性考查"最为关注的目标是淘汰那些在重要性高但是可塑性低的胜任特征指标上明显不符合要求的应聘者。有了这方面的基础后，后面的考查重点关注如何将相对最合适的应聘者挑选出来，即"择优"环节。如果说，"汰劣性考查"关注的是应聘者当前在关键性特征上具有的"短板"，那么"择优性考查"关注的就是应聘者当前具有的发展"潜力"。我们认为，这两个考查环节是基于胜任特征的教师招聘与选拔工作中最为关键的工作，直接影响最终招聘与录用决策质量。最后，可以借鉴统计假设检验中两类错误的思想来更好地理解这两种考查的关系。在统计假设检验中，"一类错误"是指实际成立的零假设被假设检验所拒绝的情况；"二类错误"则是指实际不成立的零假设被假设检验所接受的情况。教师招聘对学校的师资队伍建设和未来的长远发展是一件至关重要的事情，如果在招聘与选拔环节出现"二类错误"，显然会给学校的长远发展带来长期的负面影响。因此，对于学校的教师招聘与选拔来讲，首要的目标是尽可能降低"二类错误"的发生率，即优先进行"汰劣性考查"；然后才是降低"一类错误"的发生率，即确保"择优性考查"中能够准确地将优秀的应聘者鉴别出来。

具体到考查时所用到的测评方法和技术，两个环节可能会有所不同。一般来讲，"汰劣性考查"环节关注的内容大多与应聘者的人格、态度、价值观等有关，而这方面往往已经有一些相对完善的心理测验或量表可供选择，因此实施这一环节的胜任特征考查时可以根据需要选择已有的心理测验来进行，通常以笔试的形式实施。而"择优性考查"关注的往往是应聘者某一特定方面的能力和素质（如班级管理能力、教学能力等），这些内容常常需要在一些操作性的任务情境下才可能体现出来，通过传统的心理测验难以实现。所以，"择优性考查"环节通常会用到现代人才测评的一些方法和技术，如面试、评价中心等。有关这些方面的具体使用可以参阅本书第三章中的具体介绍。

总的来说，只要确保了上述两个考查环节的评估质量，学校整个教师招聘与选拔的质量也就能够得到相应的保证。

（六）作出录用决策

在确定是否录用时，招聘人员根据教师胜任特征模型评价应聘者的胜任程度，获得一个具体的匹配程度的数据，主要依据这个数据作出是否予以录用的决定。对应每一个岗位的胜任特征模型，都会有通用胜任特征以及关键胜任特征的最低胜任标准作为学校录用教师的依据。如果通用胜任特征或关键胜任特征低于最低胜任标准，学校就不会录用，如果匹配程度在可接受的范围之内，学校可以从高到低选择合适者录用。

（七）评估招聘与选拔效果

在招聘完成后，对招聘工作进行评估是招聘工作各环节的有机组成部分，不仅可以总结本次招聘的得与失，而且有助于提高以后招聘工作的有效性。学校招聘的教师数量、质量、未来工作情况以及招聘人员自身的工作效率，都在一定程度上影响着招聘的效果，对其进行评估，可以发现学校的招聘计划是否科学合理、评价指标是否合适、评价方法是否可靠和准确，进而使学校人事部门不断针对问题改进措施，提高招聘工作的质量。

具体来讲，对招聘与选拔效果的评估包括以下两方面内容。

一是对招聘结果的评估，收集并分析应聘比、面试比、招聘成本、招聘完成率、教师录用比、教师录用质量、录用教师满意度等量化指标，检验招聘的效率和质量。如应聘比在一定范围内越大，则说明招聘信息发布的效果越好，也说明此类岗位的人才市场的供应量越充足，招聘效果越好；面试比越大，说明录用者的素质可能越高；招聘结束一段时间后，对录用教师进行回访，了解录用教师对招聘和目前工作的整体评价，如果教师的满意度越高，则说明教师与学校岗位的匹配越好，招聘越成功；结合年度考核对新录用教师进行质量分析。对当前的招聘工作过程进行不断的反思和修正，建立起完善的招聘成本预算和控制体系，以及教师入职后的绩效跟踪档案，进而对招聘工作流程进行有效的度量。

二是对招聘方法的评估，对所采用的招聘技术进行信度、效度检验，通过追踪被录取的教师，观察他们在以后工作中的具体表现。基于教师胜任力的招聘重点关注教师职业生涯全过程，因此我们还需要检验建立的教师胜任特征模型是否能区别绩效优秀教师和绩效一般教师。根据录取教师的教学能力和实际表现，不断完善教师胜任特征模型，使之与学校实际情况相吻合。

四、基于胜任特征的教师招聘与选拔特点分析

在教师招聘与选拔中，胜任特征模型作为教师岗位对教师个人能力素质等特点的要求，使得应聘者在知识、技能、动机和价值观等方面和教师岗位的胜任特征模型相匹配。基于胜任特征模型的教师招聘与选拔，不仅是考查应聘者的学历和智力等，更重要的是关注那些能够有效预测教师未来工作绩效的潜在、深层次的特征。相比传统的教师招聘与选拔，基于胜任特征的教师招聘与选拔更关注应聘者的内在特征和综合素质，选拔标准更具针对性和有效性。

为了更好地说明基于胜任特征的教师招聘与选拔模式的优势和特点，我们将其与传统的教师招聘与选拔模式进行了对比分析（见表6-5）。

表6-5 基于胜任特征的教师招聘与选拔和传统教师招聘与选拔的特点分析和比较

教师招聘与选拔模式	主要特点
传统的教师招聘与选拔	1. 由学校上报需招聘教师的学历、年龄、职称等信息，简单集成后确定教师招聘计划，由上级教育部门批准并分派指标。 2. 侧重于考查应聘教师的知识、技能，忽视具有核心作用的动机、人格特质、态度和价值观等内隐特质的测量。 3. 招聘流程一般分为简历筛选、试讲、面试三个环节，面试环节为非结构化面试，具有随意性和经验性。
基于胜任特征的教师招聘与选拔	1. 在充分了解学校整体发展战略和学科建设目标的基础上，结合学校内部发展环境和外部人才市场，制订各个岗位的需求计划。 2. 对招聘的每个岗位进行工作分析，包括分析工作内容、工作背景和素质要求，形成岗位胜任特征说明书。 3. 以教师胜任特征为考核标准考查应聘教师的综合素质，分析其是否适合特定职业的要求，考查内容包括专业知识、教学科研能力、职业素质、人格特征等。 4. 追踪录用教师，收集量化指标，对招聘效果进行评估，进一步改善教师胜任特征模型。

具体来讲，基于胜任特征的教师招聘与选拔具有以下几方面的特点。

（一）更关注对深层次核心胜任特征的考核

传统教师招聘与选拔的理论依据是一般教师的任职资格要求，这些任职资格往往不是一般绩效教师和优秀绩效教师的鉴别性特征。根据一般教师的任职资格进行选拔，不能保证所选拔的教师在未来的工作中表现优秀。而以岗位分析和教师胜任特征为基础的选拔主要是考查应聘者是否具备要取得优秀绩效所必备的核心素质，它不但要求应聘者和教师任职资格、工作经验的匹配，同时重视应聘者深层次胜任特征的匹配，这是选拔的关键点。其次，围绕岗位分析和教师胜任特征设计面试问题，还可以避免无关因素（如性别、年龄、外表等）的干扰，提升教师招聘与选拔的准确性和有效性。

（二）更强调考核指标的精确性和有效性

传统的教师招聘与选拔通常参照知识、技能等硬性指标，面试则是以定性评价方式为主。而基于教师胜任特征的招聘在知识、技能测试的基础上，利用胜任特征作为定量指标，采用定性与定量相结合的分析方法。胜任特征模型与人才测评技术的综合应用可以提供许多量化指标，使得招聘工作的评估部分量化成为可能，提高了招聘的科学性和有效性。

（三）更重视选拔过程的科学化和标准化

在传统的教师招聘中学校和相关教育部门很少对招聘团队进行有关招聘知识和招聘流程的系统性和专业性培训。大部分的招聘工作人员、面试考官是根据个人知识和经验来进行判断，这里往往就存在严重的主观随意性和经验主义错误。基于教师胜任特征的招聘特别强调对招聘人员进行系统的、全面的培训，不但要求招聘人员掌握教师胜任特征的选拔标准，还必须熟练掌握招聘的应用技术，如人才测评技术等。这种新型的选拔方式将教师人才选拔体系的内容和程序全面标准化，提高了教师人才选拔的信度和效度，确保招聘的客观性和公正性。

（四）更重视对招聘与选拔效果的全面评估

传统教师招聘最容易忽略的一项内容就是对招聘与选拔效果的评估。效果评估是教师招聘与选拔中一个重要、不可或缺的环节。首先，进行招聘效果评估可以吸取过去招聘过程中的经验教训，使学校招聘工作少走弯路，招聘到更适合学校发展的教师；其次，通过招聘评估，学校在接受社会监督的同时也会获得社会的理解和支持。基于教师胜任特征的招聘非常重视招聘评估的环节，这也是检验招聘工作成效的有力工具。

（五）更重视招聘与学校发展战略的关系

在传统的教师招聘与选拔中，学校更强调通过招聘与选拔满足学校当前的发展需要，而对于学校未来长远发展需要的关注不够。借助教师胜任特征模型，教师的招聘与选拔同学校的发展战略结合得更加紧密。基于胜任特征的招聘，由于胜任特征模型的内容除了含有岗位要求，还含有学校发展战略和组织文化的成分，可以通过招聘过程的有效性来支撑学校的战略，提高学校教师队伍的竞争优势。

综上所述，建立基于教师胜任特征的教师招聘体系是中国教育发展的必然选择和有效保证，我们需要建立一个动态的、多维的、符合各级学校自身特点的教师招聘体系。传统的招聘方法注重应聘者的过往资历和外在特征，而忽视了对其教育价值观、人格特质、职业兴趣和动机等鉴别性胜任特征的考查，这恰恰是教师所应具备的特征。招聘和选拔优秀的教育人才需要一套科学标准作为参考，设计基于教师胜任特征的教师招聘流程可以为学校的招聘决策者提供清晰的概念，帮助他们鉴别出哪些人才能够胜任教师的岗位要求以及这些人才应该具有什么能力和素质，为学校人事部门的招聘环节提供理论依据。

教师胜任特征模型为描绘优秀教师具备的核心知识和技能提供了一套共识的语言系统，贯穿应用于教师招聘的整个流程，直接影响到最终的录用决策。一方面，学校的招聘决策者只有清楚地了解和识别胜任招聘岗位所必需的素质和能力，才能正确地作出录用决定；另一方面，通过这套语言系统，可以指导学校的人事职能人员更有效地管理和开发教师的潜力，从而将基于教师胜任特征的招聘和管理理念贯彻下去。基于教师胜任特征的教师招聘体系构建仍然处于尝试阶段，需要学校和相关教育部门在今后的教师招聘与选拔实践中不断学习胜任特征模型的相关理论，还要在实践中加以探索，以提高教师招聘的效率和科学性。

第三节 基于胜任特征的教师招聘与选拔实践探索

为了更清晰地展现教师胜任特征模型在改进和完善传统教师招聘与选拔工作中的应用价值，同时更深入地理解基于胜任特征的教师招聘与选拔模式的具体实施过程，本节将引入一个与教师招聘选拔有关的实践案例，通过案例分析的方式就基于胜任特征的教师招聘与选拔实践进行探索。

一、C 中学教师招聘与选拔工作现状描述

C 中学于 1964 年创建，是全国首批七所外国语学校之一，也是××市教育委员会直属学校中唯一一所省级重点中学。学校分为高中部、初中部和小学部，现共有学生 4 545 人，教职工 309 人，其中享受国务院政府津贴 1 人，省级有突出贡献的中青年专家 1 人，享受省政府津贴 1 人，市优秀专家 5 人，享受市政府津贴 4 人，省级名师 1 人，市级首届十大名师 1 人，省级特级教师 27

人，市学科带头人 35 人，省骨干教师 12 人，高级职称教师 95 人。

学校外语教学特色独树一帜，开设英语、法语、德语、日语课程，采用国外原版教材，运用国际流行的教学方法，配合完善的现代化教学设备，实施小班化教学。学校一贯倡导"求精、创新"的教风和"自主、参与、互动、合作"的学风，营造民主、平等、和谐、开放的教育氛围，全面推进素质教育，不断开展课程改革，推行学分管理。学校开设了近 40 门校本课程供学生选修，满足不同学生发展的需求，为每一个学生提供广阔的个性发展空间。学校还举办外语节、读书节，组织各类社团活动，为全体学生提供锻炼和展示才华的舞台。

C 中学教师公开招聘的基本流程为：学校制订增人计划→上报招聘计划→省人事部门审批→发布招聘信息→审核应聘材料→初试→面试→体检→报批→聘用。

每年由人事部门发出招聘通知，各学科部门报送各自部门当年的增人需要，学校人事处汇同教务处对各学科部门的计划进行简单汇总，进而形成全校的年度招聘计划，并报学校审批。学校同意后，招聘计划还需要向省教育厅、省人力资源和社会保障厅报批，获批后，学校向社会公开发布招聘信息。

附件：C 中学 2012 年教师招聘信息

C 中学隶属于某市教育局，是全国首批七所外国语学校之一，是××省重点中学，××市省级示范学校。学校校园环境优美，教学设备一流，教学成绩在××省名列前茅。近十多年来，培养了 15 位全省高考状元，被誉为"状元的摇篮"。

（一）所需学科

语文、外语、物理、化学、生物、历史、政治、地理、信息技术。

（二）招聘条件

（1）热爱教育事业，有良好的敬业精神，身体健康。

（2）普通话水平和计算机运用能力符合相应学科要求。

（3）全国重点大学应届硕士及以上学历，英语学科口语优秀的应届本科生也可参加招聘。

（三）应聘办法

（1）应聘人员请将本人简历、个人学习情况、家庭情况及学历学位证书、获奖证书等材料的复印件于 11 月 20 日之前寄至我校教务处或校办公室。

（2）经初步筛选，条件合格者学校将通知到我校接受考核，具体考核办法另行通知。

（3）英语学科应聘人员于 11 月 18 日前在某师范大学进行面试。面试时请携带个人简历。

（四）联系人

教务处×××老师　　　　　　联系电话：×××

在招聘考核开始前，人事部门根据以往招聘的相关经验，确定招聘考核流程，考核方式主要为资格审查、试讲，考核指标为笔试成绩、面试成绩。在这之后，召集学校招聘工作小组成员，通过一个简短的会议，针对招聘的考核程序和相关规则作简单说明。

应聘人员申请表及相关材料由学校人事部门收取后进行汇总，并汇同各学科负责人进行资格审查，重点审查应聘人员的学历、专业、毕业院校、学习成绩、获奖情况等，审查通过的人员交由各学科部门进行笔试和面试。

招聘采取笔试和面试相结合的办法进行，其中具有博士及以上学位人员、"985 工程"高校和教育部直属重点师范院校应届硕士生不用参加笔试，直接进入面试，面试合格者给予优先聘用。笔试成绩的合格线为达到笔试成绩总分50%以上。在笔试成绩合格线以上从高分至低分，以拟聘人数与进入面试人数 1∶3 比例确定面试人选；不足 1∶3 比例的，按实际过线人数确定，并在面试前确定面试合格线。

面试主要由各学科部门进行组织，面试的重要环节是教学试讲，由校长、教务主任和学科骨干教师组成的招聘工作小组对应聘人员的表现进行评分。教师的聘用必须根据面试成绩的排序来决定。拟聘用人员名单报人事部门后，由人事部门组织拟聘人员进行体检。体检通过后，按相关规定签订聘用合同。

表6-6　C中学2009年、2010年教师招聘情况

年　份		教师岗位招聘人数								
		语文	外语	物理	化学	生物	历史	政治	地理	信息技术
2009	计划数	4	6	2	1	1	2	2	1	1
	完成数	2	3	2	1	1	2	2	1	1
	完成率	75%								
2010	计划数	2	5	1	1	1	2	1	1	1
	完成数	1	2	1	1	1	1	1	1	1
	完成率	66.7%								

二、C中学教师招聘与选拔中存在的问题分析

1. 招聘计划的制订不够合理

为了获取与学校相匹配的理想人才，保障学校能够持续高效地发展，学校应该在招聘前制订合理的招聘计划。制订招聘计划的一个重要环节就是分析学校的发展战略和师资队伍结构，使新进教师能在最大限度上与学校的学科建设和长远发展匹配。C中学目前并没有很好地结合学校的发展战略和目标制订招聘计划，只是在各学科部门上报的教师需求计划的基础上简单集成一份教师招聘计划。同时招聘计划也只是对学历、年龄、数量等进行了规定，没有具体描

述所需要教师的胜任特征。根据这样的教师招聘计划进行招聘，必然会造成考核标准模糊，导致教师招聘工作难以按质按量完成。

2. 招聘工作人员的培训不够充分

招聘工作人员的招聘知识水平、招聘经验、心理素质、观察力以及人际沟通能力直接影响着招聘的质量，是招聘工作有效性的充分保障。在实际招聘中，C 中学的招聘工作人员主要是校长、教务主任和各学科骨干教师。由于不同的岗位要由不同专业的教师和分管领导来进行考核，涉及的部门领导和教师较多，因此并不是每一个招聘工作人员都非常了解招聘的流程、招聘的相关知识和技巧。C 中学在考核前，只是对招聘的考核程序和相关规则作一个简单的说明，没有组织招聘工作人员进行相关知识的学习和培训。此外，招聘工作人员在招聘过程中扮演着重要的角色，是学校形象的代表者，他们的态度、能力、风格、气质往往会给应聘人员留下深刻的印象，是应聘人员与学校的第一接触者。因此，要提高学校招聘工作的有效性，就必须对招聘工作人员进行有效的培训，提高招聘工作人员的综合素质。

3. 对深层次胜任特征的关注不够

C 中学在进行教师招聘时仍然看重学历、学科背景、专业知识及教学能力等较浅层的内容。固然，在全面考查这些能力特征基础上筛选出来的候选人在短期内确实也可以较好地完成教师工作，但是对于决定教师未来长远发展潜力的态度、价值观、个性特质等深层次特征的关注不够。至少，从 C 中学当前教师招聘与选拔工作的实施情况来看，确实存在这方面的问题。如前所述，如何在教师招聘与选拔的考查标准方面充分体现对教师胜任特征的重视，是基于胜任特征的教师招聘与选拔最为重要的特点之一。因此，这也是 C 中学教师招聘与选拔工作需要改进的重要方面。

4. 招聘与选拔的实施方法不够科学

教师招聘考核综合利用心理学、管理学等理论和方法，对应聘人员的任职资格和胜任特征进行系统的、客观的测量和评价，作出录用决策。由于招聘考核直接决定最后所聘用的人，因此这是招聘过程中最关键的一步。C 中学的招聘流程不严谨，招聘方法较为单一，采取的测评方法主要有笔试、试讲、面试三种。

首先，在招聘过程中，来自名校、高学历的应聘者拥有特权，包括笔试、面试在内的其他测评都可以放宽要求，没有深入考查其个人素质、职业道德、知识结构、思想价值观念、与团队合作的能力等。这种不全面的教师招聘考核方式可能会导致在实际工作中出现很多问题，如有些教师的价值观与学校的组织文化相冲突，而不能很好地开展教育教学工作；有些教师不善于参与团队合作，喜欢埋头单干，不利于学校优势学科的建设；有些教师学历虽高，但教学技能差，这样会严重地影响教学效果等。

其次，面试以非结构化面试为主，非结构化问题带有很大的随意性，对面试官的素质依赖性较强，而大多数面试官缺乏招聘考核的经验和技术，往往根据主观印象与个人偏好进行判断。在招聘考核中缺乏必要的客观性工具，招聘者只能了解应聘人员的外显行为、专业技术理论知识和浅层心理，无法判断应聘人员的实际动手能力、个性特点、心理素质、能力倾向等核心特征，很容易产生对应聘人员的误判，并可能因此作出错误的招聘决策。

5. 对招聘与选拔效果评估不够重视

招聘的有效性，一方面是指招聘人数是否达到招聘计划的要求；另一方面是指招聘的质量，特别是录用教师的工作表现是否达到了学校的用人标准。要考查招聘的有效性，就必须对整个招聘过程进行招聘评估：招聘是否招到了足够数量的教师，招聘的过程和方法是否科学，招聘到的教师是否满足了岗位需求，用人部门对录用的教师工作满意度如何等问题。只有对招聘工作进行不断的评价和总结，才能不断改进学校招聘工作的各个环节，从而提高招聘效益。C 中学的招聘完成率较低，没有对招聘工作进行全面评价，还停留于简单的工作总结层面，对招聘效果没有进行科学的定性、定量分析和评估。

三、基于胜任特征的 C 中学教师招聘与选拔改进方案设计

结合本章第二节中有关基于胜任特征的教师招聘与选拔模式的介绍可知，教师胜任特征模型可以在教师招聘与选拔工作的选拔内容确定、选拔方法选择、选拔过程实施和选拔效果评估等环节中发挥重要的应用价值。因此，如果引入教师胜任特征模型，对 C 中学的教师招聘与选拔工作进行重新梳理和设计，将有助于上述问题的解决。

接下来，我们将在 C 中学现有的教师招聘与选拔工作基础上引入教师胜任特征模型，为该校设计一个基于胜任特征的教师招聘选拔方案，以帮助其针对性地解决上述问题，进而改进和完善该校当前的教师招聘与选拔工作。

重新设计的基于胜任特征的 C 中学教师招聘与选拔改进方案的详细内容和框架如图 6-2 所示。

1. 制订科学合理的招聘计划

首先，C 中学从现有教师的数量、学历结构、年龄结构、职称结构、学缘结构、专业结构、学术水平及教师质量等方面进行分析，对学校人力资源的现状有一个全面、科学的掌握。再根据学校的生师比、专业紧缺程度、师资队伍梯队建设、学校的发展规模和趋势等方面来预测教师的需求，从外部供给和内部供给两方面进行分析，形成学校人力资源的供给预测。通过对比人力资源需求和供给预测的结果，制订出确实可行的学校师资招聘计划。

2. 构建 C 中学教师胜任特征模型并开发相应的测评系统

在基于胜任特征的教师招聘与选拔中，科学构建教师胜任特征模型，明确教师职业对教师个人能力素质等的胜任特征要求，并将其作为教师招聘与选拔时的内容标准，这是最为核心的内容。因此，欲从根本上改进和完善 C 中学当前的教师招聘与选拔工作，从 C 中学当前的实际情况出发，结合中学教师职业的特点，构建一个能够真正体现教师职业特点和 C 中学特殊要求的教师胜任特

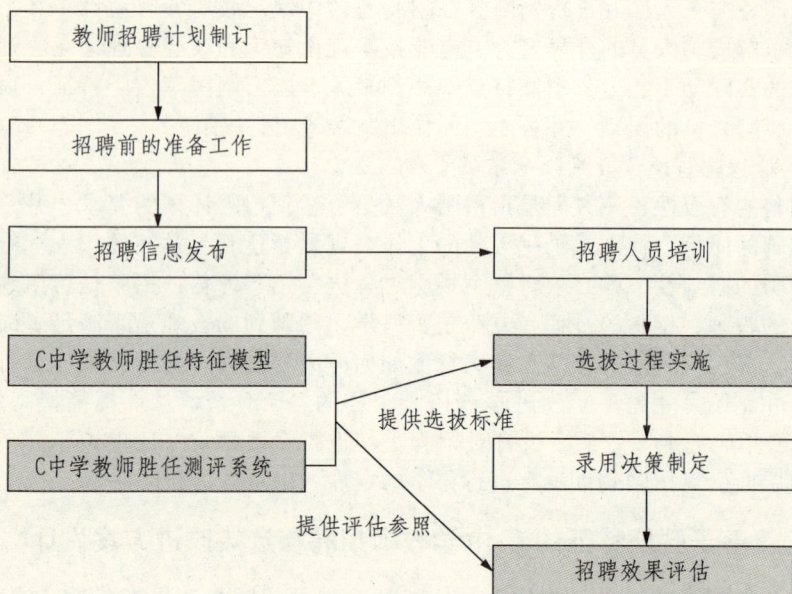

图 6-2　基于胜任特征的 C 中学教师招聘与选拔方案

征模型，这将是改进 C 中学当前教师招聘与选拔工作时最为重要的内容。除此之外，为了切实发挥教师胜任特征模型在 C 中学教师招聘与选拔中的作用，还需要开发一套能够对 C 中学教师胜任特征模型实现全面、准确和有效评估的测评系统。这两项工作都必须在教师选拔工作正式实施之前完成，在某种程度上也属于基于胜任特征的教师招聘与选拔的基础性准备工作。有关 C 中学教师胜任特征模型的构建和测评系统开发方法这里不再赘述，具体实施可以参阅本书第二章和第三章中的相关内容。

3. 对招聘工作人员进行系统培训

招聘工作人员要对应聘人员作出准确的评价，除了要有丰富的专业知识和经验外，还要掌握人力资源招聘方面的知识和方法、技能，要善于提问和分析，要了解有关考核评判标准，而这些方面不经过培训是很难做到的。因此，学校在招聘前要提前组织招聘工作人员进行学习和培训，培训可以包括以下内容：了解学校的战略规划和发展目标，加强招聘工作人员自身对学校文化理解和渗透的学习；学习招聘岗位说明书，使招聘者熟悉本次招聘岗位的素质要求；对招聘工作人员进行面试等各种测评技术的学习和培训。对招聘工作人员进行系统培训是基于胜任特征的教师招聘与选拔工作中非常重要的一个环节。因为最终招聘录用决策的制定需要建立在对应聘者现有胜任特征状况的全面、准确评估基础之上。而是否能够做到对应聘者胜任特征状况的全面、准确评估，选拔人员的专业化至关重要。

4. 选拔工作的专业化和标准化实施

如前所述，不管是 C 中学教师胜任特征模型的构建、测评系统开发，还是选拔工作人员的系统培训，其中非常重要的一项目标就是实现对应聘者现有胜任特征状况的全面、准确和有效评估。因此，这一环节的工作直接决定了最终招聘录用决策的准确性和有效性。具体来讲，C中学教师选拔工作的具体实施主要包括以下几方面的工作内容：考核内容和选拔标准确定、考核方法选择和考核过程实施。

在考核选拔工作正式实施之前，首先需要明确应该考查应聘者的哪些能力和素质内容，应聘者的这些能力素质需要达到什么样的水平才能称得上合格，此即考核内容和选拔标准的制定。通过前面的案例描述可知，C中学现有的教师招聘与选拔工作在这方面做得并不理想。其中很重要的一项原因就是缺乏一套有效、可行的参照标准。而这正是教师胜任特征模型可以解决的问题。教师胜任特征模型包含的内容均是能够有效预测任职者未来工作绩效的个人特征，因此这些内容自然也就是教师招聘与选拔中应该重点考查的内容，尤其是那些相对更为重要并且可塑性相对较低的胜任特征更应该受到特别关注。

在基于胜任特征的教师招聘与选拔工作中，考核方法的选择和考核过程的实施亦即胜任特征测评方法的选择和实施过程。因此，事先已经开发好的教师胜任特征测评系统其实就已经为C中学进行应聘者能力素质评估提供了科学、有效的实施方法。相应地，C中学只需要结合实际条件科学、规范地使用这些测评方法即可。在这里需要特别指出的是，在基于胜任特征的教师招聘与选拔中，如何确保"汰劣性考查"与"择优性考查"的质量，是确保招聘选拔环节中考核结果准确和有效的关键。另外，加之在正式选拔之前已经对选拔工作人员进行过系统性的培训，因此这里的应聘者能力素质考查工作的专业化和标准化实施也就有了更充分的保障。

5. 制定招聘录用决策

有了前面对应聘者能力素质的全面、准确的评估，C中学在制定最终的招聘录用决策时也就有了重要的参考依据。招聘工作小组只需要按照C中学已经确定好的规范流程进行决策即可。

6. 对招聘与选拔效果进行科学评估

根据前面的案例分析可知，C中学现有的教师招聘与选拔工作中，有关招聘效果的评估做得非常不够。要建立起招聘后的效果评估体系，主要从定性、定量两个方面进行评价。定量评价可以采用应聘比例、招聘完成率、教师录用比、教师录用质量进行；此外还有招聘成本效益的评估，对招聘成本、招聘效率、成本效用、招聘收益等进行评估。而定性评价从招聘渠道的成效、学科部门对招聘工作的满意度、新进教师对招聘工作的满意度等方面进行评价。进行招聘后评价，不仅要对当年的招聘进行横向比较，还要对近几年的招聘活动进行纵向比较，发现问题并提出改进措施，在以后的招聘过程中，节约招聘成本、提高招聘效率，为学校聚集高质量的教师。

第七章

CHAPTER SEVEN

基于胜任特征的教师培训与开发

　　我国历来重视教师培训工作，陆续出台了相关政策和法规，保障教师培训的顺利实施，以期提高教师素质。2008 年教育部启动了"中小学教师国家级培训计划"（以下简称"国培计划"），主要包括教育部支持西部边远地区骨干教师培训专项计划、普通高中课改实验教师远程培训计划、中西部农村义务教育学校教师远程培训计划、中小学班主任专项培训计划、中小学体育教师培训计划五项计划，旨在提高我国中小学教师整体素质。这一方面反映了国家对中小学教师素质提升的重视程度，同时也反映了改进和完善我国教师培训与开发的紧迫性。2009 年，教育部又启动实施了"国培计划——培训者研修项目"。该项目以"有效教师培训"为主题，旨在加强各级教师培训机构培训者队伍建设，为"国培计划"的顺利、有效实施"引领方向，示范方法，培训骨干，提供资源，促进改革"（管培俊，2009）。

　　胡锦涛在 2010 年全国教育工作会议上明确指出："要把加强教师队伍建设作为教育事业发展最重要的基础工作来抓，加强教师培训。"《国家中长期教育改革和发展规划纲要（2010—2020 年）》也明确指出："完善教师培训制度，将教师培训经费列入政府预算，对教师实行每五年一周期的全员培训"，"对义务教育教师进行全员培训，组织校长研修培训。"为了更好地贯彻落实全国教育工作会议精神和教育规划纲要，建设高素质专业化教师队伍，教育部出台了《关于大力加强中小学教师培训工作的意见》（教师〔2011〕1 号），文件提出，当前和今后一个时期中小学教师培训工作的总体目标是：以实施"国培计划"为抓手，推动各地通过多种有效途径，有目的、有计划地对全体中小学教师进行分类、分层、分岗培训。

　　推进教师培训与开发，创新教师培训模式和方法是提高我国教师队伍整体素质，促进我国教育改革发展的重要保障。基于我国的教育实际，探索教师培训开发的新模式成为我国教育工作者的重任。目前，教师培训与开发是提升教师素质的重要途径。《国家中长期教育改革和发展规划纲要（2010—2020 年）》指出，"努力造就一支师德高尚、业务精湛、结构合理、充满活力的高素质专业化教师队伍"是我国教育改革与发展的重要目标之一，因此，培训高素质、专业化教师成为我国新时期教育改革与发展的工作重点。

　　高素质、专业化是教师工作绩效的重要保证。那么，什么样的教师才能称得上高素质、专业化呢？我们认为，教师胜任特征模型的提出为更好地理解我国教师队伍建设的高素质、专业化目标提供了新的思路。如前所述，教师胜任特征是指那些能够有效预测教师未来工作绩效的所有个人特征的总和。高水平的教师胜任特征是确保教师作出优秀绩效的重要条件。换句话说，高水平的教师胜任特征也应是高素质、专业化教师的重要内容。因此，我们可以将高素质、专业化的教师培养目标落实到教师胜任特征的培训和开发上来。亦即通过提升教师的胜任特征水平来实现高素质、专业化的教师队伍建设目标。

综上所述，本章的内容主要围绕如何引入胜任特征思想改进和完善我国当前的中小学教师培训与开发模式展开。首先，对我国教师培训与开发的现状进行梳理，并总结我国教师培训与开发的未来发展趋势；在此基础上，结合我国当前的教师培训与开发实际，引入胜任特征思想，探索出一整套基于胜任特征的教师培训与开发模式；最后，将通过一个实践案例进一步探索基于胜任特征的教师培训与开发模式的具体实施过程。

第一节　教师培训与开发现状研究

教师培训指的就是教师教育，广义地讲，包括职前教师培养、入职教育和在职培训三方面的内容。狭义地讲，专指在职教师培训，又称教师继续教育，通过提供完整的、连续的学习经验和活动来促进教师专业、学术和人格的发展（魏国栋、吕达，2003）。教师培训的根本目的在于提升教师的职业能力素质，为保证教师的教育教学质量创造条件。接下来本节将就教师培训的理论基础、实施途径、实践现状及未来发展趋势等内容进行具体介绍。在此基础上充分认识和了解我国当前教师培训与开发的主要特点，明确今后需要加以改进和完善的方向。

一、教师培训与开发的理论基础

（一）成人学习理论

系统的成人学习理论最早由教育心理学家诺尔斯（Knowles，1995）提出。成人学习理论认为：①需要对成人进行为什么要学习的指导；②成人有进行自我指导的需要；③成人可以为学习带来更多与工作相关的经验；④成人总是带着一定的问题参与学习；⑤成人学习的动力同时受内部和外部因素的影响（申继亮，2006）。后来，美国心理学家柯尔柏（Kolb）对成人学习理论进行了新的发展，并提出了"经验培训圈"观点。柯尔柏所提出的"经验培训圈"是指针对成人的培训要获得成果必须经历一个由"新知识和经验的获得、针对新知识和经验的反思、完整理论体系的形成、将学到的新知识和新经验应用于工作实践"的过程（毛亚庆、鲜静林，2003）。成人学习理论和"经验培训圈"观点对于教师培训与开发的意义在于：教师培训与开发活动应充分考虑到教师的学习特点及教育工作的实际，既要关注新知识新经验的传输，也要重视结合实际工作经验来消化和应用这些新知识新经验，即教师培训与开发应是一个理论与实践相结合的过程。

（二）认知建构理论

认知建构理论的主要观点源自教育心理学家布鲁纳（Bruner）、奥苏泊尔（Ausubel）和维特罗克（Wittrock）等人有关人类学习的认识和理解。其主要观点包括：①学习的结果是个体认知结构的重新建构或改组；②个体的学习是有意义学习的过程；③学习同时也是新旧知识相互作用的同化过程；④个体原有知识结构的性质是影响学习的最重要条件。总体而言，认知建构理论强调学习者在理解环境和赋予信息以特殊意义方面的积极作用。这一理论对于教师培训与开发的意义在于：开展教师培训与开发活动时不仅要考虑培训内容本身的特点，更要考虑教师原有的认知结构，消除教师原有的不良认知结构，促进教师对于新知识、新观念的吸收和转化，进而提升培训效果（申继亮，2006）。

（三）教师职业生涯发展阶段理论

教师职业生涯发展阶段理论认为，教师职业生涯的发展是一个阶段性与连续性相结合的过程，处于不同发展阶段的教师在职业能力、素质、心理体验、发展动力等方面均存在一定的差异。在信息社会，人类的知识更新的速度前所未有。为了适应社会发展的新趋势，终身教育已经成为教师教育领域中的一个重要概念。这也就意味着教师学习和培训并非教师某一特定职业生涯发展阶段的活动，而是贯穿教师职业生涯发展的全过程。因此，教师职业生涯发展理论对教师培训与开发的意义在于：教师培训与开发活动应充分考虑处于不同职业生涯发展阶段教师的特点和需要，根据教师的特点和需要设计针对性的培训课程和活动，并确定相应的培训目标。也就是说，教师培训与开发活动不是面向所有教师的普适性活动，而应充分体现教师职业生涯发展的阶段性和个体差异，从而通过确保培训与开发的针对性来提升教师培训与开发的效果。

二、教师培训与开发的常见模式分析

培训与开发模式是人们在实践中对培训与开发工作方式规律性的认识，是经过人脑对培训过程的主要构成要素进行的概括或组合，即在一定情境下，将培训与开发理论与具体实践中多种因素相结合，创造条件发挥某一要素的作用的过程，包括培训与开发主体、培训与开发理念、培训与开发对象、培训与开发目标、培训与开发内容、培训与开发手段以及培训与开发管理等组成要素（潘海燕，2002）。

（一）学历培训

我国在教师培训与开发工作方面已经积累了比较丰富的经验。目前我国的教师培训与开发模式以学历培训为主。学历培训是指培训机构（主要是高校）组织参训教师接受在职学习以提高个人学历的培训模式，它已成为教师职后专业发展的主要途径。学历培训依托于高校，利用高校丰富的教学资源和完善的教学环境，不仅能有效提升教师学历，丰富教师专业知识，而且发挥了高校在提升在职教师学历和知识技能方面的重要作用，实现了高校对基础教育的科学指导和技术支持，充分利用了高校丰富的教师教育资源。然而，现有的学历培训一般是在培训开发机构中开展，这使得培训开发脱离实际的教学环境，教师长期缺乏教育教学实践机会。这样的结果可能是教师虽然丰富了理论知识，但是实践能力的提升却非常有限。同时，这种培训开发模式忽视对教师迁移能力的培养，仅以知识掌握情况作为培训效果评估指标。而很多教师缺乏的其实是平时教育教学过程中需要的问题解决能力，以至于培训效果难以被应用到实际教育教学工作中来。

（二）在职培训

在职培训是指按照不同岗位的需求，对参训人员进行知识和技能的培训与训练。在职培训注重教育教学观念、知识、方法的掌握与应用，比较重视教育教学知识和技能的实践应用。在职培训的主要实施途径包括机构培训、校本培训和远程教育等。

机构培训。机构培训是传统的以教师培训机构为依托的培训方式，如高等院校、教育学院、教育培训中心等教师培训机构，参训教师往往以进修的方式，到培训机构接受专业培训。机构培训的模式充分体现了政府机构在教师培训活动中的重要作用，政府机构首先通过制定政策法规保障教师培训的实施，然后，向参训教师提供相应的师资和培训经费，以促进培训的顺利开展。机构培训作为教师职后培训的主要途径之一，具备因地制宜、比较灵活地对教师进行培训的特点，有力地推进了教师教育的发展与改革。然而由于机构培训一般是由教育部门或者学校在短期内组织开展，培训周期较短，以至于往往只能收到短期效果。并且，机构培训的课程方案不是从教师的能力和需求出发，培训较难深入，缺乏系统性。教师教育教学能力的提升不是一劳永逸的事情，需要基于教师能力与需求进行循序渐进的培训。

校本培训。校本培训则是指以学校为中心的在职培训模式，该模式来自于美国"基于胜任特征的教师教育"理念，具体指以学校为培训基地和培训主体，满足学校教师教育教学需求的校内培训模式。校本培训从学校的实际需求出发，突出了学校在教师培训中的主体地位，一方面满足政府和社会对学校的教育期待，另一方面充分满足教师专业化发展的成长需要，将各方的力量集中到切实可行的教师培训目标上。因此，校本培训具有良好的发展前景，近年来逐渐受到许多教育工作者的密切关注。然而，由于校本培训是以学校为主体，很多学校缺乏先进的教育资源和科研能力，导致在培训中缺乏有效解决问题的能力；并且，校本培训对学校自身的要求较高，需要具备一定的师资力量，很多农村学校因为师资匮乏，难以开展校本培训。

远程教育。远程教育是指利用现代网络手段和信息技术，以多媒体、交互式为特征，远距离、快速度、高质量传送教学声像、图文和数据，是一种跨越时空的新型教育方式（马学戈，2003）。与其他的培训开发模式相比，远程教育具有不受时空限制、高效资源整合、满足个性化需求等特点。"不受时空限制"是指学员只需要具备相应的远程教育终端设备（如计算机、电视等）即可以自主安排学习培训活动，而无须在特定的时间，前往特定的场所。这一点极大地提升了教师培训开发活动的辐射范围和灵活性。尤其是近年来，信息化、网络化以及虚拟现实等新技术的发展和应用极大地完善了远程教育的实现途径和实施效果。"高效资源整合"是指远程教育可以整合各方面（如高校、优质中小学等）最优秀的培训资源（如师资、课程、教材等）。因此，只要硬件条件允许，所有的中小学都有机会平等地学习和分享最优秀的培训和开发资源。"满足个性化需求"是指远程教育既具有非常丰富的培训开发教学资源，同时在培训活动实施方面具有交互性特点，因此学员可以根据自己的实际需求自主选择最适合的学习内容，同时还可以即时提交自己在学习过程中的问题或困惑并得到及时的回复或反馈。此外，培训开发活动的实施方（如教师）也可以及时、便捷地掌握学员对培训内容的理解和掌握程度并据此进行有针对性的调整。上述特点决定了远程教育可以作为传统教师培训与开发模式的一种重要补充，并且在未来的教师培训与开发中发挥更加重要的作用。现在，教育信息化已成为国家中长期教育改革与发展中非常重要的一个方面，而远程教育无疑是教育信息化的重要内容之一。

以上有关教师培训与开发模式的区分更多基于的是培训开发主体的角度。当然也可以从培训开发对象的角度对现有的教师培训开发模式进行区分。例如，新教师培训开发、骨干教师培训开发、晋级履职培训开发。另外，也可以从培训手段的角度进行区分。例如，微格教学培训、网络培训、电化教育培训等。经过长期的实践和探索，我国在教师培训与开发方面确实积累了比较丰富的经验。针对不同级别教师的实际情况，选择科学、合理的培训形式，较好地满足了教师的培训要求，取得了良好的培训效果；随着教育理念的不断革新，我国教师培训的内容从以知识为主向以能力为主转移，培训的方式也由单一化转变成多元化。传统教师培训与开发模式主要是讲授，以传授知识为主，目前已发展出多样的培训与开发模式。总体来说，我国目前已经基本形成了政府支持、推动和干预，依托高校教育资源，培训系统组织实施教师培训的发展格局，为我国教师的培训与开发工作提供了有力保障。

三、教师培训与开发的现存问题总结

如前所述，经过长期的实践和探索，我国已经基本形成了一条符合我国教师教育改革与发展实际的教师培训与开发之路，已经并且正在为我国的教师队伍建设作出应有的贡献。但是，不可否认，与国际教师教育改革与发展的先进做法相比，我们的教师培训与开发工作仍然存在一些需要改进和完善的地方。这些问题在一定程度上制约了我国教师培训与开发工作的效果。

（一）对教师主体性关注不够充分

兴起于 20 世纪 60 年代末的基于胜任特征的教师教育（CBTE）运动，开启了西方发达国家顺应教师专业化趋势、改革教师教育与管理模式的序幕，在过去近半个世纪时间里极大地推动了世界教师教育改革与发展的步伐。进入 21 世纪后，一种新的教师教育改革理念开始被提出来，即以人为本的教师教育（HBTE）思想。这种新理念与基于胜任特征的教师教育理念本质上并不冲突，二者可以相互补充。但是，全面分析我国当前的教师培训与开发工作不难看出，虽然一直紧密关注国际教师教育新理念的发展，但是在实践落实方面还是有许多做得不够的地方。例如，直到现在，CBTE 理念在我国教师培训与开发工作中的实践仍然有很长的路要走。至于在教师培训与开发中贯彻以人为本思想，增加对教师主体性的关注方面更是做得很不够。

（二）对培训与开发需求分析不够科学

努力造就一支师德高尚、业务精湛、结构合理、充满活力的高素质专业化教师队伍，是我国当前及今后教师队伍建设的基本目标。但是，在如何将这一长远目标转变为明确、具体、可行的教师培训与开发目标方面，我们做得还很不够。培训与开发目标的不明确，教师培训与开发活动的设计缺乏科学、合理的依据，以致难以保证实际开展的教师培训与开发活动的针对性，自然也就难以保证预期的培训与开发效果。例如，传统的教师培训与开发活动较多关注的是专业知识的传授，而对教师能力素质的提升重视不够。最为突出的就是，培训与开发的目标没有真正落实到促进教师工作绩效提升、培养优秀教师上来。亦即已有的教师培训与开发活动并没有真正参照教师胜任特征模型的内容来设计。教师胜任特征是保证教师作出优秀绩效的根本条件，也是区分优秀教师与一般教师时最核心的内容。因此，如何将教师胜任特征模型真正应用到教师培训开发目标设置、活动设计等工作中，将是今后改进和完善教师培训与开发工作的关键。

（三）培训与开发实施方式不够灵活

一直以来，以知识传授为主的集中培训是我国教师培训与开发活动最常用的实施方式。在信息化和网络化未曾普及的过去，这种培训与开发的实施方法拥有一些突出的优点。例如，单次培训与开发活动的受众面比较广，一次大的集中培训可以同时容纳数百人集中参训；此外，优秀培训师资的利用效率比较高，通过集中培训活动，更多的基层教师有机会亲历现场学习优秀教师的先进经验。这样的培训开发方式确实为我国教师队伍建设作出了重要贡献。但是，随着经济社会的发展以及教师整体素质的提升，教师对培训与开发活动的期望和需求也更加丰富。像过去那种简单的以讲授为主的集中培训方式已经难以满足新时期教师的需要。因此，如何根据培训对象和培训内容的特点选择更加灵活、多样的培训与开发方式，也将是今后改进和完善教师培训与开发工作时需要努力的方向。

（四）培训与开发工作的针对性不强

如前所述，随着经济社会的不断发展和教师队伍整体素质的提升，参训教师对培训与开发活动的需求更加丰富。一方面，参训教师对自己能力素质的认识更加清晰，对培训与开发活动的选择性更强，那些千篇一律不能满足教师个性化需要的培训与开发活动将难以受到教师的欢迎。另一方面，参训教师对培训与开发活动的期望更加明确，自主性更强。过去教师参加培训与开发活动时可能认为这是学校或上级单位给自己提供的学习机会，所以要积极参加。但是现在不一样，教师参加培训与开发活动更多的是出于个人的主动选择。越来越多的教师不再认为自己只是培训与开发活动的被动参与者，而更倾向于将平时参加培训与开发活动视作一种自主学习的机会。因此，在确定培训与开发目标和设计培训与开发活动内容时如何充分关注参训教师的个性化特点和需要，突出培训与开发活动的针对性，进而提升教师的参训动机也将是今后改进和完善教师培训与开发工作时需要重点关注的问题。

四、教师培训与开发的未来趋势展望

随着国际教师教育改革和发展的不断进步，教师培训与开发也一直在从中吸取先进的理念和经验，以应对新时期教师队伍建设的新挑战，满足新需要。本研究认为，综观国内外教师培训与开发的现状，未来的教师培训与开发工作将呈现出如下一些新趋势和新特点。

（一）更加重视培训与开发理念的先进性

如前所述，经过过去近半个世纪的实践探索，CBTE 和 HBTE 已成为当前国际教师教育改革的核心理念。尤其是以人为本思想为基于胜任特征的教师教育理念提供了非常好的补充。只有遵循先进理念的指导，教师培训与开发工作才可能有正确的方向。可以预期，在接下来的相当长一段时期里，胜任特征思想和以人为本思想将仍然是国际教师教育改革与发展的核心理念。因此，在这一理念的指导下，未来的教师培训与开发工作将在以提升教师的胜任特征水平为基本目标的基础上，更加关注教师主体性在培训与开发活动中的作用。

教师作为培训与开发的主体，是各种培训与开发活动的参与者。然而，培训与开发活动的设计者和实施者常常忽略教师的主体性，从培训与开发的内容到培训与开发的形式等仍然简单定位在知识（如专业知识）的传授和基本技能（如教学技能）的训练上。CBTE 思想告诉我们，教师培训与开发的主要目标在于提升教师的胜任特征水平，即提升教师在教育教学情境中灵活运用专业知识、解决实际问题的能力和专业素养，进而作出优秀绩效，在保证教书育人质量的同时促进教师自身职业生涯的发展。与此同时，在培训与开发目标设置及培训与开发活动的具体实施过程之中，培训与开发的实施者还必须关注参训教师的个人体验，增强参训教师在培训与开发活动中的参与性。只有充分考虑到参训教师的个性化需要和特点，才可能真正提升教师主动参与培训与开发活动的热情和动力，进而保证培训与开发活动的实际实施效果。

（二）更加重视培训与开发目标的科学性

在实际的培训与开发活动实施过程中，所有的培训与开发内容都应直接指向待实现的目标。因此，如何确保培训与开发目标的科学性也就对教师培训与开发活动的有效实施至关重要。如前所述，传统的教师培训与开发活动更多关注的是知识的传授和基本技能的训练。固然，基础知识和基本技能对于教师的教育教学工作也非常重要，但是它们并非影响教师教育教学效果的最重要因素。基于胜任特征"冰山"模型的观点，基础知识和基本技能均属于表层的胜任特征，而在教师培训与开发中最重要的目标是提升和发展"水面"以下那些更深层次的胜任特征。此外，教师胜任特征是能够直接预测教师工作绩效的所有个人特征的集合，而衡量教师培训与开发效果最好的方式就是评估培训前后教师的工作绩效是否有显著的提升，因此教师胜任特征自然就是确定教师培训与开发活动时最理想的依据。

在基于胜任特征的教师教育理念指导下，以根据严谨科学研究程序形成的教师胜任特征模型为依据来确定教师培训与开发活动的目标，将是增强教师培训与开发目标科学性的理想途径。在这里，培训与开发目标的科学性有以下两方面的内容。第一，培训与开发目标必须与教师队伍建设的长远目标相一致，要有助于教师工作绩效、教育教学质量的提升，有助于教师个人的成长和发展。第二，培训与开发目标必须有坚实可靠的理论和经验依据，不能凭主观随意制定。传统教师培训与开发目标的制定对这两方面内容的重视程度不够，在一定程度上限制了培训与开发目标的科学性和明确性。基于此，在未来的教师培训与开发工作中，经过严谨科学的研究程序构建并检验的教师胜任特征模型将成为提升教师培训与开发目标科学性的重要依据。

（三）更加重视培训与开发内容的系统性

传统的教师培训与开发活动内容以学科知识、教育学、心理学知识等为主，这种培训与开发固然能够提高教师的教学基础知识，然而这种一味强调理论知识的培训模式，很容易与实践脱节。可能的结果是，虽然参训教师在理论知识方面确实有很大的收获，但是，他们却难以克服将所学知识运用于教育教学实践的障碍。因此，至少从内容的范围来讲，教师培训与开发活动应突破过分强调理论知识和基本技能的限制，更多关注那些诸如能力、动机、态度等更深层次内容的培训与开发。如前所述，教师胜任特征模型为提升教师培训与开发目标的科学性提供了重要依据。因此，教师培训与开发内容的设计也应该参照教师胜任特征模型的内容来进行。

具体来讲，教师培训与开发内容的系统性至少应体现在针对性、层次性和全面性三个方面。针对性是指设计教师培训与开发活动内容时应充分了解参训教师的个性化需求。对于同一种胜任特征，不同教师的表现可能不同；即使是同一个教师，在不同胜任特征上的表现也可能不同。而任何培训与开发活动的内容都必须指向待提升的胜任特征。因此，确保教师培训与开发内容系统性的第一点就是依据参训教师的胜任特征状况来确定针对性的培训与开发内容。层次性是指应根据教师胜任特征模型的内部结构及参训教师的总体水平来区分不同的培训与开发内容。例如，在教师胜任特征模型中，有些特征（如专业知识、基本技能）是比较浅层次、相对比较容易提升的内容，另有一些特征（如动机、态度、价值观）则是比较深层次、较难以提升的内容；此外，这些特征在预测教师工作绩效中所发挥的作用也不同。因此，在确定教师培训与开发内容时应该体现这种关系。全面性是指教师培训与开发活动的内容从范围上来讲应尽量全面，凡是与教师工作绩效密切相关的内容都应该包括在培训与开发的内容中。

需要特别指出的是，这里的全面性与前面的针对性和层次性并不冲突。从本质上看，教师培训与开发内容的系统性强调的是培训与开发内容库应具有的特点。全面性强调的是教师培训与开发内容应尽量丰富，能够满足教师培训与开发的多样化需要；层次性和针对性反映的是教师培训与开发内容应各有其特点，能够满足特定对象的差异化需要。也就是说，一个真正具备系统性的培训内容库应能够满足不同层次、不同类型、不同特点的参训教师的需要。培训与开发内容的系统性是保证最终培训与开发效果的重要条件，同时也是未来教师培训与开发工作发展完善的重要趋势之一。

（四）更加重视培训与开发方式的灵活性

许多时候，教师培训与开发活动的效果不理想并非没有遵循先进的教师教育理念，可能也不是因为没有确定科学、明确的培训与开发目标，而是因为在实际培训与开发活动实施过程中采用的培训与开发方式比较落后，与待培训与开发的内容不相适应，或者与参训对象的实际需求不相适应。例如，在实际培训中，往往采用灌输式的教学方式，较少给参训教师提供实践的机会；强调参训教师应鼓励学生大胆创新，但是在对教师的培训中依然采用培训师讲、参训教师听的模式，鼓励参训教师模仿培训师的教学技巧，不鼓励教师的主动创造，这种表里不一、粗放的培训模式，不仅不能有效提升教师的教育观念，反而会强化教师错误的教育观念。另外，由于先前的观念没有革新，培训中提供的大量教学方法和经验也不会应用到实际课堂教学中，最终导致培训效果堪忧，难以实现预期的培训与开发目标。

因此，应根据培训理念、培训内容和培训对象的特点，采取灵活多样的培训方式。例如，不同的胜任特征具有的特点不同，有些相对比较稳定，难以通过短期的集中培训方式加以改进，但是它们对教师的工作绩效表现又非常重要，此时就需要考虑一些更有针对性的培训与开发方式。另外，有些实践技能（如课堂管控能力）的培训，因为具有明显的情境性，因此仅仅宣讲一些课堂突发事件处理的理论知识可能并不合适，此时就需要灵活地选择一些类似于案例教学、情境教学等更适合这一内容特点的培训与开发方式。未来，科学技术的发展和进步将为教师培训与开发活动的实施提供更丰富的选择途径。因此，如何更好地将培训与开发方式的灵活性落实到实际的教师培训与开发活动中，将是未来教师培训与开发工作需要重点关注的内容。

第二节　基于胜任特征的教师 培训与开发方案设计

基于胜任特征的教师培训与开发是指在现有的教师培训与开发基础之上引入胜任特征思想，将教师胜任特征模型应用于教师培训与开发工作的需求分析、课程设计、活动实施即效果评价等各个环节，进而提升教师培训与开发效果的一种新型的教师培训与开发理念和模式。接下来，我们将从教师胜任特征模型在教师培训与开发中的应用价值，基于胜任特征的教师培训与开发实施原则、流程及主要特点等方面进行详细的介绍和说明。

一、教师胜任特征模型在教师培训与开发中的应用价值

在本书的第一章，我们已经就教师胜任特征模型与教师培训与开发的关系进行了简要的分析和说明。与教师培训与开发的目标相契合，是决定教师胜任特征模型能够应用于教师培训与开发的最重要原因。教师胜任特征模型在教师培训与开发中的应用价值到底体现在哪些方面？

（一）教师胜任特征模型为教师培训与开发目标制定提供了新依据

教师培训与开发的目标是通过提升教师当前的能力素质水平进而帮助其在教育教学工作中作出高水平的工作绩效。这也就意味着，教师培训与开发活动所关注的能力、素质等内容都必须与教师的实际工作绩效有直接的关系。即在确定教师培训与开发活动的目标时首先需要考虑的是待培训的内容是否真正能够有效预测教师未来的工作绩效。这一问题在传统的教师培训与开发中没有得到应有的重视。传统的教师培训与开发活动在确定培训目标时采取的往往只是简单的"缺什么补什么"的思路，并没有特别关注是否所有的"缺"的内容都需要"补"。因为有些内容与教师实际工作绩效之间可能并没有实质性的联系，显然这样的一些缺口是可以不用补或者至少是不用优先补的。

由于教师胜任特征模型包含的所有内容都是与教师工作绩效密切相关的个

人特征，因此也就为教师培训与开发目标的确定提供了最有效的依据。亦即凡是教师培训与开发拟培养或训练的内容都必须是教师胜任特征模型所包含的内容。也就是说，在确定教师培训与开发目标时必须参照教师胜任特征模型的内容。通过科学研究构建并检验得来的教师胜任特征模型为教师培训与开发目标的确定提供了良好的依据。以教师胜任特征模型为依据，在对教师当前具备的教师胜任特征水平进行全面、准确评估的基础上来确定培训与开发的目标，将有助于提升教师培训与开发的针对性和实效性。

（二）教师胜任特征模型为教师培训与开发内容设置提供了新参照

培训与开发目标是培训与开发课程内容设置的直接依据。也就是说所有将要开设的培训与开发课程都必须与预期的培训与开发目标相对应。在传统的教师培训与开发中，课程内容的设置缺乏明确的参照，往往比较宽泛，难以体现具体性和针对性。以课堂教学能力培训与开发为例，这可能是教师培训与开发中的一项重要内容，但是在传统的教师培训与开发中，与课堂教学能力有关的课程往往非常多，不同的课程虽然均属于课堂教学能力的框架之下，但是所关注的具体内容可能是不一样的。例如，有的课程关注的是课堂教学中突发事件的应对能力，有的课程关注的是课堂教学中的语言表达能力，还有的课程关注的是课堂教学中时间分配和管理能力，等等。这样可能的后果是，虽然所有的课程都是为了培养和训练教师的课堂教学能力，但是不同课程的效果可能完全不一样。因为并非所有课程关注的具体内容都与教师的课堂教学能力密切相关。由于缺乏明确的科学参照标准，因此难以判断什么样的课程更适合教师课堂教学能力的培养和训练。

教师胜任特征模型可以为上述问题的解决提供新的思路。通过科学的研究流程构建得到的教师胜任特征模型包含的是一项项非常具体、明确的胜任特征指标。例如，我们的前期研究发现，对于中小学教师来说，对师生关系处理质量有直接影响的胜任特征指标有四项，分别是关爱、尊重、理解和公平。这四项标准对于中小学教师良好地处理师生关系至关重要。有了这一基础后，接下来确定旨在提升中小学教师师生关系处理水平的课程时就有了明确的参照，就可以落实到每一项具体的胜任特征指标上来，即重点培养和训练参训教师在平时的师生交往中做到关爱、尊重、理解和公平。不难看出，参照教师胜任特征模型确定的培训与开发课程具有很强的针对性和有效性，对于确保教师培训与开发的效果有重要意义。

（三）教师胜任特征模型为教师培训与开发方式的选择提供了新视角

如前所述，传统的教师培训与开发的方式较单一，大多是以知识讲授为特点的集中培训。这种方式固然具有一些优点，但是若千篇一律地使用显然难以收到很好的效果。不同的培训与开发方式自有其优点和不足，适合培养训练的能力素质不同；相对地，不同的能力和素质也自有其特点，适合采用的培训与开发方式也不同。因此，最理想的情况是，在待培养训练的能力素质和拟选用的培训与开发方式之间实现合理的匹配，这样将有助于最大限度地保证培训与开发的效果。

传统的教师培训与开发之所以难以做到多种培训与开发方式的灵活选择，很重要的一个原因在于对待培训与开发内容特点的分析和了解有限。而对于教师胜任特征模型来说，凡是进入教师胜任特征模型的指标，我们都可以同时从重要性和可塑性两个维度对其进行分析，进而对其适合采用的培训方式有一个全面、准确的认识。另一方面，管理学研究和实践领域在有关胜任特征的应用方面已经积累了非常丰富的成果，其中就包括特定胜任特征指标相对比较适合的培训与开发方法。这些已有的研究成果和实践经验为改进传统的教师培训与开发工作提供了丰富的方法选择。

（四）教师胜任特征模型为教师培训与开发效果评估提供了新标准

培训与开发效果的评估一直是传统的教师培训与开发工作的一块短板。虽然各方均认可效果评估在教师培训与开发中的重要性，但是在对实施效果进行评估时却不可避免地遇到许多困难和挑战。其中非常突出的一点就是缺乏较理想的评价标准。究竟哪些内容适合作为教师培训与开发效果评估的标准？在传统的教师培训与开发中，这一问题始终未曾找寻到合适的答案。

不过，胜任特征思想为这一问题的解决提供了便利。就像前面已经介绍的那样，教师培训与开发的目标是提升教师的工作绩效。因此，适合对培训与开发效果进行评估的最理想指标就是教师参加培训与开发活动后的绩效改变情况。但是，任何培训与开发活动对学员工作绩效的影响都有时间上的延后。也就是说学员的工作绩效不可能在培训与开发活动结束后马上就有比较明显的提升，而是需要有一段时间的消化和吸收。那么，怎样才能对培训与开发活动的效果进行及时评估？此时，教师胜任特征模型为教师培训与开发活动的效果评估提供了非常理想的评价标准。一方面，教师胜任特征能够有效预测教师未来的工作绩效，我们一旦了解了教师当前具备的胜任特征状况就可以对其未来的工作表现作出相对准确的预测；另一方面，从本质上来说，教师培训与开发活动的实施就是培养和训练教师的胜任特征。因此，参训教师培训前后的胜任特征水平的提升情况也就成为培训效果的理想评估指标之一。并且，基于本书第三章的介绍，目前已经有比较丰富的胜任特征测评方法用于对教师胜任特征水平的测量和评估。基于此，不管是从有效性还是可行性的角度，教师胜任特征模型都为教师培训与开发活动的效果评估提供了合适的新标准。

二、基于胜任特征的教师培训与开发实施原则

基于胜任特征的教师培训与开发是一项复杂的系统性工作。虽然教师胜任特征模型在改进和完善传统教师培训与开发模式方面具有独特的应用价值，但是要想保证基于胜任特征的教师培训与开发活动的效果，还必须坚持一些最基

本的原则。这些原则是在所有基于胜任特征的教师培训与开发中都必须关注的问题。

（一）针对性原则

所谓针对性原则，是指在开展基于胜任特征的教师培训与开发活动时必须综合考虑参训教师已有的胜任特征发展特点，针对参训教师的个性化需要来实施培训与开发活动。教师胜任特征模型为整个教师队伍提供了一个能力素质提升的共同标准，但是不同的教师在胜任特征上的发展水平存在差异。如果不考虑教师个人的胜任特征发展特点而盲目地实施培训与开发活动，势必不能实现预期的效果。所以，必须在培训与开发目标和内容确定之前对每一个参训教师的胜任特征发展状况进行全面、准确的评估。

（二）有效性原则

所谓有效性原则，是指在开展基于胜任特征的教师培训与开发活动时必须确保所有内容都指向待培训的胜任特征。在基于胜任特征的教师培训与开发中，教师胜任特征模型是一条主线。所有环节的工作都必须紧紧围绕这一条主线来进行，这是确保最终培训与开发效果的根本。教师胜任特征模型能够有效预测教师工作绩效的内容，提升教师的胜任特征水平是开展基于胜任特征的教师培训与开发活动、改善教师工作绩效的前提条件。因此，在开展基于胜任特征的教师培训与开发活动时，每一个环节都要问这样一个问题：该环节的工作内容是否真正指向要培养和训练的教师胜任特征？只有这样，才能尽可能确保培训与开发活动对于预期目标的有效性。

（三）科学性原则

所谓科学性原则，是指在开展基于胜任特征的教师培训与开发活动时必须确保所有的培训方法与将要培训的胜任特征所具有的特点相一致。不同的胜任特征具有不同的特点，适合的培训与开发方法也不一样。因此，在基于胜任特征的教师培训与开发活动中，选择培训方法时不能千篇一律，必须依据胜任特征的特点选择已经被研究和实践证实有效的那些方法，只有这样才能有助于实现预期的培训与开发目标。

（四）可行性原则

所谓可行性原则，是指在开展基于胜任特征的教师培训与开发活动时必须综合考虑学校和参训教师的实际情况。例如，针对在职教师的培训与开发活动显然不能影响到其正常的教育教学工作。类似地，拟开展的教师培训与开发活动必须以学校现有的硬件和软件条件为前提。任何超出学校或参训教师个人条件限制的培训与开发活动都具有不可行性，即使设计规划得再理想，也不可能取得预期的效果。

三、基于胜任特征的教师培训与开发实施流程

传统的教师培训与开发流程一般包括需求评估、课程设计、培训实施及效果评估等环节。在总体的实施流程上，基于胜任特征的教师培训与开发和传统的教师培训与开发之间并没非常明显的区别。所不同的是，在基于胜任特征的教师培训与开发中，几乎任何一个环节都能够体现胜任特征的思想。

图7-1清晰呈现了基于胜任特征的教师培训与开发活动的实施流程。

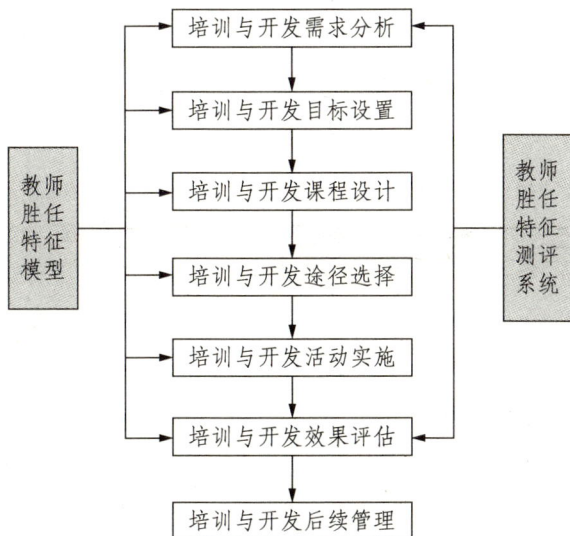

图7-1　基于胜任特征的教师培训与开发实施流程

（一）培训与开发需求分析

培训与开发需求分析是基于胜任特征的教师培训与开发工作实施流程的第一个环节。目前，我国的教师培训与开发以培训机构占有的资源为中心，培训与开发活动的实施依赖于培训与开发者能够提供什么样的培训，较少分析参训教师的实际需要，导致很多教师接受了各种各样的培训，然而效果却不甚理想。因此，把科学地开展教师培训与开发的需求分析作为教师培训的首要环节，是确保培训与开发效果的基础和前提。

教师的职称、教龄、教学能力和绩效等都不尽相同，培训与开发需求往往差异较大。如果在培训与开发前期对教师的培训与开发需求不进行认真研究和分析，培训与开发的内容往往会与实际脱节，培训与开发效果不理想。目前，我国教师培训与开发工作中存在的一个比较普遍的问题就是培训与开发需求调研不全面。由于培训与开发需求分析是整个培训与开发活动实施的基础和前提，因此这一环节任何疏漏的地方都会直接影响后续培训与开发工作的实际效果。教师培训与开发需求分析最核心的内容和目标就是确定参训教师需要什么

样的培训内容。相应地，在基于胜任特征的教师培训与开发模式中，需求分析最重要的内容就是对教师当前的教师胜任特征状况进行全面、准确的评估，并将其与期望的标准进行比较分析，以确定教师现存的差距和不足，而这些不足之处就是后续需要重点培养和训练的内容。需要指出的是，这仅是教师个人方面的需求分析。除此之外，还需要在学校层面进行整体的需求分析，主要目的是梳理整个学校教师队伍在培训与开发需求方面的共性内容和差异性内容，从而为学校确定整体的培训与开发活动提供依据。

在基于胜任特征的教师培训与开发需求分析环节，对教师当前的胜任特征状况进行全面、准确的评估是最为关键的工作。无论是教师个人层面的需求分析，还是学校整体层面的需求分析，都必须以教师胜任特征现状评估的结果作为最重要的参照依据。因为基于胜任特征的教师培训与开发模式最核心的内容就是提升参训教师的胜任特征水平。因此，为了做到这一点就必须预先完成两方面的工作。一是构建科学、有效的教师胜任特征模型，明确教师胜任特征的内容和结构；二是开发可靠可信、操作可行的教师胜任特征测评系统。这是基于胜任特征的教师培训与开发工作的前提条件，同时也是整个基于胜任特征的教师人力资源管理工作实施的前提条件。有关教师胜任特征模型构建和测评系统开发的内容，我们在本书第二章和第三章中已经有非常详细的阐述，这里不再赘述。

（二）培训与开发目标设置

培训与开发目标是指开展教师培训与开发活动想要取得的结果和成效。一般来讲，开展教师培训与开发活动的目的有以下两方面：短期来讲，是为了改善教师的工作绩效，提高教育教学水平；长期来讲，是为了提升学校整个教师队伍的素质水平，适应学校未来发展的需要。这两个目标落实到具体的培训与开发工作中，就是促使教师能力素质的提升能达到理想的水平。不管哪一个目标都必须通过教师个人能力素质的提升才能实现。因此，在基于胜任特征的教师培训与开发模式中，最直接的培训与开发目标其实就是提升教师的胜任特征水平。

因此，在培训与开发目标设置环节，最关键的工作就是确定究竟什么样的胜任特征水平是教师应该达到的标准。明确了这一点后，培训与开发活动的目标也就清楚明白了。这一标准的确定有两条途径可以考虑：一是直接以学校现有优秀教师的胜任特征水平为参照，将其设置为培训与开发的具体目标；二是以同类学校整体的教师队伍为参照，将培训与开发目标设置为高于整体教师队伍平均水平一个标准差及以上的位置，这样就可以确保教师的胜任特征水平能够处于同类学校师资队伍中的中上位置。

在这里需要特别指出的是，不管采用哪一种思路，在基于胜任特征的教师培训与开发目标设置时，学校都必须遵循有效性、具体性和可行性的原则。所谓有效性，是指学校设置的培训与开发目标一定要能够切实地提升参训教师的胜任特征水平进而提升其工作绩效。也就是说，学校在确定教师培训与开发目标时不能要求太低。具体性是指学校设置的培训与开发目标必须是明确具体的，最好是一个可以量化的指标。例如，将教师的胜任特征水平由现在提升至什么样的水平，那么这个水平一定要对应于胜任特征测评的一个量化的结果。可行性是指学校设置的培训与开发目标一定要是通过培训与开发活动能够实现的目标，一开始定的目标不宜太高，如果定的目标不管怎么努力都无法达到，显然，这样的目标对于培训与开发活动来讲没有任何意义。可以说，这三条原则既是培训与开发目标设置的重要依据，同时也是评估培训与开发目标设置是否科学、合理的主要标准。

（三）培训与开发课程设计

培训与开发课程（活动）是教师培训与开发工作实施的载体，任何培训活动的实施都必须通过课程（活动）来实现。培训工作的实施者在设计培训与开发课程时，事先已经确定的培训与开发需求和目标就是最直接的参照。所有的培训课程都必须指向特定的开发需求和目标。前期的培训与开发需求分析和目标设置解决的其实是两方面的问题：一是培训与开发什么内容，即培训哪些胜任特征；二是培训与开发到什么程度，即将当前的胜任特征提升至什么水平。明确了两方面的内容之后，培训与开发课程的设计也就有了直接的指导。即一方面，所有的培训与开发课程都必须对应于将要提升的胜任特征；另一方面，所有的培训与开发课程都必须确保能够有效提升待培训的胜任特征至期望的水平。

接下来，我们以师生关系处理能力的培训与开发为例来说明培训与开发课程的设计。如果培训与开发的目标是将教师的师生关系处理能力由当前的"一般"水平提升至"较高"水平（注：这里的"一般"和"较高"水平都可以通过相应的胜任特征测评结果以"数量化"的形式反映出来），那么，在设计培训与开发课程时，首先要关注的一点就是明确师生关系处理能力的内涵，即该能力框架下包含的具体胜任特征指标。如前所述，师生关系处理能力包括关爱学生、尊重学生、理解学生和公平对待学生四项胜任特征指标。因此，在设计课程时就必须保证这四项胜任特征每一项都有相应的课程与之对应，只有这样才能确保所有的师生关系处理能力均能够在培训与开发活动中得到相应的训练。此外，还需要注意的是设计的培训课程必须具备将参训教师参加培训前"一般"水平的师生关系处理能力提升至培训结束后的"较高"水平。这也就是要求在设计培训与开发课程时要特别关注课程量、难度等可能直接影响培训效果的因素。

在实际的教师培训与开发工作中，培训与开发课程的设计是较复杂的一件事，对课程设计方的专业水平要求比较高。并非所有的培训实施者都有能力把课程设计做好。因此，在广大中小学中，真正拥有自己设计的系统性培训与开发课程的并不多，这一工作的完成对大多数学校来说需要专业培训机构的参与。

（四）培训与开发途径选择

这里的培训与开发途径主要是指培训开发活动以什么样的形式、通过什么样的方法实施。因此，培训与开发途径选择的过程也就是培训形式确定和培训方法选取的过程。这两项工作的实施都离不开对培训与开发内容特点的全面分析。如前所述，基于胜任特征的教师培训与开发的核心就是培养和训练教师的胜任特征，通过培训与开发活动将他们的胜任特征提升至理想水平。不同的胜任特征具有的特点也不同，要想取得最好的培养和训练效果，就需要针对其特点选取最合适的培训形式和培训方法。

这里的培训形式选择主要是指学校整体层面的培训实施形式，即主要针对有多人同时参加的培训与开发活动。根据前面的介绍，通过对待培养和训练的教师胜任特征的重要性和可塑性进行分析，可以对适合不同胜任特征的培训形式有一个比较整体的认识和了解。一般来说，浅层的专业知识和技能等可以通过培训很快掌握，具有较高的可塑性；但是，深层次较为内隐的个性特点、动机、需要等通过培训则较难掌握，可塑性较差；而位于中间的社会角色和自我概念等的培训难度介于两者之间。另外，在建立教师胜任特征模型时，往往会依据每项胜任特征对教师工作绩效的预测作用大小赋予其以相应的权重，即每项胜任特征在教师工作中的重要程度。因此，基于对胜任特征的重要性和可塑性的分析就可以初步确定针对不同胜任特征适合采用的培训形式。例如，可塑性和重要性均高的特征往往是培训的重点，组织应该集中优势的师资和条件进行集中培训；可塑性低、重要性高的特征则是涉及教师内在深层次的特征，需要长期的培养，短期内很难得到显著提高，而长期的培养可能需要大量的人力和时间，也将会给学校带来一定的负担，但是如果培养出这方面特质，则未来很可能会为学校作出卓越贡献；可塑性高、重要性不高的特征可以考虑进行小规模的专题培训；可塑性和重要性均不高的特征，则一般不采取集体培训，建议教师自己参与培训（杨怀珍，2009）。

在确定培训与开发形式的同时，还需要为特定的胜任特征选择最合适的培训方法。培训方法是培训者和学员为完成培训任务而采用的教与学的方法的综合，包括授课方法和学习方法，是教师引导学员掌握知识技能，获得身心发展而采取的共同活动。通过培训方法的应用，教学双方实现良好的沟通和互动，达到互教互学，教学相长的目的（马骁，2004）。传统的教育培训模式重在知识的掌握，使用最广泛的方法是课堂式教学和讲座，而基于胜任特征的培训方式较传统培训更注重教师自身对绩效起关键作用的胜任特征，更注重内隐知识的获得和积累。因此，在提高教师胜任特征的培训目标下，培训方式的需求分析显得十分重要。目前，我国已形成多种培训方式，如讲授法、案例分析、小组讨论、角色扮演、情境模拟、进修、函授等，仅仅使用常规的一种方法是不够的，在实际的培训中，应灵活采用综合的培训方式，如校本培训模式、远程教育培训模式、参与式教师培训模式、反思型教师培训模式等多种形式。

有学者提出三段式培训较适合在职教师培训，具体指将培训时间区分成小段，化整为零，即把整个培训分成三个阶段，集中培训—自学辅导—再集中研讨、交流的培训过程。第一阶段培训集中面授，并将面授时间安排在假期或周末休息日，面授结束后，布置课题、论文、作业；第二阶段自学，在自学过程中可利用电话、E-mail 向教师请教；第三阶段学员集中，在教师指导下，交流学习心得，把完成的作业、课题、论文宣读演示（白燕等，2004）。培训具体采用何种方式，不仅应基于胜任特征培训设计的课程和课程目标进行选择。同时也应根据对参训教师的调查结果来确定，以教师青睐的培训方式进行培训便于知识的传递和掌握，同时也有利于调动教师积极参与培训的热情。同时也应考虑培训环境、培训阶段的变化，这也要求培训者要灵活使用各种培训方法，取长补短，综合运用，以满足参训教师的需求，即使选用固定的一种培训方式，培训师也应根据教师需要不断变换培训的时间、空间、地点与方式，尽可能通过多元的教师培训方法来改革传统的讲授式教师培训模式，最终使培训从多种渠道满足教师的培训需求，提高教师参与培训的主动性。

（五）培训与开发活动实施

当全面的培训需求分析、培训目标设置、培训课程设计和培训途径选择均完成之后，教师培训与开发活动实施的前期基础性工作也就基本完成。培训与开发活动的实施在整个教师培训与开发工作中占有重要地位，也是影响最终培训效果的关键。前面的准备工作做得再好，如果在活动实施过程中出现问题，最后的培训与开发效果同样无法保证。由于培训与开发活动的实施是一项复杂的系统性工作，为了更好地梳理基于胜任特征的教师培训与开发的实施过程，接下来将从培训与开发实施前的准备和培训与开发效果的转化两个方面来进行介绍。

1. 培训与开发实施前的准备

培训与开发实施前的准备工作又可以区分为以下四个方面：培训实施单位的选择，培训师的选择，培训实施程序的完善，以及培训时间、场地和设施等的准备。

培训实施单位的选择。我国职前培养的教育机构主要为各级师范学院，从事职后培训的机构多为师范院校中的成人教育学院、教育学院和教师进修学校。这种教师培训开发体系的特点是职前教育较强，职后培训较弱，这种职后培训开发体系显然不利于教师的专业发展。首先，职前和职后的培训内容缺乏过渡和衔接，导致两者的培训内容出现缺口或者重叠等现象，浪费了教育资源，也导致培训效果较差。另外，职后培训的学校往往缺乏系统的学科建设，教育教学的水平无法保障，科研氛围一般等，影响教师培训的质量。因此，应选择各级师范大学和师范学院对在职教师进行培训。高校有很多高水平的教育教学专家，不仅拥有先进的教学理念，而且具备丰富的理论知识和浓厚的科研兴趣，能够有效指导教师胜任特征的培训工作，因此，利用优秀的师资力量是提高教师培训水平的有力保障。同时，高校的图书馆、数据库等学习资源丰富，硬件设施齐全，这些都有助于参训教师的学习。

培训师的选择。培训师是培训与开发活动的具体实施者，直接影响着培训与开发的效果。因此，在确定培训与开发内容后，应严格筛选优秀、合格的培训师。优秀的培训师往往具备渊博的理论知识、扎实的教学技能、丰富的培训经验，同时也具备高尚的道德品质。目前我国的培训师主要是一线教师和高校从事教育教学研究的专家学者。他们大都有自己的本职工作，担任培训师大多属于兼职，这就导致培训可能受到时间冲突的影响；而且面对广大教师对培训的需求，仅凭这些教师是很难完成师资培训任务的，因此，应扩大培训师队伍，让更多具备培训资格的优秀教师投入到教师培训工作中。同时，应注意，一线教师的实践教学经验比较丰富，但可能缺乏先进的教育观念作为指导，而高校教师虽然拥有先进的教育理念，但可能与教学实践脱节，这就要求培训机构在选择培训师时，应尽可能综合两者的优势，组建素质优良、理论与实践经验兼备、由高校专家和一线优秀教师组成的培训团队。如果条件允许，学校可将本校的优秀教师培养成培训师，一方面，可以根据需要灵活开展培训，节省财力、物力、人力，另一方面，本校教师更熟悉校内教学环境，清楚教师面临的问题，能进行有针对性的培训。

培训实施程序的完善和确认。以往的培训发现，大多数培训组织者忽略培训的前期宣传，也不要求培训者提前做好参训准备，导致很多参训教师不了解培训的目的，只知道培训的时间、地点和培训的专题，导致学习的准备不充分，主动性较差，对培训的认识不足，难以把握培训内容，已设置的课程结构类型和确定的讲授主题不适合参训教师的实际需要，培训很难达到预期的培训效果。因此，培训项目应该提前告知参训教师，使其做好参训准备。另外，已经设计的培训方案在实施中有可能遇到阻碍，效果不理想。培训的设计应依据培训需求的调查结果，然而，培训需求的调查往往采取抽样的方式，结果仅仅针对部分参训教师，而实际教学问题千差万别，培训的内容不能完全覆盖所有典型问题，因此，应该根据实际培训情况灵活调整培训方案，优化培训程序。在程序设计时，应注重模块化设计，分专题专项进行，通常可分为教师职业道德修养、专业技能与知识、教学理论与研究等模块，培训程序的设计应经过专家的严格论证，课程设计符合学员的需求。应注意的是，很多参与授课的教师对教学实际情况不是很了解，导致课程内容与学员的需求相去甚远，缺乏针对性和实践指导意义。同时，具备培训资格的教师往往比较固定，经常会给各种各样的培训班授课，导致培训主题往往相同，这样又会导致培训的重复，在培训设计时应注重避免以上问题。同时，在培训过程中应充分认识到新的教学形式对一线教师工作提出的新要求，探索新的岗位特征，据此重新进行教师培训需求调研，根据实际情况，及时调整培训程序，始终以学科知识为基础，时刻贴近培训对象的需要，从教师的实际出发，提高培训内容的针对性和实效性，真正解决参训教师存在的问题，通过合理的设计，达到理论与实践相结合，经过不断完善、深化和革新，提高培训过程中培训的针对性、客观性和科学性。

　　培训时间、场地和设施准备。培训时间的安排往往根据培训所需的总时间和课程的难易程度来定，如果内容简单，以知识掌握为主的培训，可采用短期集中的方式，如果内容较复杂，以技能学习为主的培训，则采取长期分散学习的方式，以利于减少培训经费，提高培训效率，除此之外，也要考虑参训教师工作任务重、时间紧的情况，将培训安排在周末或者假期。培训地点应选择交通条件和生活条件便利的地方，同时培训场所应宽敞明亮、座位充足、视听效果良好。培训设施应根据课程的需要进行布置，尽可能利用先进的数字传媒技术，采用多种媒介进行培训，有效提升培训效果。

　　2. 培训与开发效果的转化

　　培训与开发效果转化是基于胜任特征的教师培训与开发活动实施过程中最核心的内容。培训与开发活动实施的最终目的是提升参训教师的胜任特征水平，切实改善其在教育教学中的绩效表现。因此，如何在传授专业知识、观念和技能的同时关注培训内容的迁移问题，对于确保培训与开发的效果至关重要。如果参训教师在培训与开发结束后能够将培训中学习的知识和技能转化到实际教学中，能够迁移到课堂教学中，那么就实现了培训效果的转化。

　　基于胜任特征的教师培训效果转化是指将教师培训的效果应用到学校的设计教学中，真正促进教师知识、技能的提高和态度的改善，增进工作绩效。培训效果转化机制是对培训效果应用到学校实际教学中的有力保障。培训效果的转化受到以下因素的影响：培训项目的设计、参训教师的主动性、培训效果的反馈，可以采用以下方式促进培训效果的转化。首先，为了便于知识的迁移，加快培训效果的转化，培训机构在设计培训时，可以设置与教师实际教学活动、环境和工作状态相似的情境，使得参训教师可以将学习到的技能顺利应用于实际教学中；其次，将培训作为薪资和晋升的参评依据，将薪资和晋升与教师的教学知识和技能相联系，把经济收益作为对教师参训的鼓励，促进教师主动将培训效果内化，发展成工作技能；最后，培训部门应重视培训材料的保存，要求教师将培训中的笔记、反思教学、教学设计、听课记录等保存下来，并对参训教师进行跟踪调查，做好反馈工作。可以通过书面材料、新闻传媒、大型会议等形式将教师的培训成绩和培训收获进行汇总，反馈给参加或者将要参加的教师，让他们了解培训的目标和意义。值得注意的是，培训组织者应注意培训的连续性，如果培训之间没有衔接或者过渡，培训的效果就会无法巩固和延续，更谈不上融会贯通，而且教师胜任特征不是通过短期的培训就能立即提升的。因此，培训是一个长期、递进的过程，这也是培训组织者设计与开发培训的依据。

　　（六）培训与开发效果评估

　　培训与开发效果是培训与开发质量的直接体现。通过效果评估可以对培训与开发活动进行反思，积累培训经验，为今后的培训与开发决策和活动开展提供支持。培训与开发效果评估既是对已开展的教师培训与开发活动的总结评估，也是对今后教师培训与开发实施的经验准备。完整的培训效果的评估包括培训过程中的评估和培训结束后的评估。培训过程中的评估指学员在培训过程中的学习过程和学习结果评估，学习过程评估指通过让学员填写培训课程满意度问卷和对培训的评价与反馈等了解培训效果；学习结果评估指阶段性培训之后，测验学员完成的作业情况以及考试成绩，以了解培训过程中学员掌握的知识和技能，培训结束后的评估指评估培训内容在工作中的运用，重点关注工作效率、教学质量的变化，强调培训对社会进步、教育变革、学校发展的作用，最终体现为胜任特征的提升。即在基于胜任特征的教师培训与开发效果评估中，对参训教师在培训结束后的胜任特征水平进行考查是最核心的内容。

完整的培训体系应包括培训结束后对培训效果的评估，通过有效的效果评估，不仅可以及时评估教师胜任特征的改变以及胜任特征水平提升的状况，而且可以为今后教师胜任特征的培训提供借鉴。目前，对培训效果的评估主要分为定量和定性两种方法，定量评估指使用量表或者问卷进行评估，将与工作绩效有关的行为进行分类、归纳，形成评估指标，由教师、校长、学生、培训师以及校内培训人员、校外培训人员组成评估小组，实施 360 度反馈评价方法，对教师的各项指标打分量化，据此，得出教师胜任特征水平的提高程度，以及胜任特征水平的改善状况。定性方面，可以通过工作日志法或者关键事件描述，判断教师参与培训后胜任特征水平是否提高。国外学者在培训时一般使用柯克帕特里克的"四层评价法"，这种方法十分值得借鉴，该评价法认为教师的培训效果应从反应、学习、行为、结果四个层面进行评估。首先应注重掌握教师参训前的教学水平，可通过调查法、访谈法、测验法了解参训教师的基本资料，了解培训需求，并将资料归档保存。然后，做好培训过程中的评价，指考查教师在培训过程中对培训内容的学习和掌握情况，可通过考勤、课堂笔记、课后作业等进行收集。最后是对教师培训后的情况进行评价，主要是对培训后的行为和结果两个层次的评价，一方面是教师是否能够将培训的内容运用到教学实践中，可通过听课、评课、教学反思进行评价；另一方面是指评估教师的工作绩效，主要是学生成绩是否改善，是否促进学校的教育质量的提高，这两方面的评价都需要对教师进行培训后的跟踪调查。

更具体来讲，在构建基于胜任特征的培训效果评估体系时，首先，应明确培训的胜任特征内容，对这些胜任特征的操作性定义应清楚、规范、可量化，避免出现评价指标重复、交叉，方便评估工作的实施；其次，评估结果应及时总结、反馈，为后续培训项目的开展提供数据支持，同时也为今后开展基于胜任特征的教师培训与开发活动提供经验，除此之外，将评估结果作为教师考核与晋升的标准，完善教师考核和晋升制度；最后，务必确保培训工作的制度化、法制化，将教师培训评估以法律条文的形式进行规定，发挥参考价值。值得注意的是，培训的主要目的是提高教师的专业技能，使教师在教学实践中充分发挥教学才能，培养高素质教育人才。教师接受培训的效果不应该由培训机构进行考核评估，而是应该在返校后的实际教学中对参训教师进行跟踪调查，这样才能客观评估效果，同时促进培训机构的不断完善，长远发展。

（七）培训与开发后续管理

培训管理的有效性是培训有效性的保障，也是培训的重要环节。在传统培训中，培训往往以颁发培训结业证书或者参训教师考试结束后回到工作岗位，培训在形式上也就完结，内容也中断了，参训教师投入了时间和精力，然而却在实际教学中遇到各种阻碍，无法有效运用培训内容，而学校投入了经费和时间，教师的培训却没有实际效果，不免对培训失去信心。由此看来，培训后续的管理不仅是培训效果能否持续的保障，而且也是巩固和提升培训效果的关键环节。具体来说，虽然基于胜任特征的教师培训方案已经制定，然而在后续管理中，真正落到实处还需要一些主观、客观条件的支持，这些条件主要是政府支持、学校统筹规划、培训机构管理和教师的责任意识。政府支持是培训开展的条件，学校统筹规划是优化教师师资的催化剂，培训机构管理认真负责是培训有效实施的保障，教师的主动参与是实现培训效果的根本。因此，只有包括政府、培训机构、学校和教师各方的共同努力，才能够保障教师胜任特征模型的方案设计顺利实施，切实提高教师的胜任力，获得培训实效。

政府层面的支持和鼓励。《国家中长期教育改革和发展规划纲要（2010—2020 年)》提出"将教师培训经费列入各级政府预算"，只有培训经费落实到位，才能保障教师培训的顺利实施和有效管理。因此，各级政府和教育行政部门应贯彻执行这个规定，除了政府拨款以外，学校和全国性的基金会组织也会提供资助，确保培训工作的有效开展。同时也应注意加强对教师培训经费的管理，学校按规定严格管理培训经费，不得挤占、挪用教师培训经费，充分发挥教师培训经费的作用，不断提高教师培训经费的使用效益。其次，应不断健全教师培训的相关政策、制度，在为我国教师培训工作提供法律保障的同时，实施严格的教师培训学分管理制度和教师培训资格认证制度。在选择培训机构时，进行教师培训项目投招标制，完善五年一周期的培训制度，加强培训质量监督，落实质量评估体系，为教师培训工作提供制度支持。另外，服务支持到位，充分利用高等院校在教师培训中的主体作用，实现政府、高校、教师培训机构、学校的合作，构建并落实教师终身学习支持服务体系和培训公共服务体系，确保建立高水平的教育教学基地，形成素质优良、结构合理的教师培训师资队伍。

学校层面的统筹规划和保障。学校应明确优良的师资队伍是学校长远发展的重要保障，从而应重视教师培训工作，在教师教学和培训上统筹兼顾，为拟参训教师创造良好的继续教育条件，大力倡导教师全员培训。学校可以将培训效果作为晋职评优的依据，定期组织有关专家对参训教师的教学水平进行考核，把教学的胜任特征作为教师年度综合考评的重要内容之一，也可采取国家补贴、带薪进修、职位晋升、学校补助的方式鼓励教师参与培训，促进教师树立终身学习的学习态度，帮助教师进行职业生涯规划与发展。此外，培训方案的出台除考虑教师的培训需求外，还应考虑教师对以上保障条件的需求。培训师资可以聘请一线教师或者高校教育教学专家，以往的培训经验表明，有时培训人员匮乏，缺少合格的培训师，或者培训师不能如期参与培训，因此，应注意培训前落实培训人员，保证培训课程的顺利开展。培训经费可由学校和政府部门承担，解除教师的后顾之忧，同时，应给予一定的培训补助，以及带薪参训的支持。目前，我国很多教师面临着教学任务繁重、参训时间不足的现状，容易造成工学矛盾，给参训教师增加一定的心理负担。因此，建议教育行政部门调整参训政策，增加教师离岗参训的机会，确保教师能够成为一名单纯的参训者。培训时间应尽量避开期中考试和期末考试，具体是工作日还是节假日，应让参训教师自己选择，合理安排时间，尽量减少工学矛盾。培训中可选择学分制管理，提供多门培训课程，如开展网络培训课程，教师可以根据个人需要选择课程，自由上课，修完个人规定的课程，达到培训的标准，实现培训管理的规范化。

教师个人的积极性和主动性。教师参与培训的积极性会影响培训的效果。有些教师对培训有错误的认识，认为培训是取得学历或者完成学校安排的任务。因此，需要提高其对培训的认识，端正态度，把培训看成是自己专业发展的必经之路，只有不断提高知识和技能，才能够不断提高自身素质，胜任快速发展的教育事业对自己的要求。每次培训往往都是政府部门投入大量培训费用，教育行政部门精心策划，培训团队认真筹备才得以开展和实施，最终目的是提高教师的专业水平。因此，参训教师应珍惜每一次来之不易的培训机会，只有不断加强自身学习，才能切实提高胜任力。同时，培训提供了一个学习的平台，教师可以在培训的课堂上互相切磋，一起研讨，充分利用当前的学习资源，共同提高共同进步。

四、基于胜任特征的教师培训与开发特点总结

在基于胜任特征的教师人力资源管理系统中，由于教师的工作安排、薪酬和职业发展等都是根据教师所具备的胜任特征水平来确定，所以教师能力素质的培训与开发也就显得特别重要。基于胜任特征的教师培训与开发工作就是依照教师胜任特征模型的要求，对教师承担特定工作所需的关键胜任特征进行培养，提高教师个人和学校教师队伍整体的胜任特征水平，进而提高学校人力资源对学校发展战略的支持能力。基于胜任特征的教师培训与开发工作能够有的放矢突出培训与开发的重点，帮助教师弥补自身"短板"，并且能够提高培训与开发的效度，降低学校的教师培训与开发成本，在明确教师的胜任特征差距后，使培训与开发活动更加具有针对性。

基于对胜任特征模型在其他企业组织中的丰富应用实践的全面分析，我们认为，在实施效果上，基于胜任特征的教师培训与开发模式较以往的教师培训与开发模式更具战略性、更有针对性、更人性化，同时也更注重员工潜在特征

的培训与开发。具体来讲，基于胜任特征的教师培训与开发具有以下优势和特点。

（一）突出战略性和全局性

由于基于学校实际特点和需要构建的教师胜任特征模型与学校发展战略和组织文化、价值观等紧密结合，具有高度相关性。因此，基于胜任特征的教师培训与开发模式能够从战略层面上满足学校当前及今后相对较长时期内对教师队伍胜任特征的要求。

（二）强调针对性和个性化

基于胜任特征的教师培训与开发模式将教师胜任特征概念置于"教师—职位—学校"匹配的整体框架中，可以根据教师当前胜任特征水平与胜任特征合格/优秀标准之间的差距，使培训与开发工作更加具有针对性和个性化。

（三）体现人性化管理理念

基于胜任特征的教师培训与开发模式以教师个人的胜任特征水平提升为核心内容，为教师的职业生涯发展提供更多的机会和平台，在促进学校教师队伍整体素质提升的同时，也为教师个人设置了良好的职业发展机会，有助于提高教师参加培训与开发活动的积极性和主动性。

（四）重视深层次特质的培训与开发

基于胜任特征的教师培训与开发模式突破了传统教师培训与开发模式过于强调知识、技能等浅层和显性特质而不太重视动机、态度、价值观等深层次特质的局限，更加关注那些对教师工作绩效具有更强预测作用的潜在、深层次胜任特征，侧重于从核心能力和素质上对教师进行培养，使教师不仅能够胜任当前工作，并且能够在未来新的工作压力和挑战下表现出同样优秀的绩效。

第三节　基于胜任特征的教师培训与开发实践探索

为了更清晰地展现教师胜任特征模型在改进和完善传统教师培训与开发工作中的应用价值，同时更深入地理解基于胜任特征的教师培训与开发模式的具体实施过程，本节将引入一个与教师培训与开发有关的实践案例，通过案例分析的方式就基于胜任特征的教师培训与开发实践进行探索。

一、D 小学教师培训与开发工作现状描述

D 小学是一所有着悠久历史和深厚文化底蕴的百年老校。长期以来，学校

坚持"学生的健康成长与未来发展高于一切"的办学宗旨，坚持"让每一个孩子都喜欢学习，让每一个孩子都快乐成长"的办学理念，努力构建和谐美校园，促进学校内涵发展，师生快乐成长。学校现有 29 个教学班，学生 1 254 名。教职工有 92 名，其中高级教师 4 名，中级教师 60 名；市级骨干教师 2 名，区级骨干教师 6 名，校级骨干教师 8 名；研究生学历教师 2 名，本科学历教师 75 名（包括 3 名在读研究生）。学校以学生全面发展为目标，关注课程与教学工作，重视艺术、科技、体育、卫生、安全、心理健康教育等工作，逐渐形成了在科技教育和艺术教育方面的特色。

D 小学视教师为学校发展的第一要务。一直以来，该校非常重视教师的培训与开发工作。为激励教师发展的内驱力，学校构建了教师分层培养机制。对于入职 0~5 年的初职教师，重点是学做人学做事，学校按照"一年适应、三年合格、五年新秀"的要求，制定了"D 小学新教师拜师学艺实施方案"，落实青年教师培养工程，从而缩短其成才周期。对于工作 5 年以上的教师，重点是学做好教师，争做专业化教师，学校制定了"D 小学骨干教师实施方案"，通过上公开课、示范课、研究课、比赛课等，引导教师主动投入教育实践探索，向学科骨干教师发展。对于骨干教师，重点是学做特色教师，学校通过搭建舞台，鼓励他们参评各级学科骨干、名师评比等，使他们能形成个性化的教学特色，向美育特色教师发展，向学科名师发展。

为了全面落实上述教师培训与开发理念和目标，D 小学每年都会制订专门的教师培训与开发计划，对当年学校教师的培训与开发工作进行规划和指导。

以下是该校 2012 年新制订的教师培训与开发计划的详细内容。

D 小学 2012 年度教师培训与开发计划

一、指导思想

根据《国家中长期教育改革和发展规划纲要（2010—2020 年）》、教育部《关于大力加强中小学教师培训工作的意见》（2011 年 1 号）等文件精神，以"崇文通理，成就人生"为理念，以教师的和谐发展为己任，把再造教师学习文化，提升教师人文素养作为和谐校园创建的核心，把坚持"教师发展为本，教师有效学习为中心"作为教师队伍建设的基本理念，通过创建学习型组织，依托以校为本的研训模式，实现让每一位教师和谐发展的办学愿景，形成一支学识渊博、师德高尚、业务精湛、观念超前、科研先导、现代教育技术强的高素质教师队伍。

二、培训与开发目标

1. 注重教师职业信念、责任感和实践能力的提高。

2. 注重面向全体，更注重有针对性的分层培养。

3. 注重统一规划，更注重激励教师自主专业发展。

4. 注重个体学习，更注重教师之间合作共进的学习文化的形成。

5. 增强教师的美育定位意识，确立以美育人的理念，进而实现个人与学校和谐发展的价值统一。

三、培训开发内容

（一）加强教师队伍思想建设，促进教师人文素养的提高

1. 完善教师学习制度，提高学习能力。强调"全员学习""全过程学习"和"团队学习"，同时形成"四个一"的读书制度，即每学期精读一本好书，撰写一篇有质量的心得，开设一堂研究课，确立一个研究项目，使学校真正成为一个学习的共同体，使学生、教师、学校获得卓越和持续性的发展。到年底完成 2 个学分。

2. 邀请专家来校做讲座。准备邀请进修学院的专家进行"课堂转型——从转变教师的思维方式开始"以及"课程资源的开发与实践"讲座，提高教师的素养，完成 2 个学分。

（二）创设多种培训模式和课程，提高教师课程执行力

1. 通过校本教研、专题学习等方式，为教师创设一个探讨研究的氛围，提供一系列学习、实践、交流的机会，使教师积累教学经验，提高教学实践能力，适应时代发展需要，逐步由成熟走向卓越。

2. 设置分层培训课程。包括：加强高端队伍建设，提高指导能力；夯实新教师基础，激发内驱力；抓住骨干培养工作，推动整个教师队伍的发展；搭建教师发展平台，促进教师专业发展。

（三）加强教学实践研究，提高课堂教学效能

在教育新学期中，要以市、区教育教学文件精神为指导，围绕"提高教学质量"这一中心，以提升校本研修的品质为抓手，加强课程校本化实施研究，把教研组建设常态化。工作内容包括制度建设、校本研训、课题研究建设和团队精神建设等。

四、培训开发形式

学校的教师培训开发工作着眼全体，凸显个性，并体现层次性、交互式、开放性。

1. 层次性：全员培训、骨干培训、新颖学科（校本探究型课程）开发培训。

2. 交互式：新老教师教学结伴培训、同学科不同年级沟通培训、同年级不同学科整合培训、兄弟学校合作培训。

3. 开放性：学校提供舞台，教师自主选择参与。如"教学论坛""风采大赛""教学基本功表演"等。

（资料来源：http://dysx.jsedu.sh.cn/2012/0411/261942.shtml）

二、D 小学教师培训与开发中现存问题分析

通过前面的现状描述可以发现，总体而言，D 小学当前的教师培训与开发工作已经做得很不错，在许多方面都力求体现学校的一些特色。例如，该校坚持的"教师发展为本，教师有效学习为中心"的培训与开发理念和创建学习型组织的愿景，与当前国际上盛行的"以人为本"的培训与开发理念和学习型组

织建设的新趋势吻合，体现了该校对当前教师队伍建设前沿趋势的认识和把握。另外，该校致力于培养教师的美育定位意识，确立以美育人的理念，同时力求在教师培训与开发实施中体现层次性、交互式和开放性特点，也与当前教师教育改革的基本趋势相一致。这些内容至少反映了 D 小学在教师培训与开发的理念和目标设置方面的前沿性，反映了该校对教师队伍建设的正确认识。

但是，仅仅有先进的理念指导和前瞻性的目标并不能保证教师培训与开发工作能够收到理想的效果。更深入地分析 D 小学 2012 年度的教师培训与开发计划内容就可以发现，该校实际的教师培训与开发工作内容的设置和安排以及相应培训与开发形式的选择缺乏系统性，培训与开发工作的目标缺乏具体性和操作性，等等，导致难以实现学校的预期目标。

具体来讲，我们认为 D 小学当前的教师培训与开发工作主要存在以下几方面的问题。

第一，培训与开发目标设置不具体，操作性不强。如前所述，D 小学虽然就教师培训与开发工作提出了五点目标，但是这些目标其实更像是学校教师培训与开发的总体目标或最终目标，只能为当前的教师培训与开发工作提供前瞻性的指导，并不能提供明确的依据。换句话说，在这些长远目标下面，D 小学有必要根据当前的教师队伍素质发展现状和学校未来的发展需求提出一些更加具体、更具操作性的培训与开发目标。只有这样，才能为学校当前的教师培训与开发工作提供明确的方向和直接的参照。

第二，培训与开发内容安排不科学，针对性不够。D 小学在 2012 年度教师培训与开发计划中，虽然从三个方面对这一年的教师培训与开发工作内容进行了规划和安排，但是总体而言仍然是比较宽泛的。像"为什么要安排这些内容""这些培训开发内容背后的依据是什么"等重要的问题计划中并未作相应的解释和说明。所有教师培训与开发工作内容的设置都必须着眼于两方面的需要：一是学校当前教育教学工作对教师能力素质的需要；二是学校未来教师队伍建设对教师能力素质的需要。也就是说，任何培训与开发内容的设置和安排都必须以这两种需要为依据。只要这样做，才能真正体现教师培训与开发的针对性，才能够真正为实现学校教师队伍建设的长远目标服务。

第三，培训与开发形式选择不合理，有效性不强。在 D 小学 2012 年度的教师培训与开发计划中，总结了培训与开发形式选择的三个特点，即层次性、交互式和开放性。这些内容确实较好地反映了 D 小学在选择培训与开发形式时对教师特点的考虑，但是却忽略了对待培训内容特点的关注。显然，任何一种有效的培训与开发形式，不仅仅是因为其能够反映培训与开发对象的特点，还在于其能够反映培训与开发内容的特点。不同的培训与开发形式适合培训的能力素质其实也不同，只有在选择培训与开发形式时全面考虑到培训与开发对象和培训与开发内容以及学校软硬件条件方面的特点，才能够真正保证所选形式的合理性和有效性。

第四，培训与开发效果评估不充分，科学性不够。对培训与开发活动的效果进行科学评估，是任何培训与开发工作都必不可少的环节。但是，在 D 小学 2012 年度的教师培训与开发计划中，并没有和教师培训与开发效果评估相关的内容。如果不对培训与开发活动的效果进行评估，就无法知道预期的培训与开发目标是否已经实现，同时也无法知道在已有的培训与开发工作中存在的不足之处。显然，对培训与开发效果评估缺乏足够关注的培训与开发体系缺乏应有的科学性和系统性，将很难保证预期的培训与开发目标的实现。

三、基于胜任特征的 D 小学教师培训与开发改进方案设计

结合本章第二节中有关基于胜任特征的教师培训与开发模式的介绍可知，教师胜任特征模型正好可以在教师培训与开发工作的培训与开发目标设置、培训与开发内容安排、培训与开发形式选择和培训与开发效果评估四个环节加以应用。因此，如果引入教师胜任特征模型，对 D 小学的教师培训与开发工作进行重新梳理和设计，将有助于上述问题的良好解决。

接下来，我们将在 D 小学现有的教师培训与开发工作基础上引入教师胜任特征模型，为该校设计一个基于胜任特征的教师培训与开发方案，以帮助其针对性地解决上述四方面的问题，进而改进和完善该校当前的教师培训与开发工作。

重新设计的基于胜任特征的 D 小学教师培训与开发改进方案的详细内容和框架如图 7 - 2 所示。

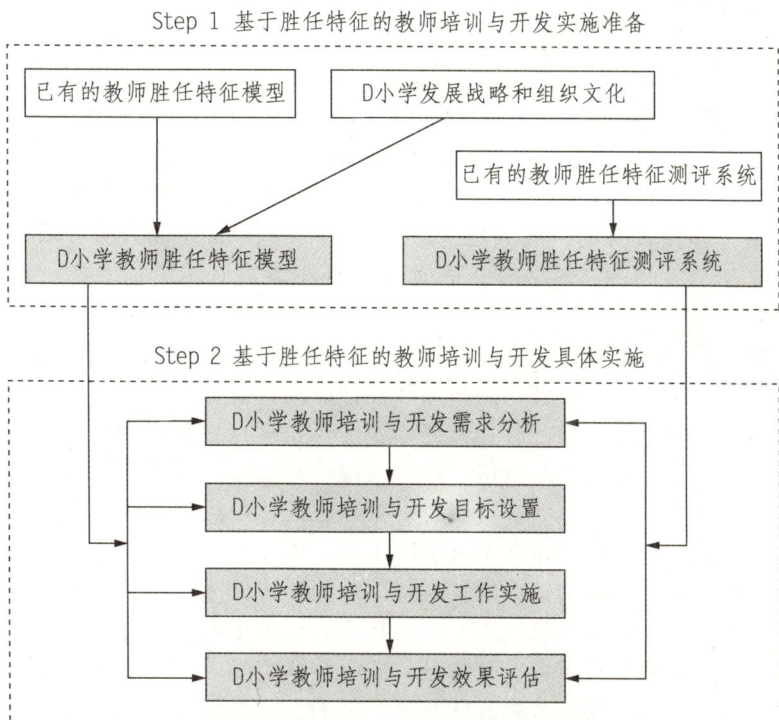

图 7 - 2　基于胜任特征的 D 小学教师培训与开发改进方案

1. D 小学教师胜任特征模型构建与测评系统开发

建立一套科学、完整的教师胜任特征模型并开发出一套与之相适应的教师胜任特征测评系统，是基于胜任特征的教师培训与开发工作首要的基础性工作。基于此，在设计 D 小学基于胜任特征的教师培训与开发方案时，教师胜任特征模型构建和测评系统开发自然也就是第一步需要完成的工作。

如本书第二章所述，教师胜任特征模型的构建思路主要有自下而上、自上而下和上下结合三种。自下而上的模型构建思路是一种基于研究的思路，即通过分析优秀教师与一般教师的关键行为，找出他们间的区别，进而构建胜任特征模型。自上而下的模型构建思路又可以进一步细分为两种不同的实施方式：一种是基于战略的思路，即根据学校发展战略和学校未来发展需要来开发教师胜任特征模型；另一种是基于文化价值的思路，即根据学校组织文化、价值观来构建教师胜任特征模型。其中，第一种模型构建思路最容易被实际应用者接受，也是运用最多的，已有的绝大多数教师胜任特征模型几乎都是通过这种思路构建的。但是，学校所有管理目标的实现都离不开学校自身环境、组织文化以及学校未来发展战略的需要，因此，近年来第三种模型构建思路（上下结合的模型构建思路）正受到越来越多研究者和实践者的欢迎。因为这种模型构建思路可能最大程度地整合前两种模型构建思路的优势，既具有科学研究的科学性和严谨性，同时能够反映出学校发展战略、组织文化和价值观的需要，进而体现学校自身独具特色的胜任特征要求。另外，教师不同于企业组织中的其他岗位，作为一种特殊的职业，教师职业本身对于其从业者（教师）具有许多共性的胜任特征要求，如对教师职业的认同、教学能力、师生关系处理能力等。这些共性的胜任特征要求不随学校的不同而改变，是所有教师都应该具备的。因此，在 D 小学构建自己的教师胜任特征模型时，其他已有的教师胜任特征模型（尤其是小学教师胜任特征模型）可以提供非常重要的参考。在此基础上，再结合学校自身的发展战略、组织文化和价值观特点，就可以构建出一个既满足小学教师的共性要求，同时满足 D 小学自身特色需要的教师胜任特征模型。

构建了教师胜任特征模型以后，D 小学还需要开发一整套能够实现对教师胜任特征进行准确、有效评估的教师胜任特征测评系统。因为在基于胜任特征的教师培训与开发中，教师胜任特征模型主要发挥指导和标准作用。不管是对教师的培训与开发需求进行分析，还是培训与开发结束后对效果进行评估都离不开对教师胜任特征的测评。可以说，教师胜任特征测评系统是发挥教师胜任特征模型的指导和标准作用必不可少的工具。本书第三章已经就教师胜任特征的测量与评估进行了专门的介绍。就具体的测评方法来讲，常用的教师胜任特征测评方法主要有心理测验技术、面试技术、评价中心技术和 360 度反馈评价技术等。不同的测评技术各有其特点，需要结合实际的测评需要和特点进行灵活选择。例如，为了保证教师胜任特征评估的准确性和全面性，D 小学可以考虑采用 360 度反馈评价的测评思路来开发用于教师胜任特征测评的工具，同时在汇总时引入个人自评结果，将自评结果与他人评价结果进行对比分析，进而在找出被评估人的优点与不足的同时与事先确定的理想标准进行比较，明确个人提升方向。有关 360 度反馈评价技术的具体使用请参阅本书第三章中的详细介绍，这里不再赘述。

2. D 小学教师培训与开发需求分析

D 小学之所以存在培训目标设置不具体、培训内容安排不合理等问题，很重要的一方面就在于该校缺乏对教师培训与开发需求的全面、细致分析，没有将教师培训与开发的核心工作真正落实到能够直接预测教师工作绩效的教师胜任特征模型上来。培训与开发需求分析是基于胜任特征的教师培训与开发工作中非常关键的一个环节。在基于胜任特征的教师培训与开发体系中，教师胜任特征模型为培训与开发需求分析提供了可资参照的标准，从系统的观点看，培训与开发设计、实施和效果评价等阶段均需要依靠需求分析阶段的信息作为输入条件。

为了尽量确保培训与开发需求分析的全面性和准确性，D 小学的教师培训与开发需求分析可以分层次开展，即对不同教师群体的培训与开发需求进行针对性的调查和分析。按照 D 小学现有的师资队伍结构，可以将该校的教师区分为三个不同层次，即新进教师、骨干教师和高级教师。相应地，D 小学可以从四个方面来调查和分析教师的培训与开发需求，即新进教师、骨干教师和高级教师的差异化需求和学校整个教师队伍的共同需求。培训与开发需求分析的具体实施主要包括两方面的工作：首先，对所有教师进行教师胜任特征测评；然后，将胜任特征调查结果与事先确定的合格（理想）标准进行比较，找到教师当前的胜任特征水平与合格标准之间的差距，以此确定不同层次教师需要提升的胜任特征内容和所有教师共同需要提升的胜任特征内容。进行这样的培训与开发需求分析，将能够为后续培训与开发目标设置、培训与开发内容安排以及培训与开发方式选择提供针对性的指导和参照。

3. D 小学教师培训与开发目标设置

D 小学开展教师培训与开发活动，目的是提升教师在教育教学工作中取得高绩效的能力，满足学校未来发展的需要。D 小学 2012 年度教师培训与开发计划中所提出的目标却是致力于教师能力素质的提升，对于教师培训与开发的具体实施来说，目标设置必须足够清晰、具体，这样才能保证实际的操作性和可行性。在基于胜任特征的教师培训与开发中，培训与开发的目标必须落实到具体的教师胜任特征上来。亦即明确在将要开展的培训与开发活动中，重点关注和提升的是教师的哪些胜任特征内容，每项特定的胜任特征的水平通过培训与开发活动将要提升到什么程度，等等。只有这样，所有培训与开发内容的确定和培训形式的选择才会有明确的参照。显然，这样的培训与开发目标的确定必须以全面、准确的教师培训与开发需求分析为依据。因此，在基于胜任特征的教师培训与开发工作中，培训与开发需求分析和目标设置是密不可分的关系，前者为后者提供明确和针对性的参照。

4. D 小学教师培训与开发工作实施

教师培训与开发工作的实施包括培训与开发内容安排、培训与开发方式选择和培训效果转化等几方面的内容。

培训与开发内容的确定与前期培训与开发需求分析和目标设置环节紧密联系、不可分割。所有的培训与开发内容必须指向特定的培训与开发目标。换句话说，只要明确了具体的培训与开发目标，培训与开发内容基本上也就已经确定。培训与开发方式是培训与开发具体实施的方法和途径。在基于胜任特征的教师培训与开发中，选择培训与开发方式时不仅要考虑到参训教师的特点，同时也要考虑到待培训的胜任特征内容的特点。因此，D 小学培训与开发方式的选择其实是参训教师特点、待培训的教师胜任特征特点以及特定培训方法的特点三者之间相互匹配的过程。只有做到这三者间的合理匹配，才可能最大程度地发挥每一种培训与开发方式的优势，取得最为理想的培训与开发效果。安排好培训与开发的内容，并选好合适的培训与开发方式以后，接下来就是准备好相关培训器材、师资、场地、时间安排、参训者通知等事宜，即培训与开发活动的具体实施。在培训与开发活动的实施中，如何提高参训学员在学习过程中的积极性，提高培训转化为实际绩效的效果，是所有培训与开发工作者共同关注的内容。对这一点的关注和重视在基于胜任特征的教师培训与开发中体现得尤其明显。其实，D 小学在培训与开发活动正式实施前将参训教师最需要提升的胜任特征确定为培训与开发的内容，同时选择符合参训教师特点的培训与开发方式等都有助于参训教师学习积极性的保证。此外，在培训与开发活动的具体实施中，D 小学也可以根据实际条件进行一些有助于提升参训教师积极性的尝试。例如，适当地增强教师在培训与开发活动中的参与度，增强培训与开发活动的互动性，等等。

5. D 小学教师培训与开发效果评估

培训与开发效果评估既是对已经实施的培训与开发活动的总结，同时也是对参训教师能力素质提升状况的再认识。这一点对基于胜任特征的教师培训与开发极为重要。具体来讲，D 小学在评估教师培训与开发的效果时可以考虑从两个不同层次进行：第一层是反应和习得阶段的评估，主要评估的是参训教师对培训与开发活动效用的认知判断和情感反应，偏重于主观上的评估；第二层是行为和结果阶段的评估，主要评估的是参训教师在培训与开发活动结束以后对相应胜任特征的掌握及应用情况，偏重于客观上的评估。这两种不同层次的效果评估是相辅相成、相互补充的关系。

表7-1 D小学教师培训与开发活动效果评估要素

评估层次	评估内容	评估重点	评估方法	评估主体	评估时间
第一层 反应和 习得阶段	情感反应	参训教师对培训与开发活动的主观感受（包括讲师水平、课堂氛围等）	问卷调查 观察 考试	参训教师和培训主管机构	培训进行中或培训刚刚结束
	效用判断	参训教师对培训与开发内容的效用判断（包括课程针对性、对实践的指导意义、可转化为绩效的程度等）			
第二层 行为和 结果阶段	胜任特征掌握及应用情况	了解参训教师接受培训后工作行为及工作绩效的变化，并分析这些改变与培训活动的相关性	问卷调查 访谈	培训主管机构/参训教师的领导/同事及学生	培训结束后3个月或阶段性1～2次跟踪

综上所述，我们引入胜任特征思想重新设计的D小学教师培训与开发方案基本上对D小学现有教师培训与开发工作存在的所有问题均进行了针对性的回应和处理。如果D小学能够在今后的教师培训与开发中较好地贯彻落实这一基于胜任特征的教师培训与开发方案，相信在现有的培训与开发效果上会有一个较显著的提升。

第八章

基于胜任特征的教师绩效管理

教师绩效管理是中小学教师管理的重要组成部分。随着学校管理者对教师素质的逐渐重视，教师的素质、工作过程与工作效果的评价考核也越来越受到学校管理者与研究者的关注。教师绩效管理作为当前教师管理的一个重要环节，有着极其重要的作用，科学合理的教师绩效评价体系，不仅能激励教师工作的积极性，提高教师工作的效能，而且能促进教师个人的专业成长，推动教师团体的协作，从而实现教师个人目标和学校目标的统一。因此，我国的教育行政部门也越来越重视中小学教师绩效管理政策的推进，相关部门已经制定有关政策促进教师评价与教师绩效管理以促进学校人力资源的开发与学校发展。2008 年 12 月国务院审议通过《关于义务教育学校实施绩效工资的指导意见》，同时教育部发布《关于做好义务教育学校教师绩效考核工作的指导意见》。从2009 年 1 月 1 日起，我国开始全面实施义务教育阶段中小学校教师绩效工资政策。在此背景下，教师绩效评价与管理必然成为教师管理的核心组成部分。如果绩效工资政策在义务教育阶段学校全面实施，各级教育机构面临的最大问题就是如何进行科学的绩效考评与管理。对于教师的工作而言，许多内容是无法量化的，如师德表现、工作量、专业发展、育人效果等，这些都对教师绩效评价提出了新的挑战。因此，对教师绩效评价进行研究，并提出可行性考评方案与绩效管理方案，可以为教师绩效工资的发放提供理论依据与实践指导。

本章在总结国内教师绩效管理的相关研究基础上，尝试基于胜任特征模型来构建教师绩效评价体系，探索构建基于胜任特征的教师绩效管理流程，最后，通过学校绩效管理案例来进一步阐释基于胜任特征的绩效管理体系构建与实施方案。

第一节　教师绩效管理研究现状

一、教师绩效评价

（一）教师评价

教师评价属于教育评价的核心组成部分，是教师管理制度的核心环节。尽管教师评价伴随着教师的产生而产生，其重要性也不言而喻，但是由于教学活动本身过于复杂，而且在传统观念中，教师的职责只是传道、授业、解惑，对教师进行评价在理念和操作上都不成熟。因此，直到20世纪50年代，正式的教师评价制度才得以产生，正式的教师评价体系才开始在学校中广泛使用，教师评价的研究才逐步发展起来（蔡永红、黄天元，2003）。

　　然而，教师评价在不同的研究者看来有着不同的定义。王汉澜（1995）在其《教育评价学》中指出，教师评价就是依据学校的培养目标和人民教师的根本任务，运用现代教育评价的理论和方法对教师个体的工作质量进行价值判断。陈玉琨（1999）认为，教师评价是对教师工作现实的或潜在的价值作出判断的活动，它的目的是促进教师的专业发展与提高教学效能。王孝玲（2002）则认为教师评价是指根据教育方针、政策、法规和学校的目标、要求，运用教育评价的理论、技术和方法，对教师的素质、工作过程及效果作出价值判断，并对教师素质的提高、教师工作的改进给予指导的过程。也有研究者认为，教师评价是指在正确的教育价值观指导下，根据学校教育对教师要求的标准，运用科学可行的方法，对教师工作的要素、过程和效果进行价值判断的活动（刘尧，2002）。研究者对教师评价的内涵比较认同的是，教师评价是一个价值判断的过程。它应该包括以下几方面内容：①教师评价是一个过程，既包括测评过程又包括价值判断过程；②教师评价包含着一系列的步骤和程序，包括评价主客体的确定、评价指标和评价程序的制定、评价方法的选择、信息的收集和对评价结果的处理与分析；③教师评价应以正确的教育价值观、学校的教育目标、教师的根本任务及国家颁布的有关教师职业道德规范等为依据；④教师评价活动的最终目的和归宿，是用一定的价值观对教师各种状态进行价值判断，以评定效益，帮助管理者与教师决策。

　1. 评价模式

　　目前，在我国的教师评价领域中存在着两种主流教师评价模式：奖惩性教师评价和发展性教师评价。奖惩性教师评价又称绩效管理型教师评价、行政管理型教师评价或责任模式。奖惩性教师评价以加强教师绩效管理为目的，根据对教师工作的评价结果，作出解聘、晋级、增加奖金等决定。奖惩性教师评价具有两种主要功能：一是检查和鉴定教师是否履行了应尽的工作职责，他们的工作表现和工作绩效是否符合校方的期望；二是根据教师的工作表现和工作绩效，作出奖励或惩罚的判断。它往往用静止、固定的眼光看待教师，只凭借教师过去的工作表现、已具备的素质条件以及已有的工作绩效进行判断。发展性教师评价又称专业发展性教师评价或专业发展模式。发展性教师评价以促进教师的专业发展为目的，在没有奖惩的条件下，通过实施教师评价，达到教师与学校共同发展、个人与组织共同发展的双赢结果。发展性教师评价不是某一种特定的评价方式，它是指一系列能够促进教师专业成长和发展的评价方式的总称。它所体现的评价理念是教师评价不仅仅是管理的手段，而且也是促进教师专业发展的途径和条件。

这两种评价制度在评价的目的、价值或者导向性、评价的形态等基本特征方面都存在着明显的差异。从评价目的上看，发展性教师评价是一种促进专业发展的激励性评价，反映了一种非控制观；奖惩性教师评价通过对教师表现的评价结果，作出解（续）聘、升（降）级、增（减）薪等决定，是消极性评价，反映了一种控制观。从评价导向或价值上看，发展性教师评价不仅注重教师个人的工作表现，而且更加注重教师的专业发展、可持续发展以及它与学校目标和持续发展的统一，在价值上强化的是内在因素，是一种面向未来的教师评价制度；奖惩性教师评价往往与"论功行赏""论过施罚"相联系，它在价值上看重和强化的是外在影响、强力约束和功利化刺激，是一种面向过去的教师评价制度。从评价模式和形态上看，发展性教师评价是一种鼓励教师积极参与的民主性评价；奖惩性教师评价是传统学校管理模式在教师评价中的表现。奖惩性评价基于"被动人"的人性假设，对教师的主体性和人格缺乏尊重与信任，而且这种评价模式下的教师在学校管理乃至自身的评价上没有任何发言权；以管理人员为主导，把教师视为管束的对象，注重等级森严的学校体制；采取自上而下的评价程式——政府评学校、学校（领导）评教师，是一种他评与行政评价。相反，发展性教师评价充分体现了弘扬人的主体性的时代精神，它是主体性管理在教师评价中的表现。这种评价秉承以人为本的理念，以教师积极性的发挥为核心；注重教师的未来发展——个人价值、伦理价值和专业价值；强调教师在管理中的主体地位，重视教师的自评和同事间的互评，注重发挥教师的参与意识；扩大交流渠道，评价者与评价对象共同制订评价计划、共同承担实现发展目标的责任。

2. 评价类型

从收集信息的方式来看，教师评价包括教师胜任特征评价、教师绩效评价、教师有效性评价或教师效能评价三种类型。教师胜任特征评价评估教师所需要的素质或胜任特征，即教师知道些什么，通常是用纸笔测验和访谈的形式进行，在教师进入教育岗位之前进行，其结果常常作为教师资格证书或执照授予的依据评估。典型的测验主要是测量两类知识：内容知识和专业知识。教师绩效评价是对教师在工作中的表现，也就是教师的工作行为进行评定，以了解教师工作的质量。通常是在工作中通过课堂观察，由领导、同事和学生等作出主观性评定。教师的绩效评价是多维的测量，通常是一个评定量表，由评估者在观察的基础上给出评定结果。教师绩效评估的内容效度取决于其项目是否与教师胜任特征测验一致，以及是否与教师绩效相一致。其预测效度取决于它与教师有效性测量的相关。教师有效性评价是对教师施加给学生的影响进行评价，也就是评价在教师的影响下学生在重要的教育目标上进步的情况。通常是借助同一测量工具下前测与后测之间的差异，同时考虑学校、班级的原有情况，通过回归方程来预测学生应该取得的进步，并将之与学生实际取得的进步进行比较来得到，也可以用调查问卷来了解学生对教师和教师教学效果的看法。多数的教师有效性评价需要用标准化测验工具来收集信息，而不同班级由于不能使用相同的工具，其结果往往不能相互比较。此外，由于标准化测验本身在测量范围上的局限，许多重要的教育目标的发展情况也不能完全依赖它来采集。因此，教师有效性的评价常常难以实现。

这三种类型的评价有着各自的功能，分别应用于教师职业发展的不同阶段。教师胜任特征评价用于职前教育及培训，以监控教师职前教育及培训的进程与效果；教师绩效评价和教师有效性评价用于教师职后和在职期，以评价教师工作的质量，其结果作为教师留用、奖惩及提职的依据。同时，它们相互间又存在密切的联系，教师绩效评价是教师胜任特征评价的效标，而教师有效性评价又是教师绩效评价的效标。也就是说教师有效性评价是教师研究的终极效标，而教师绩效评价则是中间效标。

根据以上三种评价类型，针对当前教师评价理论与实践存在的问题，申继亮和孙炳海提出教师评价的金字塔模型。建构金字塔模型的总原则是整合教师胜任特征评价、教师绩效评价和教师效能评价的契合之处。教师胜任特征评价要回答的是教师能做什么而不是知道什么，教师绩效评价要回答的是教师能做到什么，核心要素是教师在职责上的表现，而教师有效性评价要回答的是教师做到的是否有效，即对学生、对教师自己、对教育是否有促进作用的问题，核心要素是教师的教育结果。这三种评价已经基本涵盖金字塔模型所强调的核心问题，即教师的基本素质、职责与表现。

3. 评价方法与方式

在教师评价实施的过程中，不同评价主体的角色、地位、能力、经验等差异，决定了他们在教师评价中各自拥有的优势和不足，应整合评价的力量，不断提高教师评价的质量和效益（欧本谷、刘俊菊，2004）。从这个意义上讲，教师评价应当建构全员参与的开放模式。在全员参与的教师评价模式中，既有教育行政领导的教育性评价，也包括同行的形成性测评、学生的层次性评教、教师自己的反思性自评，以及家长和社区的动态性评价。

目前，在教师评价的方式上，大多数中小学仍采用以教育行政领导为主的评价，教师在评价中处于客体地位，教师评价仍是一种自上而下的考核。但多元化的教师评价方式是教师评价的发展趋势，有些学校的个案实验也表明：反映多方需求的教师评价才能更好地反映教师工作的现实，并更有效地促进教师的专业发展和素质的全面提高。

关于教师评价的方法，目前普遍采用的有：课堂观察、课堂绩效评定、学生学业成绩、成长档案袋评价、学生或家长评价、同行评议或协助、教师自评、纸笔测验、问卷与面谈、后设评价（王斌华，2004）。在评价方法的选择中应处理好结果评价与过程评价、形成性评价与总结性评价、定性评价与定量评价、自评与他评的关系。教学档案袋是一种新的教师评价方法，它可分为过程性、结果性和展示性教学档案袋。建立教师档案袋的关键是教师撰写书面的反思意见。通过运用教师档案袋的方法一方面可以展示教师教学的能力，另一方面也能够促进教师的专业发展。运用电子档案袋等信息技术为教师评价注入了活力。档案开发者从多种媒体形式收集、组织档案袋内容，采用数据库或超级链接将标准（或目标）、典型作业和反思之间的关系清晰地显示出来。运用电子档案袋等信息技术可以大大拓宽评价教师的内容，而内容的增加和变化也带来了教师评价标准的变化。

教师评价方法的特殊性就在于每种评价方法都有其对应的教育理念和教育研究范式，其评价主体具有一元与多元之分，主客体之间的关系方式不同，并且在教师评价工作中每种方法都有不同的操作规则、程序和使用条件。如目标合同评价法凸显了以人为本的教育理念；绩效考评法中评价者为一元的行为主体——校长（或其他学校管理者），评价主客体之间是上下级的权威型和压迫式的关系；增值评价法采用各种科学的定性和定量的实证化方法；校长同事评价法比较适合于职务分层较为稳定的中小型学校，同时要求评价主客体在规划和操作上有高度的一致性。必须注意的是，每种方法都非绝对孤立，而是协作活动的统一体。由于教师评价的内容包括德、勤、能、绩、职五个方面，每一项评价内容都有它适合的方法，甚至对一项内容的评价就需要几种方法组合运用才能完成，因此它们在教师评价的运用过程中呈现出互补性（申瑞红，2009）。

（二）教师绩效评价

1. 教师绩效评价的概念

国外研究者对教师绩效评价并没有进行直接的研究和确切的定义。梅德利（Medley）认为教师绩效特指教师在工作场所中所做的，而非教师所能够做的，它取决于教师的胜任特征、工作环境和教师在给定的时间段内应用其胜任特征的能力。瓦伦丁（Valentine，1992）认为教师绩效的发展性评价（Performance-based Developmental Evaluation）是一个专业改进的过程，包括了确认预期绩效、记录绩效、绩效会议、绩效改进计划和基于绩效的个人决策。国内的研究者对教师绩效评价有着明确的定义。例如，蔡永红（2001）认为，教师绩效评价是对教师在工作中的表现，也就是教师的工作行为进行评定，以了解教师工作的质量。徐捷（2007）认为，教师绩效评价是对教师在职过程中的工作表现和工作行为进行评价，它主要是通过课堂观察等方式，由教师本人、领导、同事、学生作出的主观评定。陈时见和赫栋峰（2009）认为，教师绩效是教师在从事职业活动过程中所表现出的积极行为和结果。教师绩效评价是对教师的绩效所进行的综合性评定，不仅是对教师教育教学成果的评价，还包括对教师工作过程的评价，是过程评价与结果评价的统一。高广学和施丽梅（1999）认为教师绩效评价是把国家对教师的要求具体化、行为化、指标化，制定成科学的教师绩效评价的指标体系，评价者根据指标体系系统地收集资料，对影响教师工作质量和水平的各种有效性行为因素进行价值判断和有效的控制，以达到预期的目标。张俊友（2007）则认为教师绩效评价包括对教师教学工作过程的评价和对教师教学工作结果的评价，对教师的绩效评价更应侧重于对教师教学过程的评价。

2. 教师绩效评价的内容与标准

评价标准涉及"评什么"的问题。一个专业性不强、信度和效度不充足的评价标准足以摧毁教师对教师绩效评价的信任，事实上对教师绩效评价的内容的确定是教师绩效评价的关键所在。一旦确定了教师绩效评价的内容，也就意味着教师绩效评价前的价值标准、评价的指标都可以确定，绩效管理的整个流程都可以根据绩效评价的内容来制定。

3. 教师绩效评价的目的与功能

教师评价的目的可以分为形成性目的和终结性目的，前者是为了提高教师的专业技能，后者是为了决策之用。米德伍德（D. Middlewood）认为问责和发展是教师绩效评价的两个基本功能，这两种功能不仅体现在教师自身的需求方面，同时也是整个教育系统和组织必然的要求。正是这两种功能之间的目标差异，以及组织和个人对绩效评价关注重点的不同，造成了教师绩效评价功能的复杂。

4. 教师绩效评价的主体与客体

作为评价的行为主体，中学教师绩效评价主体是指与评价对象的利益密切相关的个体或组织，如学生、家长以及教师自己等。但值得注意的是，不同的主体目标要求不同，关注的重点也不同，因此在进行教师绩效评价时，可以采取对指标权重调控的方式，对主要核心内容和次要或非重要内容加以区别，以使绩效评价得到最好的效果。绩效评价的客体就是指进行评价的行为对象，亦即对谁进行评价。任何主体都可以根据他们的需要来确定对应的评价客体，因此评价客体是一个变动的范畴。绩效评价的客体由相关需要所决定，教师绩效评价的客体就应该是教师教学工作过程与教师教学工作结果。

5. 教师绩效评价的方法

在评价的过程中如何进行绩效辅导，在评价结束之后如何进行绩效面谈、反馈，如何运用绩效考核的结果，这一系列与教师评价相关的事务需要相应的技术和技巧。对教师进行绩效评价的技术主要来自管理学和教育学两个领域。SWOT 分析与平衡计分卡（Balanced Scorecard，BSC）工具是制定学校的战略决策惯用的方法。SWOT 分析能够从总体上分析学校发展面临的外部危机和机会，分析学校在社会网络中的定位，厘清社会对自身办学质量的要求，同时对内挖掘组织的优势和潜能，发现不足和可能的障碍，扬长避短。通过内部资源和外部环境的整体分析，确认自身的教育哲学，制定未来的发展战略，在战略上作出相应的调整。BSC 则提醒我们注意摆脱评价单一功能的思维模式，让教师评价服务于多维的目标，既服务于组织目标的实现，也要加强教师学习共同体的建设和专业发展，既要优化学校内部的管理运营，也要为学生家长对教育质量的要求负责。这两种工具的主旨都是确认学校的使命和战略，并将它们与教师绩效评价相联系，转化为教师绩效评价的绩效目标和评价标准。而在制定评价标准时，目标分解、岗位分析、关键绩效指标（KPI）等方法则得到了广泛的运用。如果说 SWOT、BSC 更关注的是战略层面，如何将战略落实到战术层面，就是一个分解的过程。目标分解是以科学管理和行为科学理论为基础，通过对战略目标庖丁解牛式的层层分解，将其转化为部门目标、个人目标，让受评者在参与工作目标制定的过程中，达到自我监控的目的。岗位分析可以帮助教师确定工作的关键元素，知晓学校对自身的要求，容易对复杂的教师工作形成认知地图，这种分析可以通过观察法、问卷调查、访谈、参照专业标准等方式来实现。为了避免教师绩效评价指标的过于庞杂，KPI可以将组织的战略进一步精简，凝练出教师绩效评价的若干关键指标，让评价更有侧重点和针对性。在这个过程中遵循的是SMART原则，即KPI必须是具体的（Specific）、切中目标的、随环境而变化的；可测量的（Measurable）、量化或行为化的、数据是可获得的；可实现的（Attainable）、只要付出努力便能达成的；现实的（Realistic）、可观察的，而不是假设的；有时限的（Time-bounded）。

教师绩效评价在实践过程中，发展和积累了许多的评价方法的模式。从信息来源的角度看，教师绩效评价方法包括课堂观察、教师自我评价、结构性反思、计划材料、教学材料、学生—家长—同事反馈。其中，课堂观察是最看重的评价方法。从英国的教师绩效管理和美国密苏里州的教师绩效评价的实践来看，课堂观察是各国进行绩效评价最为重要的评价方式。无论是初任教师还是聘期内的教师，密苏里州的教师都需要接受次数不等的计划的或随机的课堂观察，课堂观察的结果被作为判定教师绩效的关键依据，被视为诊断教师专业发展状况、制订专业改进计划的基础，以至于"在很多学校和地区，教师评价与课堂观察同义"。作为观察教学各个方面的方法，课堂观察能够为教师绩效评价提供最为丰富的信息，包括教师的专业技能以及学生在课堂中的表现。课前会议、课中观察、课后会议的议程安排、观察的维度、量表的开发，这些都对观察者和被观察者的专业素养提出了很高的技术要求。

6. 教师绩效评价的指标

马文起（2010）认为，可把教师的考核指标分为一级指标和二级指标。一级指标包括基础性绩效工资和奖励性绩效工资。二级指标包括课时、教案、作业批改、观摩课、教研活动、例会、集体办公考勤、期末考评（包括每学期开学前的教师业务知识考试等级、期中和期末学生素质测评等级、民主测评和评教等级）及教师基础性绩效工资和教科研成果奖评价（包括集体荣誉奖、个人荣誉奖、论文发表和著作出版奖、论文和著作成果奖、辅导成果奖等指标）。

廖翌凯（2009）认为，对中学教师的考评总指标中，定量指标和定性指标应分别占90%和10%的比例，定性指标作为定量指标在数值上的补充。定量指标包括以下几项。教学工作量指标：教学课时数，教学学生人数；教学成果指标：教学学生的成绩或成绩变化（为了便于教师之间比较，可做一些统计处理，如去除极端值，将分数标准化等）；教学创新指标：教学方法的多样化、新教学方法的创新等；学术创新指标：包括核心期刊、一般期刊等发表文章数目，获学术奖项的等级和数目等学术科研成果；班主任工作指标：包括班主任相应的工作绩效，如组织班级活动次数及质量，班级的班风、学风的变化等。定性指标：不同学科、不同工作岗位之间很难用同一种指标尺度进行量化。因此，评价应将绩效的定量与定性结合起来，注意不同岗位不同学科的区别和差异，不能把指标量化绝对化。

二、教师绩效管理

（一）教师绩效管理内容

绩效管理是对绩效实现过程各要素的管理，是基于组织战略基础上的一种管理活动。具体地说，绩效管理是通过对组织战略的建立、目标分解、业绩评价，并将绩效成果用于组织日常管理活动中，以激励教师业绩持续改进并最终实现组织目标以及战略的一种正式管理活动。在绩效管理的过程中，管理者和教师需要对目标和如何达到目标达成共识。在此过程中，管理者和教师需要就组织期望教师完成的工作目标、教师的工作对组织目标实现的影响、什么是好绩效的明确标准、绩效如何衡量、如何共同完善和提高绩效等作出明确的要求和规范，以保证组织目标的顺利完成。以管理对象的不同，绩效管理可以分成三种不同的模型：绩效管理是管理组织绩效的一种体系；绩效管理是管理雇员绩效的一种体系；绩效管理是把对组织的管理和对雇员的管理结合在一起的一种体系。

教师绩效管理是一种通过支持和改进教师个体和团队工作来革新学校的方法。镶嵌于学校发展蓝图之中，它为教师和学校管理者思考教师工作优先事务和目标提供了框架。它聚焦于通过更为有效的教学和领导来造福学生、教师和学校。首先，学生将从教师绩效管理中获益，因为他们的教师能够更加清楚地明了只要为学生提供支持和鼓励，就能使学生获得更快的成长。再者，教师将从绩效管理中获益，因为他们清楚自己的表现将会定期地被关注，他们有充分的机会与教师小组组长就他们的工作和专业发展做深入的交流。李芳（2007）认为，教师绩效管理指一种系统化的教师管理模式，是一种管理者管理教师的新方法，是指管理者运用系统化的绩效循环流程运作，把教师置于教师绩效管理流程中，通过管理者与教师持续不断地沟通，达到对教师绩效管理流程中的每个环节进行系统管理的目的，教师经过一个教师绩效管理流程之后，教师绩效得到提高，学校目标得到最终实现。教师绩效管理流程包括五个环节，即教师绩效计划、教师绩效辅导、教师绩效评价、教师绩效反馈、教师绩效应用。教师绩效管理的特性是加强沟通、改进绩效。

教师绩效管理与教师绩效评价并不是等价的，教师绩效管理是人力资源管理体系中的核心内容，而教师绩效评价只是教师绩效管理中的关键环节。教师绩效管理与教师绩效评价的主要区别是：教师绩效管理是一个完整的系统，教师绩效评价只是这个系统中的一部分；教师绩效管理是一个过程，注重过程的管理，而教师绩效评价是一个阶段性的总结，注重阶段的成效；教师绩效管理具有战略性目的，注重总目标的逐级分层，确保总目标最终实现，而教师绩效评价则是回顾过去的一个阶段的成果，不具备此目的；教师绩效管理具有行政管理目的，注重管理者与教师之间的沟通与互助，确保教师绩效任务能够得到很好的完成，而教师绩效评价只是提取教师绩效任务执行信息的一种手段，只是为了给出一个评价结果；教师绩效管理具有发展目的，注重提高教师工作绩效，而教师绩效评价则只注重成绩的大小，没有改进教师绩效的功能；教师绩效管理能建立管理者与教师之间的绩效合作伙伴的关系，而教师绩效评价则使管理者与教师站到了对立的两面，距离越来越远，甚至会制造紧张的气氛和关系。

（二）教师绩效管理流程

学校教育的质量归根结底是通过教师的工作绩效得以体现的。因此，对教师的工作绩效如何评估、如何改善和提高一直以来在学校管理中备受关注。人力资源理论将教师绩效管理视为一个闭环系统，主要包含四个环节，即绩效计划制订、绩效执行、绩效评估与绩效改善（唐宗清，2008）。下面我们对教师绩效管理系统的四个基本环节予以阐述，以裨益于中小学的教师管理。

1. 制订绩效计划

教师绩效管理的起始点毫无疑问是教师个人绩效计划的制订。绩效计划的核心是确立绩效目标。但是，个体的绩效目标不可以只根据个人的兴趣爱好而定，它的确定有两个依据：一是学校的绩效目标乃至诸如年级组、教研组之类部门的绩效目标，因为绩效管理特别强调从战略的角度考虑个人的绩效，学校的绩效目标只有分解到部门乃至个体，其绩效目标实现才有保证，同样，个体的绩效目标只有在组织绩效目标的引领下，才能准确定位。二是教师的岗位职务描述，这是现代组织设计的基本制度要求。一所高效的学校，需要有严密的职位设计来保证组织运作的合理性，也就是根据学校的规模、发展定位确定好学校的教师编制数、教师职位系列、各类职位岗位的比例与要求，然后据此来聘用教师，每个岗位的任务与职责应该有详细的语言描述。如何保证个体的绩效计划与学校的绩效目标有很好的契合度，是包括学校在内的现代组织谋求高绩效的重要前提。如果教师制订个体绩效计划时，首先考虑的不是岗位要求，而只考虑个人的兴趣，那么组织的绩效是难以保证的。假定有一位初中数学教师，热衷于研究高深的高等数学问题，以致没有将精力用于数学教学工作，那么，站在学校的立场，难道会认为他的工作是高绩效的吗？

那么个体应该如何制订其绩效计划呢？绩效管理理论认为重要的是要遵循五个原则：首先，绩效计划要有明确的目标导向，即教师要结合自己的教育教学、科研或学生管理的一个或若干方面的职责，确立自己的学年度或学期具有突破性的工作目标；其次，个体的绩效计划注重的是工作质量，这种计划应该是可以测量的，或是可以用描述性的语言加以阐述的，而不能是模棱两可、难以确认的；再次，绩效目标或计划一定是现实可行的，因此需要有很强的操作性，看了计划，人们将知道计划制订者将如何使自己的计划目标付诸实现；再其次，目标与计划是与教育教学工作的现实密切相关的，最好是关注学校改革发展的热点与难点问题；最后，任何计划都是有时限的，是指在一定时间内能够完成，时间上是可控的。

目前，中小学对教师绩效的管理实践中，通常只采用较粗糙的任务书方法，即在学期末，将下学期的工作向教师作布置，通过协商达到共识时，学校会用书面形式自上而下单向下达任务，但是对于任务要完成到什么程度，有何具体要求，往往是缺失的。而绩效管理则要求管理者与教师用合同签订的方式来认同绩效计划，这种书面的承诺对教师与管理者双方都有约束作用，同时也大大增强了双方的责任意识。因此其目标的确定是一个管理者与教师双向沟通的结果。当然，需要指出的是，绩效计划制订绝非一种单边行为，既不能由教师独立决定，更不能是领导或者管理人员以行政方式指定，而应该是教师根据其对受聘岗位的职责要求自主提出绩效计划，然后再与学校的领导或者管理人员通过沟通协商所产生的结果。这样可以增强教师的参与意识和激发教师的工作内趋力，同时所制定的绩效计划或绩效合同将更符合教师的实际。由此观之，制定绩效合同时，管理人员和教师之间的沟通相当重要。在此阶段，至少要进行两次沟通，第一次沟通侧重于双方就学校及教研组、年级组等部门的绩效计划的范围与方向达成共识；第二次沟通主要在于听取教师对于绩效目标的看法和意见，讨论适合教师个体的工作任务，制订教师个人的绩效计划。

2. 绩效执行

绩效计划或绩效合同的制订是重要的，但这仅仅只是一种文本约定，要将文本约定转化为现实的工作行为结果，在于绩效的执行。绩效执行是从某一考评周期的起始日至终结日，贯穿整个过程，是绩效管理中耗时最多的阶段，是连接绩效计划与绩效评估的中间阶段，故又称绩效执行阶段或过程管理阶段。这个环节在绩效管理中的重要性不言而喻，但在实践中往往受到忽视，有很多的计划就是由于执行不力，缺少监控，才使计划目标付诸东流。从管理者的角度看，要保证计划落到实处，主要有三项工作要做，即提供指导、给予支持并加以监控。提供专业指导，也就是绩效管理中所说的绩效辅导。这是执行阶段管理者必须做的一项工作。通常情况下，教师个体的绩效目标是有一定难度的，这意味着个人未经努力是难以达到的。因此，需要管理者或者通过管理工作向教师提供专业的知识技能与经验上的帮助。如当教师在处理师生关系上发生困惑时，需要领导与同行的关心和帮助；当教师想提高教学效能面临困境时，希望得到高手指点与切磋；有的教师通过研究提高工作业绩、提升自我的愿望强烈，但却苦于不得其门而入，真心渴望科研行家指点。对此，就需要管理者提供各类直接的专业支持，为教师业绩的实现提供支持平台。绩效管理就是要通过人力资源、信息资源和专业知识资源的合理配置，向教师提供组织的专业支持。当然，在这之前，了解教师工作进展状况、工作中面临的障碍、专业发展需求等都是不可或缺的。

提供心理支持主要指教师所需要的专业之外的精神、物质方面的帮助。绩效的影响因素是多维的，教师的价值追求、个性心理、情绪状态都是重要因素。而今的教师内有教育改革、学校变革所给予的强大挑战，外有转型期社会带来的种种冲击和压力，因此他们的工作需要得到别人、尤其是管理者的认同与赞赏，他们工作中的困惑与烦恼需要得到心理"按摩"与人文关怀，他们的工作需要得到必要的物质条件的支持。一言以蔽之，他们需要得到激励。对此，著名当代管理学家彼得·德鲁克告诫管理者不能专注于别人的缺点，并要求管理者要学会欣赏其部属，"有效的管理者在用人所长的同时，必须容忍人之所短。有效的管理者用人，是着眼于机会，而非着眼于问题。有效的管理者不做太多的决策。他们所做的，都是重大的决策。有效的管理者需要的是好的决策，而不是巧的决策。今天的组织需要的是由一群平凡的人，做出不平凡的事"。要将改进绩效作为管理的核心，非常重要的是要学会基于优点的绩效管理。精神的激励、对其工作的认同固然是必要的，但是管理者提供的物质上与组织上的支持同样是不可或缺的。

绩效计划追踪指为了衡量教师的工作成果，确保绩效计划的达成，有必要进行绩效计划追踪，这不是要对教师进行监控，而是建立起学校管理者与教师的双向互动机制。绩效计划追踪的目的有两个，一是及时发现目标偏差，以便及时调整计划或调整教师的行为模式；二是提供一个管理者与教师双方之间定期的正式沟通机制，因而可以预防重计划、轻执行的现象。

3. 绩效评估

评估无疑是绩效管理的核心环节，其功能就在于对教师的工作业绩作出准确、客观、真实的判断，同时也可以获取影响教师工作绩效的个体因素，如工作态度、知识技能及能力等方面的基本信息。绩效评估是绩效诊断、绩效改善与发展的基础，以往教师绩效管理实践中的低效问题通常与评估的缺陷联系在一起，因而绩效评估要取得预期效果，必须把握下述几个方面。首先，处理好指标体系的结构效度。人事心理学的研究成果表明：个体工作绩效主要由任务绩效和关系绩效两方面构成，前者涉及教师工作任务的完成状况，如教学效果、学生的成绩、对学生的教育与指导、教师的科研等；后者主要指教师的自觉的角色行为，如工作的主动性、工作中的合作、对工作的反思等。绩效的两个构面具有不可替代性，当然在学校的不同发展阶段，对两个维度指标的关注会有不同侧重，但是决不能在绩效指标体系中因此出现结构性缺失，否则就无法全面准确地反映教师绩效的真实性。对此，有研究者在研究基础上，构建起教师绩效评价的六个一级指标，即教师的职业道德、服务奉献、助人合作、教学效能、师生互动和教学价值，前三个指标反映的是关系绩效，后三个反映的是任务绩效（蔡永红、林崇德，2004）。这对解决评价的结构效度提供了一个有参考价值的指标体系范例。其次，不要将绩效评价与胜任特征评价混为一谈。从评估功能角度看，绩效评估依据的是工作职责与职业规范，其职能是对教师的履职行为的过程与结果的描述，其意义在于从内容与标准两个维度来确定某一岗位工作必须达到的底线，只要达到底线就是合格，然后可进一步衡量绩效的高低。而胜任特征评估主要是针对影响工作业绩的个人条件和行为特征，侧重于任职人员的选聘和培养，一般用于入职前的考查。绩效管理重在前者，当然也不是完全不要胜任特征评价。在评价信息收集方面，绩效评价非常注重关键事件评价法。管理学的"二八定理"认为：在一个组织中，往往是由20%的骨干人员创造80%的价值；对个体而言，也常常有此现象，80%的工作任务是由20%的关键行为完成的。因而，绩效评价要抓关键指标，来收集能凸显教师绩效的关键事件，如用教学效能来反映教师的教学绩效，用科研成果来判断教师在科研方面的绩效；通过分析对学习困难学生的帮助说明其对学生的关心。当然关键指标、关键事件不是一成不变的，而是随着学校的发展重心、个体差异而变化的。如英国的教师绩效管理就包含访谈、工作表现记录、教学目标的达成、专业发展需求的达成和领导听课评课等过程评估的内容，这种将定性描述的方法运用于评估信息收集的做法是值得借鉴的。

此外，360度评价法与平衡记分卡方法也是可以克服传统的教师绩效评估的弊端的信息收集方法。前者的主旨是强调信息收集的全面性，如对教师的绩效评价，需要从领导、专家、同行和学生等多角度收集信息；而后者则要求衡量个人的绩效要与组织或部门的目标结合起来，而不是孤立地看待个人的绩效。

4. 绩效的改善与发展

严格地说，绩效的改善与发展不能算是一个独立的阶段，而是渗透于绩效管理其他各个环节之中的。之所以单独提出既因为其符合管理逻辑，也是为了彰显绩效管理的目的。绩效管理不同于绩效考评之处就在于其以教师绩效的持续改善为直接目标，以推进教师的专业发展。教师绩效的改善是一个过程，主要有两个环节。

首先是绩效诊断，这项工作离不开对教师绩效评估结果的分析，从中找出绩效不高的领域，查明绩效不佳的原因。其实，影响个体教师绩效的原因是相当复杂的，可以从学校内部与学校外部两个角度考虑，外部环境包括政治、经济、技术、文化、社会环境因素等；内部环境也涉及组织系统、绩效体系与教师个体方面的原因；当然绩效诊断关注的是教师个体因素，因为这是影响绩效改善的核心因素。即使个体因素还需要细分，可以从个体的工作态度、教育教学的知识技能、教育价值观念三方面分析原因。原因不同，解决的方法自然也应该是不一样的。

绩效改善的第二个环节是制订绩效改进计划。完全可以把这个环节视为新一轮绩效计划的起始点。因此，制订绩效计划的各种原则、要求也适用于绩效改进计划。当然作为改进计划，与第一轮绩效计划相比应有自己的特点，其表现如下。一要确定绩效的改进点，即通过面谈等绩效诊断过程后，管理者和绩效计划的主体都必然会找到需要改进的地方，但是如果需要改进的项目或内容较多，就要确定一个或几个改进点，因为要改进的内容太多，会对绩效主体造成过大的压力。需要注意的是改进点的确定，不要单纯以学校管理者的想法为主，要尽量尊重教师的改善意愿。同时也要引导教师把见效快的项目作为改进点。此外，要考虑改善项目的时间、精力与成本。其次，在明确了绩效改进点后，要制订绩效改进的方案或者计划，即针对问题，明确改进的项目，确定改进的基本措施和时间进程及检验方法。但是，所有这些工作通常是与新的绩效计划的制订融为一体，否则，人们会抱怨绩效管理太麻烦，从而对之退避三舍。还要明确的一点是绩效改善与绩效发展之间的关系。本研究认为绩效的改善或提高是绩效管理的直接目的，就是要通过有效的管理帮助教师绩效不断改善并提高绩效，从而也使学校的整体绩效不断得到提升；但是，提高绩效的根本在于促进教师的专业发展，提高教师的综合素质。因此，可以这样理解绩效改善与绩效发展的关系：绩效的改善是"标"，绩效发展是"本"，绩效管理就是要先治标、后治本，其最高境界应该是"标本兼治"（唐宗清，2008）。

（三）教师绩效管理模式

1. 基于 KPI 的绩效管理体系

KPI 是通过对组织动作过程的关键成功因素进行开发、分析、提炼和归纳，用以衡量绩效的一种目标量化管理指标。KPI 与一般绩效指标相比，把个人和部门的目标与整个公司的成败联系起来，因此更具长远的战略意义。确定有效的 KPI 需要遵循 SMART 原则。

2. 基于平衡计分卡（BSC）的绩效管理体系

BSC 是美国管理大师罗伯特·卡普兰（Robert S. Kaplan）和复兴方案国际咨询企业总裁戴维·诺顿（D. P. Norton）于 1992 年在总结了 12 家大型企业的业绩评价体系的成功经验的基础上，提出的战略管理业绩评价工具。

目前，国内教育组织实际导入平衡计分卡制度者并不多，原因是平衡计分卡的内涵无法完全适用于教育组织。因此，在导入平衡计分卡制度时，必须考虑学校组织的特性、学校内外资源及学校组织中的可衡量指针等因素。就学校组织而言，特别是教学专业层面很难以平衡计分卡的层面及指标加以检视；只有学校行政层面则有比较大的适用空间。以学校组织为例，析述其衡量层面如下：①财务层面，包括预算编列、执行、财产管理及校务发展基金运作情况等；②顾客层面，涵盖学校对学习环境的满意情况、教师对教学专业自主的满意度、家长对参与学校教育的满意情况，以及上级机关对学校整体办学绩效的评估等；③内部流程层面，包括学校行政作业流程改进情况、教学支持系统运作情况、学校教育营销策略，以及学校创新经营等；④学习与成长层面，包括教师专业技能与信息运用能力的提升情况，以及教师专业成长活动管理情况。

另就衡量指标而言，则可进一步细分如下：财务层面，包括年度预算总额、年度预算执行率、人事经费占年度预算的比例、专业计划经费、预算执行管控、年度预算成长情况，以及预算拨付的时效等；顾客层面，包括各处室对教师及学生服务的普及性、各处室对教师及学生服务的公平性、各处室对教师及学生服务的质量、各处室对教师及学生反映意见回馈的及时性、教师及学生对有关其权益事项的参与情况、教师及学生前往各处室办事人数的增长情况等；内部流程层面，包括各处室年度计划是否符合师生需求、各处室年度计划执行情况、各处室内部协调情况、各处室外部协调能力、各处室整体形象、各处室作业流程，以及各处室业务改进情况等；学习与成长层面，各处室人员工作满意情况、各处室人员升迁情况、各处室人员在职进修计划及实施情况、各处室人员离职情况、各处室人员能力与工作岗位适配情况、各处室对人员的建言采纳情况、各处室人员工作负荷量、各处室人员出勤情况，以及各处室人员专业著作及报告数量等。

三、我国教师绩效评价与管理的现状分析

（一）教师绩效评价的现状分析

我国中小学教师评价开始于 20 世纪 60 年代。在"文化大革命"期间停滞下来，"文化大革命"结束后得以恢复。在 1977—1984 年主要以高考升学率为标准，评选优秀教师，评价对象多是中小学民办教师。1984 年 5 月，我国正式加入了国际教育成就评价协会学校，此后，在国家教育体制改革的推动下，我国的教师评价得到了较快发展。1991 年 5 月，全国第一次教育督导工作会议颁布《教育督导暂行规定》，标志着我国教师评价工作的全面开展。这段时间中小学教师评价的理论有了一定程度的发展，教育评价的专业性期刊开始发行，并成立了一些教育评价的专业学校。此外，《中华人民共和国义务教育法》《中华人民共和国教育法》《中华人民共和国教师法》的相继颁布与实施也为教师评价实践的发展提供了法律保障。随着西方各国从 20 世纪 80 年代开始陆续探索和变革教师评价制度，在教师评价理论发展和制度建设方面都取得了令人瞩目的成就。我国有关教师评价的研究起步较晚，理论研究和实践探索都落后于英、美等发达国家。从整体上看，我国教师评价不仅实践时间较短，还缺乏较为完善的、能有效指导评价实践的理论模型，这些缺陷致使教师评价在目的、内容、结构和标准方面较为混乱。

总的来说，我国教师绩效评价理论研究尚处于起步阶段，尤其是中小学教师绩效评价的相关研究甚少。随着教育改革的推进，我国的教师评价制度无论在模式、内容、评价方法等方面都取得了一定的进展，一些研究者也尝试结合

奖惩性评价与发展性评价的优点，发展符合我国国情的、整合的、多元化的教师评价制度。但是，无论是在理论上，还是在实践中，目前中小学教师绩效评价仍然主要局限于传统的奖惩性教师评价层面。教师绩效评价的大部分理论与实践主要蕴含在奖惩性教师评价理论与发展性教师评价理论中。整合奖惩性教师评价与发展性教师评价，催生出适合形势需要的、符合时代要求的义务教育阶段教师绩效评价理论，并将其切实运用到教师绩效工资制度改革具有十分重要的理论价值和实践意义。绩效工资是为了真实反映"多劳多得、优绩优酬"的激励原则创立的，由于教育的特殊性，教师绩效评价反而因不能体现真实性而颇受非议。从绩效评价的过程中涉及的要素来说，可以从以下几个方面来阐述我国的教师绩效评价的现状与问题。

（1）评价目的在奖惩性评价体系下注重管理与控制，过于功利，忽视了教师的专业发展。我国中小学普遍是在学期末或年终对教师实施总结性评价，通过评判教师过去的工作表现和完成教学任务的情况，区分教师的优劣，为教师评定职称、晋升职称、奖优罚劣等提供主要依据。现行的教师评价主要是从学校管理的角度出发，只注重评价为学校决策服务，保证学校正常运转，忽视了通过评价促进教师发展。这样的评价挫伤了教师的工作积极性，压抑了教师的工作热情。教师难以成为积极的参与者，在一定程度上限制了教师的全面发展。

（2）评价内容过分注重学生考试成绩。我国中小学教师评价指标体系的项目很多，但实际上，评价中学生的考试成绩成为评价教师的最重要的指标。学生考试成绩好、升学率高，就意味着教师的教学效果好，教师出色地完成了教学任务，对该教师的评价就高，否则，对该教师的评价就低。这使得很多教师在教学中片面追求学生高分数，忽视了学生素质和综合能力的培养，违背了素质教育的要求。这样的评价失去了科学性和准确性。

（3）评价方法注重量化评价，忽视质性评价。调查发现，我国中小学大都按照相关主管部门的要求制定了一套细致的教师评价表，内容涉及教师的"德、能、勤、绩"，对教师各个方面的表现进行量化打分，根据分数高低对教师进行排名。这些表面上看似公平客观的数据资料并没有真实地反映出教师的工作实际。因为，教师工作的某些方面不易量化，教育教学效果难以在短时间内体现出来，一组抽象的数据无法衡量教师的教育教学效果在学生身上发生的影响，如情感、态度、价值观等。这种过于注重量化的评价方法，忽视了质性评价，是对教师缺乏人文关怀的体现。

（4）评价主体单一，忽视教师在评价中的主体地位。我国现行的教师评价是一种典型的他人评价。一般是由校长、教导主任、教研组长和个别职称较高的教师组成的评价小组，制定教师评价指标体系，广大教师处于被动接受评价结果的地位，没有发言权，对评价结果有意见也无法表达。这种评价忽视了学生、家长和教师自评的作用，忽视教师在评价中的主体地位。这种评价模式更多的是对教师工作结果的考查，忽视了教师的工作过程，很难对教师的实际工作作出客观、公正的判断。

（5）评价结果的使用方面注重奖惩，忽视教师发展。我国大多数学校把对教师评价的结果与其奖惩挂钩，存在明显的功利化倾向。评价的结果基本上分为优、良、称职、不称职四个层次，在教师眼中，评价就是考核；在学校领导眼中，考核等于评价。通过评价，对得分高、排名靠前的教师进行奖励，反之，则进行处罚，甚至解聘。这种做法很难起到诊断教师工作、帮助教师发现问题和不足、促进教师专业成长、提高教育教学质量的作用。对评价结果的运用很少与绩效改进结合起来，也未曾从绩效管理的流程来运用绩效结果。

（二）教师绩效管理的现状分析

20 世纪 80 年代以来，始于欧美等国家的学校绩效管理逐渐成为世界范围内各国教育改革的一个重要方面，在学校教育管理实践中得到极大的重视和推广，美国、英国、澳大利亚、新西兰、荷兰等国家都先后实施学校绩效责任制度，对学校绩效进行管理。在我国，现代的绩效评价、绩效管理概念与理论进入学校管理实践是近几年才开始的。到目前为止，绩效管理还没有作为一种相对完整的管理模式在学校管理实践中应用。

当前学校绩效管理实践主要集中在对教师、校长的绩效评价或考核上，并将考核结果作为职称晋升、薪酬发放、职务任用和奖惩的依据。近几年，出于对提高学校办学质量和人事制度改革的需要，一些市、县（区）教育局和中小学纷纷制定教师绩效考核方案。例如，湖北省武汉市武昌区教育局对区内所有学校进行绩效考核，考核内容包括教育、教学、管理、成果等各个方面指标，根据考核的结果，对不同的学校授予相应的荣誉称号。无锡市学校管理中心制定了《无锡市学校管理中心直属学校年度绩效考核实施细则（试行）》，并向所有市属学校下发年度绩效考核目标任务书。深圳市盐田区制定并实施《中小学绩效考核指导办法》，规定了考核的组织机构、考核对象内容以及考核的方式方法，并设计了学校行政领导绩效评价量表、学校教师教育教学绩效评价量表、学校一般行政人员和教学辅助人员绩效评价量表。

四川省开展的义务教育阶段教师绩效评价是由教师本人对阶段工作状况进行汇报，组织全校教职工开展民主考查，既而由限定的绩效考核小组综合所有评议提出评价结果的建议，最后经由绩效考核委员会集中评议最终评价结果。其中，由绩效考核委员会决定绩效考核小组成员，绩效考核委员会包括党支部人员、学校行政管理人员、工会代表等，校长被赋予绩效考核委员会主任一职。河北省义务教育学校开展教师绩效评价采取了多元的评价主体，通过绩效考核小组人员、学科组或年级组教师、被评教师任教学科班级的学生都被当作评价主体。

（三）教师绩效管理的问题分析

目前，我国教师绩效管理工作还处于起步和探索阶段，存在一些亟待解决的问题。在领导认识层面，对绩效管理与绩效考核认识不到位，把绩效管理等同于绩效考核。主要体现在以下几个方面。

（1）单一的定期考核而非系统的绩效管理。很多学校的绩效管理往往只有单一的定期考核，缺乏对教师的绩效实施辅导和及时的绩效反馈，同时缺乏对教师的职业指导，因而不能体现考核对帮助教师实现职业目标的价值。而且，绩效管理过程中，缺乏充分及时的绩效沟通，上下级之间的绩效沟通常常只有考核后的正式的绩效反馈。而这种正式的绩效反馈一个学年才一次，根本不能及时地反馈教师的绩效状况，在反馈时上级领导的注意力也常常放在绩效考核的结果上，鲜有对绩效结果的解释、原因分析以及相应的改善建议。另外，由于正式的绩效反馈传递的信息往往直接影响教师的薪酬和晋升，因而难以让教师及其上级领导能非常坦然地进行充分、深入的沟通。

（2）绩效管理中缺乏对教师职业发展的关注和指导。大多数学校在绩效管理中，无论是绩效指标的确定、目标的设定、绩效计划的制订，还是有关绩效的沟通，都只是围绕学校的教学成绩，而缺乏对教师个人的职业目标及职业发展的关注，更不用说学校领导对教师职业发展提供指导和帮助。关注学校教学质量的改进，当然无可厚非，但忽视有着强烈职业成就需要的教师的个人职业发展，无疑不能充分发挥绩效管理对教师的激励作用。

（3）考核中忽视团队绩效，只对个人绩效进行考核。教师的工作是教书育人，而个人的能力毕竟有限，因此教书育人是很难凭单个教师之力就能完成的，需要广大教师的通力合作，只有这样才能使学生在各方面全面发展，成为真正的人才。而现在不少学校在教师绩效考核中或多或少存在着忽视团队绩效只对教师的个人绩效进行考核的问题。这样的一种考核方式，长此以往不利于使学校成为一所学习型学校，不利于学生的全面发展和学校的发展，而且还会引起教师之间的恶性竞争，不利于为教师创造一个轻松、和谐的工作环境。作为知识型员工的教师，良好的工作环境和氛围对提高他们的工作满意度起着很大的作用。

（4）绩效考核的标准单一。目前，众多学校实施的教师考核办法存在一个明显的缺陷——只用一把尺子来衡量所有的人，这既不科学又难以使多数人同时满足所有考核要求，获得公正、客观的评价。教师的工作大都是由多种任务组成的，如果用单一的标准来衡量其工作绩效，评价结果就有很大的局限性。更重要的是，如果对教师的绩效考核实行单一的标准，会使教师只重视这一标准，而忽视工作中其他方面的任务。这种强制性导向作用最终会造成千人一面的局面，不利于教师发挥自己的个性与特长。

（5）绩效考核唯量化的结果指标。有的学校在绩效考核方面陷入了片面追求所谓"客观"的误区，以为只有可以量化的指标才能真正客观地反映教师的业绩。事实上，教师工作的相当部分是很难量化甚至不能够量化的，勉强量化的结果要么是考核时舍弃掉不能量化的部分，要么是选择的指标并不能反映绩效的真实情况，这样的结果甚至会引导教师产生错误的行为。此外，对于那些通过团队合作取得的贡献，要衡量个体在其中的贡献很难精确地量化，如果量化不恰当，还会引起团队成员间的矛盾，影响凝聚力。片面追求量化评价往往只看到人的共性，忽视了个体的特性，这与当前强调个性化的时代、与追求个性的学校文化是相悖的。

（6）考核结果只跟教师薪酬挂钩。单一的直接跟薪酬挂钩的绩效考核，不可避免地导致教师产生"考核就是秋后算账"的感觉。根据考核结果对教学成绩好的给予奖励，对教学成绩差的给予处罚，似乎符合强化理论的观点，能使合乎学校需要的行为趋于重复出现。但即使按照强化理论，由于奖惩强化的不及时，事实上定期的考核评定及随后的"论功行赏"很难使人把考核评价及奖惩直接与导致这种结果的行为联系起来。教师是知识型员工中的一类，有着独特的个性和品质，根据麦克莱兰德的需要激励理论，具有强烈成就需要的知识型员工，渴望得到有关其怎样进行工作的情况的及时反馈，简单的奖优罚劣很难激发其工作热情。专家研究发现，知识型员工很在意自己在跟什么样的人合作以及别人对自己的看法。相对于报酬，知识型员工在工作中更注重与同事的关系以及来自同事的评价、信任、尊重。调查显示，让知识型员工感到满意的工作因素中最主要的是"有较多的锻炼成长机会""工作环境和氛围好""有较大的成长空间"。这说明薪资只是基础性问题，而成长则是知识型员工关注的根本性问题。需要说明的是，提出这一点并不是说在绩效管理中要切断绩效考核与薪酬的关系，事实上，在中国当前的国情下，对教师来说薪酬还是比较重要的，跟考核结果挂钩的薪酬不仅可以满足他们的经济利益，也能体现他们在学校中的价值。这里所强调的只是考核结果不能单一地只和薪酬挂钩，而是应该更加重视满足教师最看重的需要。

（7）绩效管理的激励作用丧失。教师绩效管理当然有管理的意义，但从学校是学习型学校、教师绩效具有模糊性的特点来考虑，更应该强调其激励意义。实践证明，运用评价手段客观地、公正地区分教师中不同的工作绩效和水平，并在薪酬中充分考虑绩效的因素，在工作中实行能者居之，勇于让一些工作能力突出的年轻教师挑大梁，这种做法本身就具有激励意义。但当前教师绩效管理中出现的暗箱操作、官僚主义以及论资排辈等不规范现象，大大挫伤了教师尤其是青年教师的工作积极性，使教师丧失事业进取心、责任感和成就感，同时出现管理者与教师、教师与教师之间矛盾重重的局面，不利于给教师创造一个平等和谐的工作环境，从而使教师绩效评价的激励作用荡然无存。

第二节　基于胜任特征的教师
绩效管理方案设计

一、胜任特征模型应用于教师绩效管理的理论准备

（一）必要性与可行性分析

在学校绩效管理中应用教师胜任特征模型的必要性可以从以下几个方面来说明。①在绩效工资政策下，在充分发挥绩效工资的激励作用、促进绩效目标实现的同时，还应注重教师自身的胜任特征的提高。绩效工资以货币为标尺去度量、比照教师工作绩效，其结果确定的都只是教师工作绩效的货币数量，但教师工作绩效的货币数量本身所表征的是教师工作绩效的货币等价物，而不是教师工作绩效的品质。因此，绩效工资政策的结果可能会降低甚至消除教师工作的品质，会使教师人格物化，以及教师自行抑制甚至放弃纯粹利他行为。如果将教师胜任特征的评估纳入到教师的绩效考核中，将促使教师在获得金钱回报的同时，反省自己作为教师的职责、教育目的以及教师专业化等更多的教师职业的内在含义，从而避免教师只看到工资的工具性价值。②基于教师胜任特征的学校绩效管理，在于促进教师的职业发展与专业化。传统的学校绩效管理中，教师的绩效考核是一种事后评价，绩效管理与周期之间没有联系，但是基于胜任特征的绩效管理将教师胜任特征的提供作为一个考核目标，同时注重教师工作绩效的目标的实现与过程，需要管理者与教师之间的动态的沟通。因此，这一新的模式在持续地改进教师绩效的同时，也促进了教师的专业化发展与职业生涯的成功。③基于胜任特征的学校绩效管理模式有利于突破当前的学校绩效管理困境，如"政策困境""权利困境"与"科学困境"。教师胜任特征的测量有一套科学的指标，将其纳入绩效管理体系中，将有利于"政策困境"中绩效考核与绩效管理的脱节。

在学校绩效管理中应用胜任特征模型的可行性，主要体现在：教师胜任特征与绩效关系密切，而且能够通过绩效考核指标在绩效管理的流程中体现出来。学校要提高全体教师与学校的整体绩效，就要在影响绩效的每个环节上加强管理。而教师胜任特征中的知识、技能、态度、价值观、人格特质以及动机等个人特征，与教师的工作绩效紧密相连。因此，可以通过绩效管理来将教师的胜任特征进行评价、培训与开发，激励教师提高胜任特征，以提高教师及其团队的绩效，进而实现学校的发展目标。而且，在具体的教育实践中，教育管理者可以通过观察一些行为来推断一个教师是否具有某一胜任特征，所以，胜任特征的提高对绩效的影响也可以通过行为观察到。因此，将胜任特征作为绩效考核的内容纳入到绩效管理体系是具有可行性的。

（二）基于胜任特征模型的教师绩效管理内涵

教师胜任特征是指教师个体具备的与实施成功教学有关的一种专业知识、专业技能和专业价值观。绩效管理是通过对学校战略的建立、目标分解与业绩评价，并将绩效成绩用于学校日常管理活动中，以激励教师工作绩效持续改进并最终实现学校战略与教师成长的一种管理活动。更具体地来说，学校绩效管理是对影响教师工作绩效的各个要素与各个环节进行系统管理的一个体系，以绩效改进与提高为宗旨，旨在用更有效的管理系统来代替单一的绩效评估，从指定绩效计划到对绩效进行指导、评估、培训、反馈及其应用，强调了基于绩效目标的教师行为的管理及其可持续发展。

胜任特征与工作绩效紧密相连，可以用一些被广泛接受的标准进行测量，并能通过培训与开发加以改善和提高。在这些个人特征中，态度、价值观、人格特质和动机等属于深层的内隐性特征，难以用一般方法测得，但对绩效却起着关键性的决定作用，能够将表现优异者与表现一般者区分开来；知识、技能则属于可以直接观察到的外显性特征，它们只是对个人基本素质的要求，对于特定的职业而言必不可少，但不足以将表现优异者与表现一般者区分开来。近几年，由于我国大力提倡教师专业发展，人们开始关注原有的高校教师的管理和评价机制是否对全体教师在其整个职业生涯中都能起到促进专业提升的作用。而教师专业化发展的最根本的要求是教师是否能胜任其职业需要，于是，教育管理者的视野逐渐转移到教师职业胜任特征的考量上。

基于胜任特征的绩效管理将胜任特征理论和方法贯穿于绩效管理的全过程。胜任特征不但作为绩效实现的依据，也是绩效管理内容的重要组成部分。新的绩效管理方式可以改变传统绩效管理方式过于注重短期目标的现状，更加注重于教师胜任特征这一影响绩效的最主要因素。只有教师和学校胜任特征水平都提高了，才能真正促进绩效目标的实现。

基于教师胜任特征的学校绩效管理将教师胜任特征理论和方法贯穿于绩效管理的全过程，教师胜任特征不但作为绩效实现的依据，也是绩效管理内容的重要组成部分。基于教师胜任特征的学校绩效管理作为学校绩效管理的一种新模式和新思路，与传统的绩效管理既有区别又有联系。

两者区别在于：①传统的学校绩效管理主要关注与战略目标直接相关的短期目标的现状。基于教师胜任特征的学校绩效管理不仅关注与战略目标直接相关的目标，更注重教师胜任特征发展目标这一影响长远绩效最主要的因素，旨在共同促进个人和学校战略目标的实现。②绩效目标的刚柔性不同。传统学校绩效管理多以量化衡量、注重刚性指标，忽视了人的能动性，缺乏灵活性。管理和考核虽能够做到准确与客观，但在某种程度上解除了教师批判和反省的空间，在一定程度上造成绩效管理机制的僵化。针对传统的学校绩效管理对战略、学校、流程的整体适应能力的不足，基于教师胜任特征的学校绩效管理强调绩效目标的柔性化，提倡灵活性和多样性的统一，以激发人的创造性、适应瞬息万变的外部环境、满足个性需求为主要特征；当然，基于教师胜任特征的学校绩效管理并不拒斥刚性绩效目标，主张绩效目标的刚柔并济。

两者联系在于：两者是相辅相成的，基于教师胜任特征的学校绩效管理为传统的学校绩效管理绩效指标的实现提供了依据，而传统学校绩效管理绩效指标的实现为基于教师胜任特征的学校绩效管理提供了实证和补充。如果将传统的学校绩效管理绩效指标和基于教师胜任特征的学校绩效管理绩效指标整体比喻成一座冰山，基于教师胜任特征的学校绩效管理绩效指标就是冰山在水面以下的部分，虽然与战略目标的联系不是非常直接，而且也不容易直接被观察到，但它是冰山浮出水面部分的战略目标得以实现的基础和依据；冰山上面的传统学校绩效管理绩效指标考核结果则是冰山的水面以下基于教师胜任特征的学校绩效管理绩效指标完成情况最直接和准确的反映。

总的来说，基于胜任特征的学校绩效管理体系的内容不仅包括胜任特征模型构建、胜任特征管理（即获取、使用、激励和开发）以及教师胜任特征的整合，而且还使绩效管理覆盖了绩效产生的全过程，它包括绩效目标的设定，绩效监控、评估和反馈等一系列相互交叉、相互联系的环节。也就是说，教师胜任特征作为绩效的一种在绩效管理的一个周期中，既作为绩效目标的设定的内容，也是监控、评估与反馈的内容，贯穿于整个学校绩效管理过程中。以绩效管理为目的而构建的胜任特征模型，要清晰地界定每一具体胜任特征，在绩效考核过程中，把胜任特征模型中涉及的要素（行为列表）作为考核评估的基础。

（三）基于胜任特征的绩效管理体系特点

与传统的绩效管理体系相比，基于胜任特征的绩效管理体系主要具有以下三方面的特点。首先，胜任特征模型提供了客观的优秀绩效的行为标准，建立了对优秀绩效的期望，为任务的具体范围和要求提供了共同的理解，为对目标进行沟通提供了一种共同的语言，而其中的文化胜任特征强化了共同的战略、文化和愿景，并帮助教师将自己的行为与组织战略协调一致，使教师个人成长、进步与组织的发展紧密结合起来。其次，把胜任特征模型作为培训与开发需求评估及培训内容、形式设计的依据，有助于避免将眼光局限于当前或盲目跟风，而且也可以把对绩效最有影响的培训项目同那些与教师工作重心无多大关系的项目区分开来，确保把培训与开发的重点放在影响工作绩效的技能、知识和人格特质等方面，而不是最流行的事情上面。最后，以胜任特征为基础的绩效评估方法一改传统绩效评估只注重组织目标达成的做法，将教师的胜任特征表现也作为绩效而纳入评估体系中，确保了在完成任务和怎样完成之间的平衡，同时重视对员工过去的表现和在现任或新岗位的将来表现，鼓励员工不断提升自己的胜任特征，以最终使组织获取持续性竞争优势。

在绩效计划阶段，要实现绩效目标与胜任特征发展目标的统一；在绩效实施与管理阶段，要实现绩效监控与胜任特征考查的统一；在绩效评估阶段，要实现胜任特征描述与绩效考核指标的统一；在绩效反馈与沟通阶段，要实现胜任特征分析与绩效考核结果的统一。绩效管理结果的应用主要在三个方面：一是为胜任特征开发与培训提供依据；二是为下一个周期绩效目标的调整提供参考；三是为绩效管理体系的完善提供实践经验，实现绩效目标与胜任特征发展目标的统一。

二、基于胜任特征的教师绩效管理实施流程

基于胜任特征的教师绩效管理主要是通过将教师个体目标和单位组织目标相结合，不断获取、使用、激励和开发教师个体的胜任特征，以提高教师个体的绩效，进而实现组织发展目标的一个循环往复的过程。

第一，基于胜任特征的教师绩效管理流程包括教师胜任特征模型的建立、胜任特征管理（即获取、使用、激励与开发）以及教师胜任特征的整合，而且还包括教师绩效目标的设定、监控、评估与反馈等一系列相互交叉、相互联系的环节。

第二，基于胜任特征的教师绩效管理需要设计任务绩效目标和胜任特征发展目标两方面的内容，在工作分析和胜任特征模型基础上确定绩效标准，从目标的完成、任务绩效的提高和教师胜任特征的发展三方面来进行，以保证绩效管理实施的系统性。

第三，基于胜任特征的绩效考核内容包括教师任务绩效与教师胜任特征。教师任务绩效包括结果性绩效与过程性绩效，前者是教师工作的教育效果、教学成绩和教科研成果三者之和；后者指教师的教育工作时间、教学工作量、对教学常规的劳动投入、教科研时间。

第四，基于胜任特征的教师绩效管理体系也包括绩效反馈与辅导方面的内容。具体的实施流程如图8-1所示。

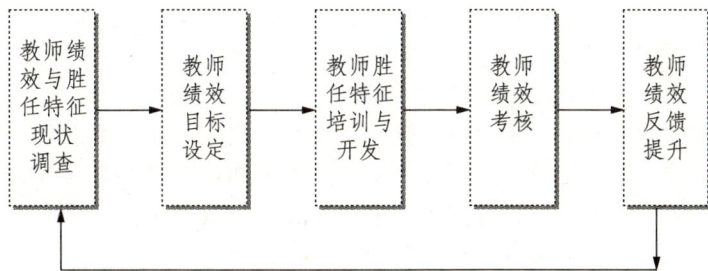

图8-1　基于胜任特征的教师绩效管理实施流程

（一）构建以绩效管理为目标的教师胜任特征模型

胜任特征是在一定的工作情境中表现出来的，不同岗位、不同行业、不同文化环境中的胜任特征模型是不同的。对学校来说，以绩效管理为目标的教师

胜任特征模型要清晰界定每一个具体的胜任特征，以便绩效评估人员能够在绩效考核时有准确的评价依据。以绩效管理为目的而建立的胜任特征模型，不仅要清晰地界定每一具体胜任特征，而且要具体描述员工为胜任某一职位或实现特定绩效目标而必须作出的具体绩效行为。

每一个教师都处于某一特定的学校中，不同的学校的组织文化会存在差异，因此，教师胜任特征模型应该通过两类指标来建立，即岗位胜任特征与文化胜任特征。岗位胜任特征是指教师胜任某一岗位而必须具备的知识、技能、性格特质、信念等能力要素；文化胜任特征是学校内所有任职教师都必须具备的对学校文化环境的自觉适应特征，并表现出适合组织文化的工作行为。也就是说，教师除能够出色地完成某一学科的教师工作以外，也要适应所在学校的文化。

教师胜任特征模型是由教师职位要求的优异表现组合起来的、包含多种胜任特征的结构，它描述了有效地完成特定的工作所需要的知识、技能和性格特点的独特结合以及取得优秀绩效所需的关键行为。构建恰当的胜任特征模型不仅包括与教师的工作绩效紧密相关的行为表现，而且还包括支持学校文化和战略方针所需的行为模式。一所学校一般可以精选三至五个文化胜任特征，如职业道德、专业等，其建立需要由许多人（包括学校各级管理者及内外部专家等）组成专门的工作小组进行操作，一般需要耗费数周乃至数月的时间来分析所有的细节。

（二）制定教师胜任特征绩效目标

基于胜任特征的教师绩效管理体系中，教师胜任特征模型中的每一项胜任特征都可以转化为可测量的绩效目标。教师的出勤状况、学生成绩以及课堂表现这些结果都是教师胜任特征的表现形式。因此，与传统的绩效管理体系根据教师的职责来确定绩效目标相比，基于胜任特征模型的绩效管理体系的重点在于教师胜任特征的评估与发展，将教师的胜任特征发展作为绩效管理的目标。根据以绩效管理为目标而建立的教师胜任特征模型，教师绩效目标应该分为两个部分的发展目标：岗位教师胜任特征绩效目标与学校文化胜任特征绩效目标。其制定的过程如下。①学校根据已经建立的教师胜任特征模型对教师的胜任特征现状进行测评，获得教师胜任特征发展的初始水平。②学校管理者与教师根据学校的绩效计划与教师的职业生涯发展规划进行协商，达成一致的胜任特征绩效发展目标。协商过程中，教师需要在胜任特征评价较差的指标中选择 2~5 个作为一个学年的绩效发展目标。③将确定的绩效目标以清晰的、明确的方式描述出来，以书面材料的形式呈现。④教师与校长签订绩效目标协议书，使教师形成对绩效目标的承诺。

制定教师胜任特征绩效目标时，绩效目标是采用与行为相关的指标，这不仅避免了绩效面谈与评价时的主观判断，也让教师明确需要学习的行为，从而有了很强的指导作用与努力方向。同时，这一步骤中，教师胜任特征绩效目标的设置也要符合目标设置理论的要求。例如，设置具体且富有挑战性的目标；符合 SMART 原则；等等。

（三）基于教师胜任特征的培训与开发

在教师胜任特征现状与需要达到的目标确定以后，就要利用学校的资源有针对性地进行培训与开发。首先，要制订基于教师胜任特征的培训与开发计划。这个计划的依据是教师胜任特征的优势与不足。培训计划的制订需要学校的领导与教师协商确定培训内容、方法、时间、人员等具体的因素。然后，实施基于教师胜任特征的培训与开发计划。这一步骤中，针对具体的胜任特征要素来实施相应的培训与开发方法。比如，价值观这些动机特征，就需要通过"自然学习"、不断地积累经验而获得，因此应尽可能采用师徒制、现场学习等方式进行培训。如表达能力和冲突管理技能可以很好地从课堂中学习；而领导和激励他人技能等胜任特征则最好是从实际工作中学习，如参加一项教研教改课题项目。最后，要对培训与开发的效果进行评价，以改进基于教师胜任特征的培训与开发计划。

（四）基于教师胜任特征的绩效考核

基于教师胜任特征的绩效考核是根据已经确定的胜任特征绩效目标和标准，通过科学的定性与定量的方法，对教师工作行为、行为的实际效果以及对组织的贡献和价值等进行评估。基于教师胜任特征的绩效考核内容主要是教师在胜任特征优势、劣势，实际具备的胜任特征与目前以及未来的胜任特征要求之间的差距。因此，基于教师胜任特征的绩效考核既重视绩效结果，即业绩，如学生的成绩，也重视教师在履行职责过程中所使用的胜任特征。其实施的步骤大致如下。①学校成立绩效考核小组，通过与教师沟通确定考核目标、考核内容、考核周期以及考核对象。考核目标的确定要在教师与考核小组之间沟通后达成一致。考核的周期为一学年。②确立绩效考核的方法。考核的方法采用 360 度考核，通过校长、年级组长、教师自己、学生以及家长等，从不同职位、不同岗位、不同角度与不同部门来收集考核信息，减少考核结果的偏差。③设计考核指标体系及权重。根据教师胜任特征模型来设计考核指标体系及其权重。例如，作为一级指标的"课堂教学"的权重，以及一级指标下的考核要素及其绩效描述与评分。④制定一份绩效考核方案。将已经确定的绩效考核目标、内容、对象、指标体系以及制度保障等考核需要的实施细则记录在考核方案中，并通过全体教师的认可。⑤绩效考核方案的执行。在绩效考核方案的执行过程中，需要对考核人员进行培训以确保绩效考核方案的正确执行。

培训与开发教师胜任特征。确定了与成功绩效相关的教师胜任特征模型以后，就需要据此对学科岗位上的教师的胜任特征现状进行评估，以确定其既有的优势以及与其所任学科岗位要求的胜任特征之间尚存的差距。收集这类信息的一个非常有效的方法是 360 度反馈（即全面收集来自被评估者，被评估者的上级、下级以及外部客户的反馈信息），这是因为胜任特征模型展示了那些与绩效最为相关的行为，而 360 度反馈则阐明了工作中所需的行为，二者结合在一起，有助于找出那些最需要弥补和发展的地方，也易于使人们意识到改变的需要。另外，与单一来源的反馈信息相比，360 度反馈给受评者的信息来自于与其工作相关的多层面评估者的评估结果，所以更容易受到受评者的认可和重视。根据评估的结果，找出个人在胜任特征方面尚存的缺陷，分析它们对绩效带来的影响，然后，根据学校的发展需要确定胜任特征弥补的先后顺序，在此基础上有针对性地制订和实施相应的培训与开发的行动计划，以有效弥补胜任特征差距。

（五）教师绩效反馈与提升

在这一过程中，教师的绩效反馈采用 360 度反馈，而且教师要与管理者进行多次绩效面谈，以确保教师和学校管理人员能够明确教师胜任特征的水平，以及它们与胜任特征水平高的教师之间的差距，从而为教师的胜任特征提升提供充分的信息。通过 360 度反馈获取充分的考评信息，在对教师进行绩效辅导过程中就可以实现有的放矢，通过对被考评者全面的了解可以避免以偏概全。

根据教师绩效的反馈结果，考评者可以根据被考评者的实际情况给予具体的指导，及时帮助教师了解自己的教学状况，确定哪些工作需要改善，需要学习哪些知识，掌握哪些技能，以帮助教师在达成目标的过程中提升自己的胜任特征。

第三节　基于胜任特征的
教师绩效管理实践探索

一、HKC 中学及其绩效考核方案

本节通过一个案例将基于胜任特征的教师绩效评价以及绩效管理全过程进行具体的说明。针对 HKC 中学在绩效考核与管理方面的问题进行分析，并在此基础上建立基于胜任特征的教师绩效管理方案。

HKC 中学是一所普通公立高中，隶属于某区教育局管辖，是某区的六所普通高级中学中的一所。它实行的是区教育局管辖下的校长负责制，学校内部实行的是年级组长负责制，学校设有一个正校长兼任法人代表，还设有 4 个副校长，分管教学、后勤、行政等事务，另外设有几个科室，负责学校具体事务的执行。学校共有 3 个年级，25 个教学班，学生 1 300 余人，教职工 140 余人。下面是 HKC 中学的绩效考核制度介绍。

（一）考核小组的成员组成及其职责

考核小组及其职责见表 8 - 1。

表 8 - 1　HKC 中学绩效考核成员及其职责

角　色	成　员	职　责
组长	校长	全面督促、检查教师的教育和教学工作，参加并领导考核小组对学校的绩效考核工作
副组长	党支部书记	与工会主席一起参加并监督学校的绩效考核工作
组成人员	教导主任	负责记录教师出勤情况，检查并记录教师教学常规工作
	工会主席 党支部书记	参加并监督学校的绩效考核工作
	教师代表	参加考核工作，并对考核提供教师反馈信息

（二）考核具体措施

考核具体措施见表 8 - 2。

表 8 - 2　HKC 中学绩效考核措施

项　目	具体内容
考核对象	任教的公办教师、见习实习教师和代课教师
考核方法	遵循定性与定量相结合，平时与学年相结合（平时考核德、勤、能，学年考核绩）的方法
绩效评价的方式	实行记分制，基本分为 100 分，加减分分别计入总分
	学年度考核总分 = 政治思想分 + 工作态度分 + 教学常规分 + 教育教学成绩分 + 巩固率分 + 加分
评价内容	德、勤、能、绩
考评的时间范围	每年 9 月 1 日至次年 8 月 31 日

（三）HKC 中学绩效考核方案

考核方案的详细内容见表 8 - 3。

表8-3 HKC中学绩效考核方案

考核内容	考核指标	评分说明
政治思想（12分，每小项4分）	政治方向：坚持四项基本原则，拥护党的路线、方针、政策，遵纪守法	凡受上级任何部门处分，本大项12分为零分；若无，本小项得4分
	敬业精神：遵守教师职业道德，按"六讲"要求，不搞第二职业	
	学习态度：积极参加政治学习和业务学习，宣传党的教育方针，提高思想道德素质和业务素质	
工作态度（8分）	出勤，合作，责任	1. 全勤，3分，迟到、早退或者旷工扣除 2. 合作：主动协助同事出色完成任务，2分 3. 责任：对学生与学校的工作有高度责任心，2分
教学常规（22分）	教师计划（3分）	1. 进度安排合理，切实可行；贯彻新课程理念，富有创新意识
	备课（3分）	2. 按进度安排超前，手写备课，缺一课时扣1分；环节齐全：有教学目标、重点难点、教学过程，缺一项扣1分；有适量教学后记或教学反思
	上课（10分）	3. 无安全责任事故发生；衣着得体，语言精练，有感染力，普通话教学，教学效果良好。教态自然，上课时不接打电话
	作业（3分）	4. 按要求设置作业；按时批改辅导，全批全改，批改认真，准确（抽问学生）
	辅导（3分）	5. 有辅导方案；认真进行辅导，效果好
教育成绩（4分）	班风正、纪律好、无安全事故	1. 班风不正，全校集合纪律较差，受到学校负责人点名批评述3次以上的班级，班主任扣1分，科任教师扣0.5分 2. 上课时间内发生安全事故并造成影响的，该教师本项不得分

续表

考核内容	考核指标	评分说明
教学成绩（42分）	及格率（21分）：以乡同年级平均水平为标准，基本分21分 优生率（21分）：以乡同年级平均水平为标准，基本分21分	1. 各类教师得基本分后，所教学科优生率每超过1个百分点加0.5分。 2. 各类教师所教学科优生率未达到要求，每低1个百分点扣0.5分。本小项分扣完为止。计算时，小数点后保留四位，第五位四舍五入
巩固率（14分）	1. 巩固率应达98%以上 2. 正常流动范围：转出、留级、重病、休学、随父母打工读书、借读	1. 达巩固率得基本分，巩固率每减少1个百分点扣1分，本小项分扣完为止 2. 本学年末末考试人数与上学年末末考试人数相比，保持上学年末末考试人数得满基础分（新招以上学期末人数为100%），每增加1人加0.5分，上不封顶。只加当年，下学年不再加 3. 计算方法：学年巩固率＝（本学年末末人数－转出＋借读）÷上学年末末人数（新招以上年级为上学期末人数）
加分项目	文章	教学经验文章或论文（600字以上），以篇计：乡级1分；县级2分；市级4分；省级6分；国家级8分	县级一等奖，二等奖，三等奖分别为4分，3分，2分 市级一等奖，二等奖，三等奖分别为6分，5分，4分 省级一等奖，二等奖，三等奖分别为8分，7分，6分 国家级一等奖，二等奖，三等奖分别为10分，9分，8分
		师德修养或政治学习心得体会（500字以上，县级及以上级别必须在报刊上登出或在一定范围内交流，下同）	县级一等奖，二等奖，三等奖分别为4分，3分，2分 市级一等奖，二等奖，三等奖分别为6分，5分，4分 省级一等奖，二等奖，三等奖分别为8分，7分，6分 国家级一等奖，二等奖，三等奖分别为10分，9分，8分

续表

考核内容	考核指标		评分说明
加分项目	教研活动	承担公开课	乡级（示范课、汇报课）1分；县级4分；市级8分
		经验交流或培训教师主讲（应有讲稿）	乡级1分；县级3分；市级6分；省级9分；国家级12分
		教师参加各项基本技能竞赛获奖（若为同一项目，以最高奖计分）	乡级一等奖、二等奖、三等奖分别为2分、1.5分、1分 县级一等奖、二等奖、三等奖分别为4分、3分、2分 市级一等奖、二等奖、三等奖分别为6分、5分、4分 省级一等奖、二等奖、三等奖分别为8分、7分、6分
		指导学生在报刊上发表文章（每篇）	县级2分；市级3分；省级5分
	指导学生	指导学生参加各类知识竞赛获奖或指导教师获奖或指导获奖人数（纪念奖除外），不计奖人数的多少，两项奖均有，只计一项	县级1分；市级2分；省级3分
		指导学生参加发明创造或创新活动获奖	县级一等奖、二等奖、三等奖分别为4分、3分、2分 市级一等奖、二等奖、三等奖分别为6分、5分、4分 省级一等奖、二等奖、三等奖分别为8分、7分、6分 国家级一等奖、二等奖、三等奖分别为10分、9分、8分
	教育科研	有课题、方案、实施过程	乡级2分；县级6分；市级10分；省级15分；国家级20分
		教育科研取得成效	乡级5分；县级10分；市级15分；省级20分；国家级30分

附件：考核说明

一、对教学成绩的说明

1. 中途接班教师的考核办法

若该班上学年的及格率、优生率低于乡同年级平均水平。

（1）经过一年仍未达平均水平，但有进步，得基本分。

（2）及格率、优生率进步超过5个百分点，每超过1个百分点加0.2分。上不封顶。

（3）退后的得基本分的一半，并在原水平上根据下降幅度在基本分的一半中相应扣分，即及格率、优生率每下降1个百分点扣0.2分

若该班上学年及格率、优生率高于乡同年级平均水平。本学年所教成绩得分以本学年末统考的同年级平均水平为标准计算得分。

2. 任教两科的教师的考核办法

（1）以乡同年级平均水平为标准，及格率、优生率中的某一项，语文、数学两科均未达到乡平均水平，则以相对好的科为计分依据。

（2）以乡同年级平均水平为标准，及格率、优生率中的某一项，如果其中一科达到平均水平，另一科未达到平均水平，则两科的该项分别计分后加起来除以2。

（3）科均未达到平均水平，某一项指标以相对好的学科计算得分。

二、正常流动范围的说明

转出（应到中心校办理转学证，未办理转学证的持有转入学校的证明）、留级（不超过2%，并需下年级教师同意并证明，留级在本乡范围内的学校超过2%，每多留级1人扣0.5分）、重病休学（有医院证明）、随父母打工读书（村级及以上行政单位的证明）、借读（报名时教师要求家长提供户籍复印件，教师将复印件交中心校教导处，转出时，教师书面报告中心校）。

三、考核结果的运用

（1）考核结果60分为达标分。

（2）教师的聘用、晋职、晋级、评优、岗位选择、待聘、解聘，以本年度考核方案考核出的结果为依据。

（3）年度考核结果与工资浮动部分挂钩。

（4）年度考核为不称职的教师的处理：①当年年度考核为不称职的，不发当年年终奖金，不能在下一年度申报晋升高一级教师职务。②连续两年年度考核均为不称职的，应予低聘或解聘。其待遇按省里有关规定办理。

四、几类人员的考核

（1）校长的考核。原则上按干部管理权限，由教育主管部门考核，考核结果作为校长年度考核结果。若上级未考核，则以学年度考核结果前十名的教师的总平均分（教师的个人加分除外）加上个人加分栏中应加分作为校长的学年度最后得分。

（2）教导主任、后勤主任的考核。

（3）工勤人员年度考核得分，按"工勤人员考核方案"执行。

（4）计算机教师按全体被考核教师的总平均分（不含教师的个人加分）记分。

二、HKC中学教师绩效管理现状与问题分析

（一）教师评价模式

HKC中学的教师绩效评价主要是从学校的行政管理的角度出发，其主要功能是对学校进行更好的管理，在此基础上，才考虑教师的专业发展与自身的提高。学校领导作为绩效考核小组成员，将考核的指标与教师的奖励与惩罚直接挂钩，仅仅是为了提供教师奖惩的依据。这种单一的评价模式的激励作用会逐渐丧失，导致教师对工作的厌倦。毕竟行政管理工作和教师专业发展是两种性质不同的工作，如果教师考核仅以学校的行政管理为主，这就等于在学校的管理导向上忽视了一项重要任务，即教师的专业发展。同时，教师也会把进行教学工作看作是应付领导的检查，这些都是不符合教师专业发展规律的。而且，从激励理论来说，如果仅仅从外部来奖励处罚，而不考虑内在动机激发，那么教师的教学动机也可能通过外部奖励的强化作用逐渐加强，而内在动机渐渐减弱。

总之，单纯地采用奖惩性绩效评价，缺少发展性教师评价，导致教师绩效评价的目标、功能、方法、主题、结果等各个方面都偏离教师专业发展的主线。

（二）绩效管理内容

绩效管理包括绩效目标的确定，培训与开发，考核、反馈、追踪与提升一系列的内容流程，但是，HKC中学的教师绩效管理只进行绩效考核，而没有其他方面的绩效管理措施。显然，这样的考核方案虽然执行起来方便，但对于提升教师的任务绩效与关系绩效并无多大的益处。而且，每次绩效考核都是重复性的工作，既没有对之前绩效的反馈，也没有对考核之后绩效的追踪，也无法对教师绩效对应的教师能力进行培训与开发。

总之，HKC中学的绩效管理内容仅仅限于绩效考核，忽视了绩效考核作为绩效管理的一项内容，与其他内容相辅相成，才有利于促进教师绩效的改进。

（三）考核标准

HKC中学的绩效考核标准包括"德、能、勤、绩"四个方面，而且，每个方面都进行了细化，但是考核的标准主要针对教师的显性工作，即日常工作业绩，如工作量、考试成绩、科研奖励等，忽视了内在的教师关系绩效方面的内容（如跟家长沟通，在学生有困难的时候进行帮助，心理疏导等）。

考核指标过于量化。这就忽视了那些不易捕捉的、不便量化的但是有价值

的信息。而且，这种不易量化的信息，如教师职业价值观、态度等，对教师的影响可能更大。

考核的结果全部由分数表示，忽视了教师在教学过程中各个方面的努力，而且过分地重视结果，而不考虑过程。这容易导致教师教研活动、备课不能有效落实，也导致教师更加关注个体之间的竞争，不容易在教研组中形成合作的氛围。

三、HKC中学基于教师胜任特征的绩效管理实践操作

根据第二节基于教师胜任特征的学校绩效管理模型与建构流程进行方案设计，以及HKC中学的绩效管理实践现状与问题，将该校的绩效管理实施方案分为以下几个部分。

（一）教师绩效与胜任特征的现状调查

为了建立基于教师胜任特征的学校绩效管理体系，要对教师当前的绩效与胜任特征状况进行调查，了解当前HKC中学教师的绩效状况与胜任特征水平。由于教师胜任特征是教师绩效的外在反映，因此，通过调查教师绩效的现状与胜任特征的现状，并进行对比，找出教师绩效水平在某一维度上低的原因及其在胜任特征上的表现。

根据蔡永红和林崇德在2005年的研究，教师绩效包含6个一阶因子，即职业道德、职务奉献、助人合作、教学效能、教学价值及师生互动。前3个因子属于关系绩效，后3个因子属于任务绩效。对HKC中学的教师绩效进行现状调查的内容就包括以上的6个因素。另外，该研究指出，学生评价效度最好，因此，对HKC中学的教师绩效进行调查采用学生评价的方式。

根据本书第二章构建的教师胜任特征模型，教师胜任特征包括6个因素，即教学技能、个人修养、个性特质、职业态度、学生观念和专业知识。对HKC中学的教师胜任特征的现状调查就包括上述的6个方面。

调查结束后，根据调查结果，HKC中学每一位教师都可以得到教师绩效的现状水平以及每位教师在每一个胜任特征上的水平。然后对教师绩效水平低的依次进行分析与访谈，确定每一位教师是因为在哪个胜任特征上不足所导致的。根据这一思路，每位教师都有如下的矩阵表（见表8-4）。

表8-4　HKC中学教师（编号1007）的绩效水平与胜任特征分析

胜任特征 教师绩效	教学技能	个人修养	个性特质	职业态度	学生观念	专业知识
职业道德[1]						
职务奉献[1]						
助人合作[1]						

续表

胜任特征 教师绩效	教学技能	个人修养	个性特质	职业态度	学生观念	专业知识
教学效能[2]	███		███			
教学价值[2]						███
师生互动[2]	███				███	

注：1 代表关系绩效，2 代表任务绩效。灰色表示教师绩效差时，对应的教师胜任上的原因。

（二）教师绩效目标的设定

根据上述教师绩效与胜任特征调查及其结果分析，在了解每位教师的绩效方面相对较差的原因及其在胜任特征上的表现，从而确定当前绩效需要改进的方面与胜任特征潜在开发的内容。当然，在制定绩效目标时，也需要注意以下问题：①绩效目标要明确。这主要体现在绩效行动上，不仅需要具体的执行计划，也要有通过具体的行为所要达到的效果，而且需要可以测量，或者用描述性的语言进行阐述，而不是模棱两可或难以确定的。②绩效目标一定是可行的，具有可操作性，同时也是有限的，在一定时间范围内可以完成。根据 SMART 原则，以教师编号 1007 为例，制定如表 8 – 5 所示的教师编号 1007 的年度绩效目标。

表 8 – 5　教师（编号 1007）的年度绩效目标

胜任特征绩效目标	绩效行动
1. 掌握英语的教学教法知识	
2. 准确评估课堂教学效果	
3. 教学反思	
4. 善于挖掘学生的潜能	
5. 灵活安排教学内容	
6. 尊重学生	
7. 知识面广	
8. 举止有涵养	
9. 有自制力	

（三）绩效执行与追踪

制定教师绩效目标以后，就要根据具体的绩效行动来提升胜任特征，并对教师绩效进行追踪。

具体的追踪内容见表 8 - 6。

表 8 - 6　教师绩效目标执行与追踪

胜任特征的开发与教师绩效追踪		
请写明需要发展的三项胜任特征，并明确需要提高到的等级		
胜任特征	相对应行为示例	待发展到的等级
1. 教学反思		
2. 善于挖掘学生的潜能		
3. 灵活安排教学内容		
胜任特征开发的途径		
项目参与	主动要求领导或参与一个研究项目，你可以是这方面的专家，也可以对该项目毫不熟悉	
继续学习	寻求承担更多职责的机会，向他人征求对自己表现的客观评价和反馈意见，并根据制定的目标来评价自己的表现，从中总结吸取经验	
反馈机制	作为教研组成员，请求教研组的组长或同事对你的教学作出评价，并给予你反馈意见，告知如何更好地处理教学相关的事情	
寻求导师	请工作领域中的专家或经验丰富的教师作为你的导师，与其分享你的困难，寻求建议以及解决问题的实际方法	
任务执行	主动承担一些自己职责之外的任务，以增加工作中对自己的挑战，与上司商定对于这项任务的要求与期望，并计划如何达成这一目标	
参与讲授	主动参与学校的公开课讲授，在学校以外的教育单位进行讲授，以获得同学科教师与专家教师的反馈与指导	
绩效追踪		
日　期	执行情况	反　馈
胜任特征	潜在的阻力	需要的支持
1.		
2.		
3.		
教师姓名：		
教研组组长姓名：		

（四）教师绩效考核

　　基于胜任特征的教师绩效考核，从对绩效的考核到对性格、专业技能的考核，以至对教师未来的潜力预估，结合教师的职业发展和学校的发展进行综合的评价。考核指标分为基于胜任特征的三个方面：能力发挥指标、能力具备指标、能力潜质指标。能力发挥指标侧重对教师的业绩和态度的考核；能力具备指标主要从影响教师工作能力的深层次性格特质考虑；能力潜质指标从教师的潜力挖掘教师未来的发展方向和程度。这种全面考核结构解决了原始的绩效考核在评估过程中所遇到的障碍，也减少了教师对绩效考核结果的不满，提高了教师对于绩效结果的认可度和对学校的归属感。如图8-2所示。

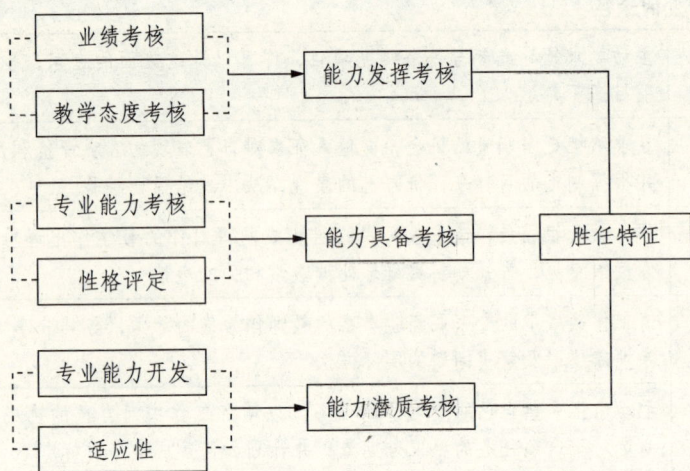

图8-2　基于胜任特征的教师绩效考核内容

　　根据上述基于胜任特征的教师绩效考核内容，将其以表格的形式呈现，分别为：职务工作考核表、能力开发效果考核表、适应性考核表。职务工作考核表主要针对考核结构中的业绩考核、态度考核和能力考核，是能力发挥和能力具备的考核，想要知道的是教师"工作怎么样"。能力开发效果考核表主要针对考核内容中的教师潜力，要测定的是教师的潜力，主要依据教师的学历、资历，通过面谈等手段进行，主要解决的是教师是否在本学校职位上具有潜力，教师还能做些什么，还能否做得更好。适应性考核表主要针对教师的身体条件和性格等先天或后天的因素，这些因素直接导致教师对本岗位的适应度，主要为了使教师与所在的岗位能够达到最佳匹配。通过这三张考核表可以把教师的资质与工作岗位相匹配，从而通过持续的绩效面谈和辅导改进教师的绩效，提高学校整体的绩效水平。接下来将以能力开发效果考核表为示例（见表8-7），方便大家更清楚地认识上述三种考核表的具体内容。

表 8-7　基于胜任特征的教师绩效考核表

考核指标	考核要求	绩效行为描述	分值
课堂教学	教学方法	1. 针对学生特点设计和实施教学，选择合适的教学方法	
		2. 根据学生的实际情况，灵活地调整教学计划和方式	
		3. 根据学生的不同特点进行差别化教学	
		4. 重视对学生潜能的开发，有意识地帮助学生挖掘其潜能	
		5. 在课堂教学中能够灵活运用各种教学方法，并取得期望的效果	
	课堂管理	1. 能够控制和调节课堂气氛，使其和谐融洽	
		2. 能够灵活地通过各种活动或方法使课堂气氛变得轻松愉悦	
		3. 能够从学生的表情、语言和行为等细节中觉察其内心的变化	
		4. 能够观察学生的非言语行为，理解学生的心情和感受	
		5. 在学生中具有号召力，学生愿意聚集在自己的周围	
	教学效果	1. 能够在教学过程中有意识地监控自己的教学质量	
		2. 在教学过程中能够对教学效果进行全面、客观评估	
		3. 善于在授课过程中对学生进行鼓励和表扬	
		4. 善于在教学中对学生进行积极反馈，提升教学效果	
	……	……	
总分			

（五）教师绩效反馈与改进

绩效改进是绩效管理工作中改善员工绩效、提升企业业绩的重要环节，绩效改进工作的成功与否，是绩效管理过程中能否发挥效用的关键。基于胜任特征的绩效改进机制把提高员工的能力和持续不断的绩效改进作为根本目的。一旦明确了绩效问题所对应的胜任特征差距，就要制定因人而异的具体的绩效改进方案。如对于一个态度较好而能力较差的绩效改进群体，应采用训练式改进方案，着重于知识、技能的培训与提高；对于态度较差而能力较强的绩效改进群体，应采取辅导式改进方案，着重于给予辅导、授权、挑战和工作重新分配；对于态度较好、能力较强的绩效改进主体，应采取更多机会的改进方案，着重给予工作丰富化、升迁、更多挑战性工作和培训；而对于态度较差、能力也差的绩效改进主体，绩效问题往往有多重原因，应采用综合方案，同时采取多种改进措施，确保改进有效。同时还要制定绩效改进方案的实施计划表，使绩效改进工作可衡量、可评估。

根据 HKC 中学教师绩效考核的结果，找出在胜任特征方面尚存的缺陷，分析它们对绩效带来的影响，然后根据个人专业发展与职业生涯规划确定胜任特征弥补的先后顺序，在此基础上有针对性地制订和实施相应的培训与开发的行动计划，以有效弥补胜任特征差距。由于胜任特征大多属于内隐知识，而内隐知识主要是通过自然学习的过程、依靠经验的积累而获得，所以在正式进行培训时，应尽量采用师徒制、现场学习等仿真程度较高的方法进行培训，如指导人计划和情境模拟等。当然究竟采用何种培训形式，还要取决于目标胜任特征的具体性质和特点。如表达能力和冲突管理技能可以很好地从课堂中学习；而领导和激励他人技能等胜任特征则最好是从实际工作中学习，比如参加一项攻关小组项目。

参考文献

[1] Anderson L W. International encyclopedia of teaching and teacher education (2ed)[M]. London:Pergamon Press,1995.

[2] Arheur M,Inkson K,Pringle J. The new careers:Individual action and economic change [M]. Thousand Oaks,Ca:Sage,1999.

[3] Boyatzis R E. The competent manager:A model for effective performance[M]. New York:John Wiley & Sons,1983.

[4] Combs A W,Blume R A,Newman A J,Wass H L. The professional education of teacher:A humanistic approach to teacher preparation[M]. Boston:Allyn & Bacon,1974.

[5] Danielson C. Enhancing professional practice:A framework for teaching[M]. Alexandria,VA:Association for Supervision and Curriculum Development,1996.

[6] Green P. Building robust competencies:Linking human resource systems to organizational strategies[M]. San Francisco:Jossey-Bass,1999.

[7] Spencer L M,Spencer S M. Competence at work:Models for super performance [M]. New York:John Wiley & Sons,Inc,1993.

[8] Taylor F W. The principles of scientific management[M]. New York:Harper and Bros,1911.

[9] Valenltine J W. Prineiples and practices for effeetive teacher evaluation[M]. Boston:Allynand Baeon,1992.

[10] Cheng D I,Dainty ARJ. Towards a multidimensional competency-based managerial performance framework:A hybrid approach[J]. JOURNAL OF MANAGERIAL PSYCHOLOGY,2005,20(5),380 – 396.

[11] Cronbach L J,Meehl P E. Construct validity in psychological tests[J]. PSYCHOLOGICAL BULLETIN,1955,52:281 – 302.

[12] De Fruyt F,Bockstaele M,Taris R, Van Hiel A. Police interview competencies: Assessment and associated traits [J]. EUR. J. PERS. , 2006, 20: 567 – 584.

[13] Dineke E H, Tigelaar. The development and validation of a framework for teaching competencies in higher education[J]. HIGHER EDUCATION,2004,48:253 – 268.

[14] Hay McBer. Research into teacher effectiveness: A model of teacher effectiveness[J]. RESEARCH REPORT OF HAY MACBER,2000:218.

[15] Hopkins D, Stern D. Quality teachers, quality schools: Implicational perspectives and policy implication[J]. TEACHING & TEACHER EDUCATION, 1996,12(5):501 − 517.

[16] Hornby D, Thomas R. Towards a better standard of management[J]. PERSONNEL MANAGEMENT,1989,21(1):52 − 55.

[17] Hyland T. Reconsidering competence[J]. JOURNAL OF PHILOSOPHY OF EDUCATION,1997,31:491 − 503.

[18] Ismail H N. Competency based teacher education (CBTE): A training model for improving knowledge competencies for resource room teachers in Jordan [J]. EUROPEAN JOURNAL OF SOCIAL SCIENCES, 2009, 10 (2): 166 − 178.

[19] Janssen P A, Keen L, Soolsma J, Seymour L C, Harris S J, Klein M C, Reime B. Perinatal nursing education for single-room maternity care: An evaluation of a competency-based model[J]. JOURNAL OF CLINICAL NURSING,2005, 14:95 − 101.

[20] Kabilan M K. Online professional development: A literature analysis of teacher competency[J]. JOURNAL OF COMPUTING IN TEACHER EDUCATION, 2004,21(2):51 − 57.

[21] McClelland D C. Testing for competency rather than for intelligence[J]. AMERICAN PSYCHOLOGIST,1973,28:1 − 14.

[22] McClelland D C. Identifying competencies with behavioral evente interviews [J]. PSYCHOLOGICAL SCIENCE,1998(9):331 − 339.

[23] McConnell E A. Competence vs. competency[J]. NURSING MANAGEMENT,2001,32(5):14.

[24] Mirabile R J. Everything you wanted to know about competency modeling[J]. TRAINING AND DEVELOPMENT,1997,51(8):73 − 77.

[25] Olson C, J L. Teacher need affective competencies[J]. PROJECT INNOVATION SUMMER,2000(7):30 − 33.

[26] Pantic N, Wubbels T. Teacher competencies as a basis for teacher education: Views of Serbian teachers and teacher educators[J]. TEACHING AND TEACHER EDUCATION,2010,26:694 − 703.

[27] Sandberg J. Understanding human competence at work: an interpretative approach[J]. ACADEMY OF MANAGEMENT JOURNAL,2002(1):9 − 25.

[28] Schmidt L L. Competency modeling for the final frontier: Supporting psychosocial health and performance in low earth orbit[J]. PERFORMANCE IMPROVEMENT,2008,47:52 − 58.

［29］ Spencer L M,McClelland D C,Spencer S M. Competency assessment methods：History and state of the art［M］. Boston：Hay McBer Research Press,1994：85 – 90.

［30］ Spencer S M,Rajah T,Mohan S,Lahiri G. The indian CEO competency model：Keys to outstanding Indian corporate leadership［J］. THE JOURNAL OF BUSINESS PERSPECTIVE JANUARY,2008(12)：1 – 10.

［31］ Steinar Kvale. The 1000-page question［J］. PHENOMENOLOGY & PEDAGOGY,1988,6(2)：90 – 106.

［32］ Struyven K, De Meyst M. Competence-based teacher education：Illusion or reality? An assessement of the implementation status in Flanders from teachers' and students' points of view［J］. TEACHING AND TEACHER EDUCATION,2010,27：16.

［33］ Stuart R, Lindsay P. The competence of top team members：A framework for successful performance［J］. JOURNAL OF MANAGERIAL PSYCHOLOGY,1996,11(3)：48 – 67.

［34］ Tigelaar D E H,Dolmans D H J M,Wolfhagen I H A P,van der Vleuten C P M. The development and validation of a framework for teaching competencies in higher education［J］. HIGHER EDUCATION,2004,48(2)：253 – 268.

［35］ 国际人力资源管理研究院（IHRI）编委会. 人力资源经理胜任素质模型［M］. 北京：机械工业出版社，2005.

［36］ 黄勋敬. 赢在胜任力——基于胜任力的新型人力资源管理体系［M］. 北京：北京邮电大学出版社，2007：16 – 17.

［37］ 李忠民，刘振华，等. 知识型人力资本胜任力研究［M］. 北京：科学出版社，2011.

［38］ 凌文辁，柳士顺，谢衡晓，李锐. 人员测评：理论、技术与应用［M］. 北京：科学出版社，2010.

［39］ 刘泽文，等. 胜任力建模：人才选拔与考核实例分析［M］. 北京：科学出版社，2009.

［40］ 马骁. 健康教育学［M］. 北京：人民卫生出版社，2004：141 – 142.

［41］ 彭剑锋，荆小娟. 员工素质模型设计［M］. 北京：中国人民大学出版社，2003.

［42］ 申继亮. 教师人力资源开发与管理——教师发展之源［M］. 北京：北京师范大学出版社，2006：112 – 113.

［43］ 王汉澜. 教育评价学［M］. 开封：河南大学出版社，1995.

［44］ 王孝玲. 教育评价的理论与技术［M］. 上海：上海教育出版社，1999.

［45］ 魏国栋，吕达. 新课程中的教师角色与教师培训［M］. 北京：人民教育出版社，2003：128.

［46］严正，卜安康．胜任素质模型构建与应用［M］．北京：机械工业出版社，2011．

［47］白燕，刘修武，许建鑫．三段式培训模式：一种新型的职教师资培训方法［J］．中国职业技术教育，2004（33）：1，49．

［48］卞月芳．高职院校项目化课程改革中的英语教师胜任力略论［J］．湖北经济学院学报：人文社会科学版，2010（4）：196－197．

［49］蔡晓军．高校教师胜任力模型分析综述［J］．教育与职业，2009（15）：165－166．

［50］蔡永红，黄天元．教师评价研究的缘起、问题及发展趋势［J］．北京师范大学学报：社会科学版，2003（1）：130－137．

［51］蔡永红，林崇德．绩效评估研究的现状及其反思［J］．北京师范大学学报：人文社会科学版，2001：119－126．

［52］曹炳政．高职教师胜任特征模型的构建［D］．北京：北京交通大学，2008．

［53］陈鸿雁，文龙，曹大生．高校思想政治理论课教师胜任力模型构建［J］．河北师范大学学报：教育科学版，2010（2）：93－96．

［54］陈建文，汪祝华．高校辅导员胜任特征结构模型的实证研究［J］．高等教育研究，2009（1）：84－89．

［55］陈娟．幼儿教师胜任特征模型的建构［D］．重庆：西南大学，2009．

［56］陈时见，赫栋峰．美国公立中小学教师绩效工资改革［J］．比较教育研究，2009（12）：3－7．

［57］陈万思．中国企业人力资源经理胜任力模型实证研究［J］．经济管理，2006（2）：55－62．

［58］陈岩松．高校辅导员胜任力模型构建：一项实证研究［J］．高等教育研究，2010（4）：84－89．

［59］陈永跃．教师职前教育方案中的两难选择［J］．西南民族学院学报：哲学社会科学版，2002，23（12）：274－276．

［60］陈玉琨．教育评价学［M］．北京：人民教育出版社，1999．

［61］陈云川，雷轶．胜任力研究与应用综述及发展趋向［J］．科研管理，2004（6）：141－144．

［62］成鹏，李彦彬．小学教师胜任特征模型的构建与应用研究［J］．中小学教师培训，2009（11）：19－21．

［63］程刚，陈娟，胡韬．用BEI法构建小学教师胜任特征模型［J］．贵州师范学院学报，2010（8）：75－79．

［64］戴海琦，张锋，陈雪枫．心理与教育测量［M］．广州：暨南大学出版社，2007．

［65］戴瑜．中小学校长胜任力研究［D］．上海：华东师范大学，2008．

［66］丁文珍．美国教师聘任状况研究［J］．教育科学，2002，18（3）：43－46．

[67] 董京京. 农村中小学教师职业流动意愿及其影响因素研究——以山东省肥城市为例 [D]. 武昌：华中师范大学，2010.

[68] 范张淑，童秋萍. 幼儿教师胜任行为情景判断测验的编制研究综述 [J]. 科技信息：学术研究，2008，19：227-228.

[69] 方向阳. 高职院校专业教师胜任力模型研究 [J]. 职业技术教育，2011，25：73-77.

[70] 冯明，任华勇. 法则关系方法在研究中的应用及其问题思考 [J]. 心理科学进展，2009，17（4）：877-884.

[71] 高广学，施丽梅. 对教师绩效评价的思考 [J]. 齐齐哈尔大学学报：社会科学版，1999（5）：93-95.

[72] 高永惠，黄文龙，刘洁. 高校教师人才胜任力品质因子模型实证研究 [J]. 湖南科技大学学报：社会科学版，2011（5）：79-83.

[73] 谷向东. 中国特大城区区属单位党政处级正职领导的胜任特征研究 [D]. 北京：北京师范大学，2005.

[74] 韩曼茹，杨继平. 中学班主任胜任力的初步研究 [J]. 教育理论与实践，2006（2）：59-61.

[75] 韩曼茹. 中学班主任胜任力研究 [D]. 山西：山西大学，2004.

[76] 韩映雄. 教师职前教育状况及对教学工作表现的影响 [J]. 教师教育研究，2010，22（2）：9-14.

[77] 何秋菊. 西南地区农村中小学教师胜任特征研究 [D]. 重庆：西南大学，2011.

[78] 侯奕斌. 科级公务员胜任特征及相关因素研究 [D]. 广东：暨南大学，2007.

[79] 胡娜. 农村中小学教师胜任力现状调查与对策分析 [D]. 重庆：西南大学，2010.

[80] 黄培森. 论高师院校教师职前教育实践教学体系的构建 [J]. 教育与职业，2009，32：42-43.

[81] 黄勋敬，李光远，张敏强. 商业银行行长胜任力模型研究 [J]. 金融论坛，2007（7）：3-12.

[82] 焦伟红. 高职院校教师胜任力初探 [J]. 河南职业技术师范学院学报：职业教育版，2006（6）：44-46.

[83] 金连平. 中小学教师职业生涯规划：概念、问题及对策 [J]. 上海教育科研，2010（9）：13-16.

[84] 金杨华，陈卫旗，王重鸣. 管理胜任特征与工作绩效关系研究 [J]. 心理科学，2004（6）：1349-1351.

[85] 瞿群臻. 基于胜任力模型的中国职业经理人市场研究 [D]. 厦门：厦门大学，2006.

[86] 兰继军，许广玺. 聋校优秀教师的胜任力特征 [J]. 当代教师教育，

2011 (4): 12-15.

[87] 雷鸣. 广州市中学教师胜任特征初探 [D]. 广东: 暨南大学, 2007.

[88] 雷小波. 德国中小学教师职前教育及资格认证制度 [J]. 教师教育研究, 2007, 19 (4): 79-80.

[89] 李昌庆, 何木叶, 姚元全. 我国教师胜任力研究纵横 [J]. 牡丹江教育学院学报, 2009 (5): 73-74.

[90] 李芳. 教师绩效管理的现状与对策研究 [D]. 武汉: 华中师范大学, 2007.

[91] 李慧亭. 中学信息技术教师教学胜任力研究 [D]. 南京: 南京师范大学, 2011.

[92] 李岚, 刘轩. 高职院校教师绩效评价体系设计分析——基于胜任力模型和 AHP 法 [J]. 技术与市场, 2010 (11): 167-169.

[93] 李黎. 转型期事业单位正职胜任力模型构建研究 [D]. 武汉: 华中科技大学, 2008.

[94] 李敏强. 教师职前培养的问题与对策 [J]. 浙江教育学院学报, 2006 (3): 1-5.

[95] 李巧林, 林志远. 基于高校教师胜任力的选聘研究 [J]. 科技创业月刊, 2009 (2): 125-127.

[96] 李秋香. 高中化学教师胜任力模型及其测评体系的初步建构 [D]. 长沙: 湖南师范大学, 2006.

[97] 李义安, 高志芳. 中小学教师职业胜任力的现状与特点分析 [J]. 出国与就业: 就业版, 2010, 18: 32-33.

[98] 李义安, 张金秀. 教师教育专业大学生职前职业胜任力提升的途径 [J]. 现代教育科学, 2011 (5): 8-10.

[99] 李英武, 李凤英, 张雪红. 中小学教师胜任特征的结构维度 [J]. 首都师范大学学报: 社会科学版, 2005 (4): 115-118.

[100] 李玉华, 林崇德. 国内外教师胜任力研究比较及思考 [J]. 辽宁教育研究, 2008 (1): 105-108.

[101] 李云亮. 小学语文教师胜任力模型研究 [D]. 大连: 辽宁师范大学, 2010.

[102] 厉明. 高校教师胜任力模型及其相关研究 [D]. 广州: 暨南大学, 2009.

[103] 林立杰, 高俊山, 裴利芳. 高校知识工作者胜任力要素与个人业绩关系的实证研究 [J]. 管理学报, 2007, 4 (2): 230-234.

[104] 林日团, 莫雷, 王瑞明, 等. 高校中层管理干部胜任力模型的初步建构 [J]. 心理科学, 2007 (6): 1471-1473.

[105] 林日团. 管理人员胜任力研究述评 [J]. 华南师范大学学报: 社会科学版, 2007 (1): 131-135.

[106] 刘河燕．美国教师职前教育课程设置及其启示 [J]．职教论坛，2010，26：79 – 81.

[107] 刘吉良．我国高校教师胜任力评价体系研究 [D]．长沙：湖南师范大学，2009.

[108] 刘茂军．丰富而严格：德国教师职前教育课程特点及启示 [J]．教育学术月刊，2011（12）：92 – 95.

[109] 刘钦瑶，葛列众，刘少英．教师胜任力研究述评 [J]．高等工程教育研究，2007（1）：65 – 69.

[110] 刘世勇，陈莎．高校辅导员胜任力模型的构建与检验 [J]．湖北社会科学，2011（3）：168 – 170.

[111] 刘尧．教育评价与学校管理评价 [J]．教学与管理，2002（10）：7 – 10.

[112] 刘玉勇，王利彩，李晓博．论基于胜任力模型的高校教师绩效评价 [J]．消费导刊，2010（6）：158 – 160.

[113] 刘中艳，李明生．现代服务业职业经理人胜任力模型实证研究——以旅游饭店业为例 [J]．求索，2011（3）：24 – 26.

[114] 龙立荣，毛忞歆．自我职业生涯管理与职业生涯成功的关系研究 [J]．管理学报，2007（3）：312 – 317.

[115] 龙永保．我国高校教师胜任力研究溯源与进展 [J]．中国电力教育，2009（5）：33 – 34.

[116] 卢雪．高中教师自我职业生涯管理结构及相关研究 [D]．开封：河南大学，2009.

[117] 罗小兰，林崇德．基于工作情境下的教师胜任力影响因素 [J]．中国教育学刊，2010（2）：80 – 83.

[118] 罗小兰．教师胜任力研究的缘起、现状及发展趋势 [J]．教育理论与实践，2007，23：42 – 44.

[119] 罗小兰．中学教师胜任力模型研究 [J]．教育理论与实践，2010，34（12）：50 – 53.

[120] 马红宇，唐汉瑛，汪熹，等．中小学教师胜任特征模型构建及其绩效预测力研究 [J]．教育研究与实验，2012（3）：77 – 82.

[121] 马红宇，唐汉瑛．美国学校心理学家培养的经验及其启示——基于胜任特征的学校心理学家的培养 [J]．华中师范大学学报：人文社会科学版，2012，51（4）：146 – 151.

[122] 马爽．中学体育教师胜任力的研究 [J]．赤峰学院学报：自然科学版，2011（10）：261 – 263.

[123] 马文起．构建义务教育教师绩效考核评价指标体系的思考 [J]．教育探索，2010（2）：99 – 102.

[124] 梅玲．特殊职业教育教师胜任力研究 [D]．上海：上海师范大

学，2009.

[125] 孟凡丽，于海波. 国外多元文化背景下教师教学能力培养的探索及启示 [J]. 高等教育研究，2008，29（2）：40－44.

[126] 欧本谷，刘俊菊. 多元教师评价主体分析 [J]. 重庆大学学报：社会科学版，2004，10（2）：127－130.

[127] 潘海燕. 教师继续教育培训模式的建构与分类 [J]. 继续教育，2002（2）：16.

[128] 潘文安. IT 业项目经理人胜任力模型研究 [J]. 科技进步与对策，2005（2）：152－154.

[129] 漆书青，戴海琦. 情景判断测验的性质、功能与开发编制 [J]. 心理学探新，2003（4）：42－46.

[130] 强国民. 胜任力视角下高校教师招聘体系探究 [J]. 中小企业管理与科技（上旬刊），2010（4）：33－34.

[131] 秦旭芳，高丙成. 幼儿教师胜任力的特点与类型 [J]. 学前教育研究，2008（9）：35－38.

[132] 秦旭芳，高丙成. 幼儿教师胜任特征结构探析 [J]. 沈阳师范大学学报：社会科学版，2007（2）：105－107.

[133] 卿菁. 网商胜任力模型的构建与测评研究 [D]. 武汉：武汉理工大学，2010.

[134] 邱芬. 我国专业教练员胜任特征的模型建构及测评研究 [D]. 北京：北京体育大学，2008.

[135] 邱兴. 以色列中小学教师职前教育体制及其特点 [J]. 外国中小学教育，2009（1）：22－25.

[136] 曲铁华，李娟. 教师职前教育的理念创新与战略实现研究 [J]. 东北师范大学学报：哲学社会科学版，2009（3）：20－24.

[137] 饶从满. 德国教师职前教育中"理论"与"实践"的结合 [J]. 外国教育研究，1996（6）：10－14.

[138] 申继亮，孙炳海. 教师评价内容体系之重建 [J]. 华东师范大学学报：教育科学版，2008，26（2）：38－43.

[139] 申瑞红. 合理选择教师评价方法三要 [J]. 沙洋师范高等专科学校学报，2009（5）：72－73.

[140] 时勘，王继承，李超平. 企业高层管理者胜任特征模型评价的研究 [J]. 心理学报，2002，34（3）：306－311.

[141] 时勘. 基于胜任特征模型的人力资源开发 [J]. 心理科学进展，2006，14（4）：586－595.

[142] 舒莹. 教师胜任力研究综述 [J]. 韩山师范学院学报：社会科学版，2006（2）：95－98.

[143] 宋倩. 高校教师胜任力模型及与工作绩效的关系研究 [D]. 桂林：广

西师范大学，2008.

[144] 宋晓芳. 高校教师教学胜任力模型研究 [D]. 武汉：华中科技大学，2007.

[145] 苏晓红. 高职院校教师胜任力初探——以黔东南民族职业技术学院为例 [J]. 南宁职业技术学院学报，2007 (4)：49 – 52.

[146] 孙远刚，杨文军. 小学班主任教师胜任特征模型的研究 [J]. 教育科学，2011 (6)：79 – 82.

[147] 谭兆敏，段作章. 国外教师职前培养模式的比较研究及启示 [J]. 苏州大学学报：高教研究版，2005，27 (4)：26 – 30.

[148] 汤舒俊，刘亚，郭永玉. 高校教师胜任力模型研究 [J]. 教育研究与实验，2010 (6)：78 – 81.

[149] 唐宗清. 中小学教师绩效管理基本环节分析 [J]. 宁波大学学报：教育科学版，2008，30 (2)：75 – 78.

[150] 童成寿. 高校熟手型外语教师胜任力测评问卷的编制 [J]. 高教论坛，2010 (12)：113 – 117.

[151] 涂云海. 基于管理学视角的高职院校教师胜任力研究 [J]. 教育与职业，2010，18：36 – 38.

[152] 汪如洋，时勘. 对 ISO9000 审核员胜任特征的评估 [J]. 上海质量，1999 (8)：18 – 20.

[153] 王芳. 中小学校长胜任力模型及其与绩效的关系研究 [D]. 南京：南京师范大学，2008.

[154] 王家奇，汤舒俊，记凌开. 胜任力模型研究综述 [J]. 湖南社会科学，2009 (5)：118 – 119.

[155] 王金凤. 我国高校教师的胜任力薪酬管理 [J]. 河南科技：上半月，2009 (6)：8 – 9.

[156] 王林雪，郑莉莉，杜跃平. 研究型大学教师胜任力模型构建 [J]. 现代教育科学，2012 (1)：65 – 69.

[157] 王沛，陈淑娟. 教师从教质量标准——教师工作胜任特征及其模型建构理论 [J]. 上海师范大学学报：哲学社会科学版，2008 (5)：99 – 104.

[158] 王沛，陈淑娟. 中小学教师工作胜任特征模型的初步建构 [J]. 心理科学，2008，31 (4)：832 – 835.

[159] 王强，宋淑青. 幼儿教师胜任力模型之构建 [J]. 上海教育科研，2008 (4)：52 – 54.

[160] 王强. 知德共生：教师胜任力发展研究 [D]. 上海：华东师范大学，2008.

[161] 王艳玲，苟顺明. 试析英国教师职前教育课程与教学的特征 [J]. 教育科学，2007，23 (1)：78 – 82.

[162] 王懿，刘卫东，王振维. 探析基于胜任特征的高校教师人力资源管理框

架 [J]. 中国高等医学教育, 2011 (12): 41-43.

[163] 王莹彤. 中学科任教师胜任特征模型建构与测评 [D]. 苏州: 苏州大学, 2009.

[164] 王玉芬. 关于教师胜任力的两种不同观点的分析 [J]. 呼伦贝尔学院学报, 2007 (5): 90-93.

[165] 王昱, 戴良铁, 熊科. 高校教师胜任特征的结构维度 [J]. 高教探索, 2006 (4): 84-86.

[166] 王重鸣, 陈民科. 管理者胜任力分析: 结构方程模型检验 [J]. 心理科学, 2002, 25 (5): 513-516.

[167] 韦洪涛. 基于胜任力模型的高校教师评价 [J]. 苏州科技学院学报: 社会科学版, 2011, 28 (3): 88-92.

[168] 肖智泓, 黄珊, 杜军, 等. 幼儿园主班教师胜任力模型的构建 [J]. 学前教育研究, 2010 (3): 28-33.

[169] 谢晔, 周军. 民办高校教师胜任力模型及胜任力综合评价 [J]. 高教发展与评估, 2010 (4): 80-86.

[170] 邢强, 孟卫青. 未来教师胜任力测评: 原理和技术 [J]. 开放教育研究, 2003 (4): 39-42.

[171] 邢延清. 中学心理健康教育教师胜任力研究 [D]. 苏州: 苏州大学, 2010.

[172] 徐建平, 谭小月, 武琳, 等. 优秀中小学教师胜任特征分析 [J]. 教育学报, 2011 (1): 48-53.

[173] 徐建平, 张厚粲. 中小学教师胜任力模型: 一项行为事件访谈研究 [J]. 教育研究, 2006 (1): 57-61.

[174] 徐建平. 教师胜任力模型与测评研究 [D]. 北京: 北京师范大学, 2004.

[175] 徐捷. 中英中小学教师绩效评价比较研究 [J]. 比较教育研究, 2007 (7): 67-72.

[176] 徐荣青, 徐大真. 职教师资胜任力研究溯源与展望 [J]. 天津职业技术师范大学学报, 2011 (4): 58-61.

[177] 涂云海. 高职院校专业课教师胜任力与绩效的关系 [J]. 黑龙江高教研究, 2010 (9): 50-53.

[178] 涂云海. 基于胜任力的高职院校教师培训体系构建 [J]. 职业技术教育, 2010, 22 (3): 56-59.

[179] 涂云海. 基于胜任力的高职院校教师招聘选拔研究 [J]. 教育与职业, 2010, 27: 39-40.

[180] 薛琴, 胡美娟. 基于胜任力模型的高校教师人力资源管理体系的构建 [J]. 继续教育研究, 2010 (7): 137-139.

[181] 薛琴, 林竹. 胜任力研究溯源与概念变迁 [J]. 商业时代, 2007, 31: 4-5.

[182] 杨怀珍．基于胜任力模型的培训体系研究杨虹［J］．中国管理信息化，2009（17）：106－108．

[183] 杨继平，顾倩．大学辅导员胜任特征的初步研究［J］．山西大学学报：哲学社会科学版，2004（6）：56－58．

[184] 杨万林，王咏梅．新世纪我国教师职前教育专业化新探［J］．黑龙江高教研究，2005（5）：80－83．

[185] 姚蓉．高校教师胜任力模型构建初探［J］．科技情报开发与经济，2008，30：186－189．

[186] 姚翔，王垒，陈建红．项目管理者胜任力模型［J］．心理科学，2004（6）：1497－1499．

[187] 叶荷轩，赵姗，苗元江．培养教师胜任力促进教师专业发展［J］．江西教育：综合版，2010（4）：5．

[188] 叶映华，郑全全．效度概念新认识［J］．中国临床心理学杂志，2007，15（3）：263－269．

[189] 余小红．教师职前教育改革对策研究［J］．中国成人教育，2009（4）：45－46．

[190] 俞国良，辛涛，申继亮．教师教学效能感：结构与影响因素的研究［J］．心理学报，1995，27（2）：159－166．

[191] 曾卫明，道瑶，安沛旺．基于胜任力的高校人力资源管理研究［J］．黑龙江高教研究，2010（8）：42－44．

[192] 曾晓东．对中小学教师绩效评价过程的梳理［J］．教师教育研究，2004（1）：47－51．

[193] 张爱莲．心理健康服务人员核心胜任力研究［D］．重庆：西南大学，2011．

[194] 张常维．高校教师胜任特征模型与绩效关系研究［D］．重庆：西南交通大学，2010．

[195] 张俊友．客观对待教师绩效评价和发展性教师评价［J］．教育学报，2007（1）：47－53．

[196] 张婷婷．基于胜任力的高职院校教师激励机制改革［J］．科技信息，2010，16：187．

[197] 张伟．西欧主要国家教师职前教育特色研究［J］．教育学刊，2012（4）：46－48．

[198] 张英娥．幼儿教师胜任力模型及胜任力现状研究［D］．福建：福建师范大学，2008．

[199] 张颖，蒋永忠，黄锐．高职院校"双师型"教师胜任力模型的构建［J］．安徽农业大学学报：社会科学版，2010（2）：61－64．

[200] 赵辉，乌晓礼．中国地方政府领导胜任力模型研究［J］．内蒙古大学学报：人文社会科学版，2007（3）：34－36．

［201］赵敏，吕有典．民办中小学教师自我职业生涯管理的影响因素研究——来自广东省东莞市的调查［J］．教育理论与实践，2011（28）：40－44.

［202］赵姗．高中教师胜任力、教学效能感与幸福感的关系研究［D］．南昌：南昌大学，2011.

［203］郑开玲．论教师职前教育专业化的转型［D］．桂林：广西师范大学，2006.

［204］郑旗，孙静静．中小学体育教师自我职业生涯管理的结构与特点［J］．体育学刊，2009（8）：63－66.

［205］钟秋明．基于素质教育的中学职业指导教师胜任特征研究［D］．长沙：湖南大学，2010.

［206］仲理峰，时勘．家族企业高层管理者胜任特征模型［J］．心理学报，2004（1）：110－115.

［207］周后红，卢琪．高校教师工作胜任力与工作满意度的因果关系模型初探［J］．广西教育，2009（36）：63－65.

［208］周艳华．关于高师院校教师职前教育中存在的几个问题的探讨［J］．教育理论与实践，2005，25（16）：54－56.

［209］朱国锋．船长胜任力结构模型研究［D］．大连：大连海事大学，2007.

［210］朱晓颖．小学教师胜任力的调查研究［J］．教学与管理，2010，15：31－32.

［211］朱晓颖．幼儿教师胜任力问卷的编制及初步运用［D］．南昌：江西师范大学，2007.

［212］祝大鹏．高校体育教师胜任特征模型建构［J］．体育学刊，2010（11）：63－67.

［213］中华人民共和国教育部．各级各类学校校数、教职工、专任教师情况．2012. http://www. moe. gov. cn/publicfiles/business/htmlfiles/moe/s6200/201201/129517. html.

［214］中华人民共和国教育部．各级各类学历教育学生情况．2012. http://www. gov. cn/publicfiles/business/htmlfiles/moe/s6200/201201/129518. html.